企業の承継・再生・再編と不動産登記をめぐる諸問題

● ● ●

藤原 勇喜［著］

発行 テイハン

はしがき

　国家・社会の進展は，その基盤を支える法制度と深いかかわりを持っている。

　我が国の近代化の出発点となった明治維新においても，富国強兵，殖産興業の旗印の下に，まずは地租改正を行い，土地制度および税制の根本的改革を行っている。明治5年に土地の売買を原則自由とし，その所有者に地券を交付するとともに明治6年（1873年）公布の地租改正法により，土地の区画，面積，所有者等の調査を行うとともに，現物貢租を金納制（例えば地価の3％）に改め，旧来の土地保有権者を土地所有権者として確定している。旧幕時代に，豊臣秀吉によって行われた地租の基本となる検地は，1582年頃から全国的な規模で実施されていたが，明治維新政府は封建的な物納貢租の制度を改め，地価を課税標準とする金納定率の地租制度を採用するため，土地取引の自由を認め，地租改正事業を行った。そして同政府は，財政的基礎を固め，商品経済化を促進し，農村経済に大変大きな変動をもたらした。明治5年の当初地券の交付は土地売買の効力要件であったが，明治10年には，地券の書替えがなくても当事者間においては売買等は有効とされ，地券書替えが対抗要件とされるにいたった。

　しかも，この地券制度は，土地に関する権利変動のすべてを公示することを目的とするものではなく，専ら地租改正のために考案されたものであったため，土地の所有権移転については，その公示方法として一定の役割を果たしたが，所有権以外の担保権等については，これを公示することは難しく，当時存在した質入（不動産質）及び書入（不動産抵当）が設定されている土地については，明治政府は，明治6年に地所質入書入規則を制定して町村戸長役場で取り扱うこととし，建物については明治8年に建物書入質規則と建物売買譲渡規則を制定し，さらに建物については，担保権の設定のみならず所有権移転の公示についても前記町村戸長役場で取り扱うこととしている（公証制度）。

　明治以前の旧幕時代には，徴税のための検地帳のほかに土地の取引をするに際して名主庄屋がその証文を審査し，その内容，つまり，土地の表示が公簿面と相違しないか，また幕府の定めた質地の要件に違反しないか等を調べて，不

都合がないことを確認した後に証文に連署し、お互いにその末尾に奥書割印する名主加判の制度が行われており、明治政府は、この名主加判の制度を基礎とした奥書割印制度を創設した（所轄は市町村）。この証明の効力については、当初は効力要件とされていたが明治10年には、地券の効力と同様に対抗要件と解されていた。

 なお、その後明治13年には、土地売買譲渡規則が制定され、土地の所有権についても建物及び船舶（明治10年）と同様に奥書割印制度（公証制度）によることになった。これにより明治13年末（明治13年11月30日・太政官布告第52号）からは、地所（土地）、建物及び船舶に関する質入及び書入のみならず売買等についても戸長役場における奥書割印（公証）の方法が採られることになったわけである。

 なお、この時代にはすでに土地取引が増加し、これに伴う公証事件の急増は、公証事件に絡む詐欺事件及び公証簿の滅失事件の多発等という形でその不備、欠陥を露呈したといわれ、特に不動産取引が絡む不動産担保制度の不備、欠陥は資本主義経済の発展にとって大きな妨げとなるおそれがあり、その抜本的な制度改正が必要であったといわれていた。

 旧登記法の制定作業は、明治14年8月4日公証制度を所管する内務省内に「登記法取調掛」として設置・開始され、翌15年11月20日には「登記法取調局」となったが、この登記法取調局は、明治17年1月23日内務省達乙第6号をもって廃止され、以後における登記法の立法作業は司法省に移管された。

 登記法の立法調査が、当初司法省でなく、内務省で行われたのは、公証事務が戸長役場の所掌事務であり、これを管轄するのが内務省であったためと考えられるが、その後司法省に移管されるのは、戸長役場による不正事件及び公証に絡む事件の増加による国民の不信感があったのではないかと考えられ、さらには、戸長役場における所掌事務拡大に伴い事務繁忙になっていたこと等によるのではないかと考えられる。

 そして、司法省は、欧米制度の登記制度を研究・調査の上、これらの制度の円滑な運営のため民法（明治31年施行）に先がけて明治19年に旧登記法を制定し、国民の不動産に関する権利の保全と同時に近代国家としての国の財政的基盤の確立を図ったわけである。この旧登記法は、明治19年8月13日法律第1号として公布され、翌20年2月1日から施行された。

 そして、明治22年には地租改正に基づく地券制度が廃止され、また同時に土

はしがき

地台帳規則が制定され、明治31年には民法が施行されている。

このようにして、我が国の近代化は、まず、登記法の制定が法律第1号としてスタートし、戦後70年、我が国は近代国家として、国際化・情報化等の大きな流れの中で、国民の生活を支える民法も担保法制を中心に見直しが行われ、今まさに債権法を中心に民法の改正法が施行されようとしている。会社の関係についても平成17年に会社法が制定され（平成18年5月1日施行）、昨年（平成27年）の5月には社外取締役の機能の活用など、コーポレート・ガバナンスの強化を図るとともに、親子会社に関する規律の整備等の観点から改正が行われた（平成27年5月1日施行）。本書は、会社法についてはコーポレート・ガバナンス強化の一手法として社外取締役の活用と監査等委員会設置会社という新たな機関設計が大きな改正項目であった（平成27年7月29日の東京証券取引所の発表で、東証一部上場会社の約94%、上場企業全体の約87%で社外取締役が選任されており、いずれも昨年よりも20%以上増加しているといわれる。）が、この平成27年の改正内容を踏まえて十分に考察を加え、民法についても、債権法を中心とする今回の改正案についてその内容について十分に考究し、不動産登記法に関係あるいは関連する個所について十分に検討をし深く考察を加え、掘り下げて究明している。

本書に直接かつ深くかかわる不動産登記法についても、不動産登記のコンピュータ化に伴う利便性の向上とより一層の正確性の確保を目的として平成17年に改正が行われている（平成17年3月7日施行）。なかでも、新不動産登記法の下においては、売買契約書等の登記原因証明情報の提供が必須化され、その情報が30年にわたり国民の皆様に公開されることになったことは、不動産登記が登記上の権利者になったという対抗要件（御墨付き）としての登記から、それとあわせて、この不動産を取得しても心配はないかどうかということを登記記録と登記原因証明情報を通して調査できるという、これから新たに不動産取引をしようとする人が登記記録と登記原因証明情報を調査して安心して取引ができる制度、まさに不動産取引の安全と円滑を図る制度として大きく発展してきている。公信力、つまり登記を信頼した人は保護されるという制度を導入していない我が国においては、不動産取引に入るに当たってはその登記の安全性、真実性等を調査する必要があるが、そのための制度的な担保がこの登記原因証明情報の提供の必須化とそれに基づく権利変動の過程と態様が登記記録に正確に公示されることによって確保されたといえるわけである。

これから不動産取引に入ろうとする人には，生活の基盤となるマイホーム等の権利の保全のため，あるいは個人または法人として企業し，その活動を強化，拡大する過程において，さらにはその企業の承継，再生，再編等のためにあらゆる場面において，その法的基盤をなす不動産に係る権利の確認，保全，購入，売却，さらには相続，担保，倒産，企業の承継，分割，合併，事業の譲渡等に伴う権利の表示，保存，変動に不動産登記は深く且つ密接にかかわってきている。最近問題となっている所有者不明の土地問題（所有者の特定と所在不明）や空屋対策（管理放棄または管理不全の建物）の問題とも相続登記，建物登記等を通して深くかかわりをもっている。

　このように登記制度は，我が国の社会・経済生活の基盤を支え，紛争予防を使命とする国民生活に根差した重要な法的制度，法的基盤として国民の皆様の信頼を得ながら，その時代時代の課題を乗り越えて脱皮し，今日を迎えている。まさに，不動産登記制度がその時代時代の法的課題に応え不動産取引の安全と円滑を図る有用でわかりやすく，透明性のある制度として国民の皆様の権利の保全と紛争予防に貢献してきたわけであるが，さらに進展する今後の社会において必要とされる体系的，多角的，網羅的，歴史的視点に留意した不動産登記の専門書として，本書は個人として，あるいは会社等の法人として企業を起し，その企業を育成し，継続・発展させていく中で，生起する企業の承継・再生・再編等の諸現象の過程において起こりうる不動産登記法上の諸問題を中心に，それに密接に関連する民法，会社法，信託法，倒産法（破産法，会社更生法，民事再生法等），国際私法（法の適用に関する通則法等），民事訴訟法，民事執行法等の実体法上，手続法上の論理を加味し，判例，学説，先例，実例等を踏まえて考察し網羅的且つ体系的に解説を加えたものである。

　なお，本書は「登記研究」第772号から第787号に連載をしたものであるが是非一冊の単行本にまとめて発行して欲しいとの強い御要望をいただき，その後の法改正等に伴う判例，学説，先例，実例等を加えて加筆・修正し，発刊のはこびとなった。是非御活用いただければと思っている。

　本書の刊行にあたっては，株式会社テイハンの河野社長はじめスタッフの皆様方に大変お世話になった。厚く感謝とお礼を申しあげる次第である。

　　平成28年9月

　　　　　　　　　　　　　　　　　　　　　　　　　　　藤　原　勇　喜

企業の承継・再生・再編と不動産登記をめぐる諸問題

目　次

はしがき 1

1　はじめに 1

2　短期賃貸借保護の廃止 8
　⑴　改正前民法395条 8
　⑵　短期賃貸借の濫用 9
　⑶　短期賃貸借濫用への対応策 9
　　①　短期賃借権設定の仮登記 9
　　②　抵当権に基づく妨害排除請求 10
　　③　民事執行実務の対応 11
　　④　判例の変更（最高裁判決平成11年11月24日民集53巻8号1899頁）......11
　　⑤　短期賃借制度の廃止 13
　⑷　抵当建物明渡猶予制度の創設（民法395条）..............14
　　①　意　義 14
　　②　明渡猶予を受けられる賃貸借 15
　　③　明渡猶予を受けられない賃貸借 16
　　　ⅰ　抵当権よりも前に対抗要件を具備した賃借権 16
　　　ⅱ　差押え後の賃貸借 18
　　　ⅲ　競売不動産の所有会社の代表者の賃借権 18
　　④　明渡猶予期間中の対価の意味とその不払の効果 18
　　⑤　建物使用者に対する引渡命令 19
　⑸　同意の登記 19

① 意　義 …………………………………………………………19
　　② 要　件 …………………………………………………………21
　　　ⅰ　賃借権の登記 …………………………………………21
　　　ⅱ　先順位抵当権者全員の同意 …………………………22
　　　ⅲ　同意の登記 ……………………………………………23
　　③ 効　果 …………………………………………………………25
　　　ⅰ　賃借権の優先 …………………………………………25
　　　ⅱ　競売における売却と同意の登記 ……………………25
(6)　敷金の登記 ……………………………………………………………25
　　① 意　義 …………………………………………………………25
　　② 敷金の承継 ……………………………………………………26
　　③ 敷金の登記の意味 ……………………………………………28
　　④ 質権が設定された敷金の返還義務者 ………………………31
　　⑤ 破産手続における敷金の取扱い ……………………………31
　　⑥ 敷金と破産手続における相殺の範囲 ………………………33
　　⑦ 倒産手続における敷金返還請求権に関する規律 …………34
　　⑧ 敷金返還請求権の現物出資 …………………………………35
　　⑨ 敷金返還請求権を放棄する旨の合意 ………………………36
(7)　賃貸人破産の場合における賃料債権の処分制限の廃止 …………37
(8)　賃借権の時効取得と買受人に対する対応 …………………………39

3　滌除制度の見直しと抵当権消滅制度の創設 …………43

(1)　滌除制度の見直し ……………………………………………………43
(2)　抵当権消滅制度の創設 ………………………………………………46
　　① 滌除制度見直しの内容 ………………………………………46
　　② 抵当権消滅請求者の限定 ……………………………………46
　　③ 抵当権実行通知義務の廃止 …………………………………47
　　④ 抵当権消滅請求ができる時期の見直し ……………………47
　　⑤ 抵当権消滅請求を受けた抵当権者の対抗措置 ……………48
　　⑥ 抵当権者の競売申立に対する承諾要件の廃止 ……………50

⑦　先取特権及び質権の滌除 …………………………………………50
　　⑧　地上権または永小作権を目的とする抵当権への準用 …………51
　⑶　抵当権消滅請求と不動産登記 ……………………………………51

4　一括競売 …………………………………………………………………54

⑴　民法旧389条の趣旨 …………………………………………………54
⑵　改定の内容 ……………………………………………………………56
⑶　一括競売の拡張 ………………………………………………………57
⑷　一括競売が許されない場合 …………………………………………58
　①　法定地上権が成立する場合 ………………………………………58
　②　先順位借地権者の有する建物 ……………………………………58
　③　賃借権優先同意登記のある賃借権に基づく借地権者の所有する
　　建物 ……………………………………………………………………59
　④　短期賃借権者の所有する建物 ……………………………………59
⑸　一括競売の効果 ………………………………………………………60
　①　一括売却 ……………………………………………………………60
　②　売却代金の配当 ……………………………………………………60
　③　建物の賃借権者等 …………………………………………………60

5　一括競売と不動産登記 …………………………………………………62

⑴　一括競売申立ての手続 ………………………………………………62
⑵　不動産登記手続 ………………………………………………………62

6　担保不動産収益執行 ……………………………………………………64

⑴　交換価値支配権としての抵当権と物上代位 ………………………64
⑵　交換価値支配権としての抵当権と妨害排除 ………………………69
⑶　抵当権による物上代位と判例法理 …………………………………70
⑷　抵当権による物上代位と差押え ……………………………………72

- ① 学説等の考え方……………………………………………………72
- ② 判例の考え方………………………………………………………74
  - (i) 従前の判例……………………………………………………74
  - (ii) 平成10年の最高裁判例………………………………………74
  - (iii) 現在の判例……………………………………………………75
- (5) 担保不動産収益執行制度の創設………………………………………76
  - ① 制度創設の趣旨……………………………………………………76
  - ② 担保不動産収益執行の手続の概要………………………………81
- (6) 担保不動産収益執行と登記……………………………………………82
  - ① 登記記録例…………………………………………………………82
  - ② 担保不動産収益執行と差押登記…………………………………82
  - ③ 担保不動産収益執行と根抵当権の確定…………………………84
  - ④ 担保不動産収益執行と不動産競売手続…………………………84
  - ⑤ 担保不動産収益執行と抵当権に基づく物上代位による差押え……85
    - i 抵当権に基づく物上代位の手続………………………………85
    - ii 物上代位による差押えと他の債権者の差押えとの競合………86
    - iii 抵当権に基づく賃料に対する物上代位と不動産収益執行の長短 ……………………………………………………………………87
      - (i) 抵当権に基づく賃料に対する物上代位と不動産収益執行の競合 ………………………………………………………………87
      - (ii) 抵当権に基づく賃料に対する物上代位と不動産収益執行の特色 ……………………………………………………………………88
  - ⑥ 担保不動産収益執行と他の手続との関係………………………89
    - i 担保不動産競売または強制競売との関係……………………89
    - ii 債権執行との関係………………………………………………89
      - (i) 債権差押えが担保不動産収益執行に先行する場合…………89
      - (ii) 担保不動産収益執行が債権差押えに先行する場合…………89
  - ⑦ 滞納処分（債権差押え）との関係………………………………89
    - i 滞納処分が担保不動産収益執行に先行する場合……………90
    - ii 担保不動産収益執行が滞納処分に先行する場合……………90

7 平成15年改正とその後の動向 …………………………………92

(1) 担保法の動向 …………………………………………………92
 ① 資金の調達方法 ………………………………………92
 ② 附従性と随伴性 ………………………………………92
  ⅰ セキュリティ・トラスト …………………………93
  ⅱ 根抵当権設定仮登記及び信託仮登記 ……………94
(2) 優先弁済の実現 ………………………………………………95
 ① 優先弁済を実現する手段 ……………………………95
 ② 資産とその収益力 ……………………………………97
(3) 不動産収益執行の動向 ………………………………………98
(4) 建物引渡猶予制度 …………………………………………101
 ① 明渡猶予と引渡命令 ………………………………101
 ② 共有持分の買受人と引渡命令 ……………………102
 ③ 明渡猶予と転借人 …………………………………104
(5) 物上代位の範囲 ……………………………………………105
 ① 不動産の転貸賃料債権と抵当権の物上代位 ……105
 ② サブリースによる不動産の賃貸債権と抵当権の物上代位 ……106
(6) 抵当権設定の登記とその公示力・対抗力 ………………107
 ① 物上代位と賃料債権の包括譲渡 …………………107
 ② 物上代位と賃借人の相殺 …………………………107
 ③ 担保不動産収益執行と賃借人の相殺 ……………108

8 遺留分に関する民法の特例と企業の承継 ……………112

(1) 特例の背景 …………………………………………………112
(2) 遺留分に関する民法の特例 ………………………………114
 ① 現行の遺留分制度 …………………………………114
 ② 現行遺留分制度と企業の承継 ……………………115
  ⅰ 遺留分減殺による事業資産の分散 ……………115
  ⅱ 相続開始時における評価 ………………………116

ⅲ　遺留分の事前放棄 …………………………………………116
③　特例の内容 ………………………………………………………116
　ⅰ　特例の目的 ……………………………………………………116
　ⅱ　特例の概要 ……………………………………………………117
　　(i)　民法の特例 …………………………………………………117
　　(ii)　特例の適用対象者 …………………………………………117
　　　ⅰ　対象となる中小企業者 …………………………………117
　　　ⅱ　旧代表者 …………………………………………………118
　　　ⅲ　後継者 ……………………………………………………118
　　(iii)　遺留分の算定に係る合意 …………………………………118
　　　ⅰ　合意の意義 ………………………………………………118
　　　ⅱ　合意の当事者 ……………………………………………120
　　　ⅲ　合意の要件 ………………………………………………120
　　(iv)　経済産業大臣の確認 ………………………………………120
　　　ⅰ　確認の意義 ………………………………………………121
　　　ⅱ　確認の対象となる事項 …………………………………121
　　　ⅲ　申請人 ……………………………………………………121
　　　ⅳ　申請手続 …………………………………………………121
　　　ⅴ　確認の取消し ……………………………………………121
　　(v)　家庭裁判所の許可 …………………………………………122
　　(vi)　合意の効力 …………………………………………………122
　　　ⅰ　除外合意の効力 …………………………………………122
　　　ⅱ　固定合意の効力 …………………………………………122
　　　ⅲ　第三者に対する効力 ……………………………………122
　　(vii)　合意の効力の消滅 …………………………………………122
　　　ⅰ　経済産業大臣の確認が取り消されたこと ……………123
　　　ⅱ　旧代表者が生存中に後任者が死亡し，または後見開始若
　　　　しくは保佐開始の審判を受けたこと ……………………123
　　　ⅲ　特例合意の当事者以外の者が新たに旧代表者の推定相続
　　　　人となったこと ……………………………………………123
　　　ⅳ　合意の当事者の代襲者が旧代表者の養子となったこと………124

9 譲渡制限株式の相続人等に対する売渡請求と円滑な企業承継 …………125

(1) 制度の概要 …………………………………………………………125
(2) 当該相続人等からの当該譲渡制限株式の取得手続 ………127
(3) 当該相続人等による売渡請求の拒否 ……………………127
(4) 公開会社における売渡請求に関する定款の定め …………127
(5) 特定の相続人に対してのみ売渡請求ができる旨の定め …………129
(6) 共同相続人が有する共有持分についての売渡請求 …………129
(7) 株主総会における特定の相続人の議決権 …………………130
(8) 譲渡制限株式の相続人等に対する売渡請求の期間 …………131
(9) 譲渡制限株式の相続人等に対する売渡請求の効果 …………131
(10) 相続人等に対する売渡請求に基づく譲渡制限株式の取得と財源規制 …………………………………………………………132

◆［参考］ 中小企業における経営の承継の円滑化に関する法律（抄）
（平成20年5月16日法律第33号）
施行　平成20年10月1日〔一部につき，平成21年3月1日〕
改正　平成23年法律第53号 …………………………………………133
◇目　次
第1章　総則（第1条・第2条）
第2章　遺留分に関する民法の特例（第3条—第11条）
第3章　支援措置（第12条—第15条）（略）
第4章　雑則（第16条）（略）

10 後継ぎ遺贈等と企業承継 …………………………………………139

(1) 事業承継と相続法 …………………………………………………139
　① 相続法制の観点からみた事業承継の困難性 ……………139
　　ⅰ　事業用資産の承継 …………………………………………139
　　　(ⅰ) 遺産分割協議 …………………………………………139
　　　(ⅱ) 遺留分による制約 ……………………………………139

| | ⅱ　相続税の負担 | 139 |

　　② 資金調達の困難性 ……………………………………………140
⑵ 遺言の活用 …………………………………………………………140
⑶ 後継ぎ遺贈の類型 …………………………………………………140
⑷ 後継ぎ遺贈の問題点 ………………………………………………142
⑸ 後継ぎ遺贈と不動産登記 …………………………………………143
⑹ 所有者不明の土地 …………………………………………………144

11　後継ぎ遺贈型受益者連続信託と企業承継 …………146

⑴ 後継ぎ遺贈型受益者連続信託の内容 ……………………………146
⑵ 後継ぎ遺贈型受益者連続信託の有効性 …………………………147
⑶ 後継ぎ遺贈型受益者連続信託と遺留分減殺 ……………………148
⑷ 遺留分減殺請求の対象 ……………………………………………152
⑸ 後継ぎ遺贈型受益者連続信託の特色 ……………………………153

12　民事信託の活用と企業承継 ………………………………155

⑴ 民事信託と福祉型信託 ……………………………………………155
⑵ 民事信託の基礎 ……………………………………………………155
⑶ 信託の役割と機能 …………………………………………………156
⑷ 民事信託の活用例 …………………………………………………157

13　事業の信託 ……………………………………………………160

⑴ 会社と信託 …………………………………………………………160
⑵ 事業の信託の活用 …………………………………………………160
⑶ 中小企業の事業承継 ………………………………………………162
　ⅰ　中小企業の現況 …………………………………………………162
　ⅱ　事業承継の特質 …………………………………………………162
　ⅲ　経営権の承継とその方法 ………………………………………162

iv　親族内承継 ··163
　　　　(i)　先代経営者の親族 ··163
　　　　(ii)　自社株の承継と遺産分割 ··163
　　　v　経営承継円滑化法による「遺留分に関する民法の特例」 ·········163
　　　vi　会社法の活用 ··163
　　　　(i)　議決権制限株式（会社法108条1項3号） ····················164
　　　　(ii)　拒否権付種類株式（会社法108条1項8号） ················164
　　　　(iii)　株主ごとの異なる取扱い（会社法109条2項） ··············164
　　　　(iv)　相続人等に対する売渡請求（会社法174条） ················164
　　　　(v)　まとめ ···164

14　会社分割と企業再生 ··166

- (1)　会社分割の意義 ··166
- (2)　会社分割の活用 ··167
  - ①　新設分割の活用 ···167
    - i　事業部門別の会社化による経営効率の向上 ····················167
    - ii　企業グループ内の重複部門の統合 ································167
    - iii　会社分割による持株会社の創設 ··································168
    - iv　会社の優良部門と高リスク・不採算部門の切離し ············168
    - v　赤字オーナー企業の再生 ··168
  - ②　吸収分割の活用 ···169
    - i　吸収分割による既存会社への事業の委譲 ·······················169
    - ii　企業グループ内会社の部門の再編成 ····························169
    - iii　事業の一部の買収 ··169
    - iv　合弁関係の解消 ··170
    - v　三角分割の活用 ··170
- (3)　会社分割の有用性 ··171
- (4)　会社分割の詐害性 ··171
  - ①　判例の考え方 ··171
  - ②　事例による考察 ···174

③　詐害行為取消権の行使 ……………………………………………175
　　④　濫用的会社分割 ……………………………………………………176
　　⑤　濫用的会社分割への対応 …………………………………………177
　　⑥　濫用的会社分割と倒産法 …………………………………………177
　　　ⅰ　再生手続・更生手続における会社分割 ………………………177
　　　　（ⅰ）再生手続 ………………………………………………………177
　　　　（ⅱ）更生手続 ………………………………………………………178
　　　ⅱ　破産手続における会社分割と否認 ……………………………178
　　⑦　会社分割無効の訴え ………………………………………………181
　　⑧　濫用的会社分割と法人格否認の法理 ……………………………181
　　⑨　濫用的会社分割と会社法22条1項の類推適用 …………………183
　　⑩　濫用的会社分割と平成26年会社法改正 …………………………184
　　　ⅰ　改正の趣旨 …………………………………………………………185
　　　ⅱ　債権者の保護 ………………………………………………………187
　　　ⅲ　改正の内容 …………………………………………………………187
　　　ⅳ　分割会社における債権者の保護 ………………………………188
　　⑪　会社分割と不動産登記 ……………………………………………189
　　　ⅰ　会社分割による権利の包括承継 ………………………………189
　　　ⅱ　敷地権付き区分建物について，表題部所有者が会社分割をした場合の保存登記 ……………………………………………………190
　　　ⅲ　会社分割による登記申請義務の承継 …………………………190
　　　ⅳ　会社分割と農地法の許可 ………………………………………191
　　　ⅴ　会社分割を原因とする信託契約による担保付社債に関する抵当権移転の登記 …………………………………………………………191
　　　ⅵ　「会社分割の予約」を原因とする所有権移転請求権仮登記の可否 …………………………………………………………………………191
　　　ⅶ　清算株式会社が会社分割をすることの可否 …………………191
　　　ⅷ　会社分割による不動産登記に係る登録免許税 ………………192
◆租税特別措置の廃止（会社分割に伴う不動産の所有権の移転登記等の税率の軽減） ……………………………………………………………192
　1　廃止前の制度の概要 …………………………………………………192

2　経過措置 …………………………………………………………193

15　事業譲渡 ………………………………………………………………197
(1)　事業譲渡の意義 ……………………………………………………197
(2)　事業譲渡と合併 ……………………………………………………198
(3)　事業譲渡と詐害行為取消権 ………………………………………199
(4)　詐害的な事業譲渡（会社法23条の2） …………………………200
　①　譲受会社に対する債務の履行の請求 …………………………200
　②　請求期間 …………………………………………………………201
(5)　事業譲渡と事業譲渡人との競合の禁止 …………………………201
(6)　承認手続を経ない事業譲渡の効力 ………………………………202
(7)　信義則による事業譲渡無効の主張の制限 ………………………202
(8)　免責の登記 …………………………………………………………203
　①　商号の続用 ………………………………………………………203
　②　屋号の続用 ………………………………………………………204
　③　会社の分割による商号（屋号）の続用 ………………………204
(9)　再生会社の事業譲渡と不動産登記手続 …………………………204
　①　事業譲渡の許可 …………………………………………………204
　②　事業譲渡の許可と登記手続 ……………………………………205

16　会社の合併 ……………………………………………………………209
(1)　合併の意義 …………………………………………………………209
(2)　合併の効果 …………………………………………………………209
(3)　合併の登記 …………………………………………………………210
(4)　合併と不動産登記 …………………………………………………210
　①　合併と対抗要件 …………………………………………………210
　②　合併と所有権保存登記 …………………………………………212
　③　合併と所有権移転登記 …………………………………………212
　④　債権者の合併による移転登記の可否 …………………………212

⑤　合併による根抵当権移転登記の可否 ································214
　　⑥　根抵当権の債務者の合併とその変更登記 ·····························215
　　⑦　単独受託者の合併による登記手続 ···································215

17　破産法と企業再生 ···216
(1)　破産法の改正 ···216
(2)　破産と賃貸借 ···218
　①　賃貸借と対抗力 ···218
　②　賃借人の破産 ···219
　③　賃貸人の破産 ···220
(3)　破産法による事業の継続と事業（営業）の譲渡 ·······················221
　①　資産の流動化 ···221
　②　事業の継続 ···223
　③　事業（営業）の譲渡 ···224
(4)　破産法と免責制度 ···225
　①　改正の内容 ···225
　②　免責と再生 ···226
　③　免責と憲法29条 ··227
(5)　倒産法と担保権消滅制度 ···230
　①　破産法上の担保権消滅制度 ···230
　②　民事再生法上の担保権消滅制度 ·····································233
　③　会社更生法上の担保権消滅制度 ·····································233
　④　倒産法上の担保権消滅制度の特色 ···································234
　　ｉ　破産法上の担保権消滅制度の特色 ·································234
　　ⅱ　民事再生法上の担保権消滅制度の特色 ·····························236
　　ⅲ　会社更生法上の担保権消滅制度の特色 ·····························236
　⑤　民法上の抵当権消滅制度との異同 ···································238
　⑥　担保権消滅制度と不動産登記 ·······································243
　　ｉ　破産法 ···243
　　　（ｉ）担保権の消滅と登記手続 ·····································243

（ⅱ）消滅した担保権に係る登記の抹消 ································· 244
　　ⅱ　民事再生法 ·· 245
　　　（ⅰ）担保権の消滅と登記手続 ··· 245
　　　（ⅱ）消滅した担保権に係る登記の抹消 ································· 246
　　　　㈦　担保権の消滅 ·· 246
　　　　㈣　担保権に係る登記の抹消の嘱託 ································· 246
　　ⅲ　会社更生法 ·· 247
　　　（ⅰ）担保権の消滅と登記手続 ··· 247
　　　（ⅱ）更生計画の遂行による権利変動の登記 ························· 247
　　　（ⅲ）消滅した担保権に係る登記の抹消 ································· 247
　⑦　担保権消滅制度と担保権の不可分性 ······································· 248
　　ⅰ　担保権の不可分性 ·· 248
　　ⅱ　破産における担保権消滅請求と担保権の不可分性 ··············· 249
　　ⅲ　民事再生における担保権消滅請求と担保権の不可分性 ········· 250
　　ⅳ　会社更生における担保権消滅請求と担保権の不可分性 ········· 251
(6)　倒産法と任意売却 ·· 253
　①　別除権の目的である財産の破産財団からの逸脱 ····················· 253
　②　共有者の別除権 ·· 254
　③　別除権者への通知 ··· 255
　④　破産における担保物権の変容 ··· 255
　⑤　破産管財人等による不動産の任意売却と裁判所の許可 ··········· 256
　⑥　破産管財人による任意売却と買受人 ··································· 257
　　ⅰ　売買契約の特質 ·· 257
　　ⅱ　買受けの申出と売買契約 ·· 258
　　ⅲ　破産管財人の権限と任意売却 ·· 259
　⑦　任意売却と登記手続 ··· 261
　　ⅰ　破　産 ·· 261
　　　（ⅰ）破産財団に属する不動産が任意売却された場合の登記手続 ··· 261
　　　（ⅱ）破産財団に属する不動産の任意売却による登記に伴う破産
　　　　　　手続開始の登記の抹消 ·· 262
　　　（ⅲ）破産管財人による民事執行法その他強制執行の手続に関す

　　　　る法令の規定に基づく換価の場合の登記手続 ……………………263
　　　ⅱ　民事再生 …………………………………………………………264
　　　ⅲ　会社更生 …………………………………………………………264
　　⑧　任意売却と仮登記 ……………………………………………………265
　　⑨　更生会社の管財人が更生会社所有の不動産を更生計画によらな
　　　いで売却した場合の登記申請と登記識別情報の提供の要否 ………267
　　⑩　破産財団に属する不動産の所有権の一部の任意売却と破産の登
　　　記の取扱い ………………………………………………………………268
　　⑪　任意売却と登記申請手続………………………………………………268
　　　ⅰ　破産における任意売却 …………………………………………269
　　　ⅱ　民事再生における任意売却 ……………………………………269
　　　ⅲ　会社更生における任意売却 ……………………………………270
　(7)　倒産法と物上代位 …………………………………………………………270
　　①　民法と物上代位 ………………………………………………………270
　　②　破産・民事再生と物上代位 …………………………………………271
　　③　会社更生と物上代位 …………………………………………………272
　(8)　倒産法と権利の放棄 ………………………………………………………273
　　①　権利の放棄 ……………………………………………………………273
　　　ⅰ　権利の放棄と裁判所の許可 ……………………………………273
　　　ⅱ　破産管財人が放棄した財産の処分と所有権移転登記 ………274
　　②　別除権放棄と不動産登記……………………………………………275
　　　ⅰ　別除権放棄と対抗力 ……………………………………………275
　　　ⅱ　抵当債務の一部消滅と抵当権の登記 …………………………276
　　　ⅲ　破産財団から放棄された不動産に係る抵当権の抹消登記申請
　　　　の当事者 …………………………………………………………278
　　　ⅳ　裁判所から選任された清算人からの申請による所有権移転登
　　　　記申請の可否 ……………………………………………………278

18　企業の再生と否認による逸出財産の回復 ……………283
　(1)　詐害行為取消権と否認権……………………………………………………283

目　　次

```
(2) 否認による逸出財産の回復……………………………………………284
(3) 否認の要件　……………………………………………………………285
(4) 営業譲渡の否認　………………………………………………………287
(5) 対抗要件の否認　………………………………………………………288
  ① 対抗要件の否認の意義　……………………………………………288
  ② 対抗要件（登記）留保と仮登記　…………………………………289
    ⅰ　登記留保　………………………………………………………289
    ⅱ　登記留保の危険性　……………………………………………290
    ⅲ　民事再生手続における登記留保と仮登記……………………290
    ⅳ　会社更生手続における登記留保と仮登記……………………291
  ③ 対抗要件の否認と破産者の行為　…………………………………291
  ④ 第三者による保存行為の否認　……………………………………292
  ⑤ 仮登記仮処分による仮登記の否認　………………………………293
  ⑥ 中間省略登記の否認　………………………………………………293
  ⑦ 対抗要件の否認の対象　……………………………………………295
(6) 否認の効果　……………………………………………………………298
  ① 財産減少行為の否認と財団債権の範囲……………………………298
  ② 破産管財人の選択権　………………………………………………298
  ③ 否認権の行使とその効果……………………………………………298
(7) 民事再生法と会社更生法による否認　………………………………299
  ① 民事再生法による否認………………………………………………299
  ② 会社更生法による否認　……………………………………………300
(8) 否認の請求　……………………………………………………………301
(9) 否認権の行使と不動産登記……………………………………………301
  ① 破産法と否認の登記…………………………………………………301
  ② 否認の登記の性質　…………………………………………………303
  ③ 否認の登記と受益者・転得者　……………………………………304
  ④ 否認の登記等の抹消　………………………………………………306
    ⅰ　抹　消　…………………………………………………………306
    ⅱ　抹消の原因　……………………………………………………308
      ①　売　却　………………………………………………………308
```

15

ⅱ　放　棄 ……………………………………………………309
　⑤　不動産登記法111条1項の所有権と破産法に基づく否認の登記 ……310
　⑥　混同により抹消された抵当権の移転登記原因の破産法による否
　　認とその登記手続 ………………………………………………313
　⑦　権利の一部についての否認の登記とその登記の抹消 …………314
　⑧　否認の登記と登記義務者 …………………………………………316
　⑨　否認の登記と否認された根抵当権設定登記等の抹消登記手続の
　　可否 ………………………………………………………………317
　⑩　否認の登記と合筆・合併 …………………………………………319
　⑪　無償性と否認行為 …………………………………………………320

19　信託法による資産の流動化と企業再生 ……………………324
(1)　信託財産に属する財産と固有財産 ……………………………………324
(2)　信託による資産の流動化と信託財産の独立性 ………………………327
(3)　受託者の倒産 ……………………………………………………………329
　①　現信託法と旧信託法 ………………………………………………329
　②　受託者の固有財産と信託財産 ……………………………………330
　③　分別管理義務と信託の登記 ………………………………………330
(4)　委託者の倒産 ……………………………………………………………331
　①　委託者破産の効果 …………………………………………………331
　②　委託者の破産管財人の解除権 ……………………………………331
　③　詐害信託に関する規律 ……………………………………………332
　④　委託者兼受益者の倒産と信託終了事由 …………………………333
(5)　受益者の倒産 ……………………………………………………………333
　①　現信託法と旧信託法 ………………………………………………333
　②　信託終了の申立権者 ………………………………………………334
(6)　信託財産の破産 …………………………………………………………334
　①　破産管財人の権限 …………………………………………………334
　②　受益債権と信託債権の優劣 ………………………………………334
　③　セキュリティ・トラストと倒産 …………………………………335

目　　次

　　　ⅰ　信託法55条とセキュリティ・トラスト……………………335
　　　ⅱ　債務者（抵当権設定者）の破産 ……………………………336
　　　ⅲ　否認権の行使 …………………………………………………337
　　　ⅳ　破産債権の行使 ………………………………………………337
　　　ⅴ　担保権の実行としての担保権消滅請求と任意売却 ………337
　　④　信託不動産の流動化 ………………………………………………337
　　⑤　信託財産と破産原因 ………………………………………………339
　　⑥　破産手続申立権放棄の特約 ………………………………………339
　　⑦　信託の倒産隔離機能と否認権 ……………………………………340
　　　ⅰ　信託財産の破産と否認………………………………………340
　　　ⅱ　信託財産の否認と否認制度の変容 …………………………342
　　　　（ⅰ）　破産者がした行為とみなされる行為の主体 …………342
　　　　（ⅱ）　証明責任が転換される内部者の範囲 ………………343
⑺　信託財産に属する財産と対抗要件 …………………………………343
　　①　対抗要件としての信託の登記 ……………………………………343
　　②　信託の登記と破産の登記…………………………………………344
　　③　固有財産と信託財産に属する共有物の分割の登記 ……………346
　　　ⅰ　固有財産に属する財産から信託財産に属する財産になった場
　　　　合 ………………………………………………………………346
　　　ⅱ　信託財産に属する財産から固有財産に属する財産となった場
　　　　合 ………………………………………………………………346
　　　ⅲ　一の信託の信託財産に属する財産から他の信託の信託財産に
　　　　属する財産となった場合……………………………………347
　　④　信託の登記と委付による登記 ……………………………………347
⑻　信託と事業承継 ………………………………………………………348
　　①　信託のメリット ……………………………………………………348
　　②　信託契約 ……………………………………………………………348
　　③　委託者の死亡 ………………………………………………………348
　　④　受益者の死亡 ………………………………………………………349
⑼　信託と空家対策 ………………………………………………………349
　　①　空家の現状と課題 …………………………………………………349

17

② 信託を利用した空家対策 ································· 350

20　企業の承継と根抵当権 ······························· 353
 (1) 個人企業と相続による根抵当権の承継 ···················· 353
 (2) 法人企業と合併による根抵当権の承継 ···················· 355
 (3) 会社分割と根抵当権の承継 ······························ 356
 (4) 事業譲渡と根抵当権の承継 ······························ 357
 (5) 根抵当権者からの元本確定請求 ·························· 359
　① 単独申請による元本確定請求 ·························· 359
　② 根抵当権の元本確定の効果 ···························· 360
 (6) 企業の承継と根抵当権に関する登記手続 ·················· 361
　① 相続または法人の合併による権利の移転登記 ············ 361
　　ⅰ　根抵当権設定者である所有権の登記名義人を被相続人とする相続を原因とする所有権の移転登記と根抵当権の債務者の相続 ··· 363
　　ⅱ　相続による所有権移転登記未了のままで、根抵当権債務者の氏名等の変更登記をすることの可否 ·············· 365
　　ⅲ　根抵当権の複数の債務者の一部の合併と根抵当権の変更の登記 ··· 366
　　ⅳ　元本確定前の根抵当権または債務者の会社合併と根抵当権取引を継続したい場合の登記手続 ················ 366
　② 会社分割による権利の移転登記 ························ 368
　　ⅰ　会社分割の効力発生時期 ·························· 368
　　ⅱ　会社分割による権利移転の登記手続 ················ 368
　　　(ⅰ)　根抵当権の元本確定後に会社分割があった場合 ········ 368
　　　(ⅱ)　根抵当権の元本確定前に会社分割があった場合 ········ 369
　　　　㋐　根抵当権者に会社分割があった場合 ············· 369
　　　　㋑　根抵当権の債務者に会社分割があった場合 ········· 369
　　　(ⅲ)　会社分割による根抵当権の一部移転登記の申請と根抵当権設定者の承諾書 ······························ 369
　　　(ⅳ)　会社分割による元本確定前の根抵当権の承継とその登記手

　　　　続 …………………………………………………………………370
　③　会社分割による権利義務承継の特色 ……………………………371
　④　根抵当権の元本確定の登記 ………………………………………374
　⑤　根抵当権についての元本確定の要否 ……………………………374
　⑥　根抵当権の元本確定の登記の要否 ………………………………375
　⑦　根抵当権の設定者の死亡と元本確定の登記 ……………………378
　⑧　根抵当権の元本確定請求とその相手方 …………………………379
　⑨　元本が確定した根抵当権の変更の登記と元本が確定したとみな
　　された根抵当権の変更の登記 ………………………………………381

21　倒産手続と根抵当権 …………………………………………………384

(1)　破産手続開始と根抵当権の元本確定 …………………………………384
(2)　民事再生手続開始と根抵当権の元本確定 ……………………………385
(3)　会社更生手続開始と根抵当権の元本確定 ……………………………385
(4)　破産手続における根抵当権の取扱い …………………………………385
(5)　企業の倒産と根抵当権に関する登記手続 ……………………………386
　①　担保提供者の1人の持分に対する破産手続開始の登記と根抵当
　　権の確定 ………………………………………………………………386
　②　根抵当権設定者の破産手続開始決定と根抵当権者からの元本確
　　定請求に基づく登記申請 ……………………………………………387
　③　権利の放棄による破産の登記の抹消と確定の登記 ……………390
　④　仮登記根抵当権の元本確定の登記の可否 ………………………390

22　企業の承継・再生と非典型担保 ……………………………………392

(1)　倒産法の改正と譲渡担保 ………………………………………………392
(2)　典型担保と非典型担保 …………………………………………………393
　①　企業担保 ………………………………………………………………394
　②　仮登記担保 ……………………………………………………………395
　③　譲渡担保 ………………………………………………………………396

④　譲渡担保設定契約 …………………………………………397
(3)　破産法における譲渡担保等 …………………………………399
　　①　譲渡担保権者の破産 ………………………………………399
　　②　譲渡担保設定者の破産 ……………………………………399
　　③　所有権留保 …………………………………………………400
　　④　担保的構成と所有権的構成 ………………………………401
　　⑤　譲渡担保と担保権消滅請求 ………………………………402
(4)　会社更生手続における譲渡担保等 …………………………402
(5)　民事再生手続における譲渡担保等 …………………………403
(6)　譲渡担保の実行手続 …………………………………………404
　　①　帰属清算方式と処分清算方式 ……………………………404
　　②　実行手続の終了時点 ………………………………………404
　　③　譲渡担保の実行と受戻権の放棄 …………………………404
　　④　処分期間の指定 ……………………………………………405
　　⑤　担保権消滅制度・自助売却制度と譲渡担保 ……………405
　　⑥　譲渡担保契約と買戻特約付売買契約 ……………………406
　　⑦　譲受人が背信的悪意者の場合の債権者の受戻権 ………406
　　⑧　譲渡担保権消滅後の不動産の第三者への譲渡 …………407
　　⑨　譲渡担保権者と抵当不動産の第三取得者 ………………407
(7)　譲渡担保と不動産登記手続 …………………………………408
　　①　譲渡担保における所有権の移転形態 ……………………408
　　②　譲渡担保と不動産登記 ……………………………………409
　　③　登記原因「譲渡担保」による所有権移転登記 …………409
　　　ⅰ　登記原因「譲渡担保」の意味とその問題点 …………409
　　　ⅱ　登記原因「譲渡担保」の認定と効力 …………………410
　　④　登記原因「譲渡担保」による所有権移転登記と当該不動産の売
　　　却による所有権移転登記の登記原因証明情報 ……………413
　　⑤　譲渡担保を登記原因とする所有権移転の登記がされている不動
　　　産について，債権者（譲渡担保権者）が死亡した場合にする所有
　　　権移転登記の登記原因 ………………………………………414
　　⑥　抵当権の被担保債権を譲渡担保に供した場合の抵当権の移転の

　　　　登記の登記原因 ………………………………………………………414
　　⑦　譲渡担保権者が被担保債権とともに譲渡担保権を譲渡した場合
　　　　の登記原因 ………………………………………………………………415
　　⑧　譲渡担保権設定者に相続が開始した後に譲渡担保契約が解除さ
　　　　れた場合の登記手続 ……………………………………………………415
　　⑨　譲渡担保の被担保債権の処分とその登記 ………………………………416
　　⑩　譲渡担保の被担保債権の消滅とその登記 ………………………………416

23　企業のコンプライアンス（法令遵守体制）と利益相反取引 ………420

　(1)　企業のコンプライアンス ……………………………………………………420
　(2)　会社と取締役 …………………………………………………………………421
　　①　競業取引 …………………………………………………………………421
　　②　利益相反取引 ……………………………………………………………423
　　　ⅰ　利益相反取引における直接取引 ………………………………………424
　　　ⅱ　利益相反取引における間接取引 ………………………………………424
　　　ⅲ　利益相反取引の対象と効力 ……………………………………………425
　(3)　信託の受託者と利益相反行為 ………………………………………………427
　　①　忠実義務 …………………………………………………………………428
　　②　利益相反行為の禁止 ……………………………………………………428
　　③　利益相反行為禁止の例外 ………………………………………………429
　　④　利益相反行為の効果 ……………………………………………………430
　(4)　競業取引・利益相反取引と不動産登記 ……………………………………431
　　①　根抵当権設定登記の申請と取締役会議事録の提供 ……………………433
　　②　根抵当権の設定登記の申請と有限会社の社員総会議事録の提供 ……434
　　③　根抵当権の全部譲渡による登記の申請と取締役会議事録の提供 ……436
　　④　根抵当権の債務者の変更登記と取締役会議事録の提供 ………………437
　　⑤　根抵当権の債務者の追加的変更による登記の申請と取締役会議
　　　　事録の提供 ………………………………………………………………440
　　⑥　不動産の現物出資等による所有権移転登記の申請と取締役会議

事録の提供 …………………………………………………………440
　　⑦　会社分割による所有権移転登記申請と利益相反取引 …………443
　　⑧　日本に営業所のある外国会社と日本にあるその100％子会社と
　　　の間の日本における取引 ……………………………………………443
　　⑨　信託による所有権移転登記申請と利益相反取引 ………………446
　　⑩　親権濫用等による利益相反取引 ……………………………………446
　　　(i)　株式会社の代表取締役が，会社債務に対し，未成年者の親
　　　　　権者として未成年者所有の不動産を担保に供する場合と利益
　　　　　相反行為 ……………………………………………………………447
　　　(ii)　民法108条と双方代理 …………………………………………447
　　　(iii)　民法826条と利益相反行為 ……………………………………448
　　　(iv)　外形説と実質説 …………………………………………………449

24　おわりに …………………………………………………………………452

(1)　M＆A ………………………………………………………………………452
(2)　組織再編 ……………………………………………………………………452
(3)　企業の現状と今後の動向 ………………………………………………453
　　ⅰ　中小企業の動向 ………………………………………………………453
　　ⅱ　中小企業の事業承継 …………………………………………………454
　　(i)　経営権の承継 …………………………………………………………454
　　(ii)　親族内承継 ……………………………………………………………454
　　　㋐　遺産分割による承継 ………………………………………………454
　　　㋑　遺留分による制約 …………………………………………………455
　　　㋒　「特別受益」としての自社株 ………………………………………455
　　　㋓　経営承継円滑化法の「遺留分に関する民法の特例」 …………455
(4)　信託の活用 …………………………………………………………………456
(5)　企業のコンプライアンスとコーポレートガバナンス ………………456
(6)　結びにあたって ……………………………………………………………457

目　次

索　引

事項索引 ……………………………………………………………459
判例索引 ……………………………………………………………479
先例索引 ……………………………………………………………487

❶ はじめに

　我が国における企業の資金調達は，市場から直接資金を調達する直接金融よりも，金融機関が預金の形で集めた資金を借り入れる間接金融が主流であり，その中でも，金融機関が企業の所有不動産に担保権（抵当権，根抵当権等）を設定して融資を行う形態が支配的であったといえる。
　このような企業金融の在り方は，自己資本の乏しい戦後の我が国企業の資金需要を満たすために有効であったわけであるが，バブル経済崩壊後，不良債権問題が発生すると大きくつまずき，既存の法制度等の見直しが行われてきた。
　バブル経済の絶頂期においては，未曾有の好景気の中で，金融機関は各企業に対して膨大な貸付をしたが，1990年代に入り景気が低迷し，不動産の価格が大幅に下落する状況になると，金融機関は，返済が困難となった不良債権を大量に抱えることになり，金融機関としての機能が低下してきた。このことは，資金の借り手企業の側から見れば過剰債務問題となり，過剰な債務を抱えた企業は，収益の大半を借入金の利払いに充てざるを得ず，新規投資や人材育成等に資金を回わすことができず，そのため競争力が低下し，ついには経営状態が悪化して倒産する企業も増加するという状況になったといわれる。
　その対処措置として最も単純かつ抜本的な方法は，担保権を実行することにより資金を回収し，残債権を貸倒償却することであるが，しかし，この方法による場合，主要資産に担保権が実行されることになり，借り手企業は倒産においこまれる可能性が強く，日本経済全体に大きな打撃を与えるおそれがあった。
　そこで，その対応策のひとつとして平成10年に「金融機関等が有する根抵当権により担保される債権の譲渡の円滑化の臨時措置に関する法律」が制定された。この法律は根抵当権により担保された債権の譲渡を円滑化するため，根抵当権の元本確定事由及び元本確定登記の特例を時限的に定め，金融機関が不良債権を円滑に売却するための手当を講じたものである（**注1**）（同法は，その後平成13年に効力を２年間延長するための改正がされ，さらに平成15年にも同様の措置が採られたが，その後同一の規律を含む改正担保・執行法の施行により

現在は廃止されている。)）。

　このような状況の中で,「担保物権及び民事執行制度の改善のための民法等の一部を改正する法律（平成15年法律134号，平成15年8月1日公布。以下改正担保・執行法という。）が平成16年4月1日から施行された。この法律により，一方で，不良債権処理の迅速化・合理化の観点から執行妨害の排除，根抵当権譲渡の円滑化（根抵当権者の元本確定請求・民法398条の19第2項，根抵当権者の単独請求による元本確定の登記・不登法93条等），民法の担保物権のあり方の見通し等（短期賃貸借保護の廃止，滌除制度の見直し，抵当権消滅請求制度の創設等）が行われた。

　他方で，資金調達手段の多様化の観点からは，不動産に関しては抵当権の実行方法として新しく導入された担保不動産収益執行がある。前述したように，我が国経済の承継・再生は，バブル経済の崩壊をいかに清算して新しい経済秩序を構築するかにかかっていたわけであるが，1980年代後半のバブル期には，不動産市場に投機資金が流入し地価が高騰したものの，バブル崩壊により都市部を中心に地価が暴落し，企業や家計に含み損が発生して，企業の投資意欲や家計の消費が抑制されるようになった。また，この地価の下落は，金融機関がバブル期に行った不動産を担保とする融資が担保割れ状態となり，貸出債権が不良債権化して，金融システムの不安定化を招いた。この資産デフレの状態から脱却し，経済の活性化を図るには，金融機関の保有する不良債権の売買を促進する環境整備を図るとともに，不動産の売却・有効活用を進めるための各種の環境整備が必要であった。そのためには，土地という資産に対する発想を転換しなければならないとされ，土地は，その値上益を期待しての「保有するための資産」ではなく，「有効活用し収益をあげるための資産」としての活用が期待された。先に述べた担保不動産収益執行は，担保権設定者所有の不動産を換価することなく，執行裁判所の選任する管理人が不動産の維持管理，収益の収取等を行い，それを弁済に充当する不動産担保権の実行方法であるが，いわゆる競売手続が，担保不動産の「交換価値」に着目し，その不動産の交換価値を抵当権の被担保債権の弁済に充てる制度であるのに対し，担保不動産収益執行は，担保不動産の「使用収益価値」に着目し，不動産を管理してそこから生まれる収益（主として賃料）により回収を図る制度であり，まさに不動産を有効活用し，収益をあげるための制度であるわけである。

一方企業関係の法整備を概観してみると，平成に入ってから行われている累次の商法改正は，会社が市場から資金を調達する直接金融の円滑化に資する制度整備（例えば，平成5年の社債制度の改正，平成13年の株式制度の改正等）がされており，その総決算として，商法会社編，有限会社法及び商法特例法等に散在する会社関係規定を一体化し，その内容を全般的に整備した会社法が制定された（平成18年5月1日施行）。この企業関係の法整備は，不良債権処理のための立法から，新たな資金調達手段の基盤を整備する立法へとその視点を移してきたといえる（注2）。

このような不良債権の処理，資金の調達という大きな流れの中で，公示制度にも大きな影響を与えている。例えば，動産・債権譲渡制度の創設（平成17年10月3日施行），不動産登記制度（平成17年3月7日施行）と商業登記制度の改善・充実（平成18年5月1日施行・会社法の施行に伴う商業登記法の一部改正），さらには広い意味での資本調達の多様化に資する信託法の改正による信託制度とその登記の見直し（平成19年9月30日施行），再生の可能性のある企業等にその機会を与え，経済的再起の可能性を高める観点からの法的倒産処理手続の整備等（平成12年4月1日民事再生法施行，平成15年4月1日改正会社更生法施行，平成17年1月1日改正破産法施行）が行われている。

また，平成27年5月1日に施行された平成26年改正会社法は，社外取締役・社外監査役の要件の見直しや監査等委員会設置会社の新設など，コーポレートガバナンス関連事項の重要な見直しを行い，また，親子関係会社に対する規律等の整備を行っている。本書のテーマに関係の深いコーポレートガバナンスについては，会社が株主をはじめ顧客・従業員・地域社会等の立場を踏まえた上で，透明・公正かつ迅速・果断な意思決定を行うための仕組みと定義し，会社の持続的成長と企業価値の向上のため諸原則を定め，株主価値・企業価値の向上に向かって着実に前進を図っているといえる。具体的な中味としては，ⅰ社外取締役・社外監査役の要件の厳格化，ⅱ会計監査人の選解任等の議案の内容は，監査役・監査役会が決定する。ⅲ新設する監査等委員会設置会社への移行を検討している会社にあっては，それに必要な定款変更，内部組織の変更等様々な整備が必要であるとしている。

この会社法改正の背景としては，リーマン危機以降により明確となった日本経済や日本企業の競争力の低下の原因の一つとして，日本企業のコーポレート

・ガバナンスが他の国に比較して劣っていることがあるのではないか，それが日本企業のROA（総資本利益率）やROR（自己資本利益率）が欧米企業よりはるかに低いというパフォーマンスの悪さをもたらしているのではないか，という懸念があったといわれる。すなわち，企業同士の株式持合いがなお残り，社外取締役も少なくほとんどが社内の従業員出身の取締役で占められている日本企業では，業績と無関係に経営トップが決まり，役員報酬制度も業績に連動していないことが多いこと等から，株主の発言力が弱くて，経営に対する株主による監視が有効に機能せず，株主利益を軽視して経営が行われているという批判が，機関投資家等から寄せられ，高い収益をあげるインセンティブが経営者に欠けているというのである。

経営者による株主利益の軽視の表れとしては，委員会設置会社に移行したり社外取締役を積極的に任用したりする会社が少ないこと，買収防衛策を採る会社が多く，MBO（management buy-out）によって上場を取りやめる会社も多いこと（上場会社において，経営者等が金融機関等から資金を得て，その会社の支配権を公開買付け等の方法で取得してその会社を非上場化し，数年の間に，企業価値を高めて再上場を図るという手法である。）（注3），カネボウ，ライブドア，オリンパス等，大型粉飾決算をする会社の摘発が相次いだこと，極めて不透明な大規模第三者割当増資やMSCB（Moving Strike Convertible Bond）の発行等，既存の株主等の利益を軽視する不公正ファイナンスを行う会社が多く現れたこと等も挙げられる。

また，企業結合に関する法制の整備が必要ではないかということも，強く意識されていた。親会社が子会社を搾取したりして，子会社の株主や債権者の利益を損なうことがありうることは，以前から問題とされてきたが，平成9年独占禁止法改正による持株会社の解禁，平成11年商法改正による株式交換・株式移転制度の創設の結果，金融機関を中心に持株会社形態が急速に広まった中で，持株会社でありながら業務そして実際の経営の中心は子会社にあるという会社が多く，そのような子会社の経営に対する持株会社やその株主による監督があまり効いていない例が多いのではないか，ということが大きな問題とされた。

我が国においては，子会社の起こした不祥事が親会社や他のグループ企業に甚大な打撃を与えるケースや，子会社を利用した不正行為が行われるケースが

1 はじめに

少なくないといわれる。

このような問題意識を踏まえて，法務大臣による法制審議会への会社法制の見直しの諮問は，「会社法制について，会社が社会的，経済的に重要な役割を果たしていることに照らして会社を取り巻く幅広い利害関係者からの一層の信頼を確保する観点から，企業統治の在り方や親子会社に関する法律等を見直す必要があると思われるので，その要綱を示されたい。」としている。

この改正（平成18年5月1日施行）の主な内容としては，第1に，株式会社のコーポレート・ガバナンスを強化するために社外取締役の独立性を高め，その任用を促進することを目的に，社外取締役や社外監査役の社外性の要件を強化する一方，金融商品取引法24条1項により有価証券報告書提出義務のある株式会社において社外取締役が存しない場合には，定時株主総会で社外取締役を置くことが相当でない理由を説明しなければならないこととしている（会社法327条の2）。

第2に，同様の理由により，監査等委員会制度を設けて，定款に定めれば，監査役に代えて社外取締役が過半数を占める監査等委員会が監査にあたるとともに（会社法326条2項，328条1項，331条6項，399条の2第3項1号等），監査等委員以外の取締役選任議案や取締役の報酬等につき株主総会で意見を言えることとした（会社法342条の2第4項，361条6項）。

第3に，親会社による子会社株式または持分の全部または一部の譲渡が，親会社の総資産額の5分の1を超える場合で，子会社の議決権の過半数の保有を失い，子会社支配権を失うことになる場合は，重要な事業譲渡に準じるものとして，株主総会特別決議による承認を必要とすることにしている（会社法467条1項2号の2，309条2項11号）。そのほか，第4に，組織再編等に対する株主の差止請求（会社法171条の3，182条の3，784条の2，796条の2，805条の2等），第5に，詐害的な会社分割等における債権者の保護（会社法759条2項，764条2項，23条の2，759条4項から7項，764条4項から7項等），第6に，分割会社に知られていない債権者の保護（会社法759条2項，764条2項）等がある（注4）。

そして，第7に，株主による差止請求がある。株主の差止請求については，平成26年会社法改正の以前には，①取締役・執行役の違法行為差止請求（会社法360条，422条），②募集株式・募集新株予約権発行差止請求（会社法210条，

247条),および③略式の承継型組織再編(吸収合併・吸収分割・株式交換)の差止請求(改正前会社法784条2項,796条2項)の規定が置かれていたところである。

　平成26年会社法改正では,これらに加えて,④全部取得条項付種類株式の取得の差止請求(会社法171条の3),⑤株式併合の差止請求(会社法182条の3),⑥より一般的な組織再編(合併・分割・株式交換・株式移転)の差止請求(会社法784条の2,796条の2,805条の2。ただし,簡易組織再編は適用除外),および⑦特別支配株主の株式等売渡請求の差止請求(会社法179条の7)が新設された。

　新設規定は,会社の組織に関する行為(⑤⑥)およびそれに準じる行為(④⑦)を対象とするものであり,立案者の説明によれば,事後にそれらの効力を否定すると法律関係が複雑・不安定になる可能性があることから,事前に株主の救済手段を設ける必要があることに基づいて設けられたものとされている。

　このように,新設された差止請求は,事前の株主救済策という目的を共通のものとし,かつ,各規定では「法令又は定款に違反する場合」を共通の差止事由とするものである。しかしながら,③の略式組織再編の差止請求については,平成26年改正前から,法令・定款違反とは別個に組織再編の対価が不当であることが差止事由とされており(改正前会社法784条2項2号,796条2項2号,改正法784条の2第2号,796条の2第2号),また,改正法で新設された,⑦略式組織再編と同様に株主総会決議の省略型である特別支配株主の株式等売渡請求も,法令・定款違反とは別に,売渡対価が不当であることが差止請求に加えられている。こうした規定の相違を素直に受け取れば,「法令違反」と「対価の不当」とは別個の差止め事由であって,後者(対価の不当性)に基づいて差止めが認められるのは,「略式組織再編」および特別支配株主の株式等売渡請求のみであるということになる(注5)。

　本書は,担保法,債権法,執行法,会社法,信託法,倒産法等の改正と不動産登記との関わりを中心に,不良債権の処理と資金の調達等による企業の再起・再建及び競争力強化の視点からコーポレート・ガバナンス(公正さと透明性)の徹底という側面と,企業の再生の可能性を高め,対価の柔軟化等による組織の統合・再編の自由度の強化と企業価値の向上という側面から,企業の承継・再生・再編と不動産登記をめぐる諸問題について,歴史的背景も加味しな

1 はじめに

がら最近の諸状況を踏まえ考察を加えるものである（注6）。

（注1） 深山卓也「企業金融をめぐる法整備の動向」民事月報59巻11号5頁。
（注2） 前掲（注1）深山8頁。
（注3） 神田秀樹「会社法（第17版）」342頁。
（注4） 岩原紳作「平成26年会社法改正の意義」ジュリスト1472号11〜13頁。
（注5） 高田晴仁「株主による差止請求制度」法律時報87巻3号49頁。
（注6） 清水湛「金融機関の統合・再編と登記」登記インターネット2巻7号4頁。

❷ 短期賃貸借保護の廃止

(1) 改正前民法395条

　改正前の民法395条（平成15年法134による改正前の条文）は、「第六百二条ニ定メタル期間ヲ超エサル賃貸借ハ抵当権ノ登記後ニ登記シタルモノト雖モ之ヲ以テ抵当権者ニ対抗スルコトヲ得但其賃貸借カ抵当権者ニ損害ヲ及ホストキハ裁判所ハ抵当権者ノ請求ニ因リ其解除ヲ命スルコトヲ得」と規定していた。その結果、この旧民法602条で定める短期賃貸借であれば、抵当権に後れて登記をしたものであっても、賃貸借期間の満了時までは抵当権者に対抗できた。抵当不動産の所有者は、抵当権を設定した後であっても、第三者のために地上権、賃借権等の利用権を設定することは可能であるが、抵当権に劣後する利用権は、抵当権が実行された場合には消滅することになる。上記旧民法395条は、この原則に対する重大な例外を認めていたわけである。この旧民法395条が引用する民法602条は、「処分ノ能力又ハ権限ヲ有セサル者カ賃貸借ヲ為ス場合ニ於テハ其賃貸借ハ左ノ期間ヲ超ユルコトヲ得ス　1　樹木ノ栽植又ハ伐採ヲ目的トスル山林ノ賃貸借ハ十年　2　其他ノ土地ノ賃貸借ハ五年　3　建物ノ賃貸借ハ三年　4　動産ノ賃貸借ハ六个月」と規定していたので、結局、抵当権設定登記の後に設定された賃借権であっても、その期間が土地について5年（ただし、山林の賃貸借は別）、建物については3年を超えないものであれば、抵当権の実行によって覆ることはないとしていた。

　このような規定がなぜ置かれていたのかということになるが、抵当権という価値権と賃借権という利用権の調整を図るためであるとされていた。抵当権の対抗要件は、登記（抵当権設定登記・民法177条、不登法88条）であり、不動産賃借権の対抗要件は、登記（賃借権設定登記・民法605条、不登法81条）のほか、建物所有の目的の土地賃借権に認められる建物の登記（旧建物保護法1条、借地借家法10条1項）がある。また、建物所有者として土地賃借人の表示のある建物の表示登記のみがされている場合も対抗力を有するとしている（最判昭和50年2月13日民集29巻2号83頁）し、さらに、登記された建物が滅失し

た場合における建物再築についての掲示（借地借家法10条2項），建物賃貸借についての建物の引渡し（旧借家法1条1項，借地借家法31条1項）がある。しかし，抵当権に対抗できない賃借権であっても，つまり，抵当権設定登記に後れて対抗要件を具備した賃借権であっても，期間が短いものについては，抵当権の実行後もその期間だけで存続を認めて，賃借権者の使用・収益を保護するのが相当である。抵当不動産を買い受けた人も，5年または3年待てばよいのであるから，それ程大きな不利益にはならないという利益衡量によるものであると考えられる。しかし，この制度は，よくいわれているように，抵当権実行の妨害手段として濫用されたといわれ，バブル経済崩壊後における企業（銀行等）の抱える不良債権の処理を図ることが国民経済的要請となり，その障害となりうる短期賃借権保護の制度は廃止されるにいたったわけである。

(2) 短期賃貸借の濫用

このように旧民法395条の趣旨は，その立法当初においては，抵当権の設定者が抵当不動産を使用収益できる範囲を短期賃貸借に制限することにあったわけであるが，その不動産賃借権保護の社会的要請が強まる中で，抵当権設定済の不動産を新たに賃借する者の保護へと変容していった。

しかし，担保である土地・建物に短期賃貸借権が付着することはそれ自体で担保価値の減価を招くことが多く，また付着する建物短期賃貸借の内容，特に不動産競売において買受人が承継することになる敷金返還債務が公示されていない（現在は登記されている。）ことは，買受人の予測可能性を低めることになり，不動産執行妨害などを目的とした濫用を許してしまうというこの制度のマイナス面は，前述したように，いわゆるバブル崩壊後の不良債権処理の過程で顕著になった(注1)。

この弊害を是正するための措置については，判例においても示されている。

(3) 短期賃貸借濫用への対応策

① 短期賃借権設定の仮登記

まず，考えられたのは，抵当権の設定と同時に抵当権者自ら短期賃借権の設定を受けて，その仮登記をしておくという方法である。この方法によれば，仮にその後に妨害的な短期賃貸借の登記がされたとしても，その抵当権の実行前

にその仮登記の本登記をすれば，1個の不動産に2個の賃借権は共存し得ないので，後順位の妨害的短期賃貸借は抹消されることになり，抵当権者は短期賃借権の負担なくして抵当権の実行ができると考えたわけである。

しかし，平成元年6月5日の最高裁判決（民集43巻6号355頁）はこれを認めず，「抵当権と併用された賃借権設定予約契約とその仮登記は，抵当不動産の用益を目的とする真正な賃借権ということはできず，単に賃借権の仮登記という外形を具備することにより第三者の短期賃借権の出現を事実上防止しようとの意図の下になされたものにすぎないというべきであるから，その予約完結権を行使して賃借権の本登記を経由しても，賃借権としての実体を有するものでない以上，対抗要件を具備した後順位の短期賃貸借を排除する効力を認める余地はない。」としている。妨害的短期賃貸借への対抗手段として抵当権と併用するだけの実体のない短期賃貸借を認めると，真正に成立した短期賃貸借をも排除してしまうこととなり，好ましくないというのがこの判決の論拠である。

② 抵当権に基づく妨害排除請求

妨害的な短期賃貸借については，旧民法395条ただし書においても，抵当権者は，例えば，短期賃借権の負担があるために本来予定されていた配当が得られない（最判平成8年9月13日民集50巻8号2374頁）などの妨害的な短期賃借権については裁判所にその解除を請求できる旨規定していた。しかし，この解除請求の制度はほどんど使われることはなかったといわれる（注2）。その理由は2つあるといわれ，その1つは，裁判所の手続には時間とコストがかかること，もう1つは，抵当権者の解除請求が認められたとしても，短期賃借権者が占有を継続する場合にはこれを排除する法的手段がなかったことである。

特に後者の場合には，抵当権者が採り得る法的手段として考えられたのは，抵当権者が，自ら抵当権に基づく物権的請求権（妨害排除請求権）を行使するか，被担保債権を被保全債権として所有者の有する妨害排除請求権を代位行使するという方法であった。しかし，最高裁判例（同平成3年3月22日判決民集45巻3号268頁）は，そのいずれの手段も認めなかった。すなわち，民法395条ただし書の解除は，賃借権を消滅させるにとどまり，「さらに進んで，抵当不動産の占有関係について干渉する権原を有しない抵当権者に対し，賃借人等の占有を排除しうる権原を付与するものではない。」というのである。目的物の

担保価値を把握する価値権としての抵当権は，抵当不動産の使用・収益の関係に干渉することができず，これを不法に占有する者があっても，抵当権の効力として妨害排除を請求することができないというのが判例の伝統的理論であった。上記の最高裁判例はこの判例理論の枠を守るものであるが，平成年代に入って，迅速な抵当権の実行による不良債権の回収が国民経済的課題となるに及んで，この伝統的理論の見直しを期待する声が強まってきた。

③ 民事執行実務の対応

民事執行手続の面でも，濫用的短期賃貸借が横行するに従って対抗策が実施された（注3）。

執行実務では，かねてから，濫用的な短期賃貸借であることが外形上明らかなもの（目的物の占有を全く欠くものや形だけ（例えば，表札を掲げておくだけ）の占有しかないもの）については，競売手続の中で引渡命令（民執法83条1項本文）を発する取扱いが一般的に行われた。引渡命令が確定すれば，債務名義となるから，買受人は，明渡しの強制執行をすることができたのである。

これに加え，バブル経済の崩壊による不良債権処理の強化の要請に伴って，平成8年（1996年）及び平成10年（1998年）に相次いで民事執行法が改正されて，保全処分により濫用的な占有者を排除する途が開かれた。まず，平成8年の改正では，民事執行法55条（188条で担保権の実行にも準用）に定める売却のための保全処分の相手方に，債務者のほか占有者も加えられた。同様に，買受人のための保全処分（77条）についても，占有者を相手方に取り込む改正がされた。さらに，厳格な要件の下にではあるが，競売開始決定前の保全処分の制度（同法187条2項）も新設され，抵当権実行前に濫用的な占有を排除することも可能となった。次いで，平成10年の改正では，買受の申出をした差押債権者のための保全処分（同法68条の2。188条で担保権の実行に準用）が新設された。

このような，執行実務の弾力的運用及び数次の立法によって，濫用的短期賃貸借への対抗策が相当強化された。しかし，これらの手続的手段とは別に，実体法の分野で濫用的賃貸権を排斥する理論を確立することが求められていた。

④ 判例の変更（最高裁判決平成11年11月24日民集53巻8号1899頁）

第三者が抵当不動産を不法占拠しているときに，抵当権者が，抵当不動産の所有者が有する妨害排除請求権を代位行使することにつき，最高裁は，このよ

うな妨害排除請求は認められないとしていた従前の判例を変更して，この請求を認めた。最高裁は，「第三者が抵当不動産を不法占有することにより，競売手続の進行が害され，適正な価格よりも売却価格が下落するおそれがあるなど，抵当不動産の交換価値の実現が妨げられ抵当権者の優先弁済請求権の行使が困難となるような状態があるときは，抵当権者は，民法423条の法意に従い，所有者の妨害排除請求権を代位行使することができる。」とし，さらに，「なお書き」ではあるが，「抵当権に基づく妨害排除請求として，抵当権者が右状態の排除を求めることも許される。」と判示している。これに加えて，同判決は，抵当権者自ら妨害排除請求をする場合はもとより，所有者に代位して同じ請求をする場合にも，抵当権者自身が明渡しを求めることができるとする判断も示している。

この最高裁判決の論理は，当該事案のように抵当不動産が不法に占有されたという場合のみならず，短期賃貸借が抵当権を害するものとして解除され，または濫用的な賃借権と認定された場合にも，適用され得るものであるから，濫用的短期賃貸借を排除する有力な理論的根拠が与えられたことになる。この最高裁判決の論理は，現在でも，賃貸借契約を介在させずに抵当不動産を不法に占有する者を排除するものとして，なお重要性を有するということができる。もっとも，この最高裁判決は，従来は否定してきた理論を認める方向転換をしたものであるために，学説からは，伝統的な抵当権観念との関係では新たな理論的な問題を提起するに至ったとの指摘がある。

第1の問題は，抵当権者が所有者に代位して抵当不動産に対する妨害の排除を請求する場合の被保全債権は何かということである。抵当不動産の所有者が債務者であれば，被保全債権は抵当債権ということになるが，所有者が第三者である場合（物上保証）は，所有者は債務者ではないから，同様に考えることはできない。そこで，上記の最高裁判例は，抵当権者が抵当不動産の所有者に対し，「抵当不動産を適切に維持又は保存するよう求める請求権」を有するとした。これは，最高裁がこの判決で初めて示した概念であって，その理論的検討は今後の問題ということになると考えられる。

第2の問題は，抵当権者はいつから妨害排除の請求ができるかということである。抵当権の実行前でも請求できるのか，請求するには，抵当権者への配当が減少することになることを証明する必要があるかなどが問題になり得る。

第3の問題は，抵当権者に対して抵当不動産の明渡しを認める理論を正当化する根拠は何かである。抵当権者への明渡しを認めなかった従前の判例は，抵当権は非占有担保物権であるということを論拠にしていたと考えられるが，この点をどう説明するかについては，今後解明されるべき問題である。なお，この点について，学説には，抵当権の非占有担保という性質は実行までのことであって，実行段階に入れば，抵当権者も，占有に介入することができ，執行手続への協力の態様として，自ら管理することも認められるべきだとするものがある（注4）。

⑤ 短期賃借制度の廃止

これまで考察してきたような理由により旧民法395条の規定は廃止され，平成16年4月1日以降に契約が締結される土地または建物の賃貸借は，先に対抗要件を備えた抵当権には対抗できない。その結果，当該抵当権に基づいて実施された不動産競売の買受人から明渡しの請求があった場合には，賃借人は速やかにそれに応じなければならない。つまり，抵当権とその目的不動産に設定された賃借権とは，対抗要件を先に備えた方が優先することになったので，抵当権の設定登記がされた後に設定された賃貸借は，抵当権の実行によってすべて消滅する。

なお，改正法は，「この法律の施行の際現に存する抵当不動産の賃貸借（この法律の施行後に更新されたものも含む。）のうち民法602条の定める期間を超えないものであって当該抵当不動産の抵当権の登記後に対抗要件を備えたものに対する抵当権の効力については，なお従前の例による」（附則5条）としている。したがって，施行の際既に存在する短期賃借権は，改正法施行後に更新するものも含め，施行後も短期賃借権として保護を受けることができることになる。これは，短期賃貸借制度の廃止により，本来保護されるべき立場にあった賃借人が不利益を被る事態を避けるためにとられた措置である。この旧民法395条に従った取扱いをすべき場合に該当するのは，第1に，抵当権設定と賃借権設定がいずれも改正法施行時に既になされていることが必要である。第2に，抵当権設定が賃貸借に先行する場合であることが必要である。第3に，抵当権，賃借権ともに対抗要件を具備している場合でなければならない（対抗要件の具備の時期は改正法施行後でも差し支えないと解される。）。第4に，抵当権設定登記が賃貸借の対抗要件具備に先行している必要がある。第5に，賃貸

借の期間（差押えの前に更新されたときは，その更新後の期間）が3年以内（期間の定めがない場合も含まれると解される。）のものである必要がある（注5）。

(4) 抵当建物明渡猶予制度の創設（民法395条）

① 意　義

　賃貸借が消滅すれば直ちに買受人に対して目的不動産を明渡さなければならないということになると，賃借人にとっては望まない時点での引渡しを強制されるという不都合な面があることも考慮して建物明渡猶予制度が新設されている（民法395条）。民法395条は，次のように規定してその趣旨を明確にしている。「1項　抵当権者に対抗することができない賃貸借により抵当権の目的である建物の使用又は収益をする者であって次に掲げるもの（次項において「抵当建物使用者」という。）は，その建物の競売における買受人の買受けの時から6箇月を経過するまでは，その建物を買受人に引き渡すことを要しない。1号　競売手続の開始前から使用又は収益をする者　2号　強制管理又は担保不動産収益執行の管理人が競売手続開始後にした賃貸借により使用又は収益をする者　2項　前項の規定は，買受人の買受けの時より後に同項の建物の使用をしたことの対価について，買受人が抵当建物使用者に対し相当の期間を定めてその1箇月分以上の支払の催告をし，その相当の期間内に履行がない場合には，適用しない。」と規定し，ⅰ競売手続開始前から使用または収益をしていた賃借人，ⅱ強制管理または担保不動産収益執行の管理人が競売手続開始決定後にした賃貸借により使用または収益している賃借人がそれに当たる。明渡猶予は賃貸借の期限を延長するものではないから，買受人に対し，明渡しに至るまでの賃料相当額の使用損害金を不当利得として支払わなければならない。賃借人がこの使用損害金の支払いを怠り，買受人から催告を受けたにもかかわらず，相当の期間内に履行しなかったときは，買受人は直ちに明渡しを請求することができる（民法395条2項）。

　抵当権者にその賃借権を対抗することができない賃借人は，本来は，賃借不動産の競売手続における売却（代金納付）により，直ちに当該不動産を買受人に明け渡すべき義務を負っている。最判昭和46年3月30日（判時628号54頁）は，「抵当権設定登記後に成立し対抗要件を取得した賃借権は，その賃貸借契

約が強制競売申立てに基づく差押えの登記前に締結され，対抗要件を取得していた場合でも，抵当権に対抗できないから，競売により抵当権とともに消滅する」旨判示し，その趣旨を明確にしている。しかし，抵当不動産を賃借したとはいえ，他人の債務不履行のために，賃借不動産の明渡しをしなければならないということになるとその不利益はやはり大きいといえる。抵当権設定後も抵当不動産の賃貸が許されている以上，短期賃貸借制度が設けられていた趣旨にかんがみ，一定の限度で賃借人を保護することが適切であるし，抵当権の効力ないし価値もそれほど減じるものではないと考えられるところから，従来の短期賃貸借に該当する場合に限らず，抵当権者に対抗することができない建物賃借人は，買受人の代金納付から6ヶ月間は，当該建物の明渡しをしなくてもよいこととされたわけである。

② **明渡猶予を受けられる賃貸借**

ⅰ 前述した改正法附則5条により改正法施行の際に存在した賃貸借で短期賃貸借に該当するものは除外されている。この短期賃貸借については，短期賃貸借を買受人に対抗できる場合もあるが，差押えの効力発生後，代金納付までにその期間が満了したものは，直ちに明渡義務が生ずるものもあると考えられる。

ⅱ 建物の賃借人であること

この明渡猶予を受けることができる者は建物の賃借人に限られる（民法395条1項柱書）。従来，短期賃貸借として買受人に引き受けられていたものは，実際上は建物賃貸借が多かったことから，土地の賃貸借は除かれたものと解される。

ⅲ 抵当権者に対抗できない建物賃借人であること（民法395条1項柱書・賃貸借期間の長短を問わない。）。

抵当権者に対抗できる賃借人は，買受人に対しても賃借権をもって対抗することができるので，明渡しを猶予して保護する必要はないと考えられるからである。

この「抵当権者に対抗することのできる賃借人」には，最先順位の抵当権設定者よりも前に賃貸借の対抗要件（賃借権設定登記または借地借家法31条1項による引渡し）を具備した賃借人のほか，賃借権の対抗要件の具備は抵当権設定登記に後れるものの，優先する抵当権者の同意があり，かつ，その登記（民

法387条）が経由された賃借人も含まれる。
　ⅳ　建物の所有権が買受人に移転することとなる代金納付の時点で，現に当該建物の使用または収益をしている賃借人であること（民法395条１項柱書）。
　賃貸借がなされているとしても，現に使用・収益していない賃借人を保護する必要がないからである。もっとも，賃借人が当該建物を直接使用していない場合であっても，賃借人の家族や従業員といった，いわゆる履行補助者等に使用させている場合や適法に転貸して転借人に使用させている場合も含まれる（注６）。
　ⅴ　次のいずれかに該当する場合であること。
　ⅰ　競売手続の開始前より使用または収益をしている賃借人（同項１号）
　競売手続開始後，執行妨害を目的として使用収益を始めるような者を除く趣旨である。
　ⅱ　強制管理または担保不動産収益執行の管理人が競売手続の開始後にした賃貸借により使用または収益をしている賃借人であること（同項２号）
　競売手続開始後であっても，強制管理または担保不動産収益執行のために裁判所が選任した管理人が賃貸する場合は執行妨害のおそれがないからである。
　③　明渡猶予を受けられない賃貸借
　ⅰ　抵当権よりも前に対抗要件を具備した賃借権
　最先順位の抵当権の設定登記よりも前に対抗要件を具備した賃借権は，その賃借権をもって抵当権者または買受人に対抗することができ，この点は改正法による影響は受けない。したがって，賃借人は差押え後の更新（合意更新，法定更新）をもって買受人に対抗することができるし，買受人の代金納付後も，買受人を賃貸人とする賃貸借が継続することはもとより，賃貸借期間が満了した場合も，借地借家法の適用を受ける賃貸借である場合，原則として更新になると考えられる。そして，買受人が敷金返還債務を承継する。
　なお，土地の抵当権と借地権の対抗関係（優劣関係）については，土地の登記記録と建物の登記記録により判明する。土地の登記記録に地上権設定登記または賃借権設定登記が記録されているときは，それと抵当権設定登記との先後関係はすぐ判明する。しかし，借地権は建物の登記によっても対抗力を有することができる（借地借家法10条１項）ので，建物の登記記録を併せて見ないと抵当権との対抗要件具備の先後関係が明らかにならない場合が考えられ，留意

する必要がある。例えば，表示の登記も建物保護法1条（借地借家法10条1項）の「登記」に当たるとしている（最判昭和50年2月13日民集29巻2号83頁）が，登記の名義人に関しては，建物が借地権者の家族名義で登記されている場合には，建物保護法1条（借地借家法10条1項）による対抗力はない（最判昭和41年4月22日民集20巻4号870頁）としている。もっとも，地番が相違する場合については，登記された建物の地番が，錯誤または遺漏により実際と多少相違していても，建物の種類・構造・床面積等の記載とあいまって，建物の同一性を認識できれば，建物保護法1条（借地借家法10条1項）の適用を妨げない（最判昭和40年3月17日民集19巻2号453頁）としている。敷地の個数との関係については，1筆の土地の上に借地権者の所有する数棟の建物がある場合は，そのうちの1棟について登記があれば，対抗力は土地全部に及ぶとされ（大判大正3年4月4日民録20輯261頁），登記ある建物の存在する1筆の土地が，後に分筆され，建物の登記のない土地を生じても，その土地につき建物保護法1条（借地借家法10条1項）による対抗力は消滅しない（最判昭和30年9月23日民集9巻10号1350頁）としている。もっとも2筆以上の土地の借地権者がそのうちの1筆の土地上にのみ登記ある建物を所有しているにすぎない場合は，登記ある建物がない他の土地には，建物保護法1条（借地借家法10条1項）による対抗力は及ばないとしている（最判昭和40年6月29日民集19巻4号1027頁）。転借人の場合については，賃借人が建物保護法1条（借地借家法10条1項）により対抗力を有する登記ある建物を所有している場合は，適法な転借人は自らは対抗力を備えていなくても，転貸人たる賃借人の賃借権を援用して，転借権を第三者に対抗することができるとしている（最判昭和39年11月20日民集18巻9号1914頁）。ただ，ここで注意する必要があるのは，土地の抵当権設定登記よりも建物の表示登記ないし保存登記が後である場合においても，常に必ず前者が優先するとは限らない場合が考えられることである。

　例えば，先に登記された建物の敷地に抵当権設定登記がされたときは，建物の登記が先にされているから，借地権が抵当権に優先するが，この場合において，さらにその後その建物が取り壊され，新たな建物が築造され，その建物の表示登記ないし保存登記が経由された場合にも，従前の建物の登記による借地権の抵当権に対する先順位性（優先性）が維持されていると解されているからである（東京高判平成12年5月11日金判1098号27頁，東京高決平成13年2月8

日金法1607号41頁）(注7）。

　ii　差押え後の賃貸借

　競売開始決定により差押えの効力が生じた後に当該不動産を賃借した場合には，強制管理または担保不動産収益執行の管理人から賃借した場合を除き（民法395条1項2号），たとえ賃借権の対抗要件を具備したとしても，差押えの処分禁止により，競売手続上は無視され，賃貸借期間の長短にかかわらず，存在しないものとして扱われる。もっとも，競売申立の取下げ等により差押えが失効したときは，有効な賃貸借となる。

　また，滞納処分による差押えがされた後に，競売開始決定による差押えがされるまでの間に賃借した場合も，滞納処分による差押えに処分禁止効があるので，競売による差押え後に賃借した場合と同様に扱われる（最決平成12年3月16日民集54巻3号1116頁）(注8）。

　iii　競売不動産の所有会社の代表者の賃借権

　競売不動産の所有者が会社であって，その代表者が当該会社から当該不動産を賃借りしている場合には，賃借人は所有者と同視できるので，たとえ形式上は最優先順位の抵当権に対抗することができる場合であっても，買受人に賃借権を主張することは信義則に反するので，引渡命令の対象になると解されている。また逆の場合，すなわち，競売不動産の所有者が賃借人である会社の代表者である場合には，会社が買受人に対して賃借権を主張することが当然に信義則に反するとはいえないと考えられるが，会社の規模その他の状況から代表者と同視できる場合，つまり，いわゆる法人格否認の法理が適用されるような場合には，会社の代表者が賃借している場合と同様に解される。この結論は，抵当権実行による競売手続がされている場合に当該抵当権の被担保債権の債務者（抵当債務者）は，たとえ最先順位の抵当権に対抗できる賃借権（その対抗要件具備が抵当権設定登記よりも先であるような場合）により不動産を占有している者が買受人に対して賃借権を主張することは信義則に反するので，引渡命令の対象となる（最決平成13年1月25日民集55巻1号17頁）とする考え方によるものである（注9）。

　④　明渡猶予期間中の対価の意味とその不払の効果

　前述のごとく，明渡猶予は法律の規定によって特別に認められるものであって，買受人が賃借権の負担を引き受ける，つまり賃借人の地位を承継するもの

ではないし，買受人と賃借人であった者との間で新たな賃貸借関係を創設するものでもない。したがって，買受人は，建物使用者に対する敷金返還債務を承継するわけではないし，建物使用者に対する賃料債権を取得するわけでもない。

そこで，民法395条2項は，明渡猶予期間中，建物使用者には当該建物使用の対価（適正な賃料相当額と考えられる。）を買受人に対して支払うべき義務があることを前提として，買受人が建物使用者に対し，相当の期間を定めて，建物使用の対価の1ヶ月分以上の支払を催告し，建物使用者がその期間内にその支払をしなかったときは，明渡猶予の規定が適用されないこととしている。

⑤ 建物使用者に対する引渡命令

民法395条1項により明渡猶予が認められる建物使用者は，その猶予期間内に建物を任意に明け渡すべきことが期待されるが，猶予期間が経過したにもかかわらず明渡しをしないときは，買受人は建物使用者に対する引渡命令（民執法83条）を申し立てることができる。民事執行法83条1項柱書は，「執行裁判所は，代金を納付した買受人の申立てにより，債務者又は不動産の占有者に対し，不動産を買受人に引き渡すべき旨を命ずることができる。」と規定し，その旨を明らかにしている。引渡命令の申立期間は，原則として代金納付より6ヶ月であるが，民法395条1項に規定する建物使用者が占有していた建物の買受人が申し立てる場合は，改正法により代金納付より9ヶ月とされている（民執法83条2項）。

なお，代金納付から9ヶ月を経過したときは，買受人は引渡命令の申立てができなくなるが，建物使用者に対して建物明渡訴訟を提起し，その勝訴判決を得て，その明渡しの執行をすることはできると解される（注10）。

(5) 同意の登記

① 意　義

抵当権に後れる賃借権は，その期間の長短にかかわらず抵当権者及び競売における買受人に対抗することができない。しかし，これには例外がある。その1つは，前述した明渡猶予制度である。そして，もう1つは，先順位抵当権者全員が後順位賃借権を引き受けることができるとする同意の登記の制度である。ここでは，後者の同意の登記について考察することとする。

民法387条は，その１項において「登記をした賃貸借は，その登記前に登記をした抵当権を有するすべての者が同意をし，かつ，その同意の登記があるときは，その同意をした抵当権者に対抗することができる。」と規定し，その２項において，「抵当権者が前項の同意をするには，その抵当権を目的とする権利を有する者その他抵当権者の同意によって不利益を受けるべき者の承諾を得なければならない。」と規定している。

抵当権と賃借権との対抗関係ないし優劣関係は，基本的には，それぞれの対抗要件の有無と先後によって決定されるので，抵当権に後れる賃借権，すなわち，対抗要件を具備していない賃借権または抵当権設定登記に後れて対抗要件を具備した賃借権に基づいて不動産を占有する賃借人は，当該不動産が競売されたときは，その賃借権を当該不動産の買受人に対抗することができず，建物賃借人に前述のごとく明渡猶予が認められることがあるものの，賃借不動産を買受人に明け渡すべきこととなる。

以上が原則論であるが，しかし，一方では，抵当権者としては，抵当権設定者が抵当不動産に賃借権を設定して賃料収入を得，それを抵当債務への返済に充てるということは必ずしも抵当権者にとって不利益であるとはいえない場合も考えられる。

例えば，アパート・賃貸マンション・オフィスビル等の賃貸用建物の建築資金を融資した金融機関等は，当該建物の完成と同時に抵当権を設定し，その登記を受けることになると考えられるが，この場合に，その後その建物の利用者のために設定される賃借権について，当該抵当権の優位性を後退させ，賃借権者が安心して貸借建物を利用できるようにするために，競売に影響されることのない，安定した使用，収益を保障するということが求められる場合があり得るように思われまる。

そこで，改正法は，短期賃貸借制度のように一律に，かつ短期間だけの賃借権の対抗力を認めるのではなく，個別的に，先順位抵当権者の全員が本来劣後する賃借権を優先させることに同意し，かつ，そのことを同意した場合に限り，その賃借権は抵当権に優先する，いいかえれば，賃借人は自己の賃借権をもって抵当権者または買受人に対抗することができるものとする制度を創設したわけである。

この制度は，賃借権の優先を認めるか否かを抵当権者の選択に任せるもので

あるから，抵当権者にとって不利益となるものではなく，抵当権者としては，むしろ，最終的には自己の利益につながるものとして同意を与えることが考えられ，賃借不動産が競売された場合でも買受人に賃借権をもって対抗し，使用，収益を継続することができることとなり，賃借人にとっても有益なものとして活用が期待されている(注11)。

② 要　件

抵当権の登記後に登記された賃貸借は，これに優先するすべての抵当権者が同意し，その同意について登記がされたときは，当該抵当権者及び競売における買受人に対抗できること（民法387条）は，前述のとおりであるが，この制度を利用するには，ⅰ賃借権の登記，ⅱ先順位抵当権者の全員の同意，ⅲ先順位抵当権者の同意の登記という3つの要件を充足している必要がある。

ⅰ　賃借権の登記

不動産の賃貸借は，不動産の使用及び収益をする権利（債権）であるが，当事者の一方（所有者その他の権利者）が賃貸人として相手方（賃借人）に対してその不動産の使用及び収益をさせることを約し，相手方がその賃料を支払うことを約する賃貸借契約によって成立する（民法601条）。賃借物（土地または建物）の転貸借は，賃貸人の承諾を得て賃借人と転借人との転貸借契約によって成立する（民法612条，613条）。

この不動産の賃借権の設定は，その登記をしたときは，その不動産について物権（所有権，抵当権等）を取得した第三者にも対抗できる（民法605条）が，その登記をしなくても対抗力を生ずる場合がある。

まず，その登記をしなくても対抗力の生ずる場合として，建物所有を目的とする土地の賃貸借について借地借家法10条1項の規定により賃借権者がその土地の上に登記されている建物を所有するとき（その所有権取得の登記または賃借権者を所有者とする建物の表題登記を受けているとき）は，賃借権の登記なくして第三者に対抗することができ，また，建物の賃借権については，その登記がなくても，その建物の引渡しを受ければ，その後その建物について物権を取得した者に対し対抗できる（借地借家法31条）。

賃借権の登記は，賃借権が債権であるので，賃借人に，当然には登記請求権は発生せず，賃貸人が登記することを承諾しない限り，賃借人は賃借権の設定の登記の請求権を有しない。当事者間において賃借権の登記をする旨の特約が

ない場合には，賃借人は，賃貸人に対して賃借権の登記を請求する権利はもちろん，その仮登記を為す権利をも有していない（大判大正10年7月11日民録27輯1378頁）。

ところで，先ほど同意の登記の制度を利用する要件として，第1に，「賃借権の登記」が必要であると説明したが，これは文字通り「賃借権の登記」が必要であるという趣旨である。したがって，借地借家法により，借地上に借地権者が登記されている建物を所有するときは，第三者に対し対抗力を有するとし，また，建物の引渡しを受けていればその建物について物権を取得した者に対し建物の賃借権を対抗できるが，このように，賃借権の登記なくしても，特別法によって対抗力が認められる場合は，いずれも「賃借権の登記」という要件を満たしていることにならない。したがって，この場合は同意の登記もできないので，この制度の保護を受けることはできない。「賃借権の登記」を要件としたのは，先順位抵当権者が引き受けることになる賃借権の内容を登記により明確にし，不測の不利益をこうむることがないようにという趣旨によるものであるからである。このように抵当権に後れる賃借権に対抗力を付与する抵当権者の同意の対象となる賃借権は，まず登記した賃借権でなければならず（民法387条1項），また定期借地権や定期借家権も含まれる。このことは，同意の登記をする前提として賃借権設定の登記が必要であるということのほかに，登記されていなければ買受人が引き受けることになる賃借権の内容が不明確で買受人に不測の損害を与える場合が考えられること，また，登記されていない場合には，賃借権の内容について虚偽の主張をして執行妨害のおそれが生ずることがあるといった点も考慮されたものと考えられる（注12）。

この賃借権優先同意の制度は，改正法施行後に創設された制度であるが，対象となる賃貸借は，改正法施行後に成立し，または登記されたものに限られるわけではない。改正法施行前に成立し，かつ登記された賃借権，さらには改正法施行前に成立し，改正法施行後に登記された賃借権も対象となる（平成15年12月25日民二第3817号法務省民事局長通達・民事月報59巻3号142頁）。

ⅱ　先順位抵当権者全員の同意

第2の要件として，先順位抵当権者全員の同意が必要であるということである。全員の同意が必要であるとしたのは，法律関係を画一化し，複雑な法律関係が生じないようにするためである。例えば，先順位にA・B2つの抵当権が

あり，AはAは同意したがBは同意しないということになると，Aとの関係では優先するが，Bとの関係では優先せず，後順位の賃借権になるということになるが，そのような相対的な関係は認められないということである。これは，抵当権の順位の変更について，各抵当権者の合意が要件とされている抵当権の順位の変更の登記（民法374条）と同じ趣旨である（注13）。

iii　同意の登記

　第3の要件として，同意の登記が必要である。

　民法387条の適用を受けるのは，登記された不動産の賃借権（民法605条，不登法81条）である。借地借家法の定める対抗力を備えただけの賃借権には適用されない。濫用を防止するためには，賃借権の存在のみならず，賃借権の内容も公示しなければならないからである（注14）。具体的には，賃料，存続期間，譲渡転貸の特約，敷金についての定めなどが登記によって公示される（不登法81条）。賃借権登記のある不動産について重ねて賃借権を設定しその登記をすることができる（昭和30年5月21日民事甲第972号法務省民事局長通達）。この場合には，それぞれ同意を得る必要があると解される。なお，不動産の一部についての賃借権の設定登記を申請するには，その部分に関し分割または区分による登記をした後でなければすることができないので留意する必要がある。目的不動産の登記記録に登記されたすべての抵当権者の同意が必要である。もっとも，賃借権の登記後に登記された抵当権者の同意を得る必要はない。同意を必要とする抵当権者全員の同意とその登記をすることによって絶対的な対抗力を備えるということになる（注15）。同意を必要とする抵当権者のうちの1人でも同意しなければこの民法387条の適用はないと解されるし，同意の登記もできないということになる。

　それから，抵当権者が同意をするには，その抵当権を目的とする権利を有する者その他賃借権優先同意によって不利益を受けるべき者の承諾を得なければならない（民法387条2項）。

　例えば，同意をする抵当権者の転抵当権者，抵当権移転についての仮登記権者，抵当権の被担保債権の差押権者，仮差押権者，質権者，滞納処分権者等も含まれると解される（注16）。

　さらに同意の撤回，あるいは同意の取消無効といったことも考えられる。前者の同意の撤回については，いったん与えた同意を一方的に撤回するわけであ

るから，これはできないと解される。しかし，錯誤による無効（民法95条本文），詐欺または強迫による取消し（民法96条1項），制限能力者による取消し（民法4条2項，9条本文，12条4項，16条4項）等の場合は，賃借権優先同意はその全部について無効になると解される（注17）。

　この同意の登記は，抵当権の登記や賃借権の登記の付記登記ではなく，当該賃借人と全優先抵当権者の共同申請により独立の主登記としてされる。抵当権の順位変更の登記と同様である。登記記録例は，下記のとおりである（不動産登記記録例集・平成21年2月20日法務省民二第500号民事局長通達298）。

賃借権の先順位抵当権に優先する同意の登記　298

権利部（乙区）	（所有権以外の権利に関する事項）		
順位番号	登記の目的	受付年月日・受付番号	権利者その他の事項
1 ⑤	抵当権設定	（事項省略）	（事項一部省略） 抵当権者　何市何町何番地 　株式会社何商会
2 ⑤	抵当権設定	（事項省略）	（事項一部省略） 抵当権者　何市何町何番地 　何　某
3 ⑤	根抵当権設定	（事項省略）	（事項一部省略） 根抵当権者　何市何町何番地 　株式会社何銀行
4 ⑤	賃借権設定	（事項省略）	（事項一部省略） 賃借権者　何市何町何番地 　何　某
5	4番賃借権の1番抵当権、2番抵当権、3番根抵当権に優先する同意	平成何年何月何日第何号	原因　平成何年何月何日同意

　前述のごとく，同意の登記の申請は，先順位抵当権者を登記義務者，同意を受けた賃借人を登記権利者として共同申請によってする（不登法60条）。そして，先順位抵当権者が同意をするについて，転抵当権者など，同意により不利益を受ける者があるときはその者の承諾書を必要とすることは前述のとおりであるが，この承諾書には，その真正を担保するために印鑑証明書を提供する必

要がある（登記令19条）。

同意登記の登録免許税は，賃借権の先順位抵当権に優先する同意の登記として，賃借権及び抵当権の件数１件につき1,000円である（登録免許税法別表第一の一号(九)）。

なお，同意の登記をした場合において，賃借権設定登記について賃借人に有利な変更登記をする場合には，同意の登記をした先順位抵当権者は登記上の利害関係者（不登法67条）に該当するので，変更登記の申請書（情報）には，先順位抵当権者の承諾書（印鑑証明書），または先順位抵当権者に対抗することができる判決書の謄本を提供しなければならない（平成15年12月25日民二第3817号法務省民事局長通達）(注18)。

③ 効　果
ｉ　賃借権の優先

同意の登記をした賃借権者は，その総先順位抵当権者に対抗することができるので，当該不動産がその後競売された場合も，賃借人は賃借権をもって買受人に対抗することができる。したがって，買受人は賃借権の負担を引き受け，賃貸人の地位を承継し，賃借人に対する敷金返還義務を承継する。そして，賃貸借の内容は賃貸人の地位承継の前後を通して変わらない。

ⅱ　競売における売却と同意の登記

競売手続により不動産が売却され，買受人が代金を納付すると買受人はその所有権を取得する（民執法79条，188条）。この場合，裁判所は，売却により消滅した権利に係る登記の抹消を嘱託する（民執法82条１項，188条）。これにより抵当権設定登記は抹消されるが，賃借権設定登記及び同意登記は，買受人に対抗できるので，「売却により消滅した権利」にも「売却により効力を失った権利」（民執法82条１項２号）にも当たらず，その賃借権設定登記は，抹消の対象にならないと解される(注19)。

(6) 敷金の登記

① 意　義

総順位抵当権者の同意により賃借権に対抗力を与える制度の創設に伴い，不動産競売における買受人が引き受けるべき賃借権の内容を明確にし，また，高額敷金の差入れの仮装等による執行妨害を排除するため，賃借権の設定または

転貸の登記について敷金が登記事項とされている（不登法81条）。なお，旧不動産登記法132条1項（現不登法81条）の規定は，改正法の施行前に登記された賃借権の敷金については，適用しないとされている（改正法附則第7条，平成15年12月25日民二第3817号民事局長通達）。

　敷金が登記事項とされたのは，同意の登記という新しい制度が創設され，抵当権の登記後に登記された賃貸借であっても，これに優先するすべての抵当権者が同意し，その同意について登記がされたときは，当該抵当権者および競売における買受人に対抗することができることとなったので（民法387条），この賃借権の内容を明確にしておくことが望ましいといえるからである。敷金契約は，賃貸借契約に附随してされる契約であり，賃貸借契約と同時またはその契約後にしてもよいのであるが，敷金の交付を必要とする要物契約である。

　敷金によって担保される債権の主たるものは賃料債権であるが，それのみならずその不動産の賃貸借によって生じた賃貸人の賃借人に対する債権の全部であると解される(注20)。賃貸借契約の終了時に被担保債権がある場合は，敷金は当然に賃借人の当該被担保債務に充当される。

② 敷金の承継

　賃貸人の地位が移転される場合に賃貸人が賃料請求などをするには，債権譲渡の通知または承諾で足りるのか，所有権移転についての対抗要件を具備することが必要であるのかという点につき，判例は昭和8年の大審院判決（昭和8年5月9日民集12巻1123頁）以来登記を必要とするとしている。所有権の移転に随伴する賃貸人の地位の移転を賃借人に対して主張するためには，所有権取得の対抗要件を備える必要があるとし，もし，不要説を採用すると所有者が二重譲渡した場合，未登記譲受人のいずれも賃貸借を主張できることになり不都合であるとしている。この必要説の実質的な意義は二重譲渡がされた場合の法律関係の不明確さから賃借人を保護する点にあると考えられる（最判昭和25年11月30日民集4巻11号607頁）。そして，賃借権に対抗要件が備わっている場合は，賃貸借契約の存続中に賃貸人がその目的物の所有権を第三者に移転したときには特段の事情のない限り賃貸人の地位は新所有者に移転するとしている（最判昭和39年8月28日民集18巻7号1354頁，最判昭和49年3月19日民集28巻2号325頁）。

　この考え方は，この場面は，民法177条が本来予定している対抗問題ではな

いことを前提としつつ，登記の権利資格保護機能，事実証明機能を重視し，登記の有無を賃料請求等の基準とするものである。この考え方は，後に考察する敷金の登記の意義を裏付ける意味を有するものと考えられる。

　ところで，賃貸人に承継があった場合，賃借権者が前賃貸人に差入れしていた敷金や建設協力金・保証金等が新賃貸人に承継されるかどうかについては，判例は，敷金について，「敷金は，賃貸借契約終了の際に賃借人の賃料債務不履行があるときは，その弁済として当然これに充当される性質のものであるから，建物賃貸借契約において当該建物の所有権移転に伴い賃貸人たる地位に承継があった場合には，旧賃貸人に差し入れた敷金は，賃借人の旧賃貸人に対する未払賃料債務があればその弁済としてこれに当然充当され，その限度において敷金返還請求権は消滅し，残額についてのみその権利義務関係が新賃貸人に承継されるものと解すべきである。」として（最判昭和44年7月17日民集23巻8号1610頁），新賃貸人に承継されるとしている。

　一方保証金については，「本件保証金は，その権利義務に関する約定が本件賃貸借契約書の中に記載されているとはいえ，いわゆる建設協力金として右賃貸借とは別個に消費貸借の目的とされたものというべきであり，かつ，その返還に関する約定に照らしても，賃借人の賃料債務その他賃貸借上の債務を担保する目的で賃借人から賃貸人に交付され，賃貸借の存続と特に密接な関係に立つ敷金ともその本質を異にするものといわなければならない。そして，本件建物の所有権移転に伴って新所有者が本件保証金の返還債務を承継するか否かについては，右保証金の前記のような性格に徴すると，未だ新所有者が当然に保証金返還債務を承継する慣習ないし慣習法があるとは認め難い状況のもとにおいて，新所有者が当然に保証金返還債務を承継するとされることにより不測の損害を被ることのある新所有者の利益保護の必要性と新所有者が当然にはこれを承継しないとされることにより保証金を回収できなくなるおそれを生ずる賃借人の利益保護の必要性とを比較衡量しても，新所有者は，特段の合意をしない限り，当然には保証金返還債務を承継しないものと解するのが相当である。」（最判昭51年3月4日民集30巻2号25頁）とし，保証金の返還債務は当該建物の所有権を譲り受けた新賃貸人に承継されないとしている。

　建設協力金については，金銭消費貸借としての性質を有するとして，敷金の場合とは逆に新賃貸人は承継せず，旧賃貸人が債務者となるとしている（最判

昭和51年3月4日金法788号27頁)。

　また，敷金についても，賃貸借が終了した後に建物が譲渡された場合には，新所有者に承継されることはないとし（最判昭和48年2月2日民集27巻1号80頁），返還義務が具体化した後の譲渡の場合も新賃貸人に承継されないとしている（最判昭和48年3月22日金法685号26頁）。

　競売により買受人がどういう条件で競売不動産に係る権利を取得することになるかは，買受人にとっては重大な関心事である。抵当不動産に係る賃借権が買受人に承継されるかどうかは，抵当権と賃借権との優先劣後によって決まるわけであるが，この優先劣後の決定基準を同意によって変更する場合は同意の登記によるべきものとしたわけである（民法387条）から，この立法趣旨からすれば，買受人が引き受けるべき賃借権の内容についても登記により明確にする必要がある。敷金返還請求権についても，買受人が引き受けるべきこととなると，賃借権の登記事項として明らかにする必要がある。そこで，同意の登記の制度の導入に伴い不動産登記法132条中（現不登法81条4号）に「敷金」を賃借権設定登記の登記事項とする改正がされている。

　なお，「改正後の不動産登記法第132条1項の規定は，施行日前に登記された賃借権の敷金については，適用しない。」（附則7条）とし，改正法施行前に登記された賃借権については，敷金の登記ができないとしている。改正法施行前に登記された賃借権についても，敷金の登記ができるとすると敷金の登記が対抗要件となり，敷金の登記をする前に賃貸不動産に対し所有権移転登記がされた場合，賃借人は新所有者に対し敷金返還請求権を行使できなくなるからである（注21）。

③　敷金の登記の意味

　この敷金を登記事項とすることについては，疑問であるとされる見解がある（注22）。何故なら，敷金の約定及びその敷金の交付は，当該賃貸人と賃借人の当事者間のみの法的関係であり，敷金は，賃貸借契約に附随して，賃貸人の利益のためにされる特約によるものであるが，賃貸借の内容をなすものではなく，当該敷金契約の当事者である賃貸人と賃借人との間の法的関係であって，その限りのものであるから，賃貸借の譲渡または賃貸借の目的である土地または建物の譲渡により，敷金特約の当事者の一方が賃借人または賃貸人でなくなるときは，賃料の滞納その他の当該賃貸借に関する賃貸人の債権があれば，そ

の債権の弁済に充当し，その残余金を賃借人に返還して当該敷金に関する清算をすべきものであるとされる(注23)。判例も「賃貸借契約における敷金契約は，授受された金銭をもって，賃料債権，賃貸借終了後の目的物の明渡しまでに生ずる賃料相当の損害金債権，その他賃貸借契約により賃貸人が賃借人に対して取得することとなるべき一切の債権を担保することを目的とする賃貸借契約に付随する契約」であるとしている（最判昭和48年2月2日民集27巻1号80頁，最判平成14年3月28日民集56巻3号689頁）。敷金は，このような賃貸人にとっての担保としての権利と条件付返還義務とを含むそれ自体一個の契約関係であって，敷金の譲渡ないし承継とは，このような契約上の地位の移転にほかならないということになりそうである。前述した最高裁判例（昭和44年7月17日民集23巻8号1610頁）は，「敷金は，賃貸借契約終了の際に賃借人の賃料債務不履行があるときは，その弁済として当然これに充当される性質のものであるから，建物賃貸借において当該建物の所有権移転に伴い賃貸人たる地位に承継があった場合には，旧賃貸人に差し入れられた敷金は，賃借人の旧賃貸人に対する未払賃料債務があればその弁済としてこれに当然充当され，その限度において敷金返還請求権は消滅し，残額についてのみその権利義務関係が新賃貸人に承継されるものと解すべきである。」としている。

　しかし，判例によれば，敷金契約は賃貸借契約に付随する契約であり，これとは別個の契約であるとしているから，かりに敷金契約も賃貸借契約の内容の一部であると構成するのであれば，敷金関係が新所有者に移転することも当然に導かれるわけであるが，敷金契約は賃貸借契約とは別個の契約であると解する場合には，敷金契約の承継は，賃貸人の地位の移転の直接の効果として理解することは難しく，それとは別個の法的根拠が必要であるといえそうである。そのような視点で考えてみると，賃貸借の目的物の譲渡に伴い，賃貸人の地位が移転する場合に，敷金契約も新賃貸人に移転するのは，敷金が賃貸借契約に基づいて賃貸人が賃借人に対して取得する債権の担保を目的としているからではないかと考えられる。すなわち，敷金は賃貸人のための担保として賃貸人の地位と結びつくものであるから，その地位の譲渡は，あたかも担保物権による被担保債権の譲渡と同様に担保の移転を伴うべきものであると解され，敷金契約は，賃貸借契約に随伴する従たる契約であるとみることができる。すでに考察したように，判例も，敷金は，「賃貸人にとっての担保としての権利と条件

付返還義務とを含むそれ自体一個の契約関係であって，敷金の譲渡ないし承継とは，このような契約上の地位の移転にほかならない」とし，「このような敷金に関する法律関係は，賃貸借契約に付随従属するものであって，これと離れて独立の意義を有するものではない」としている（最判昭和48年2月2日民集27巻1号80頁）(注24)。

　新しく登記事項とされた「敷金」は，任意的登記事項であり，当事者間の敷金の差入れがあっても，登記するかどうかは登記申請人の任意に委ねられている。ただし，敷金の登記をしないときは，敷金をめぐる法律関係を第三者に対抗できないと解されるから，賃借人は賃貸不動産の第三取得者に対し敷金の返還の請求ができないことになる。したがって，賃借権設定の登記事項に変更があったときは，その変更の登記をしなければ第三者に対抗できない。

　先順位抵当権者の同意の登記後，同意の対象となっている賃借権設定登記について，変更・更正の登記申請をするときは，同意をした先順位抵当権者及びその先順位抵当権を目的とする権利を有する転抵当権者等は，登記上の利害関係人となり，不動産登記法66条の適用を受けると解される。そのため，それらの登記上の利害関係人の承諾書を提供すれば付記登記，そうでなければ主登記で変更・更正登記をすることになる。付記登記で変更・更正登記をした場合は，変更・更正後の登記事項を先順位抵当権者に対抗することができるが，主登記の場合は対抗できないことになる。

　なお，参考までに敷金がある場合の現在の賃借権設定の登記記録例は下記のとおりである（平成21年2月20日民二第500号法務省民事局長通達287）。

2　敷金がある場合の賃借権の設定　287

権利部（乙区）		（所有権以外の権利に関する事項）	
順位番号	登記の目的	受付年月日・受付番号	権利者その他の事項
1	賃借権設定	平成何年何月何日 第何号	原因　平成何年何月何日設定 賃料　1月何万円 支払時期　毎月末日 存続期間　何年 敷金　金何万円 特約　譲渡、転貸ができる 賃借権者　何市何町何番地 　　　何　某

2　短期賃貸借保護の廃止

④　質権が設定された敷金の返還義務者

　賃貸建物が譲渡された場合，質権が設定された敷金の返還義務は，新賃貸人が引き継ぐことになるかどうかである。

　賃貸借の目的である建物が譲渡され，賃貸人たる地位に承継があった場合には，旧賃貸人に差し入れられた敷金は，未払賃料等があればこれに当然に充当され，残額についてその権利義務関係が新賃貸人に承継される（最判昭和44年7月17日民集23巻8号1610頁）が，新賃貸人が引き継ぐということになると，質権の設定について異議なく承諾した旧賃貸人が質権者の同意なく建物を譲渡しておきながら，返還について責任を負わなくてよいのかという疑問も生じる。

　判例（大阪高判平成16年7月13日金法1731号67頁，上告受理申立・最高裁不受理）は，上記昭和44年最高裁判例を引用した上で，当事者の利害について，質権が設定された場合でも，①賃借人にとって引き継がれるとした方が清算や再差入れといった不便さが回避できる，②新旧賃貸人にとって引き継がれることで特段の不都合はない，③質権者にとって引き継がれる場合は返還義務者（新賃貸人）の資力が低下するおそれがあるが，そもそも，質権が設定されていない場合でも，賃借人（敷金返還請求権者）自身も，新所有者の資力について危険を負担しなければならないのであり，質権が設定された場合でも，質権者に対し質権の債務者（賃借人）以上の独自の利益を認める必要はない，④質権者のあずかり知らぬところで第三債務者が変更になってしまい，誰に請求すればよいか不明となるおそれがあるが，そもそも，敷金返還請求権は支払時期や額が賃貸借契約終了まで不確定で不安定な側面を有する債権であり質権者もそれを甘受すべきところ，敷金返還義務者の把握についても，同様であって，質権者が所有者の変動に注意を払っておくという程度の不利益を負ったとしてもやむを得ないとし，敷金は賃借人の債務を担保するものであるから，賃貸人の交代による承継は，敷金の性質上当然のことであり，質権を設定しても，敷金自体の性格からくる制約を甘受せざるを得ず，「賃貸物件の譲渡を禁ずることができないのはもとより，敷金に関する権利関係の承継を禁ずることもできない」と判示し，賃貸借建物が譲渡された場合，質権が設定された敷金の返還義務は，新賃貸人が引き継ぐとしている(注25)。

⑤　破産手続における敷金の取扱い

賃貸人が破産した場合には，賃借人の有する敷金返還請求権は，破産手続開始前の原因に基づく債権であるので，破産債権になる（破産法2条5項）。ちなみに，賃貸借契約について破産管財人の解除権が制約される場合（破産法56条）や破産管財人が履行を選択する場合に，賃借人の有する請求権が財団債権とされる（破産法56条2項，148条1項7号）が，これに敷金返還請求権が含まれるか否かという問題がある。この点については，敷金関係は，賃借人の交替の場合には承継されないとされており，敷金契約は賃貸借関係と密接に関連するものではあるが，あくまでも別個の契約であることを考えると賃貸借契約の継続によってそれとは別個の契約である敷金契約における相手方の請求権までが財団債権となると解することは難しいと解される**(注26)**。判例（最判昭和53年12月22日民集32巻9号1768頁）も，「土地賃貸借における敷金契約は……賃貸借に従たる契約ではあるが，賃貸借とは別個の契約である。」とし，賃貸借が賃貸人の承諾を得て旧賃借人から新賃借人に移転された場合であっても，「敷金交付者が，賃貸人との間で敷金をもって新賃借人の債務不履行の担保とすることを約し，又は新賃借人に対して敷金返還請求権を譲渡するなど特段の事情のない限り，……敷金に関する敷金交付者の権利義務関係は新賃借人に承継されるものではないと解すべきである。」と判示している。

　また，敷金は，賃貸借終了後目的物の返還義務の履行までに生ずる損害金その他賃貸借関係により賃貸人が賃借人に対し取得する一切の債権を担保するものであり，その返還請求権は，目的物返還完了の時にそれまでに生じた被担保債権を控除し，なお残額がある場合にその残額につき発生するものとされており（最判昭和48年2月2日民集27巻1号80頁），敷金返還請求権は停止条件付債権であると考えられること前述のとおりである。

　破産手続開始後も，賃貸借契約が継続し，敷金返還請求権を有する賃借人が破産者に対する賃料債務を弁済する場合には，当該賃借人は，その弁済額の寄託を請求でき，敷金返還請求権を現実に行使できるようになったときに寄託金分を優先的に回収することができる（破産法70条後段）。なお，この場合は，一般に賃料債務の弁済は，停止条件（賃貸借の目的物の返還時に賃借人の債務がないこと）付債権である敷金返還請求権の停止条件の成就を解除条件としたものであり，解除条件の成就によって弁済がその効力を失い，相殺が可能になると解される。

なお，寄託請求は，破産者に対して弁済する場合に，破産財団に弁済金が入るのに対応して寄託を請求するものであり，したがって，既に賃料債権が譲渡されており，賃借人が譲受人に対して弁済する場合には，寄託請求の要件を満たさないものと考えられる。

また，一般に賃貸借契約存続中に目的財産の所有権が移転し，新所有者が賃貸人の地位を承継した場合には，旧賃貸人に差し入れられていた敷金は，未払賃料への充当を経て残額につき，その権利義務が新賃貸人に承継されることについてはすでに考察してきたところである（最判昭和44年7月17日民集23巻8号1610頁）が，これによれば，賃貸借契約存続中に目的財産が処分された場合に，賃借権が新所有者に対抗できるものであるときは，敷金返還債務は新所有者に承継されることになり，新所有者に敷金の返還を求めることができる。この場合には，その限りにおいて，敷金返還債務につき，破産財団との関係で停止条件の不成就が確定することになると考えられるので，寄託請求によって寄託されていた金銭は，他の債権の弁済または配当に充てられることになる（破産法201条2項）ものと考えられる (注27)。

⑥ **敷金と破産手続における相殺の範囲**

平成16年に破産法が改正されたが，それまでの旧破産法においては，賃貸人が破産した場合における賃料債権を受働債権とする相殺については，⒤原則として，破産手続開始時点における当期および次期の二期分のみを相殺に供し得ることとし（旧破産法103条1項前段），ⅱ敷金がある場合には，次々期以降の賃料債権についても相殺できるという取扱いをしていた（同条同項後段）。この趣旨は当期および次期分を除き，破産手続開始時点の次々期以降の賃料は，破産財団に確保する趣旨の規定と解されていた。

しかし，一般に相殺権の行使が広く保障されている破産手続において賃料債権を受働債権とする場合にのみ特別の制限を課することの合理性が問題とされ，また，敷金がある場合の相殺の範囲の拡張に関しては，実体法上，敷金返還請求権は，賃貸借契約終了後賃貸目的財産の返還時に具体的に発生する（最判昭和48年2月2日民集27巻1号80頁）ため，賃貸借契約継続中は相殺適状にならず，したがって敷金返還請求権を自働債権とする相殺はできない（大阪地判平成5年8月4日判時1497号105頁）のではないかと考えられ，また拡張される範囲についても，敷金返還請求権の評価額分であるとすると，貸借人のそ

の後の行為によってその発生および額が左右され，その正確な算定は困難ではないかといった指摘もあったといわれている。そこで，現在の破産法は，相殺の局面でも，相殺権の行使が広く認められる破産手続において，賃料債権を受働債権とする相殺のみを特別に制限することには，十分な理由を見出し難いとして，旧破産法103条1項前段の賃料債権に関する特別の制限を廃止し，併せて，これを前提とする同条同項後段の敷金がある場合の相殺の範囲の拡張も廃止して，旧破産法103条全体の規律に相当する規定を削除している(注28)。

⑦ 倒産手続における敷金返還請求権に関する規律

敷金契約の法的構成については，前述のごとく，賃貸人に対する賃借人の債務を担保する目的で，敷金という金銭の所有権を移転するが，賃貸借の目的物の返還時に賃借人の債務がないことを条件として，または敷金を債務に充当した残額について敷金返還請求権が生ずるというものである（したがって，家屋明渡債務と敷金返還債務とは同時履行の関係にはならない。）。これが停止条件付き返還債務を伴う金銭の所有権移転説の法的構成であるとされ，確立した判例となっており，通説といっていいのではないかと考えられる(注29)。

ところで，賃貸人が破産した場合には，賃借人の有する敷金返還請求権は，破産手続開始前の原因に基づく債権として破産債権になることは前述のとおりである。もっとも，破産法56条1項は，賃貸借が対抗要件を具備して対抗力が認められる場合には，その保護の必要性が高いということで，破産管財人による双方未履行の双務契約の解除権（破産法53条）が認められていない。そして，この破産管財人の解除権を認めない場合における相手方である賃借人の請求権については，破産管財人によって債務の履行が選択された場合（破産法148条1項7号）と同様に財団債権となる（破産法56条2項)(注30)。

破産法では，賃借人の保護を図る観点から，賃貸人が破産した場合であっても，土地賃貸借の場合に地上建物の登記がされ（借地借家法10条1項），建物賃貸借の場合に建物の引渡しがされた（借地借家法31条1項）場合のように，賃借権を第三者に対抗することができるときは，破産管財人に解除権を認めないこととし（破産法56条1項），この場合には，賃借人の請求権（使用収益権）が財団債権となり，破産財団から随時弁済を受けることができる（同法56条2項）。平成16年に破産法は改正されたが，それまでは，賃貸人が破産した場合について特別の規定をしていなかったため，破産法上の一般原則（旧破産法59

条，60条）が適用され，破産管財人は，賃貸借契約につき履行の請求または解除の選択権を有するものと解されていた。しかし，そのように解すると，不動産の賃貸借のような場合には，対抗要件が具備され，物権に準じた保護が図られているにもかかわらず，その地位が破産管財人の解除により覆されるのは不当ではないかといった議論があったわけである。

そこで，改正された現在の破産法では，破産管財人による解除を制限することによってその保護を図るべきであるという考え方から，そのような賃貸借については，破産管財人に特別の解除権を認めた破産法53条1項，2項の規定の適用を排除している。

なお，破産管財人による双方未履行双務契約の解除の可否の局面は，賃貸借契約における当事者間の問題であり，第三者との対抗問題そのものではない（もっとも，破産管財人との関係では第三者性を有するともいえなくはないかも知れないが……。）。したがって，このような局面において対抗力の具備を要件とするのは，破産管財人による解除を制約することでその保護を図る必要性の存否の指標として対抗要件を基準としているにすぎないので，この場合の対抗要件は，いわゆる権利保護資格要件としての性質を有するものと解されている（注31）。以上の考え方は，民事再生手続，会社更生手続においても取り入れられている（民事再生法51条，会社更生法63条）。

ところで，この破産法56条2項による財団債権化の対象となる対抗力が付与された賃貸借契約に基づく請求権に，敷金返還請求権が含まれるか否かが問題となるが，この点については，敷金契約は，賃貸借契約と密接に関連するものではあるが，あくまでも別個の契約であることを考えると，賃貸借契約の継続によってそれとは別個の契約である敷金契約における請求権までが財団債権となると解することは難しいということになる。この点は，すでに考察したとおりである。

⑧ 敷金返還請求権の現物出資

現物出資の目的となり得る財産は，貸借対照表に資産として掲げられるものであって，かつ移転可能なものであればよく，その種類を問わないとされている。したがって，動産，不動産のほか，債権，手形その他の有価証券，特許権，鉱業権などの権利も現物出資の目的とすることができる。

そこで，敷金返還請求権が現物出資の目的となる財産になり得るかどうかが

問題となるが，敷金は，賃貸借契約解除の際に返還されるものであり，その返還請求権は長期金銭債権に当たるものと解されるので，貸借対照表の資産の部に掲げることができると考えられる。そこで，次に敷金返還請求権が現物出資の目的となり得るかどうかが問題となるが，この点については，その発生時期が問題となる。

　敷金の交付は，一種の停止条件付返還債務を伴う金銭所有権の移転であり，その返還請求権は，条件が成就したときに発生すると解されている。停止条件の成就を賃借物明渡時と考えるか賃貸借終了時と考えるかについては，敷金返還請求権の発生時期に関して，最高裁は，「家屋賃貸借における敷金は，賃貸借終了後明渡義務履行までに生ずる賃料相当額の損害金債権その他賃貸借契約により賃貸人が賃借人に対して取得する一切の債権を担保するものであり，敷金返還請求権は，賃貸借終了後家屋明渡完了の時においてそれまでに生じた被担保債権を控除しなお残額がある場合に，その残額につき具体的に発生する」と判示している（最判昭和48年2月2日民集27巻1号80頁）。このことから，現実に，敷金返還請求権が発生するのは，不動産賃貸借の目的物である家屋明渡しの時ということができる。

　したがって，敷金返還請求権を現物出資の目的たる財産とする場合には，少なくとも株金払込期日までに，賃貸借契約を終了させ，不動産の明渡しを完了することにより，現実に敷金返還請求権を発生させておく必要がある。

　以上のことから，不動産賃貸借契約に基づく敷金返還請求権を現物出資の目的たる財産とする株式会社の設立登記の申請は，現実に発生している敷金返還請求権を現物出資の目的としているものであれば受理されるが，現に賃貸借契約が継続中であり，いまだ敷金返還請求権が発生していないものであるときは，受理されないものと考えられる（注32）。

　⑨　敷金返還請求権を放棄する旨の合意

　破産会社A（賃借人）が賃貸人Y₁に対し，敷金を放棄して賃貸借契約を解除することは破産法160条3項の無償行為に該当し，仮に，敷金返還請求権を放棄することにより賃貸借契約を即時解約することができる旨の合意があった場合においても，その合意は無効であると解すべきであるが，破産管財人がする破産法53条1項に基づく賃貸借契約の解除による敷金の返還請求はできると解されるとした判例（東京地裁平成23年7月27日判時2144号99頁）がある。

この判例は，破産法160条3項については，「Aが賃貸人Y₁に対して，敷金残金の返還請求権を放棄して本件賃貸借契約を解除する旨の意思表示をした行為は，賃借人Aが支払の停止等の前6ヶ月以内にした無償行為に当たるものと認めるのが相当である。」とした上で，この制限条件は，「借地借家法28条の規定の趣旨に反して建物の賃借人に不利なものであるから，同法30条により無効と解すべきである。」としている。しかし，破産法53条1項については，同条に基づく解除を認め，賃貸人Y₁は賃借人Aに対して敷金返還義務を負うとし，本件敷金放棄条項は，合意に基づく約定解約権の行使の要件を定めたものと解され，破産管財人であるXによる破産法53条1項に基づく解除権の行使の要件とは解されないとした上で，破産法53条1項は，契約の相手方に解除による不利益を受忍させても破産財団の維持増殖を図るために破産管財人に法定解除権を付与し，もって破産会社の従前の契約上の地位よりも有利な法的地位を与えたものと解されることをも併せ考えると，破産管財人Xによる上記の解除により，敷金の返還請求権が消滅するとは解されないと判示している。

この判例の考え方は，破産法160条3項に規定する無償行為というのは，経済的対価を得ることなく，破産者がその財産を受益者に移転し，または債務を負担する行為を意味するとした上で，敷金返還請求権は，経済的価値があるから，これを放棄する行為は無償行為に該当すると判示するとともに（最判昭和43年11月21日民集22巻12号2726頁・判時542号51頁），破産管財人による破産法53条1項に基づく解除権の行使は，合意に基づく約定解除権の行使の場合とは異なり，契約の相手方に解除による不利益を受忍させてでも破産財団の維持増殖を図るために破産管財人に法定解除権を付与し，もって破産会社の従前の契約上の地位よりも有利な法的地位を与えたものと解されるので，この場合には敷金返還請求権は消滅しないと解している。

(7) 賃貸人破産の場合における賃料債権の処分制限の廃止

改正前の破産法においては，賃貸人が破産した場合に，破産手続開始後に弁済すべき賃料債権を賃貸人が破産手続開始前に譲渡していたときは，その譲渡の効力は，一定期間分（当期および次期分）しか認められないとし，破産者による従前の処分等にかかわらず，賃料債権については，破産手続開始時点の

次々期以降の分を破産財団に帰属させ，破産配当に供すべきであるとの立場を採用していた（旧破産法63条）。このような取扱いの基礎には，①将来にわたる賃料債権の譲渡の処分や賃料の前払が必ずしも通常期待される経済的行為ではなく，かえってその濫用が懸念されるような行為類型であったという立法時の社会経済的事情や，②公示のないまま賃貸借の目的物の所有と収益とが長期にわたり分離され，それにより賃貸借の目的物に関し権利を取得した第三者が害されることへの懸念等があったといわれる。

しかし，現在の取引社会においては，債権の財産的価値の比重が増し，その有効な活用を図るべく，将来に発生し，または弁済期の到来する債権の譲渡等の効力が，民法および民事執行法において，広く認められる（最判平成11年1月29日民集53巻1号151頁，最判平成10年3月24日民集52巻2号399頁，最判昭和38年1月18日民集17巻1号12頁，大判昭和7年4月28日民集11巻851頁，最判平成10年3月26日民集52巻2号483頁等）中で，破産手続におけるその効力の制約は，倒産の局面における特別の制約を課すもので，その存在が，取引の安全を損ない，賃料債権の証券化等の障害となるという指摘があった。

他方で，将来の賃料債権の処分の効力について破産手続における制限を撤廃することに対しては，破産財団は，賃貸目的物件につき負担だけを負うことになり，当該財産の換価が困難となって，結局その所有権を放棄せざるを得ないことになり，管財事務に支障が生ずるだけでなく，賃借人にも保守等のサービスを受けられないという不利益が生じ，ひいては社会的な損失が生ずるのではないかという懸念もある。

しかし，このような制度を撤廃することによって，賃料債権の譲渡等の法的安定性が高められ，賃貸目的財産の所有者に資金調達方法の多様化がもたらされるという効用があり，また，そのような処分の効果が民法および民事執行法上認められ，当該資金調達によって破産者が既に利益を受けている以上，破産手続開始時に破産財団に帰属する財産は，当該譲渡等によって当該賃料債権が流出した財産であり，負担のみが破産財団に帰することもやむを得ないとも考えられる。

現行破産法（平成17年1月1日施行）は，このような観点から，旧破産法に比べて管財実務に対し一定の影響を及ぼす面があることは否定できないとしても，より安定した資金調達の方法を用意することによる効用等を勘案して，破

産手続における特別の制限を設けないこととし，現行の民法および民事執行法において将来の賃料債権の処分等の効力が認められる限り，破産手続等においてもその効力を認めるものとしている（注33）。

(8) 賃借権の時効取得と買受人に対する対抗

抵当権と賃借権との対抗関係について，抵当権設定登記後賃借権の時効取得に必要な期間不動産を用益した者が賃借権の時効取得を当該不動産の競売または公売による買受人に対抗できるか否かにつき参考となる最高裁判例がある（平成23年1月21日判時2105号9頁）。

事案の概要は次の通りである。

Y₁の夫は，本件土地につき，その所有者との間で賃貸借契約を締結し，その地上の建物を所有していた。その後，Y₁の夫は死亡し，Y₁は，同建物を相続により取得し，また本件土地の賃借権を相続により承継した。Y₁は，その後長年にわたって，本件土地の所有者に対して地代を継続して支払い，本件土地を占有してきた。

ところが，本件土地につき，大蔵省を抵当権者として抵当権が設定され，その抵当権設定登記がされた。本件抵当権設定登記の前には，本件土地の賃借権についての対抗要件は具備されていなかった。

この事案は，公売により本件土地を取得した原告Xが土地所有権に基づき，本件土地上の建物を所有する被告Y₁に対して，建物収去土地明渡し等を，本件建物に居住するその他の被告（Y₂〜Y₄）に対して，各占有部分についての建物退去土地明渡しを請求し，被告らが，賃借権の時効取得を主張して争ったものである。

上記最高裁判決は，「抵当権の目的不動産につき賃借権を存する者は，当該抵当権の設定登記に先立って対抗要件を具備しなければ，当該抵当権を消滅させる競売や公売により目的不動産を買い受けた者に対し，賃借権を対抗することができないのが原則であるとし，この原則は，賃借権を時効取得した場合であっても異なるものではなく，抵当権設定登記後に賃借権の時効取得に必要とされる期間，当該不動産を継続的に用益したとしても，買受人に対抗できないことは明らかである。」旨を判示している（判時2105号9頁）。

抵当権と用益権との関係については，同一目的物上に抵当権と用益権とが設

定された場合，抵当権と用益権とは衝突することなく共存するが，抵当権が実行されて目的物が買受人に移転すると，用益権と買受人の所有権とが衝突し，買受人の取得した所有権が用益権の付着したものであるか否かが問題となり，この点は用益権と抵当権の対抗関係によって解決される。

　このように，抵当不動産の賃借権者は，抵当権設定登記に先立って対抗要件を具備しなければ，抵当権を消滅させる競売や公売による買受人に対抗できないのが原則とされている（民事執行法59条1項，2項，国税徴収法124条1項）。

　上記判決は，この原則は賃借権を時効取得した場合であっても異なるものではないとして，抵当権設定登記後に賃借権の時効取得に必要とされる期間，当該不動産を継続的に用益したとしても，そもそも抵当権設定登記に先立って賃借権の対抗要件を具備することはあり得ないのであるから，買受人に対抗できないことは明らかである旨を判示している。ところで，所有権の時効取得と登記についての判例の基本的な考え方は，次のようになる（最判昭和36年7月20日民集15巻7号1903頁）。

　その1は，Aの土地をBが時効取得した場合，BがAに時効を主張するのに登記は不要である（大判大正7年3月2日民録24輯423頁）とする。

　その2は，時効完成前にAから土地を譲り受けたCとの関係でも，登記は不要である（最判昭和41年11月22日民集20巻9号1901頁・判時468号33頁）。Cの登記がBの時効完成後にされた場合であっても，同様である（最判昭和42年7月21日民集21巻6号1653頁・判時493号32頁）とする。

　その3は，時効完成後にAから土地を譲り受けたDとの関係では，A→B，A→Dの二重譲渡がされたのと同様の関係になり，登記が必要である（最判昭和33年8月28日民集12巻12号1936頁）とする。

　その4は，Bが，占有開始時点をずらして，時効完成の時期を早めたり遅らせたりすることはできない。時効期間は，時効の基礎たる事実の開始された時を起算点として計算すべきである（最判昭和35年7月27日民集14巻10号1871頁・判時232号20頁）とする。

　その5は，しかし，Bは，Dの登記後，さらに取得時効に必要な期間占有すれば，Dに対し，登記なしに時効取得を対抗できる（上記昭和36年判例）とする。

　本件の被告側の主張は，賃借権の時効取得と抵当権の関係について，所有権

の時効取得についての前記5と同様に考えるべきであるという趣旨であると考えられる。

　しかし，まず，この主張には，抵当権と貸借権の関係においては，本来，賃借権の時効取得者は抵当権者に対して対抗要件なしにその時効取得を主張できるわけではないのに，前記1を前提に，対抗要件なしにその時効取得を主張できるというように解している点に問題があると考えられる。

　すなわち，前記1は，所有権の時効取得の事例では，時効取得者と従前の所有者との間に権利変動の当事者間に類する関係（すなわち，時効取得者が所有権を取得する反面，従前の所有者が所有権を失うという関係）が生じることから，対抗要件なしに時効取得を従前の所有者に主張できると解している。しかし，抵当権対賃借権という本件の事例では，抵当権は用益を内容とする権利ではなく，賃借権と両立し得るのであり，賃借権を時効取得する者が現れたとしても，その反面で賃借権の負担を受けるのは抵当権者ではなく所有者であるから，抵当権者と賃借権の時効取得者との間においては権利の得喪は生ぜず，この間には対抗要件なしに賃借権の取得を主張することができるような権利変動の当事者に準ずる関係が生じないと考えられる。

　不動産の取得の登記をした者と上記登記後に当該不動産を時効取得に要する期間占有を継続した者との間における相容れない権利の得喪にかかわるものと，そのような関係にない抵当権者と賃借権者との間の関係に係るものとは事案を異にすると考えられる。

　上記判決は，抵当不動産につき賃借権を時効により取得した者と，抵当権者ひいては買受人との関係について論じたものであるが，抵当権の実行による買受人と賃借権者との関係を示す一局面として参考になると考えられる（判時2105号10頁）。

（注1）　久保淳一「短期賃借権保護の廃止」金融法務事情1703号11頁。
（注2）　小池信行「不動産登記講座⒅」民事法務323号25頁。
（注3）　前掲（注2）小池26頁。
（注4）　前掲（注2）小池27頁。
（注5）　荒木新五「新しい担保・執行法制と不動産登記実務㊤」登記情報510号7

頁。
(注6) 前掲（注5）荒木9頁。
(注7) 前掲（注5）荒木11頁。
(注8) 前掲（注5）荒木11頁。
(注9) 前掲（注5）荒木12頁。
(注10) 前掲（注5）荒木11頁。
(注11) 荒木新五「新しい担保・執行法制と不動産登記実務㊥」登記情報511号29頁。
(注12) 前掲（注11）荒木29頁。
(注13) 中井一士「登録免許税法・担保物権法の改正と不動産登記」登記インターネット6巻6号44頁。
(注14) 松岡久和・中田邦博編「新・コンメンタール民法（財産法）」487頁。
(注15) 我妻・有泉コンメンタール「民法（総則・物権・債権）」581頁。
(注16) 前掲（注15）我妻・有泉582頁、前掲（注11）荒木30頁、中野渡守「建物明渡猶予制度及び抵当権者の同意による賃貸借への対抗力付与制度」民事研修612号147頁。
(注17) 前掲（注15）我妻・有泉582頁、前掲（注11）荒木30頁。
(注18) 民事月報59巻3号141頁。
(注19) 前掲（注11）荒木32頁。
(注20) 香川保一「新不動産登記法逐条解説㊁」342頁。
(注21) 前掲（注13）中井50頁。
(注22) 前掲（注20）香川343頁。
(注23) 前掲（注20）香川344頁。
(注24) 森田宏樹「賃貸人の地位の移転と敷金の承継(2)」法学教室369号116頁。
(注25) 金融法務事情1742号55頁。
(注26) 小川秀樹「一問一答・新しい破産法」92頁。
(注27) 前掲（注26）小川93頁。
(注28) 前掲（注26）小川91頁。
(注29) 前掲（注24）森田103頁。
(注30) 前掲（注24）森田102頁。
(注31) 前掲（注26）小川85頁。
(注32) 中垣治夫「敷金返還請求権を現物出資の目的とすることの可否」商事法務1439号38頁。
(注33) 前掲（注26）小川89頁。

❸ 滌除制度の見直しと抵当権消滅制度の創設

　金融機関の抱える不良債権回収の実効性を高めるために平成16年（4月1日施行）に民法および民事執行法の改正がなされた。その大きな柱となるのが，すでに考察した短期賃借保護の廃止ということであったわけであるが，それと同様に大きな意味を有するのが，滌除制度の見直しと抵当権消滅制度の創設である。

(1) 滌除制度の見直し

　滌除というのは，抵当権の設定された不動産の所有権，地上権または永小作権を取得した第三者が，抵当権者にその不動産の価値相当額を支払い，または供託して一方的に抵当権を消滅させる民法上の制度である（民法旧378条～387条）。抵当権者は，この金額に不服がある場合は増価競売を請求できるとされていた。この増価競売というのは，抵当権者が抵当物の第三取得者から金額を提示されて滌除したい旨の通知を受けたが，金額に対する不満などからこれを承諾しないときに，その抵当権者の申立てによってされる競売のことをいう。そして，その結果，提示金額の1割増以上で売却されないときは，増価競売を請求した抵当権者が自ら1割増の値段で抵当物を買い受ける義務を負うという制度である（民法旧384条）。

　このように，滌除制度は，抵当不動産の所有権，地上権，永小作権を取得した第三者が，すべての抵当権者に一定の金額を提示して抵当権の消滅を請求する制度であり，提示金額を承諾しない抵当権者は，請求を受けてから1ヶ月以内に増価競売請求の意思表示をし（民法旧384条1項），その請求をした日から1週間以内に増価競売を申し立てる必要があった（民執法旧185条）。そして，増価競売手続で売却されなかった場合には，抵当権者自らが提示金額の1割増で買い受ける義務が発生し（民法旧384条2項），増価競売をする抵当権者には，買受けの保証として執行裁判所にあらかじめ滌除金額の10分の1にあたる増加額の保証提供が義務付けられていた（民執法旧186条）。

　しかし，この滌除制度は，①抵当権者にとって増価買受義務の負担が過大で

あること，②第三者からの滌除が受け入れ難いものであるときは，増加金額の担保を積んだ上で，強制的に競売の申立てをする必要があり，抵当権者は担保権実行時期の選択権を奪われること，③実際の滌除は，執行妨害目的等の濫用的なものが多いこと，④第三者に対して，最短でも競売申立ての1ヶ月前に抵当権実行の通知をする必要があるが，これが回収を遅延させる理由となり，差押登記前の執行妨害の端緒になること，といった問題があったといわれている(注1)。

　この民法旧378条以下に規定する滌除制度については，前述のごとく，抵当権実行前の滌除権者への通知義務の存在が執行妨害を招きやすい要因となっていること，抵当権者が対抗手段をとる場合の増価買受義務が抵当権者に過大な負担となっていることなどの問題点が指摘されていた。この滌除制度の下では，抵当権者は，滌除の申出金額に不満があるときは，被担保債権の弁済期前であっても，増価競売という方法で抵当権の実行を強制されることになるし，不動産価額が低迷している時期では，競売手続において市場価格で売却するのは容易ではないので，滌除の申出金額に不満なときでも，それに従わざるを得ない場合も少なくないといわれる。その典型例が，抵当権妨害のための滌除制度の濫用である。例えば，一般債権者が債権額と売買代金を相殺して抵当不動産を買い受け，安い価格で滌除を申し出て，抵当権を抹消させるというような例である(注2)。

　しかし，一方では，不動産の第三取得者に被担保債権金額の弁済をせずに抵当権を消滅させる機会を与えるもので，滞留しがちな債務超過型の抵当不動産の流通促進を図る制度として有用であるとの指摘もあった(注3)。この見解は，抵当不動産の流動化という観点から，第三取得者のイニシアチブで抵当権を消滅させるシステムが必要であるとするわけである。抵当不動産の価格が抵当権の被担保債権の額より大きい場合は，第三取得者が債務者の債務を弁済すればよいということになるが，抵当不動産の価格が抵当権の被担保債権の額に満たない場合は問題である。民法378条は，「抵当不動産について所有権又は地上権を買い受けた第三者が，抵当権者の請求に応じてその抵当権者にその代価を弁済したときは，抵当権は，その第三者のために消滅する。」と規定し，代価弁済による抵当権の消滅を認めているが，これはあくまで抵当権者と第三取得者との合意によるものであり，抵当権者が被担保債権より低い金額の弁済で

3　滌除制度の見直しと抵当権消滅制度の創設

任意に抵当権の抹消に応じるというのは難しいように思われる。そこで，不動産価格が被担保債権額以下の場合であっても，不動産担保価値の範囲であることが確保されているのであれば，抵当権者にとっては不本意であっても，抵当権を消滅させることができる滌除制度が有益であるとする（注4）。例えば，建物の区分所有等に関する法律63条4項は，区分建物の建替え決議に賛成した各区分所有者は，建替えに参加しない区分所有者に対し，区分所有権等を時価で売り渡すべきことを請求できるとしているが，その売渡しを受ける区分建物に時価を上回る抵当権が設定されているような場合には，滌除のような制度が問題解決に有用であると考えられる（注5）。

すなわち，滌除の制度は，抵当不動産について抵当権者が把握している価値権と第三取得者の継続的利用権を調整し，あわせて，抵当不動産の流通の円滑化を図ったものであるといえる。

しかし，滌除権が行使されると，抵当権者はこれに対抗するためには，自己の好まない時期に増価競売の申立てをせざるを得なくなり，しかも他に買受人が現れない場合には，自らが買い受けなければならないこととなるので，抵当権者を圧迫し，その利益を阻害するという面がある。また，実際には抵当権の負担を付したままで不動産を売却するということはそれほど多くないと考えられる中で，抵当不動産売却の真意が買主に滌除権を行使させる目的であったり，第三取得者が不当な低額で滌除の申出をすることが目的であったりするなど，この制度が濫用されているという状況もあったようである。

そのような状況を踏まえ，判例は，例えば，譲渡担保権者は譲渡担保権の実行により確定的に抵当不動産の所有権を取得しない限り滌除権者に該当しないとし（最判平成7年11月10日民集49巻9号2953頁），また，1個の抵当不動産全体を目的とする抵当権が設定されている場合には，その共有持分の第三取得者はその持分について滌除をすることはできないとしている（最判平成9年6月5日民集51巻5号2096頁）。

このような状況の中で，滌除制度の全面的廃止を求める声も強かったといわれているが，しかし，一方では，抵当権の被担保債権額の総額が不動産価額を大幅に超えていることが多い中で，不良債権の迅速な処理のためには，不動産価格のみの弁済によって抵当権を消滅させることができる滌除制度はなお有用であるとも考えられ，結局，増価競売制度等従来の滌除制度を見直したうえ

で，抵当権消滅制度として存続させることになったわけである（注6）。

なお，名称についても「滌除」という名称は難解であるということで，「抵当権消滅請求」という制度の実質を反映した名称に改めたといわれている（注7）。

(2) 抵当権消滅制度の創設

① 滌除制度見直しの内容

前述のごとく，滌除制度が見直され，新しく創設された抵当権消滅制度は，滌除制度に比べて次のような点が改善されている。

まず第1に，抵当権実行前の滌除権者への通知義務が廃止されている（民法旧381条，387条の削除）。第2に，増価競売手続が廃止され，抵当権者は，抵当権消滅請求に対抗するには通常の競売申立てをすれば足り，不動産の増加買受義務及び保証金提供義務を負わないこととされている（民法旧384条2項，民執法旧185条〜187条の削除）。第3に，上記の競売申立ては，抵当権消滅請求を受けた後2ヶ月以内にすれば足りることとされている（民法384条1号，民法383条3号）。第4に，抵当権消滅請求権者が抵当不動産の所有権の取得者に限定され，地上権または永小作権の取得者は請求することができないこととされていること（民法379条），第5に，抵当権消滅請求ができる時期を競売による差押えの効力発生前に限定したこと（民法382条），第6に，競売申立ての取下について他の債権者の承諾を不要としたこと（民法旧386条の削除）等である（注8）。

② 抵当権消滅請求者の限定

前述のごとく，改正前の民法378条は，抵当不動産につき所有権，地上権または永小作権を取得した第三者は，滌除をすることができるとしていたが，そもそも地上権や永小作権の第三取得者に滌除権を認める必要性は乏しいといわれ，実際にもこれらの者による滌除の実例はほとんどなかったといわれている。また，滌除の趣旨は，抵当不動産の第三取得者が抵当権者の承諾した価額を提供して抵当権を消滅させることを認め，抵当不動産の価値より被担保債権額が大きい場合でも抵当不動産の移転（流動化）を容易にする点にあるので，抵当不動産の譲渡人に限り滌除を認める方がその趣旨に沿うというようにも考えられる。

そこで，改正法は，抵当権消滅請求をすることができる者は，抵当不動産につき所有権を取得した第三者のみに限定し，地上権または永小作権を取得した第三者は除外することとしたわけである（民法378条）。

なお，この第三取得者については，改正前の判例ではあるが，第三取得者の意義に関するものとして以下の判例が参考になる。①所有権移転請求権保全の仮登記を経由した者は，その請求権が停止条件付または将来確定すべきものとして登記されたときを除き，第三取得者に該当する（大決昭和10年7月31日民集14巻1449頁），②担保権実行前の譲渡担保権者は，ここにいう第三者に当らない（最判平成7年11月10日民集49巻9号2953頁），③1個の不動産全体に抵当権が設定されている場合，抵当不動産の共有持分を取得した第三者は，抵当権を滌除することはできない（最判平成9年6月5日民集51巻5号2096頁）。

③ 抵当権実行通知義務の廃止

それから，抵当権実行通知義務が廃止されている（民法旧381条，387条の廃止）が，この点については，改正前の民法では，抵当権者は，第三取得者に対し，滌除の機会を保障するため，抵当権の実行前に通知をしなければならず，その後1ヶ月を経過しなければ不動産競売手続の申立てをすることができないこととされていた（民法旧381条，387条）。しかし，この通知が必要なために，競売手続の開始が遅延することに加えて，通知から差押えまでの間に，執行妨害目的で抵当不動産の占有を取得する者が出現するなど，執行妨害を招きやすいことが指摘されていた。また，一方では，この通知を要しないこととしても，第三取得者は，登記記録を確認することにより抵当権の存在を知り，不動産の取得後いつでも滌除の申出をすることができることから，滌除権行使の機会は十分にあるといえ，滌除の機会を保障するためにこの通知が不可欠であるとはいえないと考えられるからである。

そこで，改正法は，抵当権実行通知義務を廃止し（民法旧381条の削除），通知後1ヶ月内は抵当権者は競売申立てができないという制限を撤廃して（民法旧387条の削除），抵当権者は，被担保債権の履行遅滞後は，いつでも競売の申立てをすることができるとしている。

④ 抵当権消滅請求ができる時期の見直し

それから抵当権消滅請求ができる時期の見直し（民法382条）については，改正前の民法では，第三取得者は，抵当権者から抵当権実行の通知を受けるま

ではいつでも滌除が可能とされ（民法旧382条1項），実行通知を受けた後は1ヶ月内に滌除の申出を抵当権者にしたときに限り滌除が可能であるとされていた（同条2項）。そして，この1ヶ月という期間は，実行通知を受けた第三取得者からの転得者が滌除権を行使するときも，延長されないとされていた（同条3項）。

　これに対し，改正法は，前述のとおり抵当権実行通知義務及びその後1ヶ月内の抵当権実行の制限を廃止し，抵当不動産に第三取得者が現れた場合であっても，抵当権者は被担保債権の履行遅滞後いつでも競売申立てができるものとされたことに伴い，第三取得者が抵当権消滅請求をできる時期を，抵当権の実行としての競売による差押えの効力が生ずるまでに改めている（民法382条）。もっとも，一般債権者が強制競売を申し立てた場合には，その差押えの効力発生後でも，第三取得者は，改正前と同様に滌除権を行使することができる。抵当権の実行としての競売開始後に滌除権の行使を禁ずるのは，第三取得者と抵当権者との利害を調整する趣旨からであり，一般債権者が申し立てた強制競売により第三取得者が滌除権を行使できなくなることとするのは適当でないからである（注9）。

　抵当権が実行されて競売による買受人に所有権が移転すると，抵当権が消滅して不動産の流動化が図られることになる（民執法188条，59条）が，第三取得者も当該競売手続において入札をして買受人になることもできる（民法390条）ので，このように抵当権消滅請求ができる時期を抵当権の実行としての競売による差押えの効力発生時までに限るとしても，第三取得者の地位の保護に欠けるところはないと考えられる。

⑤　**抵当権消滅請求を受けた抵当権者の対抗措置**

　抵当権消滅請求を受けた抵当権者の対抗措置（民法384条1項）については，改正前の民法384条では，滌除の申出を受けた抵当権者は，申出の受領後1ヶ月内に増価競売の請求を第三取得者にしなければならず，これをしないときは，滌除の申出額を承諾したものとみなされ，第三取得者がその額を支払うことにより抵当権は消滅することとされていた。しかし，増価競売手続については，増価競売の請求期間が1ヶ月という短期間に制限されていること（民法旧384条1項），増価競売の申立てをする抵当権者は，第三取得者の申出額の1割増しの額を保証金として提供すべき義務を負うこと（民執法旧186条1項），競

3 滌除制度の見直しと抵当権消滅制度の創設

売手続において他に買受希望者がないときは，抵当権者は第三取得者の申出額の1割増しの額で自ら不動産を買い受ける義務を負うこと（民法旧384条2項）等の点で，抵当権者に過大な負担を強いる手続であるとの指摘がされていたことは前述のとおりである。

そこで，改正法は，抵当権者の増価買受義務及び保証金提供義務を廃止し，抵当権消滅請求を受けた抵当権者がとるべき対抗措置は，通常の場合と同様に競売申立てで足りるとするとともに，抵当権者が対抗措置をとるかどうかを考慮するのに十分な時間を確保するため，対抗措置としての競売申立てができる期間を，抵当権消滅請求を受けた後2か月以内に伸長することとしている（民法384条1号）。

改正前は，抵当権者は，まず滌除の申出を受けたときから1か月内に第三債務者に対して増価競売の請求をし（民法旧384条1項），第三取得者に増価競売の請求を発した日から1週間内に裁判所に増価競売の請求に基づく不動産競売の申立てをしなければならないとされていた（民執法旧185条）ことは前述のとおりであるが，このように第三取得者に対して増価競売の請求をすることとされていたのは，抵当権の実行による競売の性質が私法上の売買であると考えられていた時代の名残であり，増価競売において第三取得者の申出額の1割増しの額での売却を義務付けるには，その旨の第三取得者と抵当権者間の私法上の契約が必要であり，滌除の申出と増価競売の請求によりこのような契約が成立すると構成する必要があったためであると解されていたということによるといわれている(注10)。

しかし，今回の改正においては，このような構成を採るべき必然性はないということで抵当権者は，直接，裁判所に対して競売の申立てをすればよいこととされている。

抵当権者の競売申立ての取下げ等の効果（民法384条2号〜4号）については，改正前は，増価競売の請求をした抵当権者がその請求に基づき申し立てた競売につき取下げ，却下決定または取消決定の確定があった場合には，第三取得者に対する増価競売の請求はその効力を失い，抵当権者が第三取得者の申出額（提供）を承諾したものとみなすこととされていた（民執法旧187条，民法旧384条1項）。

改正法では，増価競売の請求の制度の廃止に伴い，改正前の民事執行法187

条の規定が削除されたが，これと基本的に同じ実質を維持するため，抵当権者が申し立てた競売につき取下げ，却下または取消しがあった場合には，第三取得者の申出額（代価または金額）を抵当権者が承諾したとみなす旨の規定（民法384条2号～4号，383条）が新設されている。

⑥ **抵当権者の競売申立に対する承諾要件の廃止**

それから，抵当権者の競売申立に対する承諾要件の廃止（民法旧386条の削除）については，改正前は，第三取得者に対する増価競売の請求をした抵当権者がその請求を取り消すには，登記をした他の債権者の承諾が必要であるとされていた（民法旧386条）。また，明文の規定はないが，第三取得者に対する増価競売の請求をした抵当権者は，これに基づく不動産競売の申立て（民執法旧185条1項）を取り下げるにも，登記をした他の債権者の承諾が必要であると解されていた。

その趣旨は，1人の抵当権者が第三取得者に対して増価競売の請求をすれば，他の抵当権者は滌除を承諾する意思がなくとも第三取得者に対する増価競売の請求をしないのが通常であると考えられていた。それは，増価競売の請求に基づき競売の申立てをするには第三取得者の申出額の1割増しの額の保証金を裁判所に納付しなければならず，その負担が重いというようなこともあって，そのような対応が通常であると想定されていた。にもかかわらず，第三取得者に対する増価競売の請求を任意に撤回することを許すと，滌除申出を受けて1か月を経過した後は，増価競売の請求ができないため，他の抵当権者の期待が害されることになり，相当でないと考えられるからである。

しかし，今回の改正では，増価競売の制度を廃止し，抵当権者が対抗措置として競売を申し立てるのに保証金を提供することが不要となったため，抵当権者が複数いる場合においても，各抵当権者がそれぞれ競売の申立てをすることが容易になったので，1人の抵当権者が競売の申立てをした場合における他の抵当権者の期待を保護する必要性が乏しくなったと考えられる。

そこで，改正法は，抵当権消滅請求を受けた抵当権者が申し立てた競売についても，一般原則どおり，その申立ての取下げには他の抵当権者等の承諾を要しないとしている（民法旧386条の削除）（注11）。

⑦ **先取特権及び質権の滌除**

先取特権及び質権の滌除（民法旧577条）については，改正前の滌除制度は，

3　滌除制度の見直しと抵当権消滅制度の創設

抵当権について適用されただけでなく，先取特権及び質権にも適用されていた（民法旧341条，旧361条）。この点は，今回の改正においても維持され，抵当権消滅請求制度がこれらの規定により先取特権及び質権に準用される。この点については，改正後は民法577条2項を新設し，買い受けた不動産につき先取特権または質権の登記がある場合には，買主はその消滅請求の手続が終わるまで売主への代金の支払を拒絶することができるとしている。そして，売主は買主に対して遅滞なくその消滅請求の手続をすべき旨を請求できるとしている（民法577条2項）。これは，買受不動産に先取特権または質権の登記がある場合の規定を民法577条1項から同条2項に移したものであり，この点は，実質的な規定内容の変更を伴うものではない(注12)。

⑧　地上権または永小作権を目的とする抵当権への準用

改正法は，抵当権消滅請求権者を抵当不動産の所有権を取得した第三者に限定していることはすでに考察したとおりである（民法379条）が，この規定は，民法341条，361条によって先取特権及び不動産質権に準用されていることも上記のとおりである。

また，民法369条2項により地上権または永小作権を目的とする抵当権にも準用されている（民法379条～386条の準用）。すなわち，「地上権抵当権」，「永小作権抵当権」についても，占有を移さないこと，登記を対抗要件とすることなど，普通の抵当権に準じて考えることになるので，抵当権消滅請求（民法379条～386条）は不動産質権と読み替えられて準用される(注13)。

なお，改正法により，転地上権者等は抵当権消滅請求者には含まれず，抵当権の目的とされた地上権または永小作権のみが抵当権消滅請求者となる。

第三取得者であっても，同時に，主たる債務者，保証人及びそれらの承継人である場合には，抵当権消滅請求はすることはできない。これは民法改正前の滌除の場合と変わらない（民法旧379条，民法380条）。抵当権の実行としての担保不動産収益執行（民執法180条2号）によっても差押えの効力が発生するが（民執法188条，93条1項），これによって抵当権消滅請求は失効しない(注14)。

(3)　抵当権消滅請求と不動産登記

抵当権消滅請求により抵当権が消滅した場合は，登記手続の一般原則に従い

抵当権抹消の登記を申請することになる。すなわち，登記権利者は，抵当権の目的である所有権等の登記名義人であり，登記義務者は，抹消すべき権利の登記名義人となるので，その共同申請により，抵当権の抹消登記をすることになる（不登法60条）。登記義務者が登記申請に応じないときは，登記手続を命じる確定判決によって登記権利者の単独申請によって抹消登記をすることができる（不登法63条1項）。

なお，当該抵当権設定登記の抹消登記の登記原因については，根抵当権の消滅請求による根抵当権の抹消登記についての登記原因は「年月日消滅請求」としている（「不動産登記記録例集」平成21年2月20日法務省民二第500号民事局長通達499）ので，抵当権消滅請求の場合も「年月日消滅請求」となると解される。そして，その日付については，民法386条が，「登記をしたすべての債権者が抵当不動産の第三取得者の提供した代価又は金額を承諾し，かつ，抵当不動産の第三取得者がその承諾を得た代価又は金額を払い渡し又は供託したときは，抵当権は，消滅する。」と規定しているので，代価等の払渡日または供託した日になると考えられる（注15）。

なお，登記原因証明情報としては，抵当権消滅請求の具体的な手続により，例えば，抵当権消滅請求をする場合における，①抵当不動産の取得原因，代価等を記載した書面（情報）（民法383条1号），②抵当不動産に関する登記事項証明書（情報）（同条2号），③債権者が2ヶ月以内に抵当権を実行して競売の申立てをしないときは，抵当不動産の第三取得者が代価または供託すべき旨を記載した書面（情報）（民法383条3号）等を提供する必要があると解される（不登法61条）（注16）。

抵当権消滅請求の効果としては，登記したすべての債権者が抵当不動産の第三取得者の提供した代価または金額を承諾し，かつ，抵当不動産の第三取得者がその承諾を得た代価または金額を払い渡しまたは供託したときに，抵当権が消滅するという効果が発生するからである（民法386条）。

（注1）　「改正担保・執行法Q＆A」金融法務事情1700号23頁（錦野裕宗）。

（注2）　中井一士「登録免許税法・担保物権法の改正と不動産登記㈢」登記インターネット6巻7号81頁。

3　滌除制度の見直しと抵当権消滅制度の創設

(注3)　谷口園恵・筒井健夫・野村雅之・松井信憲・一場康宏「担保・執行法制の見直しに関する改正法の解説」登記インターネット6巻4号15頁。
(注4)　前掲（注2）中井・81頁。
(注5)　千葉恵美子・山野目章夫「新しい担保・執行法制と金融実務」（対談「新しい担保法を語る」金融法務事情1682号47頁。
(注6)　荒木新五「新しい担保・執行法制と不動産登記実務㊦」登記情報512号33頁。
(注7)　筒井健夫「担保物権及び民事執行制度の改善のための民法等の一部を改正する法律」の解説(1)・民事月報59巻1号36頁。
(注8)　前掲（注3）谷口ほか・登記インターネット6巻4号16頁。
(注9)　前掲（注7）筒井43頁。
(注10)　前掲（注7）筒井43頁。
(注11)　前掲（注7）筒井40頁。
(注12)　前掲（注7）筒井41頁。
(注13)　我妻・有泉コンメンタール民法（総則・物権・債権）529頁，546頁。
(注14)　前掲（注6）荒木33，34頁。
(注15)　前掲（注2）中井84頁。
(注16)　前掲（注6）荒木34頁。

❹ 一括競売

(1) 民法旧389条の趣旨

　改正前の民法389条は，土地に抵当権を設定した後に，抵当権設定者がその土地に建物を築造した場合に限り，抵当権者が土地と共にその建物を競売することを認めていた。そのため，抵当権設定者以外の者が抵当地上に建物を築造した場合には，更に抵当権者が競売することができるのは土地のみにとどまり，競売における買受人が建物所有者に対する建物収去土地明渡請求等の負担を負うことから，競売における土地の売却価額が低下し，または買受申出人が現れにくくなって売却そのものが困難になるという問題が指摘されていた（注1）。判例は，更地に抵当権設定後にその抵当地上に築造された建物については，抵当権実行によりその抵当地が競売された場合にも，同建物のための法定地上権（民法388条）は成立しない（大判大正4年7月1日民録21輯1313頁，最判昭和36年2月10日民集15巻2号219頁・金法271号13頁）とし，その結果として，抵当地のみが競売された場合には，建物所有者は買受人に対抗することのできる土地占有権原を有しないので，買受人の建物収去土地明渡請求に応じるほかなかった。そうなると，土地所有者としては更地に抵当権設定後は，建物の築造を躊躇することになり，土地の利用が事実上制限されることになるし，建物を収去するのは国民経済上の損失でもある。また，土地の買受人としても土地を利用するには建物所有者に建物の収去を求めるほかなく，それを実現するために建物所有者が任意に建物収去に応じることは実際上少ないと思われるので，建物所有者に対する建物収去土地明渡請求訴訟の提起，その認容判決に基づく強制執行などに多大な労力，時間，費用を要する。そこで，それを考慮した金額でしか買い受けることができないこととなり，結局，その分低額でしか売却できなくなるので，抵当権者に損失をもたらす結果となることが多いと考えられる。このような場合に，抵当権者が土地とともにその地上建物をも競売に付することができることになれば，買受人としては，建物収去等に要する費用等を省くことができるので，その分高く買い受けることができるし，

建物所有者としても，建物を強制的に収去されることなく，逆に建物の代価を取得できるので（民法旧383条ただし書），一般には有利であるといえる。これが一括競売制度が設けられた理由である（注2）。

このように，一括競売は，関係者にとって余り問題もなく，むしろ有益であることが多いところから近時その対象を拡張的に解する傾向にあるようである。

例えば，土地抵当権設定者が抵当地上に築造した建物を第三者に譲渡した場合には一括競売をすることができるとする裁判例（東京高決平成6年8月9日金法1398号123頁）や，土地建物に共同抵当権が設定された後，その建物が取り壊され，更に同土地上に新建物が築造された場合には原則として法定地上権が成立しない（最判平成9年2月14日民集51巻2号375頁・金法1481号28頁，最判平成9年6月5日民集51巻5号2116頁・金法1491号25頁）ことを前提として，このような場合にも一括競売をすることができるとする裁判例（東京高決平成5年6月11日金法1352号77頁，大阪高決平成5年6月11日金法1367号135頁，大阪高決平成7年9月13日判時1576号49頁，大阪高決平成8年10月21日金法1486号102頁など）が見られる（注3）。

土地の抵当権の効力はその上の建物に及ばない（民法370条）ので，抵当権設定後に築造され，抵当権に対抗できる土地利用権を有しない建物が存在する場合，土地抵当権の実行による買受人は土地所有権のみを取得し，その建物は除去されることになる。抵当権の設定前から建物が存在した場合には，それが土地所有者のものであれば，民法388条の法定地上権の問題となり，他の者の所有であれば，その者の土地利用権が土地抵当権者に対抗できるかどうかの問題となる。対抗できる場合であれば，本条（民法389条）の問題になることはない（民法389条2項）が，対抗できる利用権が存在しない場合に，土地抵当権が実行されれば建物は除去されざるを得ないことになる。

民法389条は，「抵当権の設定後に抵当地に建物が築造されたときは，抵当権者は，土地とともにその建物を競売することができる。」と規定し，一括競売を認めている。このように抵当権設定者以外の者が抵当地上に建物を築造した場合にも一括競売を認めることとすれば，買受人は，その建物を収去するのに訴訟等の手続を要せず，その建物を自ら利用することもできるから，抵当地の競売による売却が円滑に進むようになると考えられる。

その一方で，抵当権設定後に抵当地に建物を築造する者は，土地登記記録から抵当権の存在を知ることができるから，土地について抵当権者に対抗することができる占有権限を備えない限り，その建物が一括競売の対象となることは予測できるし，また，土地について抵当権者に対抗することができる占有権限を有しない建物所有者は，買受人からの建物収去土地明渡請求に服すべき立場にあるから，その建物が一括競売の対象とされたとしても，建物の収去義務を免れ，その売却代金の交付を受けられる以上，実質的な不利益を受けることはないのではないかと考えられる。

そこで，改正法は，抵当権設定後に抵当地に建物が築造された場合には，土地の抵当権者は，建物所有者が土地について抵当権者に対抗することができる占有権限を有するときを除き，抵当権設定者以外の者が築造した建物であっても，抵当地と共にその建物を競売することができるとしている（民法389条1項本文，2項）。もっともこの民法389条は，土地の抵当権者に土地と共に建物を競売することを義務付けたものではないと解されている（民法改正前の事案について，大判大正15年2月5日民集5巻82頁）。

抵当権設定前に抵当地に建物が築造された場合にも，建物所有者が抵当地について抵当権者に対抗することができる占有権限を有しないときは，一括競売を認めるかどうかということについては，このような場合にも一括競売が認められれば，抵当権者は一括競売の申立てのために建物築造時期の立証を要しないということになる点では，執行妨害対策に資するというように考えることもできるが，土地抵当権設定前に建物が築造された場合には，抵当権者は抵当権設定時に建物の存在を認識し得る一方，建物を築造した者は建築時点で抵当権設定を予測し得ないことを考慮すると，抵当権設定前に建物が築造された場合についてまで一括競売を認めるのに十分な根拠を見出すことは困難であると考えられる（注4）。

(2) 改正の内容

すでに考察してきたが，改正法により新たに一括競売が認められたのは，抵当権設定後に抵当地に建物が築造された場合であって，建物所有者がその土地につき抵当権者に対抗することができる占有権限を有しない場合である（民法389条1項本文）。抵当権設定後に抵当地に築造された建物の所有者が，抵当権

者に対抗することができる土地占有権限を有する場合としては，①抵当権設定登記前に借地権の設定及び登記がされた場合，②抵当権者の同意により賃借権に対抗力を与える制度（民法387条）により対抗力を与えられた賃貸借の場合が考えられる。

　なお，一括競売をした場合，土地の抵当権者の優先弁済権は，土地の売買代金についてのみ認められ，建物の売買代金に及ばないことは従前と同じである（民法389条1項ただし書）。建物の売却代金は，建物につき抵当権者等があればその者に交付されるが，そのほかは建物所有者に交付される。そして，この改正に関しては経過措置が設けられておらず，施行日前に抵当権設定者以外の者により抵当地に築造された建物についても，改正法施行後民法389条により一括競売が認められる。この場合は，一括競売が認められることにより建物所有者が実質的に不利益を受けることはないと考えられるからである（注5）。

(3)　一括競売の拡張

　一括競売について，民法旧389条は，「抵当権設定ノ後其設定者カ抵当地ニ建物ヲ築造シタルトキ」は一括競売の申立てをすることができると規定していたので，抵当権設定者以外の者が抵当地上に建物を築造した場合には，土地抵当権者は一括競売の申立てをすることができず，土地のみが競売された場合について前述したような不都合が生じていた。さらに，多くは，抵当権設定者の意を受けて，執行妨害を図る目的で第三者が抵当地上に簡易な建物を築造する例も見られた。

　そこで，改正法は，一括競売をすることができる場合を，土地抵当権設定後，抵当権設定者が建物を築造した場合に限定することなく，土地抵当権者に土地占有権原を対抗することのできない者が建物を築造した場合にはすべて，一括競売をすることができるものとしたこともすでに考察したとおりである（民法389条1項本文，2項）。その結果，土地の不法占有者，使用借権者，抵当権者に賃借権を対抗することのできない賃借権者，抵当権者に地上権を対抗することのできない地上権者などが土地抵当権設定後に抵当地上に築造した建物についても，土地抵当権者は一括競売の申立てができることとなった。

　もっとも，抵当権者は，一括競売の申立てをすることができる場合であっても，一括競売の申立てを強制されるわけではなく，抵当地についてだけ競売申

立てをすることもできることは前述したとおりである。この点は，改正前と変わるところはない。また，抵当地上に数棟の建物がある場合には，その一部についてのみ一括競売の対象とすることも許される(注6)。

一括競売に関する改正後の民法の規定については，格別の経過規定は設けられていないので，改正法施行日（平成16年4月1日）後は，改正法施行日前に抵当権設定者以外の者が抵当地上に築造した建物についても一括競売をすることができること前述のとおりである。

(4) 一括競売が許されない場合

① 法定地上権が成立する場合

「抵当権の設定後に抵当地に建物が築造されたとき」（民法389条1項本文）であっても，「その建物の所有者が抵当地を占有するについて抵当権者に対抗することができる権利を有する場合」（同条2項）には，一括競売をすることができない。

例えば，土地所有者の所有する地上建物が存する土地のみに抵当権を設定した場合には，その抵当権の実行により土地が競売されたとしても，建物のための法定地上権が成立するので問題はない。判例は，土地所有者の所有する地上建物が存する土地のみに抵当権を設定した場合において，土地所有者がその建物を取り壊し，同土地上に新建物を築造した場合にもその新築建物のための法定地上権が成立すると解している（大判昭和10年8月10日民集14巻1549頁，前掲最判平成9年2月14日）。同一所有者に属する土地建物に共同抵当権が設定された場合において，土地または建物のいずれかが競売されたときも同様である（大判明治38年9月22日民録11輯1197頁，最判昭和37年9月4日民集16巻9号1854頁・金法327号10頁）としている。同一所有者に属する土地建物に共同抵当権が設定された後，建物が滅失し，土地所有者が同地上に新建物を築造した場合には，原則として法定地上権は成立しないが，例外的に，新建物に土地と同順位の共同抵当権が設定された場合など特段の事情があるときは法定地上権が成立すると解するのが判例（前掲最判平成9年2月14日，前掲最判平成9年6月5日）である。このように法定地上権が例外的に成立する場合には，やはり，一括競売をすることはできない(注7)。

② 先順位借地権者の有する建物

最先順位の抵当権の設定登記よりも先に借地権の対抗要件（地上権設定登記，土地賃借権設定登記，建物保護法1条ないし借地借家法10条1項による建物の登記）を備えた借地人の所有する借地上建物（それが，現在建物が土地抵当権設定時に既に存在していた場合は，「抵当権の設定後に抵当地に建物が築造されたとき」に該当しない。）は一括競売の対象とはならない（民法389条2項）。

地上権設定登記または賃借権設定登記がされているときは，抵当権設定登記との先後は，登記記録上一目瞭然であるが，建物の登記により借地権の対抗力を得た場合には，現存建物の登記記録だけでは先後関係を断定することができない場合があるので，注意する必要がある。例えば，借地上に登記された建物がある場合において，その敷地に抵当権が設定された後，その建物が滅失し，同じ敷地に新建物が築造され，その新建物の登記がされたときは，（土地抵当権登記記録と新建物の登記では前者が先であるが）借地権の抵当権に対する優先性は維持されているので，土地が競売された場合にも，借地人はその借地権を買受人に対抗することができる（東京高判平成12年5月11日金判1098号27頁，東京高決平成13年2月8日金法1607号41頁）。

なお，最先順位の借地権者であっても，たまたま，実行抵当権の被担保債権の債務者（抵当債務者）である場合（最決平成13年1月25日民集55巻1号17頁・金法1609号50頁）や，実行抵当権の債務者ではないものの，既に債務不履行に陥っている抵当債務者（東京高判平成13年11月22日金判1440号53頁）は，抵当権者（ないし買受人）に対抗することができないと解されるので，この場合には，一括競売をすることができることとなる（注8）。

③　賃借権優先同意登記のある賃借権に基づく借地権者の所有する建物

賃借権優先同意とその登記については既述のとおりであるが，借地権（土地賃借権）に関して再述すれば，土地抵当権設定登記に後れて土地賃借権の設定を受け，かつ，その登記がされた場合であっても，総先順位抵当権者による賃借権優先同意があり，かつ，同意登記がされた場合には，その賃借権は抵当権者に対抗することができるものとなる（民法387条1項）。したがって，この場合の賃借人（借地権者）は前述の先順位借地権者と同じ取扱いを受けることとなり，その築造し，所有する建物は一括競売の対象とはならない。

④　短期賃借権者の所有する建物

既述のとおり，改正法は短期賃貸借制度を廃止したが，その施行時（平成16年4月1日）において短期賃貸借の要件を満たすものは従前のとおりに扱われる（改正法附則5条）ので，土地競売申立時において，短期賃貸借の要件を満たす土地賃貸借の期間満了前には，その賃借人（借地権者）の所有する建物は一括競売の対象とはならない。もっとも，土地の売却実施命令前に賃貸借期間が満了したときは，その建物について，一括競売の追加申立てをすることができる（注9）。

(5) 一括競売の効果

① 一括売却

　一括競売の場合には，明文の規定はないものの，必ずその対象である土地とその地上建物を一括売却（民執法61条）する。

　この場合，仮に土地の最低売却価額のみで各債権者の債権及び執行費用の全部を弁済することができる場合であっても，債務者の同意を得ることなく一括売却をすることができるとされている（広島高決昭和50年11月17日判時805号77頁）。

② 売却代金の配当

　一括競売により一括売却された場合における土地，建物それぞれの売却代金は，土地，建物それぞれについて順位に従った配当ないし交付がされる。一括競売の申立人である土地抵当権者は建物の代価について優先権を有しないことは前述のとおりであり，建物について抵当権等を有する債権者がいない場合には，建物の売却代金はその所有者に交付されることになる。土地抵当権者が建物所有者に対する債務名義を有する場合には，建物の代価についても，一般債権者として配当要求することができる。

③ 建物の賃借権者等

　建物のみの競売がなされた場合には，買受人に建物の占有権原を対抗することのできない賃借人（例えば，建物抵当権設定後に当該建物を賃借した者）等の建物占有者は，一括競売がされた場合と同様，土地建物の買受人に建物の占有権原を対抗することができない。ただし，民法395条による明渡猶予を受ける場合がある。建物のみが競売された場合には，建物の占有権原を買受人に対抗することができる建物占有者，例えば，最先順位の建物賃借権を有する賃借

人（もちろん，建物についての賃借権設定登記を具備するか，借地借家法31条1項にいう建物の引渡しを受けていなければならない。）はどうであろうか。この場合も，土地のみが競売される場合には，買受人の建物所有者に対する建物収去土地明渡請求に伴い，買受人から建物からの退去による土地明渡しを求められれば建物賃借人はそれに応じざるを得ないと考えられる。しかし，一括競売の場合には，建物は存続するのであるから，賃借人は，通常の建物の売買における買主と同様，その賃借権を買受人に対抗することができる（買受人は建物賃借権の負担を引き受ける。したがってまた，買受人は，建物賃貸人たる地位及び敷金返還債務を承継する。）と解される(注10)。

(注1) 筒井健夫「担保物権及び民事執行制度の改善のための民法等の一部を改正する法律」の解説(1)・民事月報59巻1号44頁。
(注2) 荒木新五「新しい担保・執行法制と不動産登記実務(下)」登記情報512号36頁。
(注3) 前掲（注2）荒木36頁。
(注4) 前掲（注1）筒井46頁。
(注5) 前掲（注1）筒井46頁。
(注6) 前掲（注2）荒木37頁。
(注7) 前掲（注2）荒木38頁。
(注8) 前掲（注2）荒木38頁。
(注9) 前掲（注2）荒木39頁。
(注10) 前掲（注2）荒木40頁。

❺ 一括競売と不動産登記

(1) 一括競売申立ての手続

　一括競売申立ての手続は，従前と変わるところはないといわれている。

　具体的には，申立書の本文末尾に，（一般的な場合には）土地抵当権設定当時は土地が更地であったこと，建物がその後，いつ，だれによって築造されたものであるか，そして，民法389条により建物を土地と一括して競売を求める旨を記載して申立てをする。添付書類（情報）としては，土地及び建物の登記簿謄本（登記事項証明情報）などが必要である（ちなみに，地上建物がある場合において土地のみについて競売申立てをする場合にも，実務上，一般に建物の登記簿謄本（登記事項証明情報）を提供しているようである。）。更地に抵当権が設定された後に建物が築造されたものであることは，通常，登記簿謄本（登記事項証明情報）から証明することができる（なお，土地建物に共同抵当権が設定された後，その建物が取り壊され，新建物が築造された場合にも，法定地上権が成立しない場合には，一括競売を認めるのが，現在の執行実務であるといわれているが，この場合には，「更地に抵当権が設定された」といえないことはもちろんである。）。

　一括競売をすることができる場合において，土地のみについて競売申立てをし，それに基づく競売開始決定がされた後であっても，土地の売却実施命令が発令されるまでは，その地上建物について一括競売の追加申立てをすることができる(注1)。

(2) 不動産登記手続

　一括競売制度の改正に伴い不動産登記手続上従来の取扱いが特段に変更になるということはないと考えられる。民法旧389条においても抵当権設定の後に，その設定者が抵当地に建物を築造したときは，抵当権者は土地と共にその建物を競売することはできたので，一括競売は可能であったからである。そして，一括競売の対象となる建物が既登記であるか，未登記であるかは問わな

い。したがって，今回の改正によって第三者が築造した建物を一括競売することができることになったが，登記手続が変更になることはないと解される。そして，第三者が築造した建物も一括競売することができるわけであるから，建物所有者が土地の所有権登記名義人と異なり，かつ抵当権設定登記がなくても，競売開始決定に伴う差押登記はできるということになる。

また，一括競売の対象となった建物について，所有権の登記がない場合には，その差押登記をするために登記官の職権で所有権保存登記をすることになる（不登法76条2項，不動産登記規則157条）（平成21年2月20日法務省民二第500号民事局長通達624）。処分制限の登記の嘱託により，登記官が職権で行った所有権保存の登記については，その後，錯誤を原因として処分制限の登記の抹消の嘱託がされ，その抹消登記をしたときでも，登記官において，職権でこれを抹消することはできない（昭和38年4月10日民事甲第966号法務省民事局長通達）。

建物の表示の登記がない場合には，その表示の登記をも，登記官の職権で登記することになる（不登法76条3項，不動産登記規則157条）（注2）。

（注1）　荒木新五「新しい担保・執行法制と不動産登記実務(下)」登記情報512号37頁。

（注2）　中井一士「登録免許税法・担保物権法の改正と不動産登記(三)」登記インターネット6巻7号87頁。

6 担保不動産収益執行

(1) 交換価値支配権としての抵当権と物上代位

　我が国の経済は，1980年代までは右肩上がりの成長を続け，土地の価格も著しく上昇していたので，このような時代には，銀行等は，企業がその借金を返済することができなくなったときには，直ちに担保物を競売にかけて債権を回収することができた。

　ところが，1990年代に入ってバブル経済が崩壊し，地価が急激に下落するに伴って，このような売却による債権回収が次第に困難になってきた。このようなときに銀行が着目したのが，抵当不動産の賃貸によって得られる収益（賃料）から債権を回収するという方法であった。しかし，当時は，抵当不動産からの収益を抵当権の順位に従って配当することを可能にする制度，すなわち一般債権者による強制執行における強制管理のような制度が存在しなかったので，実務では，専ら抵当権の不動産賃料への物上代位の方法が模索されることになった（注1）。

　このようなバブル経済の崩壊に伴う経済不況の下，競売が進まない長期の不動産不況を背景に，賃料からの被担保債権の回収を望む経済界からの強い要望に応え，最高裁は賃料債権への物上代位を肯定している（最判平成元年10月27日民集43巻9号1070頁（賃借人が供託した賃料の還付請求権への物上代位））。

　平成15年の民法改正前においては，抵当権に基づく賃料への物上代位が可能か否かをめぐって学説の見解は分かれていたが，大審院時代の裁判例には，この点について明確に判示したものは見当たらず，戦後の下級審の裁判例は，肯定するものと否定するものに分かれていた。そんな状況の下で現れたのが，上記平成元年10月27日の最高裁判例である。

　この事案の概要は，次のとおりである。Aは，その所有する2階建て建物（店舗）の1階をBに，2階をCにそれぞれ賃貸し，他方，同建物について，Dのために1番抵当権を，Eのために2番抵当権をそれぞれ設定していた。しかるに，Dが抵当権の実行を申し立て，競売開始決定がされたため，賃借人B

及びCが賃料を供託していたところ，2番抵当権者であるEは，抵当権に基づく物上代位権の実行として，B及びCがした供託の供託金還付請求権を差し押さえ，転付命令（Aが有する供託金還付請求権をEに移転する裁判所の命令）を得た。そこで，AがEに対し，Eが転付命令を受けて取得した金員の返還を求める訴訟を提起したのである。Aの主張の要点は，抵当権は非占有担保であるから賃料には及ばないという点にあった。この事案で，最高裁は，賃料への物上代位を肯定し，次のように述べている。

「抵当権は，目的物に対する占有を抵当権設定者の下にとどめ，設定者が目的物を自ら使用し又は第三者に使用させることを許す性質の担保権であるが，抵当権のこのような性質は先取特権と異なるものではないし，抵当権設定者が目的物を第三者に使用させることによって対価を取得した場合に，この対価について抵当権を実行することができると解したとしても，抵当権設定者の目的物に対する使用を妨げることにはならないから，前記規定（民法372条，304条）に反してまで目的物の賃料について抵当権を行使することができないと解すべき理由はなく，また賃料が供託された場合には，賃料債権に準ずるものとして供託金還付請求権について抵当権を行使することができる。」

そして，この最高裁判例は，上記の事案のように，目的不動産に対して抵当権が実行されている場合であっても，抵当権が消滅するまでの間は賃料債権に対してこの権利を行使することが可能であるとしたのである。

従前の下級審の裁判例の中には，上記の問題について，一般論として抵当権に基づく物上代位を肯定しながらも，賃貸借が抵当権よりも前に設定されている場合や，最初から賃貸借を予定して建設された建物について抵当権が設定されたような場合には，賃料に対する物上代位を否定するという解釈論を採用するものもあった。このような場合には，抵当権者は，その抵当権設定時において，抵当不動産の賃料から債権の回収を図る意図がない（賃料は建物所有者が回収するものと考えている。）とみるのが通常だからである。しかし，上記の最高裁判決は，このような区別を顧慮することなく，無条件に賃料への物上代位が可能であるとしたのである**(注2)**。

この判例は，賃料債権への物上代位を肯定する論拠として，①民法372条が文言上民法304条をなんらの制限を加えず準用していること，ⅱ抵当権の非占有担保性は先取特権と異ならず，準用に際して異なる判断をする理由がないこ

と，ⅲ賃料債権への物上代位権の行使を認めても，抵当権設定者の目的物に対する使用を妨げることにならないこと，ⅳ目的不動産への抵当権実行と物上代位は重畳的に行使できるとする判例（最判昭和45年7月16日民集24巻7号965頁）の存在をあげ，この判決の背後には，抵当権が交換価値のみを把握し使用収益価値までは支配していないという抵当権者の価値把握についての伝統的な考え方からの転換の契機を見いだすことができる。そのほか，関連する判例として，最判平成10年1月30日民集52巻1号1頁（物上代位と債権譲渡の優劣），最判平成14年3月12日民集56巻3号555頁（物上代位と転付命令の優劣），最判平成10年3月26日民集52巻2号483頁（物上代位と差押えの優劣），最決平成12年4月14日民集54巻4号1552頁（転貸料債権への物上代位の可否），最判平成13年3月13日民集55巻2号363頁（物上代位と相殺の優劣），最判平成14年3月28日民集56巻3号689頁（物上代位と敷金充当の優劣），最判平成14年6月13日民集56巻5号1014頁（物上代位に対する被差押債権の不存在・消滅を理由とする抗告の可否），最判平成21年7月3日民集63巻6号1047頁（担保不動産収益執行における賃借人からの相殺の可否）などがある（**注3**）。

　物上代位というのは，担保目的物の売却，賃貸，滅失，損傷等によって債務者が受け取るべき金銭その他の物（代位物）に対して，担保権者が権利を行使できることをいう（民法304条，372条）。例えば，参考になる判例としては，次のようなものがある。

　①　買戻特約付売買の目的不動産につき買主が買戻権の行使により取得した買戻代金債権（最判平成11年11月30日民集53巻8号1965頁）への物上代位。この判例は，買戻代金債権に対する物上代位を認めたものである。事案は，Aがその所有地をBに売却したが，この売買契約には，ⅰ買主Bは土地の引渡しを受けた日から3年以内に，これを文化施設用地として使用する，ⅱBがこの約束に違反したときは，Aは同土地を買い戻すことができるとの特約が結ばれており，AからBへの所有権移転登記と共に買戻しの特約の登記がされていた。ⅲその後，Bは，その土地にCおよびDのために抵当権を設定した。ⅳしかし，Bは前記約束を履行しなかったために，Aが買戻権を行使したところ，CがBの一般債権者としてAに対する買戻代金債権を差し押さえ，Dは抵当権に基づく物上代位権の行使として同じ債権を差し押さえた。そこで，Aは，C・Dのいずれに弁済すればよいか分からず，買戻代金を法務局に供託した。ⅴこ

の場合，C，Dのどちらが優先するかが争点となったが，上記最高裁判例は，買戻代金が実質的に抵当目的物の価値変形物であるとして，これに対する物上代位を認め，Dの抵当権がCの一般債権者としての差押えに優先するとした。

②　民法372条において準用する民法304条1項ただし書が，抵当権者が物上代位権を行使するには払渡しまたは引渡しの前に差し押さえることを要するとした趣旨は，第三債務者が設定者に弁済しても弁済による目的債権の消滅の効果を抵当権者に対抗できなくなるという不安定な地位に置かれる可能性があり，二重弁済を強いられるという危険から第三債務者を保護する点にある。この趣旨に照らすと，払渡しまたは引渡しには債権譲渡は含まれず，抵当権者は，目的債権が譲渡され第三者に対する対抗要件が備えられた後においても，自ら目的債権を差し押さえて物上代位権を行使できるものと解すべきであり，これは物上代位による差押えの時点で債権譲渡に係る目的債権の弁済期が到来しているか否かにかかわりない（最判平成10年1月30日民集52巻1号1頁）。

③　債権について一般債権者の差押えと抵当権者の物上代位権に基づく差押えが競合した場合，両者の優劣は，一般債権者の申立てによる差押命令の第三債務者への送達と抵当権設定登記の先後によって決する（最判平成10年3月26日民集52巻2号483頁）。

④　抵当権者が物上代位権を行使して賃料債権の差押えをした後は，抵当不動産の賃借人は，抵当権設定登記の後に賃貸人に対して取得した債権を自働債権とする賃料債権との相殺をもって，抵当権者に対抗できない（最判平成13年3月13日民集55巻2号363頁）。

⑤　転貸賃料につき，抵当権者は，抵当不動産の賃借人を所有者と同視することを相当とする場合を除き，右賃借人が取得すべき転貸賃料債権について物上代位権を行使できない（最決平成12年4月14日民集54巻4号1552頁）。

⑥　抵当権に基づき物上代位権を行使する債権者は，他の債権者による債権差押事件に配当要求をすることによって優先弁済を受けることはできない（民法374条において準用する民法304条1項ただし書の「差押え」には配当要求を含むと解することができず，民執法154条及び193条1項は物上代位権者が配当要求をすることは予定していない。）（最判平成13年10月25日民集55巻6号975頁）。

⑦　抵当権の物上代位の目的となる債権に対する転付命令は，同命令が第三

債務者に送達される時までに抵当権者が当該債権の差押えをしなかったときは，その効力を妨げられず，抵当権者は当該債権について抵当権の効力を主張することはできない（最判平成14年3月12日民集56巻3号555頁）。

⑧　賃貸借契約が終了し，目的物が明け渡された場合においては，目的物の返還時に残存する賃料債権等は敷金が存在する限度において敷金の充当により当然に消滅するのであり，このことは，明渡し前に賃料債権に対する物上代位権行使としての差押えがあった場合も同様である（最判平成14年3月28日民集56巻3号689頁）。

　この物上代位は，公平の理念の下で，担保権の実効性を確保するため政策的に与えられた権能であるといわれている（注4）。そして，この物上代位には代償的権能（代替的＝売却・滅失・損傷）と派生的権能（付加的・賃貸等）がある。前者の「代替的物上代位」とは，抵当権の対象となっている不動産の所有権が失われて競売ができなくなったような場合の物上代位のことであり，後者は，対象不動産の競売が可能であるのにさらに賃料債権に対して物上代位ができる「付加的物上代位」といわれるものである（注5）。

　ここでは，賃貸（賃料）に対する物上代位を中心に考察する。

　伝統的な考え方によれば，非占有担保である抵当権は，目的物の利用価値を設定者である所有者に留保して，目的物の交換価値（担保価値のみを把握する「価値権」）であるがゆえに，抵当権者は，原則として目的不動産の利用使用（収益）には介入できないとされていた（注6）。しかし，前述のごとくバブル経済の崩壊に伴う不動産不況の下で，賃料からの被担保債権の回収を望む声が強まり，判例は，賃料債権への物上代位を肯定するに至った（最判平成元年10月27日民集43巻9号1070頁）。

　抵当権は交換価値のみを支配する権利であるから，不動産の利用を目的とする利用権（賃借権）とは併存し，実行する段階，すなわち交換価値を実現する段階に至って，買受人に賃貸借が引き受けられるか否かという形で両者の対抗関係が顕在化する（民執法59条2項）。この点については，民法旧395条は，原として登記（対抗要件）具備の先後で対抗関係が定まるが（民法177条），例外的に短期賃借権については，抵当権設定登記後にされたものであっても抵当権者に対抗することができると規定して短期賃借権保護の制度を設けていた。しかし，前述のごとく同制度が執行妨害に濫用されるなどの実態を踏まえて，平

害排除が可能であるとしている（最判平成17年3月10日民集59巻2号356頁）。

　現時点におけるわが国実定法上の抵当権像は，従来どおり抵当権＝交換価値支配権と位置づけつつ，付加的に物上代位による収益からの回収を承認し，かつ設定者によって抵当不動産の適切な維持管理の範囲を逸脱してなされた利用については，それが交換価値実現の阻害等をもたらす場合には，抵当権侵害と評価して妨害排除，必要に応じて抵当権者による「管理占有」を認めるというものであって，そこでは，あくまでも設定者（所有者）による目的不動産の自由な利用（使用収益）が原則とされていると解される（注8）。

(3) 抵当権による物上代位と判例法理

　抵当権の賃料に対する物上代位についての判例等の考え方は，①抵当権設定登記により，抵当権者の潜在的な物上代位権が公示されていること，②物上代位権の具体化のためには，抵当権者自身による差押えが必要であること。抵当権者が差押えをしないまま，既発生の賃料債権が弁済等により消滅すると抵当権者は物上代位権を行使できなくなる。逆にいうと，既発生でも弁済前の賃料は，抵当権者が物上代位権を行使できる。そして，同様に未発生の将来賃料債権についても抵当権者が物上代位権を主張できる。③賃料への物上代位による差押えは，履行遅滞を要件とすること，④差押え後の手続は，民事執行法によること，といったようなことが必要であると解される（注9）。

　それでは，賃料債権が譲渡された場合はどうか。賃料債権が譲渡されても，抵当権の物上代位権は抵当権の登記により公示されているから，債権譲受人に対して優先権を主張できる（最判平成10年1月30日民集52巻1号1頁）。もっとも，既払い賃料分は除かれる。

　次に，抵当権の賃料への物上代位と相殺が競合した場合はどうか。この場合は，抵当権設定登記と賃借人による自働債権の取得の先後によりその優劣が決せられる。物上代位による差押え前に相殺がされると相殺が優先する。また差押え後に相殺がされても賃借人による自働債権の取得が抵当権設定登記の前であれば賃借人は相殺できる（最判平成13年3月13日民集55巻2号363頁）。もっとも，敷金の相殺と物上代位の優劣に関しては，目的物の返還時に残存する賃料債権等については敷金の充当により当然に消滅するので，物上代位権を行使できない（最判平成14年3月28日民集56巻3号689頁）。

成15年改正（平成16年4月1日施行）によって，短期賃借権保護制度が廃止され，抵当権設定登記後の賃貸借は，一律に売却により効力を失い（民執法59条2項），賃借人は明渡しを余儀なくされることになった。ただし，建物賃貸借については，抵当権者に対抗できないものであっても，買受けの時から6か月は明渡しを猶予され，抵当建物使用者として使用収益を継続することができるという救済措置（民法395条1項）が設けられている。

この平成15年の改正は抵当権の効力を強化し，利用権（賃借人）の保護を劣後させたという側面をもち，その背後には，使用財としての不動産観光地志向・再開発志向型不動産観があるともいえるとともに，一方では，短期賃借権保護の制度の廃止は，賃貸借関係の存続を前提として賃料債権への物上代位をおよび収益執行を認めることと相矛盾する側面があるようにも考えられる。その接点に位置するともいえる抵当権者の同意により賃貸借に対抗力を付与する制度（民法387条）の実効性に注目したいところである**(注7)**。

(2) 交換価値支配権としての抵当権と妨害排除

伝統的な交換価値論による限り，抵当権は非占有担保であるから，抵当権者が，原則として，不動産の使用（占有関係）に干渉する余地はないといえる。ところが，昭和50年代以降，実務で横行した執行妨害に対して，それを行う占有者を抵当権者が競売に先立って排除できるか否かが問題となってきた。最高裁は当初，抵当権者の明渡請求を否定したが（最判平成3年3月22日民集45巻3号268頁），後に判例変更をして，不法占有者の排除を認めるに至っている。抵当権者は，原則として，抵当不動産の所有者が行う抵当不動産の使用または収益について干渉はできないが，「第三者が抵当不動産を不法占有することにより，競売手続の進行が害され適正な価額よりも売却価額が下落するおそれがあるなど，抵当不動産の交換価値の実現が妨げられ，抵当権者の優先弁済請求権の行使が困難となるような状態があるときは，これを抵当権に対する侵害と評価することを妨げるものではない。」としている（最大判平成11年11月24日民集53巻8号1899頁）。さらに権原占有者（抵当権者に対抗できない賃借人）についても，「その占有権原の設定に抵当権の実行としての競売手続を妨害る目的が認められ，その占有により抵当不動産の交換価値の実現が妨げら抵当権者の優先弁済請求権の行使が困難となるような状態があるとき」は，

一般債権者の差押えと抵当権の物上代位による差押えが競合した場合は，その優劣は，差押命令の第三債務者への送達と抵当権設定登記の先後によって決まる（最判平成10年３月26日民集52巻２号483頁）。
　しかし，抵当権に基づき物上代位権を行使する債権者は，債権差押事件に配当要求することによっては，優先弁済を受けることができないことは前述のとおりである（最判平成13年10月25日民集55巻６号975頁）し，また抵当権者は，抵当不動産の賃借人を所有者と同視することを相当とする場合を除き，同賃借人が取得すべき転貸賃料債権について物上代位権を行使することはできないことも前述のとおりである（最判平成12年４月14日民集54巻４号1552頁）（注10）。
　平成元年の最高裁判決が出された結果，抵当権に基づく賃料への物上代位が広範に利用されることになった。しかし，もともと民法の物上代位の規定は簡単であって，抵当権者が複数いる場合にその間の利益を合理的に調整することまで予定したものではなく，そのため，従前から抵当権に基づく収益執行の制度を創設する必要があるとの主張が強かったわけである。
　これが実現されたのが前述のごとく平成15年の担保法の見直しによってである（平成16年４月１日施行）が，民法371条において，「抵当権は，その担保する債権について不履行があったときは，その後に生じた抵当不動産の果実に及ぶ。」と規定し，被担保債権が債務不履行に陥った後には果実にも抵当権が及ぶことを明らかにしている。これを受けて，民事執行法に不動産担保権の実行方法として，競売のほかに，収益執行すなわち担保不動産の収益から債権を回収する方法が認められることになった。ここで重要なことは，この改正に当たっては，賃料への物上代位を否定し，賃料からの債権回収は収益執行に一本化する方法も可能であったと思われるが，その方法を採用せず，民法の物上代位に関する規定はそのままにした上で，抵当権に基づく賃料への物上代位を認めているということである（民執法193条）。
　このように，平成15年改正法の要点は，賃料にも抵当権が及ぶことを認めた上で，担保権に基づく収益執行の制度を創設したこと，それと併せて，抵当権に基づく賃料への物上代位を認めたということである。ただ，抵当権に基づく賃料への物上代位については，依然として反対の見解がある。
　例えば，わが民法の物上代位の制度は西欧諸国の民法を母法とするものであ

るが，西欧諸国の法制で物上代位が問題とされたのは，保険金請求権のような抵当不動産の価値を代替するようなものについてであったといわれる。しかし，賃料に対しても物上代位を認め，さらに抵当不動産の本体にも抵当権を実行することができるということは，価値代替物だけではなく，抵当不動産から派生する債権にも物上代位の効力が及ぶということになる。代償的債権の場合は，それに対する物上代位は事物の性質に根ざすものであるけれども，賃料のような派生的債権の場合は，物上代位を認めなければ公平に反するというのではなく，あくまで立法政策の問題であるとし，そのような観点から，まず第1に，一般債権者のような第三者にとっては，賃料に対して抵当権に基づく物上代位がされるということについての予測可能性が常にあるとはいえない。抵当権者は，派生的債権への物上代位に対するインセンティブを常に持っているのではなく，わが国でも，バブル経済が崩壊するまでは，そのようなことは例外的であり，むしろ一般債権者が自ら賃料を差し押さえて自己の債権を回収できると期待したとしても無理からぬことであるとする。

　第2に，抵当権者の賃料に対する物上代位を無条件で認めると後順位抵当権者が先順位抵当権者に優先して弁済を受けることが生じうるという点である。平成元年の前記最高裁判例の事案も，後順位抵当権者が賃借人の供託した供託金の還付請求権に物上代位したケースであったが，仮に抵当権が実行された場合には，物上代位した後順位抵当権者には配当が廻らないというケースだったようである。それからこれに関連して第3の理由としては，抵当不動産の賃料を抵当権者が物上代位によって一人占めしてしまい，抵当権設定者に回ってこないということになると，抵当権設定者は賃貸不動産の管理に要する費用さえ事欠き，その不動産の劣化を招くおそれがあるといった点を理由としてあげている(注11)。

(4) 抵当権による物上代位と差押え

① 学説等の考え方

　民法304条1項は，「先取特権は，その目的物の売却，賃貸，滅失又は損傷によって債務者が受けるべき金銭その他の物に対しても，行使することができる。ただし，先取特権者は，その払渡し又は引渡しの前に差押えをしなければならない。」と規定している。

この物上代位をするのになぜ差押えが必要であるのかについては見解が分かれている。その1は、特定性維持説である。この見解は、民法304条の差押えは、優先弁済の対象の特定性を維持するために必要であるとするものである。従来の多数説であり、その論拠は、抵当不動産の交換価値の変形物に抵当権の効力が及ぶのは、価値権としての担保権の本質からして当然のことであるとし、抵当権に基づく優先弁済権は登記によって公示されているのだから、物上代位すべき目的物について、抵当権者がその優先的地位を確保するために特別の手続は必要とされない、民法304条の差押えは、物上代位によって優先弁済の目的となるものの特定性を維持するために必要であるというにすぎないとしている。そして、この考え方によれば差押えは抵当権者自身がする必要はないということになるが、第三債務者に対して物上代位の意思を明らかにするために抵当権者自身が差押えをする必要があるとしている。ただし、この差押えは、他の一般債権者が転付命令を得た後であってもよいとする。

　その2は、優先権保全説である。この説は、特定性維持説が担保権の価値権としての性質を重視するのに対し、物上代位は法が抵当権者に与えた政策的な権能であるとする考え方である。抵当権者が差押えをする必要があるか否か、いつまでに差押えをすべきであるかといった点についても、抵当権者の優先弁済を受け得る地位と一般債権者・債権譲受人等の利害との調整を図りつつ判断すべき政策問題ということになる。具体的には、他の債権者が先に差し押さえた場合でも、抵当権者が配当要求の終期までに差押えをすれば、抵当権の登記の順位で優先権を主張できるとしている。しかし、他の債権者が転付命令を得た場合や目的債権が第三者に譲渡されてしまった場合には、もはや物上代位をすることができないと解している。

　その3は、第三債務者保護説である。この見解は、差押えが物上代位の要件とされているのは、抵当不動産の変形物に抵当権の効力が及ぶことを知らない第三債務者が弁済の相手方を誤ることがないようにするための手段であるとするものである。したがって、第三債務者がまだ債務を弁済していない限り、抵当権者による物上代位が可能であるということになる。この見解によれば、差押えは、いわば第三債務者に対する対抗要件として要求されるものということになる。そして、債務者以外の他の第三者に対する関係では登記が対抗要件ということになる。物上代位の目的物に抵当権の効力が及ぶということは抵当権

の登記によって公示されているから，債務者以外の第三者との関係では，登記の時期が権利の優劣を決する基準となると解するわけである。このように第三債務者に対する対抗要件とその他の第三者に対する対抗要件とを分ける考え方は，債権譲渡の場合と同じである。つまり指名債権を譲渡した場合，債務者に対する対抗要件は，単なる通知または承諾である（民法467条）が，債務者以外の第三者に対する対抗要件は，確定日付のある証書による通知または承諾とされているのと同様の考え方によるものである(注12)。

② 判例の考え方

(i) 従前の判例

大審院は，大正4年3月6日判決（民録21輯363頁）においては，他の債権者が転付命令を得た後に抵当権者が差押えをした事案において，後者を優先させる旨の判断をしているのであるが，その後大正12年4月7日の連合部判決（民集2巻209頁）は，たとえ他の債権者が差押えをしていても，抵当権者自身が差押えをすることを要するとし，他の債権者が先に転付命令を得てしまえば，もはや優先弁済を主張できないとしている。この判例の流れを捉えて，一般に，大審院は，特定性維持説から債権保全説，すなわち債権が譲渡・転付される前に差し押さえれば，抵当権の登記の順位で優先権が保全されるという見解に判例変更をしたものと解されており，最高裁になっても，先取特権に関して，上記大審院判例と同旨の判断が示されていた(注13)。

(ii) 平成10年の最高裁判例

平成10年の最高裁判決（平成10年1月30日民集52巻1号1頁）は，次のような事案について判例を変更している。事案の概要は次のとおりである。

① AはBに対し30億円の融資をし，その担保として，Cが所有する5階建の住宅兼店舗で，もっぱら賃貸の用に供されている建物に抵当権が設定されている。

ⅱ その後，債務者Bが倒産し，その直後に，D社が本件建物の所有者であるCとその建物に入っている多数の賃借人との間に介入し，D社がCから本件建物を一括して賃借りした上，元からの賃借人に転貸するという形式が採られている。

ⅲ 続いて，E社が本件建物の所有者Cに対して7000万を貸し付け，その翌日に，CのD社に対する3年分の一括賃料債権が代物弁済としてE社に譲渡さ

6 担保不動産収益執行

れ，D社は確定日付のある証書で譲渡の承諾をした。

(ⅳ) 以上の事実関係の下で，本件建物の抵当権者であるAが，抵当権に基づく物上代位として，CがD社に対して有する将来の賃料債権を差し押さえ，D社に対して賃料の支払請求をした。

(ⅲ) 現在の判例

以上のような事案において，最高裁判決は第三債務者保護説をとり，抵当権者Aの物上代位に基づく差押えを認め，CからE社に対する債権譲渡がされて対抗要件が備わっても，なお，Aは賃料債権に物上代位することができるとしている。この判決により，物上代位による差押えに新たな法的位置付けが与えられ，特定性維持説と同様の強力な物上代位権が認められたことになると解される (注14)。その後同旨の最高裁判例として平成10年2月10日判時1628号3頁，同年3月26日民集52巻2号483頁がある。

もっとも，最判平成14年3月12日民集56巻3号555頁は，次のような事案において，上記判例とは異なった内容の判決をしている。

事案は，Aがその所有する土地につき，Bと用地買収契約を締結し，同土地上の所有建物について移転補償金債権を取得した。この債権につきAの一般債権者であるCが，この債権を差し押さえて，転付命令を取得し，同命令は第三債務者Bに送達されたが，この転付命令が確定する前に，同建物に抵当権を有するDが，この債権について物上代位による差押えを行った。この場合，CとDのいずれが優先するかという事案である。

この場合，転付命令が第三債務者に送達されているが，その確定前に，物上代位による差押えがされているから，転付命令は確定しなければ効力を生じない（民執法159条5項）ということを考慮すると，第三債務者保護説の考え方に立てば，まだ債務の弁済がされていない以上，債権が譲渡された場合と同様物上代位が優先するという結論になりそうであるが，最高裁判決は，転付命令が優先するとしている。その理由としては，民事執行法159条3項が，「転付命令が第三債務者に送達される時までに，転付命令に係る金銭債権について，他の債権者が差押えをしたときは，転付命令はその効力を生じない」と規定しているので，物上代位による差押えを同項による差押えと同視して，転付命令が第三債務者に送達されるまでに物上代位による差押えがされていなければ，転付命令が優先すると判示したものと解される (注15)。

⑸ 担保不動産収益執行制度の創設

① 制度創設の趣旨

　改正前の民事執行法においては，一般の金銭債権者は，強制競売によって債務者所有の不動産の交換価値から満足を得ることができるほか，強制管理（民執法93条以下）によってその収益価値からも満足を得ることができたのに対し，抵当権者が抵当不動産の収益価値から優先的な満足を得るための制度は，設けられていなかった。抵当権の本質は，抵当不動産の使用収益を抵当権設定者に許しつつ，その交換価値を把握する点にあることを前提とし，抵当権の実行によっては抵当不動産の売却によりその所有権が移転した場合を除き，抵当権設定者の使用収益権能を奪うことはできないという考え方が強かったからである（注16）。

　しかし，近時は，抵当不動産が大規模なテナントビルであるような場合等には，その売却に時間を要する，あるいは売却そのものが困難であるような場合も考えられることから，抵当権者が抵当不動産の収益から優先弁済を受けることができる制度の創設を求める声が高まっていたことは前述のとおりである。

　また，最判平成元年10月27日民集43巻9号1070頁も，考え方の分かれていた抵当不動産の賃料に対する物上代位による抵当権の行使の可否について肯定説を採用し，以後，抵当権に基づく物上代位による賃料差押えの手続が実務上定着するに至り，抵当権の実行としての強制管理類似の制度を導入することは，抵当権の本質と相容れないものではないという考え方が有力になっていた。この点もすでに考察したとおりである。

　このような背景の下で，平成15年改正法は，抵当権の実行方法の多様化等を図る観点から，抵当権者その他の担保権者が担保不動産の収益から優先弁済を受けるための強制管理類似の制度として，担保不動産収益執行制度（民執法180条2号）を創設した。

　この担保不動産収益執行は，不動産から生ずる収益を被担保債権の弁済に充てる方法による不動産担保権の実行であり，その手続の基本的な流れは，

　① 抵当権者等が，執行裁判所に抵当権設定登記のされている登記事項証明書（情報）等を提出して，担保不動産収益執行の申立てをする（民執法181条1項）。

ⅱ　執行裁判所が，担保不動産収益執行の開始決定をし，当該不動産の賃借人等に対しその賃料等を管理人に交付すべき旨を命ずる（民執法188条，93条1項，94条1項）。

ⅲ　管理人が執行裁判所の監督の下に，担保不動産の賃料等を回収し，事案に応じて，既存の賃貸借契約の解除や新たな賃貸借の契約を行う（民執法188条，95条1項，99条）。

ⅳ　管理人または執行裁判所が，執行裁判所の定める期間ごとに，債権者に対し配当等を実施する（民執法188条，107条，109条）。

ⅴ　担保不動産競売手続との関係については，担保権者は，事案に応じて担保不動産競売または担保不動産収益執行の手続のいずれかまたは双方を選択して，申立てをすることができる（民執法180条）。担保不動産収益執行の制度は，一般債権者の申立てに係る強制競売・強制管理とは別個独立の手続とされており，さらに担保権の実行としての手続からも独立型を採用することが整合的であること，被担保債権の履行遅滞後には，競売開始前であっても，抵当不動産の賃料等から迅速に優先弁済を受けられるようにすることが望ましく，売却が容易でない大型ビル等についてはその必要性が高いこと，競売手続が迅速になり，一年程度で終了する事件も多くなった現状の下では，付随型の手続を導入したのでは実益が少ないこと等を考慮し，独立型の手続が導入されたといわれている（注17）。これらの手続の双方が継続する場合には，担保不動産競売の手続において買受人が代金を納付すると，これによりすべての抵当権が消滅するため（民執法188条，59条1項），その時点で，担保不動産収益執行の手続も取り消されることになる（民執法188条，111条，53条）。

ⅵ　物上代位の手続との関係については，担保不動産収益執行制度の創設に当たり，抵当権に基づく物上代位による賃料差押えを否定せず，抵当権者において，物上代位の手続と担保不動産収益執行の手続を事案に応じて選択することができることとし，これらの手続が競合した場合には，これを調整する規定（民執法188条，93条の4）を置いている。抵当権に基づく物上代位による賃料差押えの手続では，担保不動産収益執行の手続に比べ，管理人を選任しないために手続の申立てに要する費用が低額であり，また，差押債権者に直接の取立権が認められるなど，簡易かつ迅速な債権回収が可能であるという利点がある。そのため，賃借人の数が少なく，賃料の額も低い小規模な不動産賃貸にお

いては，改正後もこの手続の有用性が高いと考えられる (注18)。

　これに対して，担保不動産収益執行は，申立てに要する費用が比較的高額（申立手数料のほかに差押えの登記に係る登録免許税，管理人の報酬等を見込んだ予納金の納付が必要となる。）とはなるものの，担保不動産に多数の賃借人がいる場合でも，不動産単位で手続を行えば足り，賃借人を特定して各賃借人ごとにその賃料債権を差し押さえる必要がないこと，管理人が収受した収益から不動産の維持管理に要する費用を支出することができること，抵当権に基づく物上代位による賃料差押えの手続については，実務上，賃料の中に管理費用相当額が含まれていることが多く，差押債権者がそれも含めて取り立ててしまうため，抵当不動産の管理が適切に行われなくなるという問題点が指摘されていたが，改正後は，物上代位による賃料差押え手続の継続中に他の債権者の申立てにより担保不動産収益執行が開始すると，賃料差押えの手続は担保不動産収益執行の手続に吸収され，それ以後は，管理人が賃借人から賃料を収受し，必要な管理費用を支出した残余につき配当を実施することになる（民執法188条，93条の4）ので，改正前に指摘されていた問題点は，競合する担保不動産収益執行の申立てにより解消を図ることが可能であるといわれている (注19)。収益執行の手続ではそのほか管理人が不法占有者を排除したり，賃料不払いや用法違反を理由に既存の賃貸借契約を解除したり，新規の賃貸借契約を締結したりすることができること等の利点があるといわれている。さらには，担保不動産収益執行の場合は，不動産の収益が賃料等の法定果実である場合に限らず，天然果実である場合にも利用することができる利点がある (注20)。

　したがって，担保不動産収益執行の手続は，賃貸人が多数で契約関係の把握が困難な物件，既存の占有者の排除や新規の賃借人の確保が必要とされる物件等において有用であると考えられ，大規模のテナントビル等についての利用が見込まれている。

　⑦　不動産の収益に対する抵当権の効力（民法371条）については，改正前の民法371条の規定は，抵当権の効力が抵当不動産の競売開始による差押え後の天然果実に及ぶと解されていたが，改正後において，担保不動産収益執行制度を創設するに当たっては，抵当権の効力が担保不動産収益執行の開始後の天然果実及び法定果実に及ぶということを実体法上明確にしておく必要があるということで，改正後の民法371条は，「抵当権は，その担保する債権について不

6　担保不動産収益執行

履行があったときは，その後に生じた抵当不動産の果実に及ぶ。」と規定し，その趣旨を明確にしている。

　⑧　抵当権者がその優先弁済権を行使するための具体的な執行手続は，民事執行法180条以下に規定されているので，民法371条の規定だけでなく，抵当権者が民事執行法の規定に従って担保不動産収益執行の開始による差押えをした場合にはじめて，民法371条に規定する範囲で，果実からの優先弁済を受けることができることになる。したがって，そのような手続を経ることなく当然に被担保債権の履行遅滞後の果実を取得することにはならない。そのため，抵当権設定者（賃貸人）が被担保債権の履行遅滞後，担保不動産収益執行の開始前に受領した賃料については，抵当権者が抵当権設定者に対して不当利得返還請求ができるものではないし，賃借人が抵当権設定者に賃料を支払うことが抵当権侵害になるものでもない（注21）。「担保不動産の賃借人は，抵当権に基づく担保不動産収益執行の開始決定が効力を生じた後も，抵当権設定登記の前に取得した賃貸人に対する債権を自働債権とし，賃料債権を受働債権とする相殺をもって管理人に対抗できる。担保不動産収益執行において管理人が取得するのは，賃料債権等の権利を行使する権限にとどまり，賃料債権等は，開始決定後も担保不動産所有者に帰属しているから，当該所有者は右の相殺の意思表示を受領する資格を有する。」（最判平成21年7月3日民集63巻6号1047頁）ということである。つまり，管理人が取得するのは，賃料債権等それ自体ではなく，その権利を行使する権限にとどまり，賃料債権等は，強制管理開始決定が効力を生じた後も所有者に属すると解されるからである。

　⑨　不動産質権との関係については，改正前は，不動産質権者は，別段の特約がある場合を除き，不動産の使用収益権を有する反面，管理費用の負担をしなければならず，被担保債権の利息を請求することができないとされていた（民法356条から359条）。その趣旨は，使用収益により取得する純益（収益から管理費用を控除した額）は，利息額に相当するのが通常であるという経済観念に立脚するものであったといわれている（注22）。

　しかし，改正後は，担保不動産収益執行が開始されると，執行裁判所の選任した管理人が不動産を使用収益しつつ管理費用等を負担することとなるため，上記の趣旨が妥当しないこととなる。例えば，担保不動産収益執行の開始時に不動産質権者がある場合としては，①不動産質権者自身が担保不動産の収益執

行の申立てをしたとき，ⅱ第二順位の不動産質権者がある場合に，第一順位の抵当権者が担保不動産収益執行の申立てをしたとき等があり得る。この後者の場合は，質権者は，担保不動産収益執行手続において選任された管理人に不動産を引き渡さなければならない（民法347条ただし書）。

これに対し，第一順位の不動産質権者がある場合に，第二順位の抵当権者が担保不動産収益執行の申立てをした場合には，質権者がすべての収益をしてしまい，配当財源となるべき収益発生の見込みがないため，申立てが却下されるか，または開始決定後に取り消されることになると解される（民執法188条，106条2項）。

そこで，改正法は，担保不動産収益執行が開始された場合には，不動産質権者は，不動産の使用収益をすることができないとされ，その一方で，管理費用等の負担を免れ，被担保債権の利息を請求することができるとしている（民法359条による同法356条から358条までの適用除外，設定行為に別段の定めがあるときは別である。）**(注23)**。

ⅹ 根抵当権の元本確定事由の追加（民法398条の20第1項1号）に関してである。

改正前は，根抵当権者が，ⅰ競売（強制競売，不動産競売）または，ⅱ物上代位による差押えの申立てをしたとき（ただし，競売開始決定または差押命令がされたときに限る。）に，元本が確定することとされていたが（改正前の民法398条ノ20第1項2号），根抵当権者が自ら担保不動産収益執行の申立てをしたときは，競売または物上代位による差押えの申立てをしたときと同様，担保権を実行して優先弁済を受ける段階に入った以上，その被担保債権を固定させても差し支えなく，そうすることが法律関係の簡明に資すると考えられる。

そこで，改正法は，根抵当権者が担保不動産収益執行手続の申立てをしたとき（ただし，開始決定がされたときに限る。）にも，根抵当権の元本が確定することとしている（改正後の民法398条ノ20第1項1号）**(注24)**。

ⅺ 利息・損害金の「最後の二年分」に関しては（民法375条），改正法は，民法374条の規定につき特に変更を加えていないが，同条の規定は，担保不動産収益執行においても，競売におけるのと同様に適用される。

したがって，担保不動産収益執行において数回の配当が実施される場合，例えば，1回目の配当において，1年6ヶ月分の利息について配当を受けた抵当

権者は，２回目の配当においては，６ヶ月分の利息または遅延損害金の限度で，優先弁済を受けられることとなる(注25)。

② 担保不動産収益執行の手続の概要

収益執行の手続は，所有者から担保不動産の使用収益権を取り上げ，裁判所が選任した管理人が，収益不動産を維持管理し，収取した収益を被担保債権の弁済に充てるものである。

収益執行における収益というのは，「後に収穫すべき天然果実及び既に弁済期が到来し，又は後に弁済期が到来すべき法定果実とする。」とされており（民執法188条，93条2項，民法88条，371条），収益執行の手続の開始決定の効力が生じた時点における，未収穫の天然果実並びに既に弁済期が到来していた未払賃料等及び弁済期未到来の賃料等の法定果実である。

収益執行の手続のメリットとしては，前述のごとく，管理人が担保不動産を適切に維持管理するため，担保不動産の交換価値が維持され，空室については賃借人の新規募集も可能であり，収益の増加を図ることができる（民執法95条）ことがあげられる。もっとも管理人が取得するのは，賃料債権等それ自体ではなく，その権利を行使する権限にとどまり，賃料債権等は，強制管理開始決定が効力が生じた後も，所有者に属する（最判平成21年7月3日民集63巻6号1047頁）としている。メリットとしては，そのほか，申立時に賃借人等の給付義務者を特定することができない場合でも，管理人による給付義務者及び給付請求権の内容の調査に基づき，給付命令を発令することができること，収益執行の手続においては，担保不動産競売の手続とは異なり，差押えの登記前に登記された担保権を有する債権者に配当受領資格は認められておらず，配当要求をすることも認められていないので，これらの者が配当を受けるためには，配当期間の満了までに，別途，収益執行の申立てをする必要がある（民執法107条4項）。

一方債権者が収益執行の手続において弁済を受けられるのは，収益から固定資産税及び都市計画税等の公租公課，管理人の報酬及び不動産の維持管理費用を控除したものであるため，債権回収のためのコストは大きくなる(注26)。

結局，抵当権者は物上代位と収益執行のいずれでも選択できるが，賃料に対する物上代位の後に収益執行が開始されると原則として物上代位の効力は停止することになる（民執法188条，93条の4）。

賃料への物上代位は小規模不動産についての簡易な制度として有用であるが，担保不動産収益執行は，管理人の報酬等に費用がかかるため，より大規模な収益用不動産に向いているといえる(注27)。このことはすでに考察したところである。

⑥ 担保不動産収益執行と登記

① 登記記録例

担保不動産収益執行開始決定に係る差押えの登記は，登記の目的「差押」，登記原因「平成何年何月何日何地方裁判所（支部），担保不動産収益執行開始決定」とし，「債権者，何市何町何番地，何某」とする（平成21年2月20日法務省民二第500号法務省民事局長通達・不動産登記記録例集667）。

担保不動産収益執行の開始決定がされるとその担保不動産に対し，上記のように「担保不動産収益執行開始決定」を登記原因として差押の登記がされるので，その登記から担保不動産収益執行が続行中であることを知ることができる。

先順位抵当権者であっても，後順位抵当権者の申立てにより開始した担保不動産収益執行手続からその順位に従い配当を受けるには，担保不動産収益執行の申立てをして開始決定を受けなければならない。この場合には，二重の開始決定がされて差押登記がされることになる(注28)。

強制執行手続においては，すでに強制管理の制度（民執法93条から111条）が設けられているので，担保不動産収益執行は，特別の規定がある場合を除き，強制管理の規定を準用するとしている（民執法188条）。

② 担保不動産収益執行と差押登記

担保不動産収益執行の手続は，担保権の実行として行われるから，担保不動産競売と共通するところが少なくない。また，強制執行における強制管理に類似している点もあるから，前述のごとく，強制管理手続に関する規定も準用される（民執法188条）。

担保不動産収益執行は，抵当権者等の担保権者の申立てにより開始されるが，その申請情報には，担保不動産競売と同様に申立人が抵当権者であることを証する登記事項証明書（情報），担保権の存在を証する公証人が作成した公正証書の謄本等を提供する必要がある（民執法181条）。もっとも，一般債権者

のように債務名義や執行文は必要としない。

　申立てが相当であると認められるときは，執行裁判所は担保不動産収益執行の開始の決定をし，その開始決定において，債権者のために不動産を差し押さえる旨宣言し，かつ，債務者（所有者）に対し収益の処分を禁止し，及び債務者が賃貸料の請求権その他の当該不動産の収益に係る給付を求める権利（給付請求権）を有するときは，債務者に対してその給付の目的物を管理人に交付すべき旨を命じなければならない（民執法188条，93条）。このように，担保不動産収益執行の開始決定があると不動産の差押宣言がされるので，裁判所書記官の嘱託により差押登記をすることになる（民執法118条，111条，48条）。

　なお，強制管理の開始決定に係る差押登記の登記原因は，「平成何年何月何日何地方裁判所（支部）強制管理開始決定」とする（平成21年2月20日法務省民二第500号法務省民事局長通達629，所有権の登記のない不動産について強制管理開始決定に係る差押えの登記の嘱託があった場合の登記記録については，登記記録例番号624，共有持分権に対する場合の登記記録については，登記記録例番号625）。担保不動産収益執行の開始決定に係る差押登記の登記記録例について前述したとおりである。そして，この開始決定と同時に管理人の選任が行われる（民執法188条，94条）。管理人は，執行裁判所の監督を受け，差押不動産の管理及び収益執行をするとともに，新規に賃貸することもできる（民執法188条，95条）。また，債務者（所有者）の占有を解いて自ら占有することもできる（民執法188条，96条）。そして，管理人は，裁判所の定める期間毎に配当を実施する（民執法188条，107条1項）。

　配当を受けることができる債権者は，担保不動産収益執行または強制管理の開始を申し立てた者のほか，仮差押債権者，債務名義を有する債権者で配当要求をした者，文書により一般先取特権を証明する者でなければならない（民執法188条，105条1項，107条4項）。抵当権者であっても，担保不動産収益執行の申立てをしていない債権者は，配当を受けることができない。配当を受けるためには担保不動産収益執行を申し立てて開始決定を受ける必要がある。改正民事執行法は，二重の開始決定ができるとしている（民執法188条，93条の2）。すなわち，既に強制管理の開始決定がされ，または担保不動産収益執行（不動産から生ずる収益を被担保債権の弁済に充てる方法による不動産担保権の執行をいう。民執法180条2号）の開始決定がされた不動産について強制管

理の申立てがあったときは，執行裁判所は，更に強制管理の開始決定をするものとしている（民執法93条の2）。二重の開始決定を受けた債権者が根抵当権者であるときは，その根抵当権が確定する（民執法398条の20第1項第1号）。配当に充てられる金銭は，収益から不動産に対して課される租税その他の公課及び管理人の報酬その他の費用を控除したものである（民執法188条，106条1項）。配当すべき債権者が複数の場合は，実体法上の順位に従い配当される(注29)。配当に充てるべき金銭を生ずる見込みがないときは，執行裁判所は，強制管理の手続を取り消さなければならない（民執法106条2項）。また，各債権者が配当等によりその債権及び執行費用の金額の弁済を受けたときは，執行裁判所は，強制管理の手続を取り消さなければならない（民執法188条，110条）。

③　担保不動産収益執行と根抵当権の確定

根抵当権者も担保不動産収益執行の申立てができるが，この根抵当権者の申立てに基づき収益執行の開始決定または差押えがされると根抵当権の担保すべき元本は確定する（民執法398条の20第1項1号）。このことは，根抵当権者がその根抵当権の実行のために競売の申立てをした場合はもちろん，他の債権に基づいて競売を申立てた場合も含むと解される（民執法43条，45条，181条，188条）。物上代位のための差押えも同様であると解される（民執法193条）。これらの場合は，根抵当権者は，もはや根抵当権の存続を欲していないと考えられるからである(注30)。

④　担保不動産収益執行と不動産競売手続

担保不動産競売と担保不動産収益執行はそれぞれ独立して申し立てることができるとされているので，両者は併用されることになる（民執法180条）。両者が併用された場合，担保不動産競売により買受人が代金を納付すると，所有権は買受人に移転して抵当権も消滅することになる（民執法188条，79条，59条）。その結果，担保不動産収益執行は取り消され，買受人への所有権移転の登記嘱託の際，収益執行開始決定に係る差押登記の抹消登記の嘱託がなされる（民執法188条，82条）。

担保不動産競売手続続行中は，担保不動産収益執行により被担保債権が完済されない限り，抵当権は消滅しないから，担保不動産収益執行も続行することになる。担保不動産収益執行の期間を限定する特別の規定は設けられていない

(注31)。
⑤ 担保不動産収益執行と抵当権に基づく物上代位による差押え
ⅰ 抵当権に基づく物上代位の手続

抵当権者が抵当不動産について物上代位をするには，「……その払渡又は引渡しの前に差押えをしなければならない。」（民法304条1項ただし書，372条）と規定し，その物上代位による差押手続は民事執行法193条及び194条に規定している。したがって，抵当不動産から生ずる賃料債権に対する物上代位による差押手続は，債権に対する強制執行の方法によることになる。ただし，担保権の実行による物上代位の場合は，強制執行の場合と異なり，債務名義（民執法22条）を必要としない。「担保権の存在を証する書面」として担保権の登記（仮登記を除く。）に関する登記事項証明書（情報），担保権の存在を証する公証人が作成した公正証書の謄本（情報）（民執法181条1項2号，3号）等を提供すれば足りる。

賃料に対する物上代位による差押命令は，抵当権者が賃料債権差押命令の申立書を地方裁判所（民執法144条）に対し提出することにより開始される。申立書には，当事者（債権者・債務者・所有者・第三債務者），抵当権・被担保債権・請求債権・差押債権（賃料）を明らかにしなければならない（民執規則1条，170条，179条）。差押えができる賃料は，支払期が到来した未払いの賃料のほか，今後継続して支払われる賃料を包括的に差押えができるとされている（民執法151条）。

執行裁判所は，債務者（賃貸人）に対し債権の取立てその他の処分を禁止し，第三債務者（賃借人）に対しては債務者に弁済することを禁止することを内容とする差押命令を発出する。差押命令は，債務者及び第三債務者に送達され，差押えの効力は，第三債務者に送達されたときに生ずるとされている（民執法145条）。

差押債権者（抵当権者）は，その差押えた債権（賃料）を取り立てることができる（民執法155条）。今後継続して発生する賃料を包括的に差し押えた場合は，毎月の賃料を継続して取り立てすることができる。差押債権者が支払を受けた場合は，抵当権の被担保債権及び執行費用は，その限度で，弁済されたものとみなされる。他方，第三債務者は，差押命令が送達されると，債務者に直接支払うことができなくなるので，差押債権者に支払うか，供託するよりほか

はない（民執法156条）(注32)。

ii 物上代位による差押えと他の債権者の差押えとの競合

　抵当権に基づき賃料に物上代位して債権を回収しようとする場合，他の債権者と権利が競合することが少なくない。物上代位による債権回収が実務上定着するに伴い，抵当権者と他の債権者の利害が衝突する民事紛争が発生し，その解決基準を示す判例が多く出るようになり，そのルールが順次確立されつつある。

　例えば，物上代位は，「払渡し又は引渡しの前に差押をしなければならない。」とされている（民法372条，304条1項ただし書）。このただし書の立法趣旨とからんで，「その払渡し又は引渡しの前」の解釈が問題となる。まず，物上代位の目的たる賃料債権が譲渡され譲渡の対抗要件を備えている場合，抵当権者はその賃料債権の差押えができるか，債権譲渡に優先して取り立てることができるかどうかである。最高裁判例は，「抵当権者は，物上代位の目的債権が譲渡され第三者に対する対抗要件が備えられた後においても，自ら目的債権を差し押さえて物上代位権を行使することができる。」（最判平成10年1月30日民集52巻1号1頁，最判平成10年2月10日判時1628号3頁）としている。その理由として，①これを認めたとしても，第三債務者は，差押命令の送達を受ける前に債権譲受人に弁済した債権についてはその消滅を抵当権者に対抗することができ，弁済をしていない債権についてはこれを供託すれば免責されるのであるから，抵当権者に目的債権の譲渡後における物上代位権の行使を認めても第三債務者の利益が害されることとはならないこと，⑪抵当権の効力が物上代位の目的債権についても及ぶことは抵当権設定登記により公示されているとみることができること，⑱対抗要件を備えた債権譲渡が物上代位に優先するものと解するならば，抵当権設定者は，抵当権者からの差押えの前に債権譲渡をすることによって容易に物上代位権の行使をも免れることができることになり，抵当権者の利益を不当に害することになることなどを掲げている。この結果，債権譲渡と物上代位の優先劣後は，抵当権設定登記を基準として決することになる。

　これに対し，転付命令の場合（民執法159条，160条）は，転付命令と物上代位による差押えの効力発生時の前後により，優先劣後を決すべきものと解されている（最判平成14年3月12日民集56巻3号555頁）。一般債権者による債権差

押命令の申立ては，同時に転付命令の申立てがなされるのが通常であるから，これを利用すれば物上代位を阻止できることになりそうである。しかし，将来の賃料債権については，物上代位による差押ができるが，転付命令はできないとされている（大判大正14年7月10日民集4巻629頁）。賃料債権に対する物上代位のほとんどは将来の賃料債権に対する差押えであるといわれているので，転付命令を利用して執行妨害をするという弊害はないと考えられる。

次に問題となるのは，賃料債権が敷金返還請求により清算された場合，抵当権者の物上代位は影響を受けるかどうかである。最高裁判例は，いずれも抵当権者が物上代位権を行使して賃料債権の差押後の事案であるが，相殺については，「抵当不動産の賃借人は，抵当権設定登記の後に賃貸人に対して取得した債権を自働債権とする賃料債権との相殺をもって，抵当権者に対抗することはできない。」（最判平成13年3月13日民集55巻2号363頁）としているが，敷金については，「当該賃貸借契約が終了し，目的物が明け渡されたときは，賃料債権は，敷金の充当によりその限度で消滅する。」（最判平成14年3月28日民集56巻3号689頁）としている。

なお，抵当権に基づき物上代位権を行使する債権者は，他の債権者による債権差押事件に配当要求をすることによって優先弁済を受けることはできないとされているので（最判平成13年10月25日民集55巻6号975頁），配当要求するには，物上代位による差押えをしなければならない。賃料債権について一般債権者の差押えと抵当権者の物上代位に基づく差押えが競合した場合には，両者の優劣は，一般債権者の申立てによる差押命令の第三債務者への送達と抵当権設定登記の先後によることになる（最判平成10年3月26日民集52巻2号483頁）。抵当権者の物上代位に基づく差押えが競合した場合は，その優劣は，抵当権設定登記の先後によって決すべきものと解される（注33）。

iii 抵当権に基づく賃料に対する物上代位と不動産収益執行の長短
(i) 抵当権に基づく賃料に対する物上代位と不動産収益執行の競合

どちらの制度も抵当不動産が生み出す収益に関し，その収益に対し抵当権の効力を及ぼして被担保債権の回収を図るということでは同じであるが相互の関係はどうなるか。

まず，物上代位による賃料債権差押後に不動産収益執行手続が開始された場合は，その開始決定の効力が生ずると，物上代位による賃料債権差押手続は停

止し不動産収益執行手続に吸収されることになる（民執法188条，93条の4第1項）。この場合，物上代位による賃料債権差押命令を得た抵当権者は，不動産収益執行手続から，二重の不動産収益開始決定を得たり配当要求をしなくても，抵当権の順位にしたがって配当を受けることができる（民執法188条，93条の4第3項）。

　逆に不動産収益執行が開始している場合には，抵当権者は，物上代位による賃料債権差押命令の申立ては認められない。不動産収益執行の二重開始決定の申立てをするほかない（民執法188条，93条の2）。

　(ii)　**抵当権に基づく賃料に対する物上代位と不動産収益執行の特色**

　抵当権者の物上代位に基づき賃料の差押えをして差押債権者が直接賃料を取り立てて債権回収を図る物上代位の方法は，前述のごとく不動産収益執行に比べ，簡易・迅速な債権回収の方法であるといわれている。ただ，この方法による場合には，賃料支払い義務者を特定して申し立てなければならないのであるが，賃借人の出入りの多い賃貸不動産の場合には，賃料支払義務者の特定が困難であるため，その義務者を特定できず，差押えができないということが考えられる。また，この方法による場合は，管理人が選任されないし，抵当権者に抵当不動産の管理権限もないので，債務者（抵当不動産の所有者）が抵当不動産の管理を放棄するというようなことになると，抵当不動産から発生する収益が減少し，債権の回収に支障が生じるということも考えられる。

　これに対し，不動産収益執行の場合は，管理人を選任して，その管理人が抵当不動産を管理賃貸してそこからあがる収益を抵当権者に配分するものであるから，管理費用を要するため債権回収の費用は代位による場合に比べ高額となるが，賃料支払義務者を特定する必要はない。また，管理人が抵当不動産を管理運用して収益をあげるという制度であるから，適切な管理費用を支出して不動産の価値の低下を防止することもできるし，管理人は不法占拠者を排除したり，賃料不払者との賃貸借契約を解除したり，新規の賃貸借契約を締結したりすることができる。

　このように，抵当権の物上代位と不動産収益執行を比較対比すると，繰り返しになるが，抵当権の物上代位は簡易・迅速な債権回収方法として，不動産収益執行は管理人を活用する必要がある大規模なテナントビルや賃借人の出入りが頻繁な賃貸建物等に適した制度であるといえる**（注34）**。

⑥ 担保不動産収益執行と他の手続との関係
ⅰ 担保不動産競売または強制競売との関係

担保不動産収益執行と担保不動産競売または強制競売の手続とは，相互に独立して進行するが，競売による売却があり，買受人による代金納付があったときは，所有者が対象不動産の所有権を喪失し，また，不動産上のすべての抵当権が消滅することから（民執法188条，59条１項），収益執行の手続は取り消される（民執法188条，111条，53条）（注35）。

ⅱ 債権執行との関係
(i) 債権差押えが担保不動産収益執行に先行する場合

当該不動産の賃料等に対する債権差押命令が先行して効力を生じた後に，給付義務者に対して担保不動産収益執行の開始決定の効力が生じたときは，先行した債権差押命令の効力は停止し，収益執行の手続に「吸収」される（民執法188条，93条の４第１項本文）。この場合，効力を停止された債権差押命令の債権者は，収益執行の手続において，配当等を受けることができる（民執法188条，93条の４第３項）。

停止された債権差押命令の効力は，収益執行の手続が終了したときは，当然に復活することになるので（ただし，競売等による売却により抵当権が消滅した場合は，抵当権に基づく物上代位はその基礎を失うから復活することはない。任意売却に伴い抵当権が解除された場合も同様である。），手続終了時には注意が必要である（注36）。

(ii) 担保不動産収益執行が債権差押えに先行する場合

給付義務者に対する担保不動産収益執行の開始決定の効力が生じた後に，当該不動産の賃料等（給付請求権）に対する債権差押命令の申立てがあった場合については，明文の規定がないが，担保不動産収益執行の開始決定による差押えの効力は，債務者（所有者）の処分を禁止するにとどまるから，その効力発生後においても，他の債権者の申立てにより債権差押命令を発すること自体はでき，民執法93条の４第１項，２項の類推により，劣後する債権差押命令の効力は当然に停止されると解される。この場合，債権差押命令の申立債権者が配当等を受けるためには，別途，配当要求ないし担保不動産収益執行（物上代位の場合）の申立てをする必要があると解される（注37）。

⑦ 滞納処分（債権差押え）との関係

ⅰ 滞納処分が担保不動産収益執行に先行する場合

滞納処分としての債権差押え（賃料等の差押え）が先行して効力を生じた後に，給付義務者に対して担保不動産収益執行の給付命令が送達されたときについては，前記⑥ⅱ（債権執行との関係）のような調整規定が設けられていない（滞納処分としての差押えと債権に対する強制執行については，滞調（滞納処分と強制執行等との手続の調整に関する法律）20条の3ないし8の調整規定があり，これが「滞納処分による差押えがされている債権を目的とする担保権の実行又は行使」について準用されているが（滞調20条の10），担保不動産収益執行はこれに該当しない。）。したがって，先行する滞納処分が優先するため（先着手主義），担保不動産収益執行の手続においては，当該賃料等を収取することができない。これにより，配当等に充てるべき金銭を生ずる見込みがないときは，収益執行の手続を取り消すことになる（民執法188条，106条2項）。

ⅱ 担保不動産収益執行が滞納処分に先行する場合

逆に，担保不動産収益執行の手続が先行している場合には，その手続が優先し，滞納処分の差押えに基づく取立てはできない。滞納処分庁は，収益執行の手続において，交付要求をすることにより配当を受けることになる(注38)。

以上考察した内容の多くは，不動産登記手続そのものに関するものではないが，それに関連する重要な内容を含んでいるので，その部分を含めて考察した次第である。

(注1) 小池信行「不動産登記講座⑭」民事法務319号21頁。

(注2) 前掲（注1）小池21〜22頁。

(注3) 松岡久和「抵当権に基づく賃料債権への物上代位」法学教室382号16頁。

(注4) 内田貴「民法Ⅲ（第3版）」401〜402頁。

(注5) 前掲（注3）松岡15頁，新井剛「抵当権の物上代位・収益・執行」ジュリスト増刊〔内田貴・大村敦志編〕民法の争点141頁。

(注6) 我妻栄「民法講義Ⅲ・新担保物権法」208〜211頁。

(注7) 片山直也「抵当権と不動産の利用」前掲（注5）民法の争点143〜144頁。

(注8) 前掲（注7）片山144頁。

(注9) 前掲（注5）新井142頁。

(注10) 前掲（注5）新井142頁。

(注11)　前掲（注１）小池23～24頁。
(注12)　前掲（注１）小池「不動産登記講座⒂」民事法務320号19～20頁。
(注13)　前掲（注12）小池20頁。
(注14)　前掲（注12）小池21頁。
(注15)　前掲（注12）小池22頁。
(注16)　筒井健夫「担保物権及び民事執行制度の改善のための民法等の一部を改正する法律」の解説（民事月報59巻１号30頁）。
(注17)　前掲（注16）筒井30頁。
(注18)　前掲（注16）筒井20頁。
(注19)　前掲（注16）筒井31頁。
(注20)　前掲（注16）筒井31頁。
(注21)　前掲（注16）筒井21，31頁。
(注22)　前掲（注16）筒井21頁。
(注23)　前掲（注16）筒井22，31頁。
(注24)　前掲（注16）筒井22頁。
(注25)　前掲（注16）筒井22頁。
(注26)　例題解説「不動産競売の実務」335頁。
(注27)　前掲（注５）新井142頁。
(注28)　中井一士「登録免許税法・担保物権法の改正と不動産登記㈢」登記インターネット６巻７号65頁。
(注29)　前掲（注28）中井67頁。
(注30)　我妻・有泉コンメンタール「民法（総則・物権・債権）」637頁。
(注31)　前掲（注28）中井68頁。
(注32)　前掲（注28）中井70頁。
(注33)　松岡久和「物上代位に関する最近の判例の転換㊤」みんけん543号３頁以下，「同㊦」みんけん544号３頁以下，「民事執行の実務第三版（不動産執行下）」359～361頁，前掲（注28）中井70～72頁。
(注34)　前掲（注28）中井74頁。
(注35)　前掲（注33）松岡「民事執行の実務第三版（不動産執行下）」341頁。
(注36)　前掲（注35）松岡341頁。
(注37)　前掲（注35）松岡342頁，中野貞一郎「民事執行法」592頁。
(注38)　前掲（注35）松岡342頁。

❼ 平成15年改正とその後の動向

(1) 担保法の動向

① 資金の調達方法

　バブル経済崩壊後の新たな資金調達方法として，資産流動化関連法が整備され，企業は金融機関の融資を経ずに証券化等の手法によって直接に投資家から資金を調達することができるようになった。また，一方では，手形に代わる簡易な資金調達方法として，証券化を前提としない一括決済方式を編み出し，これを発展させてきているといわれている。例えば，納入企業が支払企業等に対して取得する請負代金債権，賃料債権，売掛代金債権などを一括して金融機関に譲渡あるいは信託譲渡，さらには譲渡担保に供し，当座貸越によって随時融資を受け，金融機関が債権の取立てをした後に，当座貸越債権に充当して一括決済の上，残余金を入金するといったもので，契約によって仕組まれた簡易な資金調達方法であるといわれている (注1)。

② 附従性と随伴性

　このように実務のニーズに合わせた効率性を追求する結果，抵当権の賃借権への物上代位のほか，担保としての附従性や随伴性の面でもその変容を受けているように思われる。例えば，新信託法は担保権の信託を認めている（信託法3条1号）が，この担保権の信託については，いったん信託者または第三者（物上保証人）が債権者に対して担保権を設定した上で，この債権者が第三者に担保権を信託譲渡する場合と，このような過程をとらず，債務者または第三者が当初から債権者とは別の第三者に担保権を信託設定するという場合が考えられる。一般にセキュリティ・トラストという場合は，後者の場合のことであると思われる (注2)。すでに担保付社債信託法では，担保権設定者である社債発行会社が委託者，担保権者が受託者，社債権者が受益者になるという形で採用されている。すなわち，この場合，社債権者は多数に及び，しかも流動する可能性が高いわけであるから，そうした社債権者に対して個別に担保を提供することは事実上困難である。また，担保権の管理，処分，実行等を各債権者が

行うことも難しいことから，社債担保のための担保権は信託会社に帰属させ，信託会社が総債権者のために担保の保存や実行の義務を負担している（担保付社債信託法36条，37条。以下担信法という。）。

i　セキュリティ・トラスト

そこで，信託法理を利用して，起債会社と社債債権者の中間に信託会社を置き，起債会社を委託者，信託会社を受託者とする信託契約を締結することにより（担信法2条，8条～21条），受託者である信託会社が担保権を取得するとともに，社債債権者は受託者となって担保の利益を受けるという法的仕組みになっている（担信法36条，37条）。この場合，担保権が信託会社に帰属していることと，社債発行の前提として担保権が成立していることが必要であり，委託会社が社債を発行する以前，つまり被担保債権が成立していない状態で担保権を設定することになる。このためには，結果として担保の附従性を前提とすることはできないことになる。これにより，債権者の異なる複数債権を一つの担保権で担保させ，受託者となる者を権利者として担保権を設定した上で，被担保債権の債権者を受益者に指定する形態を生み出すことが可能になる（注3）。

セキュリティ・トラストについては，特に多数の債権者が協調融資をする場合において，債権者とは別の第三者が担保権者になることができれば，担保権の一元的な管理が可能となるほか，被担保債権が譲渡されても担保権がこれに随伴して移転することもないため，コストの節約等に有益であるといわれている（注4）。

そこで，信託法（平成19年9月30日施行）3条1号は，上記のような社債に限らず，一般の債権についても，債務者または第三者である担保設定者が委託者，担保権者が受託者，被担保債権の債権者が受益者となるセキュリティ・トラストが可能であることを明らかにしている。なお，セキュリティ・トラストにおいては，担保権の帰属（受託者）と被担保債権の帰属（受益者）とが分離するため，民事執行法上，被担保債権の債権者ではない担保権者が担保権の実行の申立てをし，売却代金の配当または弁済金の交付を受けることができるかどうかについては，疑問が生ずるため，信託法55条は，「担保権が信託財産である信託において，信託行為において受益者が当該担保権によって担保される債権に係る債権者とされている場合には，担保権者である受託者は，信託事務

として，当該担保権の実行の申立てをし，売却代金の配当又は弁済金の交付を受けることができる。」と規定して，これが可能であることを明らかにしている（注5）。

　もっとも，根抵当権のような根担保では，担保権が特定の被担保債権に附従しないことが前提とされており，根抵当権についてもセキュリティ・トラストは認められると解される（信託法3条1号，2号，55条）。そして，その登記も認められている（「信託法等の施行に伴う不動産登記事務の取扱いについて」平成19年9月28日法務省民二第2048号民事局長通達・登記研究716号72頁）。

ⅱ　根抵当権設定仮登記及び信託仮登記

　ところで，この根抵当権の信託に関連して，根抵当権設定仮登記及び信託仮登記申請の受否について先例がある（平成24年4月26日法務省民二第1085号民事局民事第二課長通知・民事月報67巻6号59頁，登記研究776号114頁）。

　この事案は，信託行為において，ⅰセキュリティ・トラストに係る受益権，ⅱ被担保債権及びセキュリティ・トラストに係る根抵当権の被担保債権の範囲を定める極度貸付契約に係る契約上の地位を一体として譲渡する旨（三位一体譲渡）が定められている。

　そこで，不動産登記法上の観点からは，根抵当権を対象とするセキュリティ・トラストについては，不動産登記法上，ⅰ根抵当権の元本確定前に被担保債権が譲渡された場合において，当該譲渡債権をセキュリティ・トラストの根抵当権によって担保するためには，被担保債権の範囲の変更の登記が必要になるのではないか，さらには，ⅱ受益者に変更が生じた場合においては，信託の変更の登記が必要になるのではないかという点について疑問が生じる。

　ⅰの点については，根抵当権の元本の確定前に，当該根抵当権を譲渡するとともに，その被担保債権を譲渡した場合において，当該譲渡において，当該譲渡に係る債権を当該根抵当権によって担保するためには，被担保債権の範囲の変更（民法398条の4）により，当該債権を被担保債権に追加する必要があり，したがって，この事案のような根抵当権の信託の登記においても，根抵当権の元本確定前に被担保債権を譲渡する場合には，当該債権がセキュリティ・トラストに係る根抵当権によって担保されず，被担保債権の変更を要することになるのではないかとの疑問が生ずること前述のとおりであるが，信託行為において三位一体譲渡が常に確保されている場合には，⑦根抵当権によって担保され

7 平成15年改正とその後の動向

る一定の融資枠を持つ者が，その枠内で生じた債務者に対する債権について，目的物の価格代替物から優先弁済を受ける仕組みが確保されており，根抵当権の本質に反するということはできないこと，また，⑦受益者の地位に変動が生じたとしても，担保権者は変更されず，被担保債権の範囲は，信託行為の定めによって特定することができることから，この事案のようなセキュリティ・トラストの仕組みを前提とすれば，譲渡債権が引き続きセキュリティ・トラストの信託財産である根抵当権によって担保されていると考えられる。

このように，三位一体譲渡が確保されている場合においては，実体法上，被担保債権の範囲の変更が不要であると解されるのであれば，被担保債権が譲渡されたとしても，被担保債権の範囲の変更の登記は不要であると解される。

また，⑪の点については，抵当権を対象とするセキュリティ・トラストの場合は，信託行為において，「別紙目録記載の債権を有する者を受益者とする。」旨を定め，信託の登記において当該定めを登記したときは，被担保債権の譲渡があったとしても，受益者の氏名等を変更する信託の変更の登記は，不要であると解されるので，根抵当権のセキュリティ・トラストの場合も同様に解される（注6）。

もっとも，根抵当権の場合には，もともと担保権が特定の被担保債権に附従しないことが前提となっているから，根抵当権の場合の附従性というのは，結局，その実行にあたっては被担保債権の存在を必要とすること，すなわち，実行における附従性ということになりそうである（注7）。

(2) 優先弁済の実現

① 優先弁済を実現する手段

抵当権の中心的な効力である優先弁済の実現には，次の三種のものがあり，抵当権者は，いずれでも選択できる。

まず，抵当権の対象である不動産を競売した代金から得る方法（担保不動産の競売）がある。もっとも，競売は最後の手段ともいえる一面があるようである。例えば，住宅ローンの貸付金回収のほとんどは債務者の月々の弁済によって順調に行われ，最終的には被担保債権全額が完済されて抵当権の付従性により消滅する。企業金融においても，抵当権の実行を考えなければならない融資は，返済能力等の評価が必ずしも十分でなかった融資ではないかといわれるこ

とさえあるようであり，抵当権が実行されることは少ないようである。

　また，被担保債権の弁済が滞っても，抵当権者が直ちに抵当権の実行を申し立てることは稀であり，保証人等による弁済を期待したり，債務者と相談・交渉をするなどして，債務の弁済計画を練り直し，貸付期間の延長，弁済の猶予，債務の一部免除等の対応が行われることが多いようである。

　さらに，こうした対応がうまくいかなくても，抵当権者が抵当不動産を競売にかけるとは限らないようである。競売手続には一定の時間がかかるし，売却価額も時価より低くなることが多く（競売減価），執行妨害等の危険もあるといわれている。

　そこで，私的実行が好まれるともいわれている。私的実行は，時価に近い価格で売却でき，被担保債権の回収も迅速に行うことができるという長所があるからである。もっとも，設定者以外の占有者がいて立ち退かせる必要がある場合や，後順位担保権者の担保権設定登記の抹消をする必要がある場合等には，これらの者から同意や協力を得る必要があり，協力が得られない場合には，訴訟まで考えなければならないということになる。そうなると私的実行の利点は失われてしまうことになる。

　こうなると，結局，私的実行は困難であるということになり，最後は公的実行としての競売によるということになるようである（注8）。

　次に，賃料など不動産から生じる収益を弁済に充てる方法（担保不動産収益執行・民執法180条）と抵当不動産の価値が変形した債権から回収する物上代位（民執法193条1項後段）の方法がある（担保不動産競売に係る差押えの登記及び担保不動産収益執行に係る差押えの登記が同時に嘱託された場合の登録免許税は，それぞれの登記について格別に課税される。「質疑応答【7796】」登記研究677号217頁）。なお，抵当権は，従たる権利にも及ぶ（民法87条2項の類推適用）から，要役地の抵当権は承役地上の地役権にも及び，建物の抵当権は敷地の賃借権にも及ぶ（最判昭和40年5月4日民集19巻4号811頁，最判昭和52年3月11日民集31巻2号171頁）。抵当権の設定された建物が別の建物と合体した場合には，抵当権は消滅せず，合体後の建物の価格に占める合体前の各建物の価格の割合に応じた持分上に存続する（最判平成6年1月25日民集48巻1号18頁）。合体した建物の新しい表示登記と合体前の建物の表示登記の抹消は同一の書面で申請し，合体前の建物上の抵当権者などの利害関係人の承諾書を

7　平成15年改正とその後の動向

提供する必要がある（不登法49条，登記令 5 条 1 項，同 8 条 1 項 2 号，同 2 項 2 号，同別表13，不登規則120条）(注9)。

　不動産登記では，一不動産一登記記録の原則をとっているため，表題登記がある 2 個以上の建物が合体した場合には，合体後の 1 個の建物について，合体前のいずれの建物の登記記録によって公示すべきかという問題を生じるが，この点については，法務省民事局長通達により，一棟の建物を合棟した場合には，合棟後の一棟の建物に 2 以上の登記記録がある，いわゆる二重登記であるとして，合棟前の各建物について「合棟」を登記原因とする建物の滅失の登記をするとともに，合棟後の建物について「合棟」を登記原因とする建物の表題登記をすることとされ（昭和39年 3 月 6 日民事甲第557号民事局長回答），また，区分建物が合体した場合についても同様に取り扱われていた（昭和38年 9 月28日民事甲第2658号民事局長通達）。

　しかし，このような取扱いに対しては，合体前の建物について抵当権等の権利に関する登記がされていた場合には，これらの登記を合体後の建物の登記に移記する手立てがなく，これらの権利に関する登記を合体後の建物に登記するためには，改めて当事者の申請によらなければならなかったわけである。ところがこのような取扱いを悪用するといったケースも現われ，抵当権者等の権利の保護に欠けるとの批判がされていた。

　そこで，互いに主従の区別がない数個の建物が合体して 1 個の建物となった場合には，不動産と不動産の附合が生じたものと解し，主従の区別がない数個の動産同士が附合した場合に関する民法244条と247条の規定を類推適用すべきものと解し，互いに主従の区別のない合体前の各建物の価値は，附合によって合体後の建物の価値の一部として存続し，合体前の各建物の価格の割合に応じた持分を目的とするものとして，合体後の建物に存続するものとしている（前記平成 6 年の最高裁判例，不登法49条）(注10)。

②　資産とその収益力

　もう一点注目されているのは，これまでのように債務者の信用の基礎にある「責任財産」としての債権の最終的引当てが，次第に流動化し，バブル崩壊後には，事業そのものの「収益力」に重心を移し，収益担保手法の活用の可能性が追求されているということである。その結果，従来は，どちらかというと最後の最後に残された財産を，他の債権者とともに分かち合って，債権の回収を

はかり，そこで少しでも優先的地位を得ようとするのが担保取得者の主たる関心事と想定されており，それだけに破産法，倒産法との関係も強く意識されていたのに対し，最終的な執行段階での優先権確保よりも，むしろ事業を安定的に継続させて，その収益から債権回収をはかることに関心が払われているといわれる。減価の著しい在庫品等からの債権回収は決して容易ではなく，倒産時の債権回収における優先的確保は二次的でしかないということのようである。ここでは，企業活動の存続によって資金をできるだけ循環させ，収益の増加をはかるという企業金融の高度化が追求されているというわけである。「資産そのもの」というより，資産を運用する事業体としての将来性や活動力に着目しているということである。まさに「清算・回収のための担保から，事業活動を生かす担保へ」，「交換価値の担保」から「収益の担保」への転換ということがいえそうである(注11)。抵当権の実行における不動産収益執行もその流れの中にあるといえる。この点はすでに考察したとおりである。

(3) 不動産収益執行の動向

担保不動産収益執行は，不動産に対する担保権の実行方法として，担保権者が担保不動産から生じる賃料等の収益を被担保債権の弁済に充てる方法の創設である（民執法180条2号）。その手続は，従来から存在する強制管理の手続規定が準用される（民執法188条）。まず，①抵当権者等が執行裁判所に抵当権設定登記等のされている登記事項証明書等を提供して，担保不動産収益執行の申立てをする。次に⑪執行裁判所が担保不動産収益執行の開始決定をし，担保不動産の差押えを宣言するとともに，管理人を選任し，当該不動産の賃借人等に対し，その賃料等を管理人に交付する旨を命じる。そして⑩管理人が執行裁判所の監督のもとに担保不動産の賃料等を回収し，事案に応じて，既存の賃貸借の解除や新たな賃貸借契約の締結等を行う。そして，⑭管理人または執行裁判所が，執行裁判所の定める期間ごとに，債権者に対し配当等を実施するという手続きになる(注12)。

ところで，この担保不動産収益執行の利用は，必ずしも当初予想されたほどには利用されていないようである。その理由としては，不動産競売市場が比較的早く活性化したことにより，収益からの債権回収（収益執行）よりも，換価による債権回収（担保不動産競売）を優先する傾向が相対的に強まっているこ

とが一つの原因になっているようである。

　したがって，今後の社会経済情勢の変化等によっては，収益執行創設の理由とされた収益価値からの回収方法を優先する状況が出てくる可能性もあるといえそうである。

　担保不動産収益執行手続が創設された背景には，担保不動産競売事件において売却に時間がかかることから，その売却までに対象不動産の収益により債権を回収したいという要請があったといわれているが，不動産執行事件処理体制の整備・充実，あるいは適正・迅速な不動産評価事務の実現等による好調な売却率を背景に不動産競売事件が迅速かつ円滑に処理されるということになると担保権者としては，基本的には担保不動産競売により，早期にかつ効率的な形で債権回収を図ることを優先して考えることになると考えられる。そうなると収益価値から債権を回収するニーズが減退し，担保不動産収益執行が予想されたほどには利用されていないということになるが，この点については，その時々の社会経済状況等の変化によって大きな影響を受ける可能性もあると考えられるので，今しらばくはその動向を見極める必要があるように思われる（注13）。

　つまり，近時の不動産競売事件における売却率等にかんがみると担保不動産収益執行創設の際に想定されていた，不動産市況の停滞等により不動産を売却するよりも，賃料等の収益から債権を回収した方が有利であるという状況が出てくるということが現在の状況では当てはまらないということであるので，今後の市況ということを見極めつつ，収益執行の特色，たとえば，収益執行には，物上代位による賃料等の差押えにない有利な点があるといわれ，申立人は，貸借人の把握が容易でない物件等について管理人による調査を期待し，管理人による適切な管理・修繕等により，物件価値を高めた上で，任意売却や競売につなげていくという効果も期待される（注14）。

　さらに，担保不動産収益執行の対象の範囲の拡大についても検討する必要があるように思われる。この点につき参考となる判例として，福岡高決平成17年1月12日（確定）金融法務事情1749号97頁がある。

　担保不動産収益執行（民執法180条2号，188条等）の基本的な構造としては，従前からの強制管理制度と同様，債務者・所有者が給付義務者に対して有する「当該不動産の収益に係る給付を求める権利（給付請求権）」につき債権

者がこれを差し押さえて当該収益を弁済に充てる方法による不動産担保権の実行である。したがって，想定されている典型的な物件は賃貸用物件であり，給付請求権としても民事執行法93条1項に規定されているとおりである。その結果，例えば大規模なテナントビルの賃貸料の請求権等が想定されている。しかし，前記平成17年の福岡高裁決定の事案は，対象物件がこのような賃貸用ビルではなく，ホテルの事業であり，給付義務者とされる者が債務者・所有者からホテルの運営管理を委託されており，さらに給付義務者が第三者に同様の運営管理契約を結んでいるが，このような建物が担保不動産収益執行の手続的要件としての執行対象財産となり得るか否か，また，前記契約による金銭支払請求権が実体的に不動産の使用の対価ないし使用利益（法定果実）に該当するか否かが問題となった事案である。

　前記決定は，一般論として，担保不動産収益執行は，当該担保不動産から生ずる収益をもって債権者の被担保債権の満足に充てるという執行方法であるから，その性質上一般に担保不動産の所有者が収益権を有しない不動産または収益の生じる見込みのない不動産をその対象とすることはできないが，収益の生ずる見込みのある不動産である以上，現に収益を生じている必要はないとし，ホテルとして利用されている本件建物が収益の生ずる見込みのある不動産に当たるとしている（同趣旨の決定として，札幌高決昭和57年12月7日判タ486号92頁，大決大正3年2月10日民録20輯37頁がある。）。

　また，賃貸料以外の請求権が収益執行の目的になり得ないわけではなく，賃貸料以外の請求権に基づく給付の中に実質的に不動産の収益を目的としない部分が含まれている場合でも，不動産の収益と認められる部分がある限り，全体として収益執行の目的となり得ないとすることはできない。

　ただ，賃貸借契約に基づくものでない場合には，それが当該不動産の収益を目的とするものであるか，あるいは不動産の収益を目的としない部分との区別が外部からは判断しにくい場合があり得る。この点につき，前記決定は，契約の内容等から，当該給付中に，担保不動産である本件建物を使用させた対価が存在することは容易に想定され，これが担保不動産収益執行の対象となる収益としての法定果実，すなわち，担保不動産である本件建物の使用の対価ないし使用利益に当たるとしている。

　一般的には，ホテルの営業等を債務者自身が行う場合，当該営業から生ずる

収益を目的とする収益執行は，その営業の基礎となる物的設備である不動産を使用するとしても，債務者の有する営業権に介入することになるので許されないとされている。しかし，前記決定の事案のように，債務者が第三者との間で結んだ不動産に関する「ホテル運営管理委託契約」によって債務者が第三者に対して有する給付請求権には，その主要な要素として当該不動産の使用の対価部分を含むものであるから，実質的に債務者による営業と同様であるとの理由のみでは，これを目的とした収益執行を否定することは困難であると解される（「判決速報」金融法務事情1749号97頁）。

以上のような判例の動向を踏まえて考えると経済動向あるいは競売事件の処理状況とは別の観点から，担保不動産収益執行の対象範囲が広がり，その分野への適用ということも考えられる。

(4) 建物引渡猶予制度

① 明渡猶予と引渡命令

民法の改正法（平成16年4月1日施行）は，短期賃貸借制度を廃止し，6ヶ月の明渡猶予制度を創設している（民法395条）。

抵当権者に対抗することができない賃貸借によって抵当建物を競売手続の開始前から使用または収益する者（あるいは強制管理または担保不動産収益執行の管理人が競売手続の開始後にした賃貸借によって抵当建物を使用または収益する者）は，買受人の代金納付時から6ヶ月の明渡猶予期間の保護を受けることができる。これは抵当建物使用者に対して，賃借権その他の占有権限を付与するものではなく，所有者である買受人に対する引渡義務の履行に実体法上の期限の猶予を付与するものである。

このように引渡命令に基づく抵当建物使用者は，建物につき賃借権その他の占有権限を有するものではないが，その使用の継続を法律の規定により許容されているものであるから，引渡猶予の期間中は引渡命令の対象にはならない。このため，買受けの時に引渡猶予の対象となる者が占有していた建物の買受人については，引渡命令の申立期間が代金納付の日から9ヶ月間とされている（民執法83条2項）（注15）。

買受人は，売却許可決定が確定し，売却代金を納付することによって，実体法上不動産の所有権を取得し（民執法79条，188条），裁判所書記官から所有権

移転及び売却によって消滅する権利等の抹消の登記が嘱託される（民執法82条，188条）ので，これによって所有権移転登記を受けることができる。

しかし，このことによって当該不動産の占有を確保できるということにはならないことが考えられるので，相当の時間と労力，費用がかかると考えられる不動産引渡請求訴訟に代わる方法として，この引渡命令の制度がある（民執法83条，188条）。

引渡命令の申立人は，代金を納付した買受人であり（民執法83条1項，188条），買受人の一般承継人も申立人になり得る。しかし，買受人の特定承継人は，目的不動産の所有権を取得しても買受人の地位の移転を受けないので，申し立てることはできない。逆に，買受人は，買受不動産を他に譲渡しても引渡命令の申立資格を失うことはない（東京高決昭和61年6月23日判時1198号117頁）。

共同して買受けの申出をした場合または買受人について共同相続が発生した場合には，共同買受人や共同相続人の全員が申立人となって申し立てることができ，またそれぞれが単独で申し立てることができる（民法428条）（注16）。

なお，抵当建物の使用者か，民法395条2項所定の使用対価を買受人にではなく，元所有者またはその管理人に支払ったとしても，買受人に支払っていない以上，抵当建物の引渡猶予を受けることはできない（東京高決平成20年12月19日金法1895号123頁）。

② 共有持分の買受人と引渡命令

建物の共有持分の一部を買い受けた買受人が建物全体についての引渡命令を得ることができるかどうかということも問題になる。この点については，見解が分かれている。

まず，消極的な見解についてであるが，次のような点を論拠としている。

ⅰ 不動産の共有持分の買受人は，他の共有者の持分を取得しない限り，当然に他の共有者の意思を無視して排他的に不動産を使用収益する権利を取得するわけではない（神戸地決昭和34年2月2日下民集10巻2号225頁）。

ⅱ 共有持分に基づく物権的な使用収益権能は，観念的なものであり，他の共有者との協議を経て初めて直接的に共有物を支配できるにすぎず，共有持分自体は対象不動産の引渡しの強制執行により実現される権利ではない（東京地決昭和63年10月7日判時1295号86頁）。

ⅲ 共有持分の買主は，実体上当然には売主に対し目的物全体の売買契約に基づく引渡請求権を有しないから，共有持分の買受人は，債権的請求権としても引渡しの強制執行により実現される権利を取得することはできない（前掲東京地決昭和63年10月7日）。

ⅳ 保存行為としての実体上の引渡請求と，民事執行法上の「売却により移転した所有権」の確保を図るための不動産引渡命令は別個のものである（引渡命令申立ては，民法252条ただし書の保存行為ではない）(注17)。

ⅴ 執行手続内で占有者と売却外の共有持分権者との権利関係及び売却外の共有持分権の譲渡などを正確に調査することは困難である(注18)。

しかし，最近では，限定的積極説による裁判例が支配的になっているといわれている。その限定的積極説は，次のような点を論拠としている。

ⅰ 民事執行手続上，不動産の共有持分は不動産とみなされる（民執法43条2項）から，これを買い受けた買受人は民執法83条1項の「代金を納付した買受人」に該当する（大阪高決平成6年3月4日高民集47巻1号79頁・判時1497号63頁，東京高決平成7年8月2日金法1500号79頁）。

ⅱ 共有持分の買受人は，不可分債務に関する民法428条の類推適用，または保存行為に関する同法252条ただし書により，権原なく占有する者に対しては，単独で引渡請求をすることができる（前掲大阪高決平成6年3月4日，東京高決平成9年5月14日金法1500号79頁）。

この裁判所の実務の考え方によれば，相手方が占有する部分に応じて，その占有が建物全体に及ぶ場合には，建物全体に対して引渡命令を申し立てることができると解される(注19)。

ただ，不動産の共有持分の買受人が引渡命令の申立人になり得ることと，この者が当該不動産を使用収益できることとは別問題であるので，共有持分権者は，共有物の具体的な利用方法について他の共有持分権者との協議をする必要があり，また，他の共有持分権者から共有物分割の訴え（民法258条）や占有回復の訴え（民法197条，200条）を提起されることも考えられる。

共有持分権者の相手方としての適格性については，ⅰ共有物を占有する共有持分権者に対しては，他の共有持分権者は，当然には共有物の明渡しを請求できないこと（最判昭和41年5月19日民集20巻5号947頁），ⅱ一部の共有持分権者から共有物の占有使用を承認された第三者に対しては，他の共有持分権者

は，当然には共有物の明渡しを請求できないこと（最判昭和63年5月20日裁判集民事154号71頁・判時1277号116頁）から，売却の対象外の共有持分権者やこの者から占有権原を付与され，または使用占有することを承認された占有者に対しては，引渡命令を発令することはできないと解される(注20)。

③　明渡猶予と転借人

抵当建物を転借人が占有している場合における建物明渡猶予制度の適用関係が問題となる。

民法395条1項は，「抵当権者に対抗することができない賃貸借により抵当権の目的である建物の使用又は収益をする者……その建物の競売における買受人の買受けの時から6箇月を経過するまでは，その建物を買受人に引き渡すことを要しない。」と規定している。一般的には，賃貸借には転貸借も含むと解されているので，転借人も明渡猶予の対象者に含まれると解してよいかどうかである。

この点については，転借人は，原賃借人の賃借権に基づき買受人に対して占有権限を主張できるのであり，明渡猶予により保護されるのも原賃借人であって，転借人が原賃借人とは別に独立して明渡猶予の保護を受けることはなく，転借人は，原賃借人が明渡猶予を受ける者である場合に，原賃借人と同様の主張をすることができるにとどまると解される。したがって，明渡猶予制度の適用を受ける原賃借人との間の転貸借に基づき占有している転借人に対しても，明渡猶予期間中は，民事執行法83条1項ただし書の趣旨に照らし，引渡命令を発令することができないと解される。もっとも，この場合でも，民法395条2項に規定する要件を満たせば，原賃借人が，明渡義務に期限の猶予を受けられなくなる結果，転借人に対しても引渡命令を発令することができることになる。

ただし，原賃借人が建物使用の対価の支払をしていない場合でも，転借人が，買受人に対し，原賃借人に代わって建物使用の対価を第三者弁済（民法474条）していた場合には，民法395条2項の適用はなく，原賃借人に対する引渡命令及び転借人に対する引渡命令のいずれも発令できないことになる。また，転借人が原賃借人に代わって第三者弁済をしようとしたが，買受人がその受領を拒んだため，弁済供託（民法494条）していた場合にも，引渡命令を発令することはできないと解される(注21)。

(5) 物上代位の範囲

① 不動産の転貸賃料債権と抵当権の物上代位

抵当権に基づく賃料に対する物上代位の可否については、種々見解が分かれていたが、最高裁平成元年10月27日（民集43巻9号1070頁）の判例により、民法372条が準用する304条1項に基づき、賃貸借契約の締結時期に関係なく、また、競売申立の前後に関係なく、物上代位が可能であるとするのが実務上の確立した取扱いであるということについてはすでに考察した。

しかし、転貸賃料に対する物上代位については、賃料に対する物上代位を免れるために、形式的に転貸借契約を作出するなどの執行妨害の実態が指摘される一方で、民法の文言上、物上代位の対象が「目的物の売却、賃貸、滅失又は損傷によって債務者が受けるべき金銭その他の物」（民法304条1項）とされているため、転貸人が債務者に当たるのかが問題とされ、また、転貸賃料が価値代替物といい得るかについても疑義があるため、前記平成元年の最高裁判例後も実務上その可否及び要件をめぐり、取扱いが分かれていた。

このような情況の中、最高裁平成12年4月14日決定（民集54巻4号1552頁）は、「民法372条によって抵当権に準用される同法304条1項に規定する「債務者」には、原則として、抵当不動産の賃借人（転貸人）は含まれないものと解すべきである。けだし、所有者は被担保債権の履行について抵当不動産をもって物的責任を負担するものであるのに対し、抵当不動産の賃借人は、このような責任を負担するものではなく、自己に属する債権を被担保債権の弁済に供されるべき立場にないからである。同項の文言に照らしても、これを「債務者」に含めることはできない。また、転貸賃料債権を物上代位の目的とすることができるとすると、正常な取引により成立した抵当不動産の転貸借関係における賃借人（転貸人）の利益を不当に害することにもなる。もっとも、所有者の取得すべき賃料を減少させ、又は抵当権の行使を妨げるために、法人格を濫用し、又は賃貸借を仮装した上で、転貸借関係を作出したものであるなど、抵当不動産の賃借人を所有者と同視することを相当とする場合には、その賃借人が取得すべき転貸賃料債権に対して抵当権に基づく物上代位権を行使することを許すべきものである。」として、原則として消極説に立つことを明らかにしている。その結果、この問題は実務上一応の決着をみていると考えられる（**注**

22)。

② サブリースによる不動産の賃貸料債権と抵当権の物上代位

　建物の抵当権者は，所有者が建物を第三者に賃貸した場合には，その賃貸債権に対し，物上代位権を行使することができる（最判平成元年10月27日民集43巻9号1070頁）が，賃借人が転貸借契約を締結した場合には，その転貸賃料債権に対し，原則として，物上代位権を行使することができない。しかし，所有者の取得すべき賃料を減少させ，または抵当権の行使を妨げるために，法人格を濫用し，または賃貸借を仮装した上で，転貸借関係を作出したものであるなど，抵当不動産の賃借人を所有者と同視することを相当とする場合には，物上代位権を行使することができる（最決平成12年4月14日民集54巻4号1552頁）と解されることは前述のとおりである。

　しかし，サブリースによる不動産の賃料債権に対してはどうか。この場合においても，所有者の委託を受けてサブリース業者が賃貸しているような場合，すなわち，サブリース業者が賃借人に対して有する賃料債権に抵当権者が物上代位をするような場合は，サブリース業者が，建物を第三者に賃貸することを目的として，所有者から建物賃貸権限の付与を受けるという賃貸借型のサブリース契約であると考えられるが，このようなサブリース契約は，賃貸借契約を中心とした複合契約ないしは混合契約であると解することができ，サブリース業者の有する賃料債権に対する物上代位は，転貸賃料債権に対する物上代位と同質のものと解され，原則として物上代位はできないと考えられる。

　また，事業委託型のサブリース契約の場合は，抵当権者が，事業委託型契約に基づき所有者がサブリース業者に対して有する債権に物上代位権を行使できるかということになるが，この場合も，サブリース業者の有する賃料債権に対し広く物上代位を認めるということになると，サブリース業者の独自の経済的利益が損なわれ相当でないと考えられる。この場合も，結局は通常の転貸借の場合と同じように，前述の平成12年の最高裁決定が，民法372条によって準用される同法304条1項に規定する「債務者」には，原則として抵当不動産の賃借人（転貸人）は含まれない理由として述べていることが当てはまると解される。すなわち，「所有者は被担保債権の履行について抵当不動産をもって物的責任を負担するものであるのに対し，抵当不動産の賃借人はこのような責任を負担するものではなく，自己に属する債権を被担保債権の弁済に供されるべき

(6) 抵当権設定の登記とその公示力・対抗力

① 物上代位と賃料債権の包括譲渡

最高裁判例（平成10年1月30日民集52巻1号1頁）は，「本条（民法372条）において準用する民法304条1項ただし書が，抵当権者が物上代位権を行使するには払渡し又は引渡しの前に差し押えることを要するとした趣旨は，第三債務者が設定者に弁済しても弁済による目的債権の消滅の効果を抵当権者に対抗できなくなるという不安定な地位に置かれる可能性があり，二重弁済を強いられるという危険から第三債務者を保護する点にある。この趣旨に照らすと，払渡し又は引渡しには債権譲渡は含まれず，抵当権者は，目的債権が譲渡され第三者に対する対抗要件が備えられた後においても，自ら目的債権を差し押えて物上代位権を行使できるものと解すべきであり，これは物上代位による差押えの時点で債権譲渡に係る目的債権の弁済期が到来しているか否かにかかわらない。」と判示し，民法304条1項ただし書の差押えの意義につき第三者保護説を採用し，物上代位の優先を認めている。すなわち，民法304条1項ただし書の趣旨は第三債務者の二重弁済の防止にあるので，この趣旨から見ると債権譲渡は同条の「払渡し又は引渡し」に含まれず，物上代位権が優先するとし，この判断の理由として次の4つの点をあげている。ⅰ「払渡し又は引渡し」の文言は当然には債権譲渡を含まない。ⅱ債権譲渡後に物上代位を認めても，差押命令送達前は弁済により，送達後は供託により，第三債務者は免責され不利益を受けない。ⅲ物上代位権が目的債権に及ぶことは登記により公示されている。ⅳ債権譲渡の優先を認めると差押前の債権譲渡により抵当権者の利益が不当に害されるとし，抵当権設定の登記を基準としてその優劣を判断している。

② 物上代位と賃借人の相殺

最高裁判例（平成13年3月13日民集55巻2号363頁）は，抵当権の設定登記と賃借人の反対債権の取得時期の先後によって，物上代位と相殺の優劣を判断している。すなわち，差押え後は抵当権の効力が物上代位の目的となった賃料債権にも及ぶが，物上代位により抵当権の効力が賃料債権に及ぶことは抵当権設定登記により公示されているとみることができる。すなわち，同判例は，

「抵当権者が物上代位権を行使して賃料債権の差押えをした後は，抵当不動産の賃借人は，抵当権設定登記の後に賃貸人に対して取得した債権を自働債権とする賃料債権との相殺をもって，抵当権者に対抗できない。」旨判示しそのことを明らかにしている。したがって，抵当権設定登記の後に取得した賃貸人に対する債権と物上代位の目的となった賃料債権とを相殺することに対する賃借人の期待を，物上代位権の行使により賃料債権に及んでいる抵当権の効力に優先させる理由はないとしている。それゆえ，反対債権が抵当権設定登記以後に取得された場合には，相殺や相殺合意よりも物上代位権が優先する。ただ，物上代位権の行使として差押えがなされる以前に行われた相殺の効力にはなんら制限はないとしている。ここでも抵当権設定の登記を基準としている。

③ 担保不動産収益執行と賃借人の相殺

最高裁判例（平成21年7月3日民集63巻6号1047頁）は，「①担保不動産の賃借人は，抵当権に基づく担保不動産収益執行の開始決定が効力を生じた後も，抵当権設定登記の前に取得した賃貸人に対する債権を自働債権とし，賃料債権を受働債権とする相殺をもって管理人に対抗できる。⑪担保不動産収益執行において管理人が取得するのは，賃料債権等の権利を行使する権限にとどまり，賃料債権等は，開始決定後も担保不動産所有者に帰属しているから，当該所有者はその相殺の意思表示を受領する資格を有する。」旨判示している。

賃料債権に対する物上代位と担保不動産収益執行に基づく賃料の収取は，ともに抵当権の優先弁済効を担保不動産からの収益である賃料に及ぼし，被担保債権の回収を図ろうとするものである。そして，抵当権者は，物上代位と担保不動産収益執行のどちらを実行するかを任意に選択することができるので，物上代位を選択した場合と担保不動産収益執行を選択した場合とで，賃料からの優先弁済に対する抵当権者の期待に違いがあるということは考えにくいように思われる。したがって，担保不動産収益執行と相殺の優劣についても，物上代位と相殺の優劣と同様に抵当権設定登記と自働債権の取得時期の先後関係を基準としている。

この判例は物上代位と相殺に関する前記平成13年判決の判断枠組が収益執行にも妥当すること示し，抵当権設定登記前に取得した反対債権による賃料債権との相殺が収益執行の管理人にも対抗できるとしている。抵当権設定登記の登記基準時を基準とする，賃料債権に対する物上代位について展開された判例法

理は，基本的には収益執行にも妥当するといえる（注24）。

　なお，上記平成21年の最高裁判例は，受働債権の債権者は，担保不動産収益執行の開始決定により担保不動産の収益の処分が禁止され（民執法188条，93条1項），管理人が当該収益の収取及び換価の権限を有している（同法188条，95条1項）が，この場合においても，受働債権の債権者が相殺の意思表示の受領資格を有するかどうかという問題につき，被差押債権の債権者に，被差押債権を受働債権とする相殺の意思表示の受領資格を認めた最高裁判例（昭和40年7月20日訟務月報11巻11号1557頁・「債権の差押の差押債権者が取立権を有し，第三債務者が債務者に対する反対債権で被差押債権と相殺する場合，受働債権そのものは差押債務者に帰属しているから，当該債務者も相殺の意思表示を受領する資格を失わない。」旨判示している。）を引用したうえで，担保不動産収益執行の開始決定の効力が生じた後も，担保不動産収益執行の所有者は，賃料債権を受働債権とする相殺の意思表示を受領する資格を失わないとしている（注25）。

（注1）　河上正二「担保の多様化と担保法の展開」法学セミナー682号100頁。

（注2）　寺本昌広「逐条解説・新しい信託法」35頁。

（注3）　前掲（注1）河上100頁。

（注4）　前掲（注2）寺本35頁。

（注5）　前掲（注2）寺本35頁。

（注6）　「根抵当権設定仮登記及び信託仮登記申請の受否について」（河本）民事月報67巻6号60頁。

　　なお，この事案のようなセキュリティ・トラストの登録免許税に関して，信託の登記の申請と同時に申請しなければならない当該信託に係る担保権の設定の登記（不動産登記法98条1項）については，登録免許税法7条1項の規定（信託財産の登記の課税の特例）の適用はないと解されているので，登録免許税は，根抵当権設定仮登記に関し，不動産の個数1個につき1,000円（登録免許税法別表第1第1号㈡ヘ），信託の仮登記に関しては，極度額の1,000分の1（同表第1号㈡ニ⑵）になると解される（民事月報67巻6号61頁）。

（注7）　前掲（注1）河上100頁。

（注8）　松岡久和「抵当権⑷―抵当権の実行と保全処分」法学セミナー694号58頁。

(注9) 松岡久和「抵当権(2)―抵当権の効力の及ぶ範囲」法学セミナー691号83頁，87頁，89頁。

(注10) 鎌田薫・寺田逸郎編・新基本法コンメンタール「不動産登記法」155頁（渡辺秀喜）。

(注11) 前掲（注1）河上104頁。

(注12) 飯塚宏「東京地裁民事執行センターにおける担保不動産収益執行の運用状況」金融法務事情1785号1頁。

(注13) 「東京地裁民事執行センターにおける担保不動産収益執行の運用状況」金融法務事情1801号22頁，山北学・安永祐二・三村真「担保不動産収益執行事件の状況について」金融法務事情1807号20頁，「東京地裁執行部における事件概況」民事法情報263号39頁。

(注14) 前掲（注12）飯塚1785号1頁。

(注15) 東京地方裁判所民事執行センター「短期賃貸借制度の廃止と引渡命令」金融法務事情1694号54頁，中野渡守「建物明渡制度及び抵当権者の同意による賃貸借への対抗力付与制度」民事研修612号145頁。

(注16) 東京地方裁判所民事執行センター実務研究会「民事執行の実務第3版・不動産執行編(下)」114頁。

(注17) 中山一郎「注解民事執行法(3)」259頁。

(注18) 前掲（注17）中山260頁。

(注19) 前掲（注16）民事執行の実務122頁。

(注20) 前掲（注16）民事執行の実務123頁。

(注21) 前掲（注16）民事執行の実務139頁，前掲（注15）東京地方裁判所民事執行センター「転借人と建物明渡猶予制度」金融法務事情1798号24頁。

(注22) 東京地方裁判所民事執行センター実務研究会編著「民事執行の実務第3版・債権執行編(上)」218頁。

(注23) 前掲（注22）225頁。

(注24) 松岡久和「抵当権（3-2）物上代位（その2）」法学セミナー693号73，74，79頁，「金融判例⑰」西杉英将，鈴木尚太「抵当権に基づく担保不動産収益執行の開始決定の効力が生じた後に，担保不動産の賃借人により当該担保不動産所有者兼賃貸人に対してなされた，当該抵当権設定登記の前に取得した当該賃貸人に対する債権を自働債権とし，賃料債権を受働債権とする相殺が，担保不動産収益執行の管理人に対抗できるとされた事例」民事研修640号17頁。なお，生熊長幸「賃借人が賃貸人に対する債権による相殺を担保不動産収益執行の管理人に対して対抗することの可否」金融法務事情1905号36頁は，近時の立法も判例も抵当権にきわめて強い

効力を認め，賃借人の地位を弱体化しているとして疑問を呈示している。
(**注25**) 前掲（注24）「金融判例⑰」西杉ほか民事研修640号30頁。

❽ 遺留分に関する民法の特例と企業の承継

(1) 特例の背景

　平成20年は,「中小企業における経営の承継の円滑化に関する法律」(平成20年法律33号)(以下「経営承継円滑化法」または「法」という。)が成立した年であり,同年10月1日から施行されている(当該法律は後記参照)。当時は,リーマン・ショックによる世界的大不況の中で,すでにデフレ経済に入り込んでいた日本経済は,企業の債務不履行,さらには倒産が多発するという状況下にあった。

　我が国では,中小企業が企業全体の約9割,雇用全体の約7割を占めるといわれている。我が国経済の基盤を形成しているこの中小企業にとっては大変厳しい社会経済状況下にあったわけであるが,同時に我が国の中小企業は独自に高度な技術力を有しているといわれ,上記のような厳しい経済情況の下においても何とかその事業を継続していくことが,地域経済の活力維持や雇用の確保等の観点,すなわち,企業の維持・承継という視点から大変に重要であったわけである。まさに,「企業理念」や「人の心」にまで配慮した,本当の意味での中小企業の後継者問題全般への対応が求められるようになっていた(注1)。

　以上のような状況の中で,上記経営承継円滑化法は施行されたが,同法は,「租税の課税に対する措置」,「民法の特例」,「企業支援」の3つの基本要素から成り立っている(注2)。そのうち中小企業の経営承継の円滑化のための遺留分による制約を解決するための民法の特例部分(第2章)は,平成21年3月1日から施行された。

　我が国の中小企業の多くは,その所有と経営が実質的には一致している場合が多いといわれており,経営者の相続に伴う様々な問題が,会社の事業の承継にとって障害となっている一面があるといわれ,事業承継の円滑化を図る上においては,その点についての改善を図る必要があるとの指摘がされていた(注3)。

　具体的には,経営者の交代に伴い,所有と経営の一致を維持しつつ後継者が

8　遺留分に関する民法の特例と企業の承継

　安定的に事業経営を行っていくためには，先代経営者が保有する自社株式や事業用不動産等を円滑に承継することが重要である。しかし，いったん相続が開始すると，民法の均分相続の原則や遺留分の制度により，自社株や事業用不動産等を後継者に集中することができないことがあり，また，後継者が相続をめぐるトラブルに巻きこまれてしまうと経営に集中できないといった問題がありうる。

　「民法の特例」は，「後継者に生前贈与した自社株について特別受益財産から除外する合意」（除外合意）と「生前贈与時点での株価を相続発生時点まで固定する合意」「固定合意」という2種類の合意を，遺留分権利者となるべき推定相続人全員による合意書の作成と経済産業大臣の確認及び家庭裁判所の許可を条件として認めるという内容である。

　2008年の米大手証券会社リーマン・ブラザーズの経営破綻，新興諸国の台頭と深刻化する環境問題，グローバリゼーションのうねりの中，中小企業の問題は山積しており，日本国内では少子高齢化によるマーケットの縮小，原材料の高騰，地域格差といった現象が生じていた。この企業の承継は3つの観点から考察する必要がある。1つは「経営者の交替」，2つは「経営の承継」，3つは「資産の承継」である(注4)。

　このように後継者が安定的に経営を行っていくためには，以上のような視点を考慮しながら先代経営者が保有する自社株式や事業用不動産等を後継者に円滑に承継することが重要であるが，このような事業用資産の全部を後継者に承継させようとしても，後継者以外の相続人の遺留分による制約を受けることになり，非後継者の遺留分減殺請求権の行使によって相続紛争が発生するおそれがあった。なお，「中小企業における経営の承継の円滑化に関する法律」（平成20年法律第33号）の一部改正により，同法中の民法特例部分（第2章）（平成21年3月1日施行）について改正が行われている（平成27年法律61号，同年8月28日公布）。施行日は，平成28年4月1日である。この民法の特例は，前述のごとく，経営承継のための株式等の生前贈与について，後継者と他の推定相続人全員との間で，遺留分算定上の例外（遺留分算定の基礎財産から除外すること及び遺留分算定の基礎財産に参入する際の価額を固定すること）を書面により合意すれば，産業政策目的の観点からする経済産業大臣の確認と，合意が真意に基づくものであることを担保するための家庭裁判所の許可により，その

合意に効力を認めるものであるが、この平成28年4月1日から施行される改正内容は、改正前には経営者の推定相続人であることが必要とされていた「後継者」について、推定相続人以外の者とする場合（いわゆる親族外承継の場合）にも民法の特例を適用することができこととするものである。

(2) 遺留分に関する民法の特例

① 現行の遺留分制度

遺留分というのは、一定の相続人のために法律上必ず留保しなければならない遺産の一定割合のことをいう（民法1028条～1044条）。近代法では遺言自由の原則が認められ、被相続人は自己の財産を遺言によって自由に死後処分できるとするのが原則であるが、しかし、一方では、近親者の相続期待利益を保護し、あるいは被相続人死亡後の遺族の生活を保障するために、相続財産の一定部分を一定範囲の遺族のために留保させるのが遺留分の制度である。したがって、遺留分は、被相続人からみれば、財産処分の自由に対する制約を意味し、相続人からみれば、相続により期待できる最小限度の財産の確保を意味している。

このように、遺留分は、配偶者や子に民法上保障される最低限の資産承継の権利であり、被相続人による財産処分、たとえば、生前贈与、遺贈、「相続させる」旨の遺言等によって遺留分を侵害された者は、遺留分減殺請求を行うことにより、財産の返還や金銭による価額弁償を受けることができる。

この遺留分は、まず、被相続人が相続開始時に有した財産の価額に贈与した財産の価額を加えた額から債務の金額を控除して求められる遺留分算定基礎財産（民法1029条1項、1030条）に法定の遺留分割合（民法1028条、直系尊属のみが相続人である場合以外は2分の1）を乗じて、遺留分権利者全員にとっての遺留分の総額を算定する。その上で、この遺留分の総額に個々の遺留分権利者の法定相続分を乗じて得られた額が、各人の遺留分額となる（民法1044条において準用する同法900条）。

また、相続人に対する特別受益としての贈与は、特段の事情のない限り、すべて遺留分算定の基礎財産に算入され、遺留分減殺の対象になると解されている（最判平成10年3月24日民集52巻2号433頁）。前記平成10年の最高裁判例は「民法903条1項の定める相続人に対する贈与は、右贈与が相続開始よりも相

当以前にされたものであって，その後の時の経過に伴う社会経済事情や相続人など関係人の個人的事情の変化をも考慮するとき，減殺請求を認めることが右相続人に酷であるなどの特段の事情がない限り，本条（1030条）の定める要件を満たさないものであっても，遺留分減殺の対象となる。」旨判示している。

　また，最高裁平成24年１月26日決定（家月64巻７号100頁・判時2148号61頁・判タ1369号124頁）は，持戻し免除の意思表示のある特別受益も遺留分算定の基礎となる財産に算入されるとしている。すなわち，前記決定は，「遺留分権利者の遺留分の額は，被相続人が相続開始の時に有していた財産の価額にその贈与した財産の価額を加え，その中から債務の全額を控除して遺留分算定の基礎となる財産額を確定し，それに遺留分割合を乗ずるなどして算定すべきところ（民法1028条ないし1030条，1044条），前記の遺留分制度の趣旨等に鑑みれば，当該贈与に係る財産の価額を相続財産に算入することを要しない旨の意思表示（「持戻し免除の意思表示」）をしていた場合であっても，前記価額は遺留分算定の基礎となる財産額に算入されるものと解される。」としている。

　なお，相続人以外の者に対する贈与については，原則として相続開始前１年間のものに限り，遺留分算定の基礎財産に算入される（民法1030条）。そして，遺留分算定基礎財産に算入される財産の価額は，生前贈与された財産も含め，すべて相続開始時を基準として評価された価額であると解されている（最判昭和51年３月18日民集30巻２号111頁）。前記最高裁判例は，「相続人が被相続人から贈与された金銭をいわゆる特別受益として遺留分算定の基礎となる財産の価額に加える場合には，贈与の時の金額を相続開始の時の貨幣価値に換算した価額をもって評価すべきである。」と判示している(注5)。

　② 現行遺留分制度と企業の承継
　　ⅰ 遺留分減殺による事業資産の分散
　前述したように，中小企業経営者の個人資産の大部分は自社株式や事業用不動産であり，先代経営者から後継者に対してそれらの事業用資産を生前贈与した場合には，非後継者の遺留分を侵害し，遺留分侵害を受けた非後継者から減殺請求を受けるおそれがある。そして，その減殺請求の結果として相続人間で事業用資産が分散されると，後継者が所有する議決権割合等が低下して会社の意思決定に支障が生じ，経営の不安定化を招くおそれがある。もし，この分散した事業用資産，例えば，自社株式等の買取りをするというようなことになる

と，後継者自身に買取資金が必要となり，後継者自身に買取資金がなければ，会社が自己株式として取得することになるが，それだけ会社の事業資金が流出し，資金繰りに支障が生じかねないといった事態になってしまうという可能性がある。

ii 相続開始時における評価

遺留分算定の基礎財産に加算される贈与財産の評価の基準時は相続開始時であるから，後継者に生前贈与された株式の価値が後継者の貢献により上昇した場合であっても，遺留分の算定に際しては，後継者の貢献を考慮することなく，相続開始時点の上昇後の評価で計算されることになる。このため，後継者の貢献により株式の価値を上昇させればさせるほど，非後継者の遺留分の額を増加させることになり，このことが，企業価値を上昇させようとする後継者の意欲を阻害する可能性があるということになる。

iii 遺留分の事前放棄

現在の民法においても，非後継者に遺留分を事前に放棄してもらい，遺留分に係る紛争を防止することはできる（民法1043条）が，遺留分の事前放棄は，遺留分を放棄する非後継者が各自個別に家庭裁判所に申立てを行い，許可の審判を受ける必要があるので，非後継者が複数いる場合には，それぞれ非後継者ごとに許否判断が異なる可能性があるという問題がある。事業承継の円滑化という観点からは，1人でも遺留分を放棄しない者がいれば，その者の遺留分減殺請求権の行使によって紛争が発生するおそれがあり，対策としては不十分であるということになりかねない。

そこで，経営承継円滑化法では，遺留分権利者全員で合意を行い，所要の手続（経済産業大臣の確認，家庭裁判所の許可）を経ることによって，後継者が先代経営者から贈与等により取得した株式や事業用不動産の共有持分等について，「遺留分算定基礎財産からの除外」及び「遺留分算定基礎財産に算入すべき価額の固定」といった民法の特例の適用を受けられる制度を設けたわけである。これにより，先代経営者の遺留分権利者全員の間で統一的に法律関係を形成することができ，事業承継の円滑化に向けた事前の取組が容易になると考えられる（注6）。

③ 特例の内容
i 特例の目的

この特例は，多様な事業の分野において特色ある事業活動を行い，多様な就業の機会を提供すること等により，我が国の経済の基盤を形成している中小企業について，代表者の死亡等に起因する経営の承継がその事業活動の継続に影響を及ぼすことにかんがみ，遺留分に関し民法の特例を定めるとともに，中小企業者が必要とする資金の供給の円滑化等の支援措置を講ずることにより，中小企業における経営の承継の円滑化を図り，もって中小企業の事業活動の継続に資することを目的としている。ここでは，前述のとおり遺留分に関する民法の特例を中心に考察する。

ⅱ　特例の概要

(ⅰ)　民法の特例

後継者となるべき者を含むすべての推定相続人（ただし，相続が開始した場合に相続人となるべき者のうち被相続人の兄弟姉妹及びこれらの者の子以外の者に限る。）の合意により，次のⓘまたはⓘⓘを内容とする合意（「特例合意」）をすることができ（法4条，5条，6条2項），当該合意は，経済産業大臣の確認（法7条）を受けた後，家庭裁判所の許可を受けることによってその効力を生じる（法8条）というものである。

ⓘ　合意の当事者が先代経営者から贈与等により取得した一定の財産について，遺留分算定の基礎となる財産から除外すること。

ⓘⓘ　後継者となるべき者が先代経営者から贈与等により取得した株式等について，遺留分算定の基礎となる財産に算入する価額を当該合意の時における価額とすること。

(ⅱ)　特例の適用対象者

①　対象となる中小企業者

この特例が適用されるのは，中小企業基本法2条1項各号において「中小企業者」として規定されているのと同様の範囲にある会社及び個人である。

これらの中小企業者のうち，民法特例の対象者となるのは，3年以上継続して事業を行っている非上場の会社である。なお，個人事業主は，事業用資産等が相続人間で分散することはあっても，事業に関する意思決定それ自体に支障が生じることはないことなどから除外されている。

また，いわゆる上場会社は，資本市場における資金調達が可能であり，相続等の場面においても自助努力による対応が可能であると考えられることや，不

特定多数の者による株式保有を前提とした株式上場制度の趣旨に反することとなることなどから，これも除外されている（法2条，3条1項）。
　ⅱ　旧代表者
　この民法の特例においては，その適用対象となる特例中小企業者の先代経営者を「旧代表者」と呼んでいる。旧代表者というのは，次に述べる各要件を満たす者のことをいう。
　　ア　特例中小企業者の代表者であったこと。特例合意の時点において，先代経営者が共同代表者として経営に従事していてもよいとされている。
　　イ　推定相続人（ここでいう推定相続人は，民法上の推定相続人とは異なり，遺留分を有する者に限られる。）のうち少なくとも一人に対して当該特例中小企業者の株式等の贈与をしたこと（法3条2項）(注7)。
　ⅲ　後継者
　特例の適用対象となる特例中小企業者を継承すべき者を「後継者」と呼び，以下の要件を満たしている者をいう（法3条3項）。
　　ア　旧代表者の推定相続人（遺留分権利者）であること
　　イ　株式，事業用の土地等の贈与を受けたこと。贈与を受けた者かつ相続・遺贈・贈与を受けた者を含む。贈与は既に履行されていることが必要であり，贈与契約を締結したのみでは足りないと解されている。
　　ウ　特例中小企業者の総株主（完全無議決権株式のみを有する株主を除く）・総社員の議決権の過半数を有することが必要である。
　　エ　代表者であること。合意時点で当該特例中小企業者の代表者となっていることが必要である(注8)。
(ⅲ)　遺留分の算定に係る合意
　①　合意の意義
　事業用資産等とは，工場用の土地や建物等事業の実施に不可欠な不動産・動産及び当該中小企業者等に対する貸付金や未収金のことをいうが，ここでは株式等を中心に考察する。
　民法特例に基づく合意は，後継者が旧代表者からの贈与等により取得した株式等の全部または一部について，次のいずれか一方または双方が合意をするものでなければならない（法4条1項）。複数回にわたって贈与が行われた場合には，それらの株式等をまとめて1回の合意の対象とすることができると解さ

8 遺留分に関する民法の特例と企業の承継

れる。

　ア　後継者が旧代表者からの贈与等により取得した株式等の全部または一部について，その価額を遺留分算定のための財産の価額に算入しないこと（法4条1項1号）

　後継者は，旧代表者の推定相続人の一人であるから，旧代表者について相続が開始した場合，旧代表者が後継者に生前贈与した株式等は，特別受益に該当するものとして，その贈与の時期を問わず，遺留分を算定するための基礎財産に算入されるのが通常である（民法1044条において準用する同法903条）。しかし，そうなると，後継者に贈与された株式の価額が他の相続財産に比して多額となる場合が多いと考えられ，遺留分減殺請求権を行使することが考えられるので，後継者に株式を集中させようとしても，それが相続人間の共有となってしまう。そこで，あらかじめ特例中小企業者の株式等を遺留分を算定するための財産の価額に算入しない旨の合意ができるものとされたわけである。この合意は，後継者が旧代表者からの贈与等により取得した特例中小企業者の株式等以外の事業用不動産の全部または一部についても，その価額を遺留分を算定するための財産の価額に算入しない旨の定めをすることができる（法5条）。

　イ　後継者が旧代表者から贈与等により取得した株式等の全部または一部について，遺留分を算定するための財産の価額に算入すべき価額を合意の時における価額とすること（法4条1項2号）。

　生前贈与した財産を遺留分を算定するための財産に算入する際には，一般的には相続開始時を基準として評価された価額で算入することとされており，これを任意の時点の価額でることは認められていない。しかし，後継者が代表者として経営に従事し，その能力や努力によって当該中小企業の企業価値，例えば，株式等の価値を上昇させた場合，その価値上昇分は，後継者に保持させて更なる経営の発展の原資とするのが相当である場合が考えられる。そこで，合意により，遺留分を算定するための財産の価額に算入すべき株式等の価額を合意の時点における適正価額に固定することができるとしている。この価額を固定する時点を合意の時に限ったのは，株式等の価値の上昇分を後継者に保持させることによる企業価値向上意欲の保持という合意の趣旨及び基準時点の明確性の観点によるものと考えられる。したがって，価額評価の時点を任意に選択することは許されないと解される。

⑪　合意の当事者

合意の当事者は，旧代表者の推定相続人全員でなければならない（法4条1項）。

⑫　合意の要件

ア　後継者が保有する株式等に関する要件（法4条1項ただし書）

特例の合意をするためには，後継者が保有する特例中小企業者の株式等のうち，合意の対象となる株式等を除いた株式等の議決権が総株主または総社員の議決権の100分の50以下である必要がある。

イ　要式行為性

特例合意は，特例合意が推定相続人にとって重大な権利変動を伴うものであり，また，その後経済産業大臣の確認や家庭裁判所の許可の対象となることから，合意の内容を明確にするため，書面によることを要するとしている（法4条1項本文）。

ウ　後継者以外の推定相続人がとることができる措置に関する定め

特例合意をする場合には，①後継者が当該合意の対象とした株式等を処分する行為をした場合，及び②旧代表者の生存中に後継者が代表者として経営に従事しなくなった場合に，後継者以外の推定相続人がとることができる措置に関する定めを推定相続人全員の合意によりしなければならない（法4条3項）。

特例合意は，後継者への議決権の集中化による安定した経営の継続を目的としたものであるから，上記の①や②の場合には，その目的が達せられないことになるが，そのような場合であっても，その事情は様々であると考えられることから，当該合意の効力を当然に消滅させることはせず，そのような場合にとることができる措置について合意の当事者間で定めておくことを要するものとしている。

この場合の「とることができる措置」の具体例としては，①後継者が他の推定相続人の同意を得ずにこれらの行為を行った場合には，他の推定相続人が合意を解除することができること，②他の推定相続人が後継者に対して，後継者が合意の対象とした株式等を売却して得た対価の全部または一部に相当する金銭の支払を請求することができることといったようなことを定めておくことが考えられる（注9）。

⑬　経済産業大臣の確認

ⅰ 確認の意義

特例合意は，民法の遺留分に関する原則に変更を加えるものであるから，その効力を生じさせるためには，合意の有効性を公的機関によって確認しておく必要がある。そのうち，当該合意が要件を満たしているか否かについては，その性質上，産業政策的観点からの判断が必要であることから，経済産業大臣がこれを確認することとされている。

ⅱ 確認の対象となる事項

ア 特例合意が当該特例中小企業者の経営の承継の円滑化を図るためにされたものであること（法7条1項1号）

イ 申請をした者が当該合意をした日において後継者であったこと（法7条1項2号）

ウ 当該合意をした日において，後継者が有する当該特例中小企業者の株式等のうち，当該合意の対象とした株式等を除いたものに係る議決権の数が総株主または総社員の議決権の100分の50以下であったこと（法7条1項3号）

エ 後継者以外の推定相続人がとることができる措置について合意していること（法7条1項4号）

以上のような事項が確認の対象になる。

ⅲ 申請人

確認の申請人は，後継者である（法7条1項）。特例合意は，後継者が円滑に経営を承継するためにするものであるから，その手続的負担は，後継者が負うのが適当であると考えられたものである。後継者が特例合意をした後に死亡した場合には，確認を受けることができない（法7条3項）。この場合，他の推定相続人を後継者として新たな合意をすることは可能ではないかと考えられる。

ⅳ 申請手続

確認の申請は，合意をした日から1ヶ月以内に，特例合意に関する書面等の必要な書類を添付した申請書を経済産業大臣に提出してする（法7条2項，施行細則3条）。

ⅴ 確認の取消し

経済産業大臣は，確認を受けた者が，偽りその他不正の手段によりその確認

を受けたことが判明したときは，その確認を取り消すことができる。
　(ⅴ)　**家庭裁判所の許可**
　特例合意につき経済産業大臣の確認を受けた後継者は，その確認を受けた日から1ヶ月以内に家庭裁判所に許可を申し立てる必要がある（法8条1項）。家庭裁判所は，当該合意が当事者の全員の真意に出たものであるとの心証を得なければ許可することはできない（法8条2項）。なお，経済産業大臣の確認の後に後継者が死亡したときは，家庭裁判所の許可を受けることはできない（法8条3項）。
　(ⅵ)　**合意の効力**
　家庭裁判所の許可があった場合には，特例合意の効力が生ずることになる（法9条1項，2項）。
　ⅰ　**除外合意の効力**
　除外合意の効力が生じるとその対象となった財産の価額は，遺留分を算定するための財産の価額に算入しないことになる（法9条1項）。
　ⅱ　**固定合意の効力**
　固定合意の効力が生じると，その対象となった株式等については，その遺留分を算定するための財産の価額に算入すべき価額は，当該合意によって定められた価額とすることになる（法9条2項）。
　ⅲ　**第三者に対する効力**
　民法の特例に係る合意により遺留分算定の基礎財産に算入される財産の範囲及び額が変更されたことによって，合意の当事者以外の利益や不利益を受けるのは相当ではない。そこで，当該合意の効力は，旧代表者がした遺贈及び贈与について，合意の当事者（合意当事者の代襲者については，特例合意の当事者たる地位が相続され，合意の効力が及ぶと考えられるので，代襲者を含むことになる。）以外の第三者（例えば，相続人以外で先代経営者より相続開始前1年間に贈与を受けていた者）に対する遺留分の減殺には影響を及ぼさない。したがって，相続人以外の第三者に対して遺留分の減殺請求をする場合には，当該合意にかかわらず，民法の規定に従って遺留分の額が計算されることになる（法9条3項）。
　(ⅶ)　**合意の効力の消滅**
　いったん発生した特例合意の効力は，以下の事由で消滅する（法10条）。

ⅰ　経済産業大臣の確認が取り消されたこと

　経済産業大臣の確認は，民法の特例に係る合意の効力要件であるから，当該確認が取り消された場合には，合意の効力が消滅する（1号）。

ⅱ　旧代表者が生存中に後任者が死亡し，または後見開始若しくは保佐開始の審判を受けたこと

　民法の特例は，旧代表者の相続開始に伴う相続人間における株式等の分散を予防し，後継者による経営の安定を図るものであるから，旧代表者の生存中に後継者が死亡し，または後見開始若しくは保佐開始の審判を受けて経営に従事することが不可能となった場合には，もはや当該合意の効力を維持する必要がなくなる。このため，これらの事由が生じた場合には，合意の効力が消滅するとしている（2号）。これに対し，後継者が株式等を処分したり，経営に従事しなくなったような場合には，合意の効力が消滅することにはなっていない。これは，そのようにすると，後継者が合意の効力を消滅させるためにあえて経営を離れることを許すことになることや，再び後継者が経営に復活することも考えられることなどによるものと考えられる。そこで，このような場合に備え，推定相続人がとることができる措置に関する定めをすることを要するとされていることは前述したとおりである（法4条3号）。

　なお，死亡前に当該後継者が経営を承継していたような場合は，旧代表者が後継者に贈与した財産については，当該後継者の代襲者を「後継者」として新たに特例合意をすることで，その散逸を防止することは可能であると考えられる。

ⅲ　特例合意の当事者以外の者が新たに旧代表者の推定相続人となったこと

　合意の効力発生後，旧代表者の再婚や新たな子の出生等により，合意の当事者以外の遺留分権利者が存在することとなった場合には，合意の効力が及ばない当該遺留分権利者からの遺留分減殺請求を制限することはできない。この場合，「遺留分権利者全員の合意」という民法の特例の前提が満たされなくなるから，合意の効力が消滅する（3号）。この場合，新たに遺留分権利者となった者を加えて再度合意をすることは可能である。

　ただし，特例合意の当事者が死亡した場合においてその代襲者があるときは，特例合意の効力は失効することなく，死亡した当事者の代襲者が合意の当事者である地位を相続することになる。なお，そのほか，合意の当事者の遺留

分放棄許可が取り消された場合，自己の嫡出でない子を養子とした場合，離婚した場合，推定相続人が死亡したが遺留分権利者に変動がない場合なども合意の効力は消滅しないと考えれる。

　ⓘⓥ　**合意の当事者の代襲者が旧代表者の養子となったこと**

　合意の当事者（後継者を除く）の代襲者が旧代表者の養子となった場合，民法上，当該代襲者は，代襲相続人の資格に加えて，新たに養子としての相続人の資格を取得することになるので，合意の効力が消滅するとしている（4号）。これは，特例合意の当事者が死亡してもその代襲者があるときは，合意の効力は消滅しないが，代襲者が旧代表者の養子となると代襲者には，代襲相続人としての資格と，養子としての資格の二重資格が認められることになり，同人は養子としての合意はしていないということになるからである（注10）。

（注1）　河合保弘・杉谷範子「企業承継」総論・登記情報564号28頁。
（注2）　前掲（注1）河合・杉谷29頁。
（注3）　澤村智子「経営承継円滑化法に係る遺留分に関する民法の特例の施行に当たって」登記情報569号34頁。
（注4）　前掲（注1）河合・杉谷32頁。
（注5）　柏原智行・山口徹朗「中小企業における経営の承継の円滑化に関する法律の概説」登記情報560号5頁。
（注6）　前掲（注5）柏原ほか6頁。
（注7）　前掲（注3）澤村39頁。
（注8）　天谷暁子「「経営承継円滑化法」活用策・第2回　ケース1：複数親族による承継（遺留分に関する民法の特例の活用）」登記情報565号122頁。
（注9）　前掲（注3）澤村42頁。
（注10）　前掲（注3）澤村42頁〜45頁，前掲（注5）柏原ほか10頁〜11頁。

譲渡制限株式の相続人等に対する売渡請求と円滑な企業承継

(1) 制度の概要

　譲渡制限株式というのは，株式会社がその発行する全部または一部の株式の内容として，譲渡による当該株式の取得について，当該株式会社の承認を要する旨の定めを設けている場合における当該株式のことをいう（会社法2条17号）。

　この譲渡制限株式につき，会社法174条は，「株式会社は，相続その他の一般承継により当該株式会社の株式（譲渡制限株式に限る。）を取得した者に対し，当該株式を当該株式会社に売り渡すことを請求することができる旨を定款で定めることができる。」と規定している。

　このように会社法において，譲渡制限株式を相続その他の一般承継により取得した者に対し，当該株式会社が当該譲渡制限株式の売渡しを請求することを可能とする制度を創設したのは，この譲渡制限株式の相続人等に対する売渡請求の制度が，我が国における多くの中小規模の株式会社の実情にかんがみ，株式会社にとって必ずしも好ましくない者が当該株式会社の株主になることを防ぐという，株式の譲渡制限の制度の趣旨を，株式につき相続その他の一般承継が生じた場合にも及ぼすことを可能とするためである。

　この譲渡制限株式の相続人等に対する売渡請求の制度に対しては，中小企業を中心に，株式会社の経営者等に相続が生じた場合において，この制度を活用することにより，円滑な企業承継等の実現を図りたいという強い期待があるといわれている（注1）。

　株式の譲渡制限の制度（会社法2条17号，107条1項1号，108条1項4号，136条以下）は，譲渡制限株式が譲渡され，第三者に取得される場合には，株式会社の承認を要するとすることにより，当該株式会社にとって必ずしも好ましくない者が当該株式会社の株主となって権利行使することを防ぐための制度であるが，その一方で，そのような譲渡制限株式の株主やその取得者にとっての投下資本回収の機会を確保するための工夫も用意されている。

株式の譲渡制限の制度は，当該株式につき譲渡がされても，その譲渡による株式の取得について当該株式会社が承認をしなければ，当該株式会社は，当該取得者を当該株式に係る株主として株主名簿に記載・記録することを要せず，したがって，取得者は当該株式会社において株主として権利行使をすることができないとするものであり，その場合において，当該株式につき株主として権利行使をすることができる者は従前の名義人ということになる。

　ところで，譲渡制限株式の株主につき相続や合併が生じた場合には，相続や合併により当該株主に係る権利義務の一切が相続人や存続会社・新設会社に承継されるとともに，従前の株主が存しなくなる。そのような場合につき当該株式会社の承継がない限り，相続や合併による譲渡制限株式の取得者に株主としての権利行使を認めないとすることは困難をもたらすことから，従来，譲渡制限株式の株主につき相続や合併が生じた場合には，その相続や合併による譲渡制限株式の取得者は当然に株主としての権利行使をすることができることとなり，当該株式会社においてその権利行使を妨げることはできないとされていた。

　会社法においても譲渡制限株式は，「株式会社がその発行する全部または一部の株式の内容として譲渡による当該株式の取得について当該株式会社の承認を要する旨の定めを設けている場合における当該株式」と定義されており（会社法2条17号），その定款の定めの効力が相続や合併による取得についてまでは及ばないことが明らかにされている。

　しかし，株式の譲渡制限の制度が設けられている趣旨にかんがみると，相続や合併により譲渡制限株式を取得した者が当該株式の株主として権利行使をすることを当該株式会社が望まない場合にも，同様に，そのような権利行使を防ぐための制度を設けることとすることが，その趣旨に一層合致するものと考えられる。

　そこで，会社法においては，定款の定めを設けることにより，相続その他一般承継により譲渡制限株式を取得した者に対し，当該株式会社が当該譲渡制限株式の売渡しを請求することができることとする制度が創設されたわけである（注2）。

　この制度は，不動産登記に直接かかわるものではないが，企業の承継にかかわる重要な視点を含んでいると考えられるので，ここで考察することとする。

9　譲渡制限株式の相続人等に対する売渡請求と円滑な企業承継

(2) 当該相続人等からの当該譲渡制限株式の取得手続

　相続人等が相続・合併等の一般承継により譲渡制限株式を取得した場合において，株式会社が当該相続人等から当該相続人等が取得した譲渡制限株式を取得するための方法としては，①相続人等に対して売渡請求権を行使して強制的に取得する方法（会社法174条）と，②株式会社が当該相続人等との間の合意により任意に取得する方法（会社法160条１項）がある。この株式会社が株主との合意により当該株式会社の株式を有償で取得する場合には，一定の手続を経る必要がある（会社法160条２項）が，株式会社が株主の相続人その他の一般承継人からその相続その他の一般承継により取得した当該株式を取得する場合については，その手続につき特則が設けられている（会社法162条）。

　このように，会社法174条は，株式の相続の際に，会社の承継を必要とする定款条項（承認条項）を定めるものではなく，会社が相続人に対して売渡請求を行うことができ，相続人がこれに応じない場合には，株式が会社に帰属することになるという移転条項または消却条項という定款条項を採用したものと解される（注３）。

　すなわち，非公開会社（すべての株式が譲渡制限株式である会社）においては，企業承継者となる共同相続人以外の共同相続人（譲歩相続人）から当該株式会社がいったん譲歩相続人に共同相続された株式を買い取ることによって，企業承継者であるとされる共同相続人のみが会社の株式を保有し続けて株主として残り，株式会社の経営者としての地位を承継することが可能になるのであり，その旨を非公開会社（譲渡制限会社）の定款に定めておけばよいということになる（注４）。

(3) 当該相続人等による売渡請求の拒否

　相続人等に対する売渡請求の制度は，株式会社に対し，当該株式会社が相続人等に対して譲渡制限株式の売渡しを求めることができる請求権を付与するものであり，その適法な売渡請求を受けた場合には，当該相続人等において，当該譲渡制限株式の売渡請求を拒否することはできないと解される（注５）。

(4) 公開会社における売渡請求に関する定款の定め

会社法174条は，相続その他の一般承継により譲渡制限株式を取得した者に対し，当該譲渡制限株式を当該株式会社に対して売り渡すことを請求することができることを定款で定めることができる旨を規定しているにとどまり，当該定款の定めを設けることができる株式会社について，これを公開会社以外の会社に限るという制限は設けていない。
　会社法2条5号は，公開会社につき，「その発行する全部又は一部の株式の内容として譲渡による当該株式の取得について株式会社の承認を要する旨の定款の定めを設けていない株式会社をいう。」と規定しているので，その定款の定めにおいて譲渡制限を付さない株式を発行することとしている株式会社は，すべて公開会社になることになる。したがって，発行する一部の種類の株式の内容として譲渡制限を付することとしている公開会社においては，現に当該譲渡制限付種類株式を発行しているか否かにかかわらず，当該譲渡制限付種類株式について相続人等に対する売渡請求に関する定款の定めを設けることができると解される。
　なお，相続等が生じた後に，相続人等に対する売渡請求に関する定款の定めを設けた上，その売渡しを請求することができるかどうかという問題もある。会社法174条においては，相続人等に対する売渡請求に関する定款の定めがあることが売渡請求をするための要件であるとしているが，その定款の定めを設けることができる時期については，特に制限を設けていない。したがって，相続等が生じた後であっても，株式会社において，相続人等に対する売渡請求に関する定款の定めを新たに設ける旨の定款の変更をした上，相続人等に対する売渡しの請求をすることができると解される。
　なお，会社法の施行日前に相続等が生じている場合であっても，会社法の施行日以後，相続人等に対する売渡請求に関する定款の定めを新しく設けた上，相続人等に対する売渡しを請求することができると考えられる。この場合には，会社法176条1項ただし書きにおいて，「……ただし，当該株式会社が相続その他の一般承継があったことを知った日から1年を経過したときは，この限りでない。」と規定し，売渡請求をすることができる期間に制限があるので留意する必要がある（注6）。

9 譲渡制限株式の相続人等に対する売渡請求と円滑な企業承継

(5) 特定の相続人に対してのみ売渡請求ができる旨の定め

　株式の譲渡制限について，特定の譲渡制限株式の譲渡による取得についてこれを承諾するか否かについては，その判断は株主総会，取締役会等の裁量にゆだねられていると考えられる。したがって，譲渡制限株式の株主につき相続が発生した後，複数の相続人の中から特定の相続人のみを選択し，当該相続人に対してのみ，その取得した譲渡制限株式の売渡しを請求することはできると解される。また，相続人等のうち，一定の範囲に属する者を定款で明示した上，そのような相続人等に対してのみ譲渡制限株式の売渡請求をすることができる旨を定めることも，当該定款の定めの内容が明確なものである限り，可能であると解される（注7）。

(6) 共同相続人が有する共有持分についての売渡請求

　被相続人が有していた譲渡制限株式について，共同相続人間の遺産分割協議が調った結果，それが共同相続人の共有とされた場合には，当該譲渡制限株式を発行する株式会社は，共同相続人中の特定の相続人に対し，当該相続人が有する共有持分を対象として，会社法176条1項の規定による売渡請求ができると解される。会社法176条1項の規定による売渡請求に基づいて特定の相続人から譲渡制限株式に係る共有持分を取得した株式会社は，その共有持分に基づいて，その他の相続人に対し，共有物の分割請求（民法256条）をすることができる。この共有物分割の意義については，「共有物の分割は，共有者相互間において，共有物の各部分につき，その有する持分の交換又は売買が行われることであって，各共有者がその取得部分について単独所有権を原始的に取得するものではない。」と判示している（最判昭和42年8月25日民集21巻7号1729頁）。

　また，被相続人の遺産についていまだ遺産分割が調っていない場合，例えば，被相続人の3人の子が，被相続人が有していた譲渡制限株式を法定相続分で遺産共有している場合には，当該譲渡制限株式を発行する株式会社は，共同相続人中の特定の相続人に対し，当該相続人が有する共有持分を対象として，会社法176条1項の規定による売渡請求ができると解される。この場合，譲渡

制限株式に係る共有持分を取得した株式会社は，その共有持分に基づいて，共有物の分割請求をすることができる（最判昭和50年11月7日民集29巻10号1525頁）。この昭和50年の最高裁判例は，「共同相続人の1人から遺産を構成する特定不動産についての共有持分権を譲り受けた第三者が，共同所有関係の解消のためにとるべき手続は，遺産分割審判ではなく，共有物分割訴訟である。」と判示してその旨明らかにしている。株式の遺産分割についても同様であると解される（注8）。

(7) 株主総会における特定の相続人の議決権

譲渡制限株式の相続人等に対する売渡請求をするか否かを決定する株主総会において，当該売渡請求の対象となるべき特定の相続人は，原則として当該売渡請求をするか否かについて議決権を行使することはできないとされている（会社法175条2項）。これは，株式会社が自己株式を取得するような場合（会社法140条3項，160条4項）と同様に，売主となる株主が当該売渡しについて特別な利害関係を有すると考えられることから，決議の公正を図るためにその議決権を一律に制限する趣旨のものであると解される。

このように考えると，譲渡制限株式の相続人等に対する売渡請求をするか否かを決定する株主総会においては，当該売渡請求の対象となるべき特定の相続人は，当該売渡請求の対象となるべき譲渡制限株式についてだけでなく，その有する他の株式についても議決権を行使することができなくなると解される（注9）。

会社法309条2項3号は，この決定は，株主総会の特別決議によると規定している。そして，上記のごとく，株式を会社に売り渡さなければならない相続人は，この株主総会においては決議権を行使できないと定められている（会社法175条2項本文）。ただし，売渡しの対象になっている株式を保有する株主以外の株主の全部が当該株主総会において議決権を行使することができないときには，例外が認められ，株式の売渡請求の対象となっている株主（相続人）についても議決権が認められている（会社法175条2項ただし書）。

この会社法175条2項ただし書はどういう場合のことを意味しているのかについては必ずしも明確ではないが，一人会社の株主で全株式を保有する者が死亡したような場合，例えば，共同相続人が準共有株主として総会決議不存在確

認の訴えを提起する場合も，権利行使者としての指定を受けてその旨を会社に通知していないときは，特段の事情がない限り，原告適格を有しないが，「共同相続人が準共有株主としての地位に基づいて株主総会の決議不存在確認の訴えを提起する場合に，共同相続人間において権利行使者の指定及び会社に対する通知を欠く場合であっても，右共同相続人の有する株式が発行済株式の全部に相当し，共同相続人のうちの1人を取締役に選任する旨の総会決議がされたとしてその旨登記されているようなときは，特段の事情が存在し，他の共同相続人は，右決議の不存在確認の訴えにつき原告適格を有する。」旨判示している（最判平成2年12月4日民集44巻9号1165頁）。会社法175条2項ただし書の規定は以上のような事態を想定した規定であるように考えられる(注10)。

(8) 譲渡制限株式の相続人等に対する売渡請求の期間

会社法176条1項は，譲渡制限株式の相続人等に対する売渡請求を一定の期間内に限って可能であるとしているが，その趣旨は，当該株式会社の一方的な意思表示により，譲渡制限株式の当該株式会社への譲渡という効果がもたらされ，名宛人である相続人の利害に大きな影響を及ぼすことから，その請求の可能な期間を短いものにとどめ，もって，当該譲渡制限株式をめぐる法律関係を早期に安定させようとするところにある。

したがって，譲渡制限株式の相続人等に対する売渡請求について，「当該株式会社が相続その他の一般承継があったことを知った日から1年を経過」するまでにしなければならない（会社法176条1項ただし書）という場合の，その「一般継承があったことを知った日」というのは，当該株式会社が相続その他の一般承継（会社分割による承継は，個別の権利・義務の承継を意味し，一般継承には含まれない。）の原因となる「被相続人である株主が死亡したという事実」または「株主である会社等が合併により消滅したという事実」を知った日のことを指し，当該相続に係る具体的な相続人の有無やその氏名または当該合併の相手方を知ったことを要するものではない(注11)。

(9) 譲渡制限株式の相続人等に対する売渡請求の効果

譲渡制限株式の相続人等に対する売渡請求は，一種の形成権の行使であり，当該売渡請求により，当該売渡請求がされた特定の相続人等と株式会社との間

において売買契約の成立という法律効果を生じる。この権利の行使により，相続人の合意なくして株式の売買契約が成立する。仮に相続人が株式の売渡しに抵抗したとしても，既に売買契約が成立している以上，会社法178条による「強制消却」により当該相続人の株式は失効する。そして，当該譲渡制限株式についての売買契約は，会社法176条の規定による売渡しを求める旨の株式会社の意思表示がその相手方である相続人等に到達した時点において当該相続人等と当該株式会社との間で成立する。

そして，その譲渡制限株式に係る権利の移転時期については，その点についての別途合意がされたときは，当該合意により定められた時期にその権利が移転する。

これに対し，当事者間にそのような合意が存在しない場合には，特段の事情のない限り，売買代金，すなわち，確定した売買価格（会社法177条）に相当する金銭が支払われた時に売買の目的である譲渡制限株式につき譲渡の効力が生じ，これに係る権利が当該相続人等から株式会社に移転することになると解される（注12）。

また，株式会社は，いつでも，売渡請求を撤回することができる（会社法176条3項）。この会社の売渡請求の撤回により，相続人は自己に帰属すべき株式を保持することができる（注13）。

⑽ 相続人等に対する売渡請求に基づく譲渡制限株式の取得と財源規制

譲渡制限株式の相続人等に対する売渡請求に基づいて株式会社が当該譲渡制限株式を取得する場合についても，会社法461条に規定する財源規制に服することになる（会社法461条1項5号）。したがって，会社法176条1項の規定による相続人等に対する売渡請求に基づいて株式会社が譲渡制限株式を取得する場合，相続人等に支払うべき売買価格は，その譲渡の効力が生ずる日における分配可能額を超えることはできない。

もし，株式会社が，会社法461条1項5号の規定に違反して，同法176条1項の規定による売渡請求に基づいて株式会社が相続人等から譲渡制限株式を取得した場合には，取得の対価の支払を受けた当該相続人等である株主及び当該行為に関する職務を行った業務執行者は，その善意・悪意にかかわらず，当該株

9　譲渡制限株式の相続人等に対する売渡請求と円滑な企業承継

式会社に対し，連帯して交付を受けた金銭に相当する額を支払うべき義務を負うことになると解される（会社法462条1項）。なお，業務執行者がその業務を行うにつき注意を怠らなかったことを証明したときは，当該義務を負わないと解される(注14)。

(注1)　松本真・清水毅「譲渡制限株式の相続人等に対する売渡請求(上)」登記情報543号26頁。
(注2)　前掲（注1）松本・清水543号27頁。
(注3)　大野正道・新基本法コンメンタール「会社法Ⅰ」315頁。
(注4)　前掲（注3）大野314頁。
(注5)　前掲（注1）松本・清水543号27頁。
(注6)　前掲（注1）松本・清水543号28頁。
(注7)　前掲（注1）松本・清水543号28頁。
(注8)　前掲（注1）松本・清水544号24頁。
(注9)　前掲（注1）松本・清水544号25頁。
(注10)　前掲（注3）大野314頁。
(注11)　前掲（注1）松本・清水544号25頁。
(注12)　前掲（注1）松本・清水544号26頁。
(注13)　前掲（注3）大野317頁。
(注14)　前掲（注1）松本・清水544号26頁・27頁。

［参考］
中小企業における経営の承継の円滑化に関する法律（抄）

（平成20年5月16日法律第33号）

施行　平成20年10月1日〔一部につき，平成21年3月1日〕

改正　平成23年法律第53号

目次
第1章　総則（第1条・第2条）
第2章　遺留分に関する民法の特例（第3条―第11条）
第3章　支援措置（第12条―第15条）（略）
第4章　雑則（第16条）（略）

附則（抄）
第1章　総則
（目的）
第1条　この法律は，多様な事業の分野において特色ある事業活動を行い，多様な就業の機会を提供すること等により我が国の経済の基盤を形成している中小企業について，代表者の死亡等に起因する経営の承継がその事業活動の継続に影響を及ぼすことにかんがみ，遺留分に関し民法（明治29年法律第89号）の特例を定めるとともに，中小企業者が必要とする資金の供給の円滑化等の支援措置を講ずることにより，中小企業における経営の承継の円滑化を図り，もって中小企業の事業活動の継続に資することを目的とする。

（定義）
第2条　この法律において「中小企業者」とは，次の各号のいずれかに該当する者をいう。
一　資本金の額又は出資の総額が3億円以下の会社並びに常時使用する従業員の数が300人以下の会社及び個人であって，製造業，建設業，運輸業その他の業種（次号から第4号までに掲げる業種及び第5号の政令で定める業種を除く。）に属する事業を主たる事業として営むもの
二　資本金の額又は出資の総額が1億円以下の会社並びに常時使用する従業員の数が100人以下の会社及び個人であって，卸売業（第5号の政令で定める業種を除く。）に属する事業を主たる事業として営むもの
三　資本金の額又は出資の総額が5000万円以下の会社並びに常時使用する従業員の数が100人以下の会社及び個人であって，サービス業（第5号の政令で定める業種を除く。）に属する事業を主たる事業として営むもの
四　資本金の額又は出資の総額が5000万円以下の会社並びに常時使用する従業員の数が50人以下の会社及び個人であって，小売業（次号の政令で定める業種を除く。）に属する事業を主たる事業として営むもの
五　資本金の額又は出資の総額がその業種ごとに政令で定める金額以下の会社並びに常時使用する従業員の数がその業種ごとに政令で定める数以下の会社及び個人であって，その政令で定める業種に属する事業を主たる事業として営むもの

第2章　遺留分に関する民法の特例
（定義）
第3条　この章において「特例中小企業者」とは，中小企業者のうち，一定期間以上継続して事業を行っているものとして経済産業省令で定める要件に該当する会社（金融商品取引法（昭和23年法律第25号）第2条第16項に規定する金融商品取引所

9　譲渡制限株式の相続人等に対する売渡請求と円滑な企業承継

　　に上場されている株式又は同法第67条の11第1項の店頭売買有価証券登録原簿に登録されている株式を発行している株式会社を除く。）をいう。
2　この章において「旧代表者」とは，特例中小企業者の代表者であった者（代表者である者を含む。）であって，その推定相続人（相続が開始した場合に相続人となるべき者のうち被相続人の兄弟姉妹及びこれらの者の子以外のものに限る。以下同じ。）のうち少なくとも1人に対して当該特例中小企業者の株式等（株式（株主総会において決議をすることができる事項の全部につき議決権を行使することができない株式を除く。）又は持分をいう。以下同じ。）の贈与をしたものをいう。
3　この章において「後継者」とは，旧代表者の推定相続人のうち，当該旧代表者から当該特例中小企業者の株式等の贈与を受けた者又は当該贈与を受けた者から当該株式等を相続，遺贈若しくは贈与により取得した者であって，当該特例中小企業者の総株主（株主総会において決議をすることができる事項の全部につき議決権を行使することができない株主を除く。以下同じ。）又は総社員の議決権の過半数を有し，かつ，当該特例中小企業者の代表者であるものをいう。

（後継者が取得した株式等に関する遺留分の算定に係る合意等）
第4条　旧代表者の推定相続人は，そのうちの1人が後継者である場合には，その全員の合意をもって，書面により，次に掲げる内容の定めをすることができる。ただし，当該後継者が所有する当該特例中小企業者の株式等のうち当該定めに係るものを除いたものに係る議決権の数が総株主又は総社員の議決権の100分の50を超える数となる場合は，この限りでない。
　一　当該後継者が当該旧代表者からの贈与又は当該贈与を受けた旧代表者の推定相続人からの相続，遺贈若しくは贈与により取得した当該特例中小企業者の株式等の全部又は一部について，その価額を遺留分を算定するための財産の価額に算入しないこと。
　二　前号に規定する株式等の全部又は一部について，遺留分を算定するための財産の価額に算入すべき価額を当該合意の時における価額（弁護士，弁護士法人，公認会計士（公認会計士法（昭和23年法律第103号）第16条の2第5項に規定する外国公認会計士を含む。），監査法人，税理士又は税理士法人がその時における相当な価額として証明をしたものに限る。）とすること。
2　次に掲げる者は，前項第2号に規定する証明をすることができない。
　一　旧代表者
　二　後継者
　三　業務の停止の処分を受け，その停止の期間を経過しない者
　四　弁護士法人，監査法人又は税理士法人であって，その社員の半数以上が第1号

又は第２号に掲げる者のいずれかに該当するもの
3　旧代表者の推定相続人は，第１項の規定による合意をする際に，併せて，その全員の合意をもって，書面により，次に掲げる場合に後継者以外の推定相続人がとることができる措置に関する定めをしなければならない。
一　当該後継者が第１項の規定による合意の対象とした株式等を処分する行為をした場合
二　旧代表者の生存中に当該後継者が当該特例中小企業者の代表者として経営に従事しなくなった場合

（後継者が取得した株式等以外の財産に関する遺留分の算定に係る合意等）
第５条　旧代表者の推定相続人は，前条第１項の規定による合意をする際に，併せて，その全員の合意をもって，書面により，後継者が当該旧代表者からの贈与又は当該贈与を受けた旧代表者の推定相続人からの相続，遺贈若しくは贈与により取得した財産（当該特例中小企業者の株式等を除く。）の全部又は一部について，その価額を遺留分を算定するための財産の価額に算入しない旨の定めをすることができる。

第６条　旧代表者の推定相続人が，第４条第１項の規定による合意をする際に，併せて，その全員の合意をもって，当該推定相続人間の衡平を図るための措置に関する定めをする場合においては，当該定めは，書面によってしなければならない。
2　旧代表者の推定相続人は，前項の規定による合意として，後継者以外の推定相続人が当該旧代表者からの贈与又は当該贈与を受けた旧代表者の推定相続人からの相続，遺贈若しくは贈与により取得した財産の全部又は一部について，その価額を遺留分を算定するための財産の価額に算入しない旨の定めをすることができる。

（経済産業大臣の確認）
第７条　第４条第１項の規定による合意（前２条の規定による合意をした場合にあっては，同項及び前２条の規定による合意。以下この条において同じ。）をした後継者は，次の各号のいずれにも該当することについて，経済産業大臣の確認を受けることができる。
一　当該合意が当該特例中小企業者の経営の承継の円滑化を図るためにされたものであること。
二　申請をした者が当該合意をした日において後継者であったこと。
三　当該合意をした日において，当該後継者が所有する当該特例中小企業者の株式等のうち当該合意の対象とした株式等を除いたものに係る議決権の数が総株主又は総社員の議決権の100分の50以下の数であったこと。
四　第４条第３項の規定による合意をしていること。

9　譲渡制限株式の相続人等に対する売渡請求と円滑な企業承継

2　前項の確認の申請は，経済産業省令で定めるところにより，第4条第1項の規定による合意をした日から1月以内に，次に掲げる書類を添付した申請書を経済産業大臣に提出してしなければならない。
　一　当該合意の当事者の全員の署名又は記名押印のある次に掲げる書面
　　イ　当該合意に関する書面
　　ロ　当該合意の当事者の全員が当該特例中小企業者の経営の承継の円滑化を図るために当該合意をした旨の記載がある書面
　二　第4条第1項第2号に掲げる内容の定めをした場合においては，同号に規定する証明を記載した書面
　三　前2号に掲げるもののほか，経済産業省令で定める書類
3　第4条第1項の規定による合意をした後継者が死亡したときは，その相続人は，第1項の確認を受けることができない。
4　経済産業大臣は，第1項の確認を受けた者について，偽りその他不正の手段によりその確認を受けたことが判明したときは，その確認を取り消すことができる。

（家庭裁判所の許可）
第8条　第4条第1項の規定による合意（第5条又は第6条第2項の規定による合意をした場合にあっては，第4条第1項及び第5条又は第6条第2項の規定による合意）は，前条第1項の確認を受けた者が当該確認を受けた日から1月以内にした申立てにより，家庭裁判所の許可を受けたときに限り，その効力を生ずる。
2　家庭裁判所は，前項に規定する合意が当事者の全員の真意に出たものであるとの心証を得なければ，これを許可することができない。
3　前条第1項の確認を受けた者が死亡したときは，その相続人は，第1項の許可を受けることができない。

（合意の効力）
第9条　前条第1項の許可があった場合には，民法第1029条第1項の規定及び同法第1044条において準用する同法第903条第1項の規定にかかわらず，第4条第1項第1号に掲げる内容の定めに係る株式等並びに第5条及び第6条第2項の規定による合意に係る財産の価額を遺留分を算定するための財産の価額に算入しないものとする。
2　前条第1項の許可があった場合における第4条第1項第2号に掲げる内容の定めに係る株式等について遺留分を算定するための財産の価額に算入すべき価額は，当該定めをした価額とする。
3　前2項の規定にかかわらず，前条第1項に規定する合意は，旧代表者がした遺贈及び贈与について，当該合意の当事者（民法第887条第2項（同条第3項において

準用する場合を含む。）の規定により当該旧代表者の相続人となる者（次条第4号において「代襲者」という。）を含む。次条第3号において同じ。）以外の者に対してする減殺に影響を及ぼさない。

（合意の効力の消滅）

第10条 第8条第1項に規定する合意は，次に掲げる事由が生じたときは，その効力を失う。

一 第7条第1項の確認が取り消されたこと。

二 旧代表者の生存中に後継者が死亡し，又は後見開始若しくは保佐開始の審判を受けたこと。

三 当該合意の当事者以外の者が新たに旧代表者の推定相続人となったこと。

四 当該合意の当事者の代襲者が旧代表者の養子となったこと。

第11条 削除（平成23年法律第53号）

　　　第3章・第4章〔第12条から第16条まで省略〕
　　　　　附　則（略）

別表（略）

❿ 後継ぎ遺贈等と企業承継

(1) 事業承継と相続法

① 相続法制の観点からみた事業承継の困難性
ⅰ 事業用資産の承継
(ⅰ) **遺産分割協議**

　現オーナー経営者が自己の所有する財産の分割方法に関する意思表示を行わないまま死亡し，相続が発生した場合，遺産分割協議は共同相続人の協議によって行われ，協議が整わないときは分割を家庭裁判所に請求して解決を図らざるを得ない（民法907条）。

　しかし，そうなると事業用資産の分割方法を共同相続人間の協議に委ねることになるが，そうなると遺産分割協議が整わず，相続紛争に発展してしまう可能性が高くなることが考えられる(注1)。

　つまり，遺産分割協議においては，結果的に事業の後継者に貢献分に見合った十分な事業用資産を取得させられない場合があると考えられ，また，長期にわたって資産の帰属が決定しないような事態にもなりかねず，結果として承継がスムーズに実現しないといったことも考えられる。

(ⅱ) **遺留分による制約**

　経営者の交代に伴い所有と経営の一致を維持しつつ後継者が安定的に事業経営を行っていくためには，先代経営者が保有する自社株式や事業用資産を後継者が円滑に承継することが重要である。しかし，いったん相続が開始すると，民法上の均分相続の原則や遺留分の制度により，自社株式等を後継者に集中できないことがある。後継者が相続をめぐるトラブルに巻き込まれると経営に集中できない，さらには，相続に伴う将来のリスクを回避するため，後継者が大胆な経営戦略を実行できないなどの問題があるとされる。

ⅱ **相続税の負担**

　先代経営者が保有していた自社株式等や事業用資産の多くを後継者が相続することに伴う多額の相続税負担は，中小企業経営者にとって，経営の承継の際

の障害の1つであるとされてきた。

② 資金調達の困難性

中小企業の事業の承継に際しては，経営者の交代に伴う金融機関に対する信用力の低下が生じるほか，後継者による自己株式等の取得や相続税支払などのための資金ニーズが生じることから，十分な資金調達を得るための制度整備が求められる。

(2) 遺言の活用

前記のような事態を防止するためには，現オーナー経営者が，後継者への生前贈与や遺言等を活用することにより，相続紛争を防止しつつ，後継者に事業用資産を集中させる方法が考えられる。

それは遺言によって可能になる。遺言には，自筆証書遺言（民法968条），公正証書遺言（民法969条），秘密証書遺言（民法970条）等の方式があり，そのほかにも死因贈与契約（民法554条）や信託法の規定による設定（信託法91条）等も考えられる。ただ，これらの制度を活用するためには，遺言が無効となったり，死因贈与契約が不成立になったりすることがないように，事業承継対策としては万全を期す意味において公正証書で作成することも考えられる。

以上のように後継者への経営権集中は，相続上の紛争リスクがあり，後継者へ株式等経営権を集中させることに困難が伴うことは，中小企業の円滑な事業承継を阻害していると考えられる（注2）。

(3) 後継ぎ遺贈の類型

後継ぎ遺贈については，その目的あるいはその機能から考え，生活保障型と家業承継型があると考えられる（注3）。

後継ぎ遺贈の生活保障型は，遺言者X（被相続人）の遺言により，X所有の不動産の所有権をまずY_1（例えばXの妻）に与え，次いで将来，Y_1が死亡した時にはY_1の相続人にではなくて，Y_2（例えば，Xの甥であり，X，Y_1にとっては非相続人である。）に与えることにする。そして，ここにみられる第1次遺贈および第2次遺贈のうち，後者が後継ぎ遺贈といわれている（注4）。

そのほか，例えば，土地建物を所有し，そこに居住している者（X）が，自分の死亡後も配偶者Y_1に居住させ，Xの死後はY_1との間の長男Y_2にこれを

所有させたいとする（Xには他に見るべき財産も債務もない。）。この場合において，Xが遺言でY₁に遺贈（または「相続させる」旨の遺言）をすれば，妻Y₁の居住は確保できるが，Y₁がこれを第三者に処分してしまうかも知れない。

また，XY₁間にY₂以外の子（Y₃）がいるような場合には，Y₁死亡後にこの土地建物は，遺産分割の対象となり，Y₂が取得できるとは限らない。Y₁に当該土地建物を遺贈する内容の遺言（または，Y₁に当該土地建物を「相続させる」旨の遺言）を書かせる方法もあるが，必ず実現できるとは限らない。

他方，Xが当該土地建物を子Y₂に遺贈（または「相続させる」旨の遺言）をすれば，当該土地建物は，子Y₂に承継されるが，妻Y₁の居住を確保できるとは限らない(注5)。

この後継ぎ遺贈のポイントは，Y₁の死亡時において当該不動産がY₁の相続人によって相続されるのではなく，Xが遺言によって予め指定しておいたY₂に帰属することである。Y₁Y₂の自活の能力が必ずしも十分でない場合に，自分の死後におけるY₁Y₂の生活を考慮したXが，このような後継ぎ遺贈をすることが考えられる。この類型の後継ぎ遺贈は，生活保障型のものであるといえると思われる。

次に，後継ぎ遺贈の家業承継型は，例えば，生活保障型と同じように，Y₁はXの妻，Y₂がXの甥をさすとする。そして，Xの遺言は，まずY₁に当該不動産を与え，次いで将来，Y₁が死亡した時にはその不動産をY₂に与えるという点においては，生活保障型と同じであるが，この家業承継型の場合は，Xは一方で妻Y₁の老後の生活を保障するとともに，他方では家業の維持・承継をはかるために，後継ぎ遺贈をするわけである。例えば，Xは歴代続いた中小企業の社長であるが，Y₁との間に子どもがいないというような場合に，この不動産はこの企業の要をなす財産であるから，営業の中心であり，同時にY₁の居宅も兼ねている。Xは生前からY₂の商才を見込んでおり，ひいては晩年には経営の采配を任せ，遺言においてもその趣旨を明確にしているということになると，こういう場合には，この類型は家業の維持・承継型ということができる(注6)。

この後継ぎ遺贈型の遺言は，前述したいずれの型においても，妻Y₁の死亡により本来はY₁の相続人に承継されるべき不動産を，Xの意思（遺言）によ

って、そうでない者（Xが予め指定しておいた）Y_2に帰属させるということであり、Xの意思によって相続の流れを変えるわけである。

また、後継ぎ遺贈（第2次遺贈）は、妻Y_1の死亡を期限とする、XからY_2に対する遺贈（不確定期限付遺贈）であり、あくまでもXからY_2に対する遺贈ということになる。Y_2は当該不動産を、第1次遺贈の失効を介して、Xから直接承継するという流れになる(注7)。

後継ぎ遺贈の核心は、第1次受遺者に財産の使用・収益権を、第2次受遺者に財産の処分権を帰属させようとするものであり、民法の相続秩序は原則としてこのように権利を質的に分解したうえでの財産の承継を認めていないのではないかと考えられる。

そこで、同じ財産承継を規律するものであっても民法と信託法ではそれぞれ独自の役割分担が認められるべきであり、信託法は、財産の性状を転換機能によって受益権を質的に分解し、信託設定当時の委託者の意思を、委託者の意思喪失や死亡という主観的事情の変化にかかわらず、長期間にわたって維持するという意思凍結機能と相俟って、受益者連続機能がもたらされると考えられている(注8)。

(4) 後継ぎ遺贈の問題点

この後継ぎ遺贈は、公正証書遺言で作成することについては、私は消極的に考えていた。どういう形になるかというと、前述のごとく、後継ぎ遺贈の法律構成は、例えば、Aを起点としてBへの解除期限付所有権移転とCへの停止期限付所有権移転であると構成し、Bの死亡によりA・B間の贈与（相続）は失効し、所有権はいったんA（正確にはAの相続人）に復帰し（したがって、不動産はBの相続財産にならない。）、同時にAの相続人からCに移転すると構成している(注9)。しかし、このように構成するとこれは期限付所有権ということになるのではないか、所有権に期限を付けるのか、ということになりそうである。もっといえば、この後継ぎ遺贈の核心は、第1次受遺者であるBには財産の所有権というよりはその使用収益権しか与えない、そして財産の処分権は第2次受遺者であるCに帰属させようとするものであり、民法の相続秩序としては、このような権利を質的に分解したうえでの承継は認めていないと解される(注10)。そうであるとすれば、物権法定主義に反するということになる。妻

の所有権（収益権）が妻の死亡を解除期限として遺言者である夫Aの相続人に復帰するということになると，こういう遺言は，今の民法の体系の下では認められないのではないかというのが現在の公証実務の考え方であるといえると思われる。学説にはそういう遺言を特殊な遺贈類型の一種として，必ずしも否定しないという考え方がある。考え方としては，不確定期限付遺贈，すなわち，B死亡を不確定期限としてAからCになされる遺贈，それから，Aから遺贈を受けたBが死亡した時点で，Aがあらかじめ指定したCにBからではなく，A（Aの相続人等）から権利が移転する（停止期限付移転）とし，あるいは負担付遺贈すなわちB死亡時に遺贈目的物の所有権がBに存するときには，その時点においてその所有権をCに移転する趣旨の遺贈とする。この点に関する最高裁昭和58年3月18日判決（判時1075号115頁）は，不動産を妻に遺贈するが経営する店のために必要なので一応そのまま利用させて，妻の死後は，遺言者の弟妹らがその権利を分断所有する旨の遺言の趣旨を問題としている。原審は，本遺言は後継ぎ遺贈といわれるものであるが，妻への遺贈として有効なものであり，弟妹への権利移転は，単なる希望にすぎないと解釈した。しかし，最高裁は，①原審の解釈による遺贈のほか，②弟妹への権利移転を負担内容とする妻への負担付遺贈，③妻死亡時に当該不動産の所有権が妻にあるときは，所有権が弟妹に移転する趣旨の遺贈，あるいは④妻は実質的に不動産の使用収益権を付与されたにすぎず，妻の死亡を不確定期限とする弟妹への遺贈と解釈する余地があるとして原審を破棄し，差し戻している。

(5) 後継ぎ遺贈と不動産登記

　登記の面からみても問題がある。AからBへの第1次受遺者については権利消滅の登記（不動産登記法（以下「不登法」という。）59条5号），第2次受遺者については，期限付権利の保全の仮登記（不登法105条）をすることが考えられるが，第2次受遺者は，第1次受遺者の生前は，不動産の所有権を取得できず，第2次遺贈という不確定期限付法律行為を介して期待権を取得しているにすぎないと解される。しかも，権利は第1次受遺者からではなく，遺言者から取得するという構成になるので，第2次受遺者についての仮登記はできないのではないかと考えられる(注11)。

　以上考察してきたように，後継ぎ遺贈はまだまだ未解決の問題が少なからず

あるように思われる。私は，後継ぎ遺贈は公正証書では作成していないし，登記手続上もその登記を実現させるのは非常に問題があるのではないかと考えている。今回の信託法の改正では，受益権という形に姿を変えているけれども，この後継ぎ遺贈型受益者連続信託を認めている。信託法91条によれば，その財産の性状に関する転換機能によって受益権を質的に分割させながら，第1次受遺者には収益受益権を，第2次受遺者には元本受益権を帰属させることが可能である。しかし，前述のごとく民法上後継ぎ遺贈を認めるということになると，第1次受遺者の法的地位を説明することは大変困難であると考えられる。すなわち，第1次受遺者は自らは使用収益権者でありながら第2次受遺者のための管理権者でもあるという利益相反的な地位に立っており，このような構成は民法上は難しいと考えられる。しかし，信託法によると，受益者は原則として受託者にはならないから，受益者以外の者が受託者とならなければならないが，当該受託者は中立的な管理者であるから，利益相反行為ということにはならない(注12)。

(6) 所有者不明の土地

近年，地方から大都市圏へのさらなる人口移動が進んでいるといわれ，所有者不明土地（相続登記未了のため所有者の特定が困難な土地）や所有者所在不明土地が被災地のみならず，地方を中心に今後も増大するおそれがある。

この問題の原因は，相続があっても遺産分割等の手続がされないまま放置され，それが何代にもわたっているために所有者の特定に手間がかかる，あるいは所有者の所在がわからなくなっているという側面があると考えられる。事業を遂行するために必要な土地が，相続が発生しているため，現在の所有者が特定できないとか，あるいは所有者は明らかになっていてもその所在の把握が難しいということなどの理由でその確保ができないということになると事業の遂行の原点である用地確保のところで躓きかねない。相続登記の促進，行政が保有する所有者情報の利用連携など所有者探索のための工夫が望まれるところである(注13)。

(注1) 事業承継協議会・事業承継関連相続法制検討委員会「事業承継関連相続法制

検討委員会中間報告（平成18年6月）」公証147号21頁。澤村智子「経営承継円滑化法に係る遺留分に関する民法の特例の施行に当たって」登記情報569号36頁。
(注2)　前掲（注1）公証147号24頁。
(注3)　米倉明「信託による後継ぎ遺贈の可能性―受益者連続の解釈論的根拠づけ―」ジュリスト1162号87頁。
(注4)　前掲（注3）米倉87頁。
(注5)　加藤祐司「後継ぎ遺贈型の受益者連続信託と遺産分割及び遺留分減殺請求」判例タイムズ1327号20頁。
(注6)　前掲（注3）米倉88頁。
(注7)　前掲（注3）米倉88頁。
(注8)　新井誠「信託法［第3版］」85頁・89頁以下。
(注9)　米倉明編著「信託法の新展開」第7章「後継ぎ遺贈」（田中亘）212頁，前掲（注3）米倉88頁，道垣内弘人・大村敦志・滝沢昌彦編「信託取引と民法法理」第8章「後継ぎ遺贈」論の可能性（大村敦志）219頁。
(注10)　前掲（注8）新井89頁。
(注11)　拙著「新訂相続・遺贈の登記」766頁。
(注12)　前掲（注8）新井89頁，拙著「公正証書と不動産登記をめぐる諸問題」10頁。
(注13)　金子修「平成27年の民事基本法制の動きと今後の立法動向」登記情報653号10頁。

⑪ 後継ぎ遺贈型受益者連続信託と企業承継

(1) 後継ぎ遺贈型受益者連続信託の内容

　後継ぎ遺贈型受益者連続信託は，例えば，前述のごとく，X（委託者）が自己の生前にT（受託者）との間で信託契約を締結し（生前信託），信託不動産（信託財産）から得られる収益につき，Xの生前はX自信を受益者とし，Xの死後はまずY_1（例えばXの妻）を，次いでY_1の死後はY_2（例えばXの甥）をそれぞれ受益者とする信託契約のことをいう（Y_1を第1次受益者，Y_2を第2次受益者とする。）。

　信託法は，その91条において，「受益者の死亡により，当該受益者の有する受益権が消滅し，他の者が新たな受益権を取得する旨の定め（受益者の死亡により順次他の者が受益権を取得する旨の定めを含む。）のある信託は，当該信託がされた時から30年を経過した時以後に現に存する受益者が当該定めにより受益権を取得した場合であって当該受益者が死亡するまで又は当該受益権が消滅するまでの間，その効力を有する。」と規定している。

　例えば，委託者である夫が，遺言で，その有する建物を受託者に譲渡し，賃料を受益者に給付する信託を設定した上で，自己の死亡により，妻が受益者（第1次受益者）となり，妻の死亡により子が受益者（第2次受益者）となると定めている場合であるとか，委託者である夫がその所有する財産を受託者に譲渡し，その生前は夫自身を受益者（第1次受益者）とし，自己の死亡により妻が受益者（第2次受益者）となり，さらに，妻の死亡により子が受益者（第3次受益者）となると定める契約をした場合等が考えられる。前者が遺言信託による場合であり，後者が信託契約による場合である（注1）。

　ところで，この「後継ぎ遺贈型の受託者連続の信託」，すなわち，受益者の死亡により，当該受益者の有する受益権が消滅し，他の者が新たな受益権を取得する旨の定め（受益者の死亡により順次他の者が受益権を取得する旨の定めを含む。）のある信託は，生存配偶者その他の親族の生活保障の必要や個人企業経営，農業経営等における有能な後継者の確保等のために，共同均分相続と

は異なる財産の承継を可能にする手段としてのニーズがあり，専門家である受託者の長期安定的な活用という観点からも注目されている(注2)。

要するに後継ぎ遺贈型受益者連続信託は，第1次受益者の死亡により第2次受益者が受益権を取得し，第2次受益者の死亡により第3次受益者が受益権を取得するというように，受益者の死亡により順次他の者が受益権を取得する旨の定めのある信託である。したがって，例えば，委託者である夫が，その所有する賃貸建物を受託者に譲渡し，賃料を受益者に給付することを目的とする信託を設定した上で，自己の生存中は自らが受益者（第1次受益者）となり，自己の死亡により妻が受益者（第2次受益者）となり，さらに妻の死亡により子が受益者（第3次受益者）となると定めた場合，あるいは，中小企業の経営者が，自己の株式を信託した上で，経営権を実質的に委ねたい者を順次受益者として指定し，受益者には信託財産である株式の議決権の行使に係る受託者に対する指図権を付与するなどの利用方法が考えられる。そして，この後継ぎ遺贈型の受益者連続の信託においては，第2次以降の受益者は，先順位の受益者からその受益権を承継取得するのではなく，委託者から直接に受益権を取得するものと構成されている(注3)。

(2) 後継ぎ遺贈型受益者連続信託の有効性

「後継ぎ遺贈型の受益者連続の信託」は，新受益者による受益権の取得が，受益者の死亡によって生じるという点に特徴があるが，この先順位者の死亡により後順位者が権利を取得することとして，共同均分相続とは異なる財産承継を目的とする法的仕組みとしては，すでに考察した「後継ぎ遺贈」が考えられる。この後継ぎ遺贈については，民法上無効であるという見解が有力であるが，後継ぎ遺贈型の受益者連続信託の有効性についても見解の対立があったわけである(注4)。しかし，信託法91条によって立法的解決が図られたわけであるが，その背景にある考え方の主要な点は次のようになると考えられる。

まず第1点としては，後継ぎ遺贈を民法上無効であると考える見解の主要な論拠の1つは，所有権は完全・包括的・恒久的な権利であるから，「受遺者の死亡時を終期とする期限付所有権」を創設することは民法上認められないという点にあるわけであるが，受益者連続の信託においては，対象となるのは所有権ではなく受益権であり，受益権に存続期間を定めることは法律上可能である

ことから，後継ぎ遺贈型の受益者連続の信託は有効であるといえること，第2点としては，後継ぎ遺贈型の受益者連続信託においても，遺留分制度を潜脱することはできないこと，第3点としては，後継ぎ遺贈型の受益者連続の信託は，定型的・類型的に，信託の存続期間や受益者が存在しない期間が長期間に及ぶことが考えられることから，この期間制限を行うことは法律上有効であると考えられること，第4点として，当該信託がされた時から30年を経過した時に現に存する受益者に限って受益権を取得することができることにする。ただし，この期間は，今後の運用やニーズの態様によっては，この期間を将来的に見直すこともあり得るとしている(注5)。

(3) 後継ぎ遺贈型受益者連続信託と遺留分減殺

　後継ぎ遺贈型受益者連続信託についても，遺留分制度は適用されると解されている(注6)。
　後継ぎ遺贈型受益者連続信託は，被相続人の意思により，その財産の承継の方法を定める点で，民法の定める遺贈や死因贈与と同様の機能を有するものである。被相続人の意思に基づく財産承継が民法により一定のルールに服する以上，これと同様に機能する信託についても民法と同様のルールに服させるべきであると考えられる。この民法のルールの中心は，特別受益の持戻しや寄与分，そして遺留分ということになると考えられるが，寄与分については，民法904条の2第3項が遺贈は寄与分に優先するとし，特別受益については民法903条4項が持戻し免除の意思表示を認めている。したがって，民法のこれらの規定を後継ぎ遺贈型の受益者連続信託のある相続に適用しても特に問題はないと考えられる。
　また，遺留分制度は，被相続人の意思の限界を画するものであり，遺留分による拘束を免れるために被相続人が取りうる方法は，民法892条及び893条が定める推定相続人の廃除だけである。廃除事由は，相続的協同関係を破壊する可能性のある，被相続人に対する虐待，重大な侮辱，その他著しい非行であり，手続的にも家庭裁判所の審判によるものである。
　また，先に考察した，中小企業における経営の承継の円滑化に関する法律は，中小企業の後継者が贈与・遺贈を受けた財産（株式やその他の事業用財産）の価額を遺留分算定のために財産の価額に算入しないことを可能にする制

度を導入したが，この制度は，推定相続人全員の合意のほか，経済産業省の確認，家庭裁判所の許可も要件としており，遺留分制度に対する慎重な配慮をしている。

このような遺留分制度を廃除事由も，推定相続人の合意も，経済産業省の確認や家庭裁判所の許可の手続も必要なく，信託という方法をとるだけで，被相続人の意思のみにより自由に処分できるとすることは，不合理というほかなく，遺留分に関する民法の定めは後継ぎ遺贈型信託についても適用されると考えられる（注7）。

信託法は後継ぎ遺贈型の受益者連続信託を認めていることは前述のとおりである。受益者の死亡により他の者が新たに受益権を取得する旨の定めのある信託である（信託法91条）。信託設定当初に，受益者を特定できない場合には，受益者を指定する権限を誰かに与え，信託設定後30年経過前に連続受益者を指定することも考えられる（信託法89条）。これも意義のある制度であると考えられる。

すでに考察したように，後継ぎ遺贈というのは，例えば，被相続人Aの死亡後，A所有の不動産を妻Bに遺贈するが，妻Bの死亡後，当該不動産をAの甥Cに取得させるというような内容の遺贈である。後継ぎ遺贈型受益者連続信託というのは，例えば，委託者Aが当初受益者をB，B死亡時の第2受益者をCと定めることにより，受益者Bが死亡しても受益権をBの相続財産に帰属させることなく，Cに取得させ，当該不動産についての受益権を承継させることによって，実質的に後継ぎ遺贈の効果を実現させるものである。契約によってもまた遺言によってもできると解される。この受益者連続の定めにより受益権を取得すべき者は，信託の当時現存する者だけでなく，胎児でもよく，さらに未だ胎児でもない将来生まれてくるであろう子でも特定可能であればさしつかえないものと考えられる（注8）。

後継ぎ遺贈型受益者連続信託は，信託設定後30年を経過した後は，受益権の新たな取得は一度しか認められない（信託法91条）。すなわち，この信託の有効期間は，この信託の設定から30年経過後に現存している受益者がこの受益者連続の定めにより受益権を取得した場合において，当該受益者が死亡するまで，または，当該受益権が消滅するまでとなる。後継ぎ遺贈型受益者連続信託については，その有効性を認めつつも，死者が後世の財産のあり方を長期にわ

たって拘束するのは好ましくないと考えられるからである。なお，信託法においても，遺留分との関係についての規定は設けられてはいないが，民法の遺贈の規定の類推適用により，この信託も遺留分減殺請求の対象になると解される。Aは，自己の有する財産を自分が生存している間は自分が受益者となり，自分が死亡した後は，第1に妻Bを受益者とし，妻が亡くなった後は，子供Cを受益者とする後継ぎ遺贈型受益者連続信託を設定した場合に，Aの相続人が遺留分減殺請求をするときは，A死亡時にBとCに受益権が付与されたものとして遺留分を算定すべきものと考えられる。そして，この場合の減殺の順序は，遺贈として贈与より先に減殺の対象になると考えられる（民法1033条）(注9)。

　財産の承継ということについては，例えば，まず遺言でAから妻Bに相続させるとし，その後Bはその財産をCに相続させるとする。ところが，Aは妻Bのほうが長生きすると思って，妻Bに財産の全部を相続させる遺言をしたのであるが，妻Bが先に亡くなる場合も考えられる。そこで，妻Bが先に亡くなった場合には，妻Bに相続させるとした財産は，その子供Cに相続させるとする場合がある。これは予備的遺言といっている。

　もう一つは，Aが死亡すれば妻Bに相続させる。妻Bが亡くなったらCに遺贈する。このような内容の遺言ができるか。これは後継ぎ遺贈といわれているものであり，民法の解釈としてできないとする考え方が強い(注10)。

　なぜなら，一旦AはBに相続させるといって，Bの名義になった財産を，「お前が亡くなったらCにやれ」といっても，Bにしてみれば「それは私のものよ，私が決めることよ」ということになり，その意思は尊重しなければいけない。Aが，自分が亡くなった後の妻の財産の処分までを拘束することまではできないということになると考えられるからである。この点はすでに考察したところである。

　この後継ぎ遺贈に関しては，不確定期限付遺贈（B死亡を不確定期限としてAからCに対してなされる遺贈），継伝処分型遺贈（Aから遺贈（相続）を受けたBが死亡した時点で，Aがあらかじめ指定したCに，AからではなくBから権利が移転する），停止条件付遺贈（B死亡時に当該不動産の所有権が存するときは，その時点でCに遺贈する趣旨の遺言，つまり，Bの死亡時にBに所有権が帰属していることを停止条件とする遺贈），さらには，負担付遺贈（B

に対する遺贈（相続）につき，遺贈目的物である当該不動産の所有権をCに移転すべき債務を負担させる負担付遺贈），単純遺贈（Bに対する単純な遺贈（相続）であり，Cに対する第2次遺贈の条項は遺言者の単なる希望にすぎない）とする考え方等がある(注11)。ただ，不確定期限付の遺贈（相続）と考えるとすると「A死亡時まで期限付所有権」が創設されたことになり，物権法定主義に反することにならないであろうかという疑問もある(注12)。所有権は，完全・包括的・恒久的な権利であり，存続期間を定めた所有権は認められないと解するわけである。この点もすでに考察した。

　後継ぎ遺贈型の受益者連続信託は，前述のごとく，例えば，Aが自己の生存中は自らが受益者となり，Aの死亡により妻Bが受益者となり，さらにB死亡によりBの受益権が消滅して，その子Cが受益者になるというように，受益者の死亡により順次他の者が新たに受益権を取得する旨の定めのある信託のことであるが，いわゆる後継ぎ遺贈については，民法上無効であるとの見解があるものの，後継ぎ遺贈型の受益者連続信託については，信託のスキームを利用したものであること等を理由として信託法はこの類型の信託の有効性を明らかにしたわけである（信託法91条）。この類型の信託は，個人企業経営，農業経営等における有能な経営者の確保や生存配偶者の生活保障の必要性等から，共同均分相続とは異なる財産承継を可能とする手段としてのニーズがあるといわれている(注13)。

　ところで，この後継ぎ遺贈型信託というのは委託者Aがいて，受益者Bがいる。例えば，建物の信託で考えると，甲所有の建物の所有権は受託者に譲渡（信託）して，受託者がこの管理をしているが，委託者であるAがまず受益者となりAが亡くなったら，妻Bに受益権を相続させる。妻Bが亡くなったら，子Cに相続させる（あるいはAの甥Cに遺贈する）。あくまでも受益者が亡くなったらその受益権をAから相続させる（遺贈する）ということである。

　遺言代用信託（信託法90条）は，生前の信託契約において，委託者が生前に受益者との間で死後の残余財産である受益権の帰属権利者を定めておき，煩雑な相続・遺言手続の簡略化のニーズを満たすためのものである。この遺言代用信託は，民法上の贈与契約とは異なる。贈与契約は，契約の時点で効力が発生するが，遺言代用信託は，委託者死亡の時点で受益者は受益権を取得する。そうなると，死因贈与契約は遺言代用信託とどこが相違するのかということにな

るが，委託者の死亡によって効力が発生する点は同じである。しかし，死因贈与契約のように原則として自由に撤回ができる（民法554条）ということではなく，委託者には，受益者変更権があるのみである。

この後継ぎ遺贈型受益者連続信託の場合はあくまでも本体の所有権は受託者にあって，その受益権を，委託者自身が生存している間は，委託者自身が取得する。委託者が亡くなったら妻にやる，妻が亡くなったら，妻から子にではなくて，委託者が子供にやるといっているわけである。委託者から妻にいく。妻にいって，妻から子に承継させるのではなくて，妻が亡くなったら，受益者死亡の効果として妻の受益権が消滅し，委託者から妻の子供に受益権をやるという構成になっている。

この後継ぎ遺贈型受益者連続信託の登記については，信託（または遺言信託）による受託者への権利移転の登記及び信託の登記をする。受益者は信託目録により公示される（不登法97条）。

(4) 遺留分減殺請求の対象

ところで，後継ぎ遺贈型受益者連続信託において，第2次以後の受益者（C）は，先順位の受益者（B）からその受益権を承継取得するのではなく，委託者Aから直接に受益権を承継取得するので，遺留分算定に当たっては，B・Cいずれも，A死亡の時点の受益権を取得したものとして各受益権の算定がされる。例えば，第2次受益者妻Bはもとより，第3次受益者第1子Cについても，いずれも委託者兼第1次受遺者夫（父）Aの死亡時点（すなわち，第3次受遺者Cについても，第2次受益者（Aの妻B，Cの母）の死亡時点ではない。）を基準として，第2次受益者妻Bは存続期間の不確定な，すなわち，妻自身の死亡時を終期とする受益権を，第3次受益者である第1子Cも存続期間の不確定な，すなわち，妻B（Cの母）の死亡時を始期とし，C自身の死亡時を終期とする受益権を取得したものとして，各受益権の価額等について必要な算定がされることになると解される（注14）。

しかし，この場合，B（妻）の受益権は自己の死亡を終期とする存在期間の不確定な権利であり，C（第1子）の受益権は始期の不確定な権利である。このような不確定な権利の評価は大変困難であり，市場性はないように思われる（注15）。

(5) 後継ぎ遺贈型受益者連続信託の特色

　前述した事例であるが，例えば，居住・事業用不動産を所有してそこに居住しているAが，自分の死亡後も妻Bに居住を続けさせ，妻Bの死後はAとBとの間の子Cにこれを所有させたいと考えているとする（Aには他に見るべき財産も債務もない。）。この場合にAは自分が遺言で遺贈（または「相続させる」旨の遺言）をすれば，妻Bの居住は確保できるが，しかし，妻Bがこれを第三者に処分してしまうかも知れない。またAとB間にCのほかに子Dがいるような場合は，B死亡後にその居住・事業用不動産は，遺産分割の対象となり，Cが取得できるとは限らない。

　他方，Aがこの居住・事業用不動産をCに遺贈（または「相続させる」旨の遺言）をすれば，Cにそれを承継させることはできるが，妻Bの居住が確保できるとは限らない。このように民法で認める手法だけでは，安心して採用しうる明確な手法がないように思われる**(注16)**。このこともすでに考察したが，後継ぎ遺贈型受益者連続信託の特色であり，その必要性が感じられるところである。

　以上のような事例において，信託を用いるとすれば，A（委託者）は遺言で知人である甲を受託者として，当該不動産を譲渡し，妻Bには自分の死亡時から妻Bの死亡時まではここに居住できるという権利（収益受益権）を与え，B死亡によりCが当該不動産の所有権を取得するという権利（元本受益権。Bの死亡により信託が終了するのであれば残余財産受益権となる。信託法182条1項1号，2号）を与えることにより，その意図を達することができる**(注17)**。

(注1)　加藤祐司「後継ぎ遺贈型の受益者連続信託と遺産分割及び遺留分減殺請求」判例タイムズ1327号18頁。

(注2)　寺本昌広「逐条解説・新しい信託法」258頁。

(注3)　前掲（注2）寺本260頁。

(注4)　前掲（注2）寺本259頁。政清光博「新信託法下での後継ぎ遺贈」公証162号28頁以下において，限定された範囲においての後継ぎ遺贈の有効性について詳しく論じている。

(注5)　前掲（注2）寺本259頁。
(注6)　前掲（注2）寺本261頁。
(注7)　前掲（注1）加藤20頁。
(注8)　小圷眞史「公証Q&A」民事法情報256号52頁。
(注9)　吉谷晋「後継ぎ遺贈類似の受益者連続信託」金融法務事情1791号18頁。
(注10)　道垣内・大村・滝沢編「信託取引と民法法理」217頁，新井誠「新信託法と公証業務」公証154号16頁。
(注11)　前掲（注10）道垣内ほか245頁。
(注12)　前掲（注10）道垣内ほか222頁。
(注13)　寺本昌広「新信託法の概要(3)」民事月報62巻5号9頁。
(注14)　前掲（注2）寺本261頁。
(注15)　前掲（注1）加藤21頁。
(注16)　前掲（注1）加藤20頁。
(注17)　前掲（注1）加藤21頁。

❶ 民事信託の活用と企業承継

(1) 民事信託と福祉型信託

この後継ぎ遺贈型受益者連続信託に関連して,「民事信託」「福祉型信託」ということがいわれることがあるが,いずれも信託法において使用されているものではない(注1)。

民事信託については,私人が,自己の死亡や適正な判断能力の喪失等の事態に備えて,契約または遺言による信託の設定をもって,自己の財産につき生存中または死亡後の管理・承継を図ろうとする場合を想定している信託である。このような信託の利用は,自分自身,配偶者その他の親族の生活保障あるいは有能な後継者の確保による家業の維持等の目的を達する上で有用であると考えられる(注2)。

また,福祉型信託については,「財産管理能力を欠く高齢者,障害者等が受益者として想定され,原則として集団的・定型的処理になじまず,将来とも受益者の安定した生活の質を確保することを信託目的とし,財産管理が受益者の福祉ニーズの需要に応ずる信託」といわれている(注3)。ここでは,民事信託を中心に家業の維持・承継を中心に考察することとする。

(2) 民事信託の基礎

信託というのは,契約,遺言,公正証書等のいずれかの方法により,特定の者が一定の目的(専らその者の利益を図る目的を除く)に従い,財産の管理または処分及びその他の当該目的の達成のために必要な行為をすることをいう(信託法2条1号)。つまり,信託というのは,財産の管理,処分を信頼できる人に託し,そこから生まれる利益をある人に与える制度であるといえる。

この信託の当事者は,原則として,委託者,受託者,受益者ということになるが,委託者と受益者が同一人の場合の「自益信託」,受益者の定めのない「目的信託」(信託法258条)がある。自益信託は,自分の老後の生活のために信託を設定するような場合である。目的信託は,学術,技芸,慈善,祭祀,宗

教その他公益を目的とするものに該当するような場合であり，例えば，地域住民が共同で金銭を拠出して信託を設定し，その地域の高齢者介護，子育て支援，地域パトロール等の非営利活動を行うこと等が想定されている。自己信託は，自己の有する財産の管理または処分等を自らすべき旨の意思表示を公正証書等によってする信託（信託法3条3項）である。

(3) 信託の役割と機能

　信託の特徴は，委託者から受託者へ財産が移転することであり，他の委任等と異なり，財産分離による財産管理制度である。また，信託には倒産隔離機能があり，所有名義を委託者から受託者名義にしても，その財産が受託者の固有財産になるわけではない。このため，委託者や受託者の債権者は信託財産を差し押さえたりすることができず，委託者や受託者が倒産・破産してもその破産財団に信託財産を組み入れることができないという「倒産隔離機能」がある。また，信託財産が受託者のものと分離独立しているため，その後の委託者の意思能力喪失や死亡の影響を受けずに維持できるという「意思凍結機能」があり，さらに，このように分離独立した財産であるから，転々と譲渡ができる「受益者連続機能」も有している。

　そのほか，財産を信託することにより受益権が発生するが，この受益権化できることを信託の「権利転換機能」といっている。1個の不動産所有権が信託により数個の受益権になったり，収益受益権と元本受益権になったりということで，権利転換することによって，柔軟に対処できるという機能も有している。また，受託者に対する不動産取得税は非課税という意味での「パス・スルー機能」とさらに信託による不動産登記は，通常の所有権移転登記よりも登録免許税が減額される効果もある（登録免許税法別表第1一，不動産の登記㈡，所有権の移転の登記ハ　不動産の価額1,000分の20，㈩信託の登記イ，所有権の信託の登記　不動産の価額1,000分の4）。結局，信託によっては，真正に権利が受託者に移っているわけではないということを理由としていると考えられるわけであるがこれらの機能・効果により，不動産の流動化に信託が大きな役割を果しているといえる。信託は個人の財産管理のための制度として，個人に柔軟な財産管理の手段を提供することができるということである。

　民事信託という用語自体は法律に定めはないが，信託の受託者が営利を目的

としないで引き受ける信託のことを民事信託といっている。商事信託は，信託報酬を得るため，つまり営利目的で財産を運用する点で重きがあるのに対し，民事信託は営利目的ではなく，委託者の意思を実現させるために財産を管理したり承継したりする点に重きがあるといわれている。

民事信託のなかで今後活用が期待される分野として，「福祉型信託」が考えられる。この信託の場合，信託目的が高齢者や障害者の生活の支援や福祉の確保であり，配偶者亡き後，親亡き後残された高齢の配偶者や障害を持った子等の生活支援と福祉である限り，とても有用で重要な信託の活用分野であるといえる。わが国のような超高齢化社会においては，これからさらに需要が伸びることが予想される。ただ，受託者の確保をどうするかという問題がある。自己信託は受託者が見つからない場合でも設定できることから，その存在意義は高まると想定されるが，やはり，受託者の確保ということが大きな課題であるといえる。

なお，福祉型信託の例としては，次のような信託の骨子が紹介されている（注4）。信託の目的としては，祭祀行為その他死後の事務及び祭祀財産の管理処分に係る費用と報酬の適時の支払の確保といったことが考えられる。

委託者として，仮に子供のいない高齢者とする。受益者として，親族または第三者ということになり，死後事務委任契約の受任者ということになる。受託者として，親族または第三者がなり，信託財産は金銭とする。

(4) 民事信託の活用例

前述のごとく通常の遺言であれば，自分の資産を誰に相続させるかという一世代（1次相続）までしか遺産の承継先は指定できないので，その事業用資産を引き継いだ者がさらにその先誰に承継させるかということまでは拘束できない。いわゆる「後継ぎ遺贈」が認められていないことは，すでに考察したとおりである。

しかし，信託のしくみを導入し，財産権を所有権から信託受益権に転換することによって，2次相続発生以降の代々にわたる資産承継者の指定が可能になる。例えば，次のような事例が紹介されている。Aは個人企業者として先祖代々守ってきた広い土地と建物（借家を含む）を所有しているが，妻Bとの間に子供がいないため，法定相続人が妻BとAの弟Cがいるだけであるような場

合には，Aは自分が死亡した後は妻Bに全遺産を承継させ，妻Bに賃貸業等の事業を承継させるつもりであるが，その後，そのBが死亡するとその財産はBの親族にいってしまう。そこで，Aは，Bが死亡した後は，その不動産を普段から親交の厚い弟Cと信頼のできるその子D（甥）に遺してやりたいと考えている。このような場合，Aと甥Dとの間で信託契約を締結し，Aの生存中はA自身を受益者に，Aの死後は第2次受益者を妻Bとし，受益者の生活・療養・介護等の費用の給付および資産の有効活用と円滑な事業（企業）承継を図ることが考えられる。この結果，AやBの存命中は，受託者である甥Aが信託財産を管理・処分する権限をもっているので，Aや妻Bが安心して生活できるように財産の管理・活用をするとともに，その事業の承継を図ることが可能になる。そして，妻Bの死亡によって信託が終了するように定め，その信託の残余財産の帰属先を弟Cまたは甥Dに指定することによって，最終的にはAの事業用不動産等は，Aの弟Cまたはその子である甥のDが承継することができることになる。

　このケースの場合，通常の遺言で対処しようとするとなかなか難しい問題が発生する可能性がある。夫Aが妻の生活のことを考え全財産を妻に「相続させる」旨の遺言をし，その後Aが死亡すると妻に全財産が承継されるので，Aの弟Cまたは甥Dに財産を承継させるには，BがCまたはDにBの全財産を遺贈する遺言書を作成する必要がある。通常は夫Aと妻Bが同時にこのような趣旨の遺言をしておくことになると考えられるが，Aの死亡後Bの気持（意思）が変わるというようなことも考えられ（遺言はいつでも撤回できる。民法1022条），確実にCまたはDに財産が承継されるという保証はないことになる。そこで，信託の仕組みを活用することで，Aの気持を反映させた財産の承継が可能になるということになる（注5）。

　また，例えば，中小企業の経営者で，数年前より先祖代々譲り受けた不動産を分割することなく，円満に末永く承継していく方法として民事信託を活用することを考えていたAは，その土地の所有権を受託者である甲名義にし，受益権を相続の対象にしたいと考えている。そうすることによって，物権的権利である土地そのものの所有権を分割せずに，そこから生じる債権的権利である受益権を分配することが可能となる。そうなると，相続人による所有権の共有状態は回避できるため，遺産分割協議が調わず，受益権が法定相続になったとし

ても，各自が相続分に従って債権的権利である受益権を主張すればよく，所有権の共有の場合のように全員の同意を必要とすることが回避できる。この土地を対象に信託契約を締結し，所有権移転および信託の登記をすると，信託財産は受託者名義に移転するとともに，受託者の固有財産からも分別管理されるため，受託者個人の債権者は信託財産に対して，強制執行をすること等が制限される。そして，この財産管理をする受託者として専門家の活用が期待されるところである（注6）。

(注1) 加藤祐司「後継ぎ遺贈型の受益者連続信託と遺産分割及び遺留分減殺請求」判例タイムズ1327号19頁。
(注2) 杉谷範子「「民事信託」という財産管理における選択肢」市民と法74号102頁。
(注3) 新井誠「信託法〔第3版〕」463頁，寺本昌広「逐条解説・新しい信託法」256，316頁。
(注4) 宮本敏行「続・民事信託実務入門講座〔第1回〕民事信託入門」登記情報654号18頁。
(注5) 宮田浩志「資産承継のための「民事信託」」市民と法77号98頁。
(注6) 前掲（注2）杉谷103頁。

⓭ 事業の信託

(1) 会社と信託

　会社と信託は，財産の拠出者がその有する財産を自己の固有財産から切り離し，これを他人に管理・処分させながら一定の目的を達成しようとする財産管理制度である点で共通している。そして，信託法が改正され，新しい信託法が施行（平成19年9月30日）されたことにより，以前にも増して会社と信託が接近してきたように思われる。

　具体的には，受益者の権利行使の実効性と機動性を高めるために，帳簿等の作成・保存・報告・閲覧等（信託法37条，38条），受益者の差止請求（信託法44条），受益者集会等による複数受益者の意思決定（信託法105条以下）などの規定が整備され，受益者は株主等に接近してきたといえそうである。

　また，旧信託法36条2項（受益者の費用，損失補償の請求権），37条（受託者の報酬請求権）と異なり，受託者と受益者が個別の合意をしない限り，受益者は補償義務等を負わず（信託法48条5項，53条2項，54条4項），受益者は有限責任を享受できる。

　受託者も，会社の機関である取締役等と同様に，有限責任を享受できるようになり，信託の対外的取引により債務が生じた場合には，受託者は信託財産のみならず固有財産をも引当てとして無限責任を負うのが原則であるが，責任財産が信託財産に限定される限定責任信託の制度が創設された（信託法21条2項2号，216条以下）。

　また，責任財産限定特約の有効性も明文で規定されている（信託法21条2項4号）(注1)。

(2) 事業の信託の活用

　事業の信託というのは，特定の事業そのもの（事業経営権）を信託の対象とするものであり，会社法467条（事業譲渡等の承認等）以下所定の事業譲渡の「事業」に類似したものを信託財産（債務の引受け，契約の地位の譲渡も含む

概念）とする信託である。そして，ここでいう事業は，会社法施行前の旧商法245条（営業譲渡・譲受等）に規定されていた営業譲渡の「営業」と同一であり（注2），旧商法下での営業譲渡にかかる判例（最判昭和40年9月22日民集19巻6号1600頁）によれば，「営業」（＝「事業」）とは，「一定の営業目的のため組織化され，有機的一体として機能する財産（得意先関係等の経済的価値のある事実関係を含む。）」とされている。具体的には，営業用財産に製造・販売等のノウハウ，従業員との雇用関係，得意先との販売契約，仕入先との原料の買付契約等であり，それらを合わせた総体が「事業」であるといわれている（注3）。

　旧信託法の下においても，委託者の負担する債務につき，受託者が信託の設定後において，信託事務の処理の一環として，民法の一般原則に従った債務引受けをすることにより，当該債務を信託財産責任負担債務とすることは可能であると解されていた。しかし，新信託法は，信託の設定時においても，信託行為の定めにより，委託者の負担する債務につき，受託者が債務引受けをすることによって，当該債務を信託財産責任負担債務とすることが可能となった（信託法21条1項3号）。

　その結果，委託者に属する積極財産と消極財産（債務）の集合体である特定の事業につき，信託行為の定めにより，積極財産の信託と合わせて債務引受けをすることによって，実質的に，当該事業自体を信託したのと同様の状態を作り出すことができることになった。もっとも，この場合にも債権者の保護の必要性はあり，信託行為の定めのみによって委託者の負担する債務の移転が生ずるわけではなく，民法の一般原則に従った債務引受けの手続をとることが必要である。

　したがって，新法においても，旧法と同じく，信託の対象となる財産は積極財産に限られ，消極財産（債務）自体が信託財産に含まれるものではなく，積極財産と消極財産（債務）の集合体としてすでに成立し運営されている事業自体を信託財産として信託することは認められていないと解される。その結果，信託契約に基づく信託譲渡，そして，それに関連する債務引受けを包括的にとらえることによって，債権債務の集合体としての「事業の信託」ということが観念できるにすぎないということになりそうである（注4）。

　この事業の信託は，例えば，特定の優良な事業部門の収益力を引当てにする

資金調達の手段として，あるいは，受益権の準共有を通じた事業提携のための手段として，活用の可能性が大きいものと考えられる（注5）。

(3) 中小企業の事業承継

i 中小企業の現況

中小企業の企業数は，我が国全体で全企業数の95％を超えるといわれ，従業者数も全従業者数の60％を超えるという。そして，中小企業の経営者も高齢化が進展し，今後の大規模な世代交代が不可避となっているといわれる。

ii 事業承継の特質

高齢化による経営者の交代は，独り中小企業に限ったことではないが，中小企業においては，社内的にも対外的にも，経営者個人の能力，信用に依存する度合いが大きいため，経営者の交代はその企業の存続を左右し，従業員，取引先，金融機関等に大きな影響を及ぼす。つまり，事業承継は，中小企業特有の非常に重要な問題であるということになる。

iii 経営権の承継とその方法

我が国の中小企業の場合，ほとんどがオーナー経営であり，中小企業の経営を維持するには，やはり，強い経営基盤を有するオーナー経営の維持，すなわち，経営権の承継が問題となる。経営権の承継の方法としては，次のような方法が考えられる。

後継者に会社経営権を承継させる方法としては，まず第1に，現経営者が保有する自社株を後継者に承継させることが重要である。そして，同時に会社法に規定された制度を活用して後継者の議決権を確保することも重要である。経営権の承継をどのような方法で行うかということについては，先代経営者と後継者との関係が大きく影響する。つまり，後継者が先代経営者の相続人である場合は，その承継は，贈与，遺言，相続など無償でなされることも多く，その場合には，相続法の制約を受ける。そこで，経営権の承継を考えるに際しては，後継者が先代経営者の相続人である場合（親族内承継）と，それ以外の場合（親族外承継）に分けて考察する必要がある。

ただ，親族外承継の場合には，経営権の承継は，自社株の売買等有償行為によってなされることが多いと考えられ，その内容は概ね先代経営者と後継者との間の契約内容により定まることになると考えられるので，ここでは，相続法

13　事業の信託

による制約を受ける親族承継を中心に考察することとする。

####　ⅳ　親族内承継
(i)　**先代経営者の親族**

以前は，後継経営者になる人は，先代経営者の親族の占める割合が90％を超える状況であったといわれるが，その比率は，平成10年代になると低下してきているといわれる。

(ⅱ)　**自社株の承継と遺産分割**

何の準備もないまま先代経営者が死亡すると相続人が複数の場合，自社株の承継は遺産分割により行われることになる。しかし，そうなると遺産分割には長時間を要することが多く，円滑，迅速な承継が困難となる場合が多くなる可能性が高い。

事前準備の方法としては，有償行為としての売買，無償行為としての生前贈与，遺言，死因贈与などが考えられるが，この方法による場合も，遺留分，特別受益の問題がありうる。

####　ⅴ　経営承継円滑化法による「遺留分に関する民法の特例」

この特例についてはすでに考察したところであるが，この民法の特例により，遺留分減殺請求権を失うこととなる者（後継者以外の推定相続人）の手続の負担が軽減されるほか，全相続人について統一的処理がなされることも可能となり，遺留分をめぐる紛争の発生を予防することができるようになったといえる。

しかし，この特例を利用するには，推定相続人間での合意が必要となるため，人間関係が疎遠になっている場合には使いづらいといった問題があり，また，経済産業大臣の確認と家庭裁判所の許可という2段の手続が必要とされていることから，煩瑣であるとの指摘もある。

結局，遺留分の問題に有効に対処するには，遺留分侵害が起こらないようにする。つまり，先代経営者が，あらかじめ，自身の財産構成を検証し，自社株を後継者に円滑に承継できるよう，準備をしておくのが最も望ましいということになりそうである。

####　ⅵ　会社法の活用

経営権の承継を円滑に進めるには，自社株を集中的に後継者に承継することが重要であるが，そのほかに会社法による経営権の承継についても考察してお

く必要がある。

(i) **議決権制限株式（会社法108条1項3号）**

議決権制限株式は，株主総会で議決権が制限された株式であり，想定される利用方法としては，先代経営者の生前にあらかじめ議決権制限株式を発行して引き受けておき，遺言，贈与などによって，後継者には普通株式を，非後継者には，議決権制限株式をそれぞれ分配し，これにより，後継者が経営権を確保するという方法である。

(ii) **拒否権付種類株式（会社法108条1項8号）**

拒否権付種類株式は，特定事項について，通常株主総会決議のほかに，その種類株式の株主総会の決議が必要である。その種類株式をいい，「黄金株」ともいわれる。先代経営者がこの「黄金株」を活用して後継者に経営権の委譲を図るという方法である。

(iii) **株主ごとの異なる取扱い（会社法109条2項）**

これは株式ではなく，株主ごとに議決権，配当，残余財産分配等について異なる取扱いができるというものであり，例えば，取締役である株主のみが議決権を有するものとし，後継者が取締役に就任すれば，後継者のみが議決権を有することになるというものである。

(iv) **相続人等に対する売渡請求（会社法174条）**

相続人等に対する売渡請求は，相続などの一般承継により取得された株式に対し，会社が売渡請求を行い，取得することができるという制度である。想定される利用方法としては，先代経営者が死亡して相続が開始した場合，株式を相続により取得した非後継者に対して，会社が売渡請求により株式を取得し，議決権の分散の防止と後継者の議決権の比率の増大を図るというものである。

(v) **まとめ**

以上，中小企業の経営権の承継について考察を加えてきたが，自社株の承継あるいは会社法の規定による方法等についても，これですべてが解決するというものではなく，具体的な状況を踏まえ，それぞれ個別に複数の方法の組合せをする等によって，適切に対応していく必要があるということになると考えられる（注6）。

(注1) 藤瀬裕司「「会社」と「信託」の接近―SPVの今後」金融法務事情1815号1頁。
(注2) 神田秀樹「会社法（第13版）」314頁は，平成17年の改正前商法では，「営業」の譲渡等としていたのを，会社法が「事業」の譲渡等と概念を改めたのは，他の法人法制との整合性をはかるなどを理由としているが，その規整の実質に変化はないとしている。
(注3) 新井誠「信託法［第3版］」157頁。
(注4) 寺本昌広「逐条解説・新しい信託法」88頁，渋谷陽一郎「中小企業承継における信託利用の実務的可能性」市民と法57号39頁。
(注5) 前掲（注4）寺本88頁。
(注6) 吉岡毅「中小企業の事業承継」法律のひろば66巻4号30頁。

会社分割と企業再生

(1) 会社分割の意義

　会社分割というのは，1つの会社を2つ以上の会社に分けることをいう。多角経営化した企業がその事業部門を独立させて経営効率の向上をはかったり，不採算部門・新製品開発部門などを独立させたり，他の会社の同じ部門と合弁企業を作るなどの手段として利用されているといわれている。また，会社分割は，このような事業の再編に使われるほかに，事業の売却・買収や企業の提携の手段としても利用される場合があるようである（注1）。

　会社法が規定を設けている会社分割（株式会社または合同会社に限る。）には，分割する会社（分割会社）がその「事業に関して有する権利義務の全部または一部」を他の既存の会社（承継会社）に承継させる場合（吸収分割）と，分割会社がその「事業に関して有する権利義務の全部または一部」を新しく会社を設立してそこ（新設会社）に承継させる場合（新設分割）とがある（会社法2条29号，30号）。

　会社分割は，会社法制定前は，会社の営業の全部または一部を別の会社に包括的に承継させることにより，会社を複数会社に分割する制度とされていた（旧商法373条，374条の16）が，会社法では，「株式会社または合同会社が事業に関して有する権利義務の全部または一部を，分割後新たに設立する会社または既存の会社に承継させること」であると定義されている。これは，会社法において，旧商法における「営業」が「事業」という用語に整理され，分割の対象が「営業の全部または一部」から「事業の全部または一部」に変更されているという意味だけではなく，「事業に関して有する権利義務の全部または一部」と変更されているから，旧商法下と会社法下では分割の対象についての解釈が異なっているようにも解することができる（注2）。

　そして，前述のごとく，新設分割は，分割会社が，その事業に関して有する権利義務の全部または一部（旧商法においては，営業の全部または一部）を新たに設立する会社（新設会社）に承継させる形式で行われる会社分割である

（会社法2条29号，757条以下，旧商法373条以下）。この場合においては，新設分割計画を作成しなければならない（会社法762条）。吸収分割は，既存の複数の会社間で，一方（分割会社）の事業に関して有する権利義務の全部または一部（旧商法においては，営業の全部または一部）を他方（承継会社）に承継させる形式で行われる会社分割である（会社法2条29号，757条以下，旧商法374条ノ16以下）。この場合においては，当該会社がその事業に関して有する権利義務の全部または一部を当該会社から承継する会社との間で，吸収分割契約を締結しなければならない（会社法757条）。新設分割の場合は，新設分割の発行する株式が分割会社または分割会社の株主に割り当てられ，吸収分割の場合は，分割に際して承継会社の発行する株式が分割会社または，分割会社の株主に割り当てられることになるが，会社法では，物的会社のみが規定され，人的分割の方法は，削除されている。したがって，会社法の下では，新設会社，承継会社の株式を直接分割会社の株主に割り当てることはできなくなったが，従来の人的分割と同じ結果は，いったん物的分割をしたうえで，分割会社が全部取得条項付種類株式の対価あるいは剰余金の配当として新設会社，承継会社の株式を分割会社の株主に分配するという手続をすることにより得られることになる（注3）。

(2) 会社分割の活用

① 新設分割の活用

i 事業部門別の会社化による経営効率の向上

各種の事業部門を有する大企業において，事業ごとの独立化を進め，権限を移譲することにより，各事業に適した経営を実現することが可能となるといわれている。分割後は，新設会社の事業に対して，分割会社が株主の立場から事業監督を行うことになり，経営の監督の実効性が高められることになる（注4）。

ii 企業グループ内の重複部門の統合

同一企業グループ内に属する複数の会社や持株会社下における複数の子会社が重複する営業部門を有している場合に，1つの新設会社にそれぞれの会社の分割した営業部門を併せて承継させる共同新設分割を活用することによって，その再編をはかることができると考えられる（注5）。

iii 会社分割による持株会社の創設

　新設分割においては,「事業に関して有する権利義務の全部」を新設会社に承継させることも可能であることから, 事業のすべてを新設会社に承継させ, 純粋持株会社となる完全親会社を設立することが可能となる。

　会社分割による持分会社の創設と株式移転による持分会社の創設の場合との差異は, 会社分割の場合は, 既存の会社 (分割会社) が持株会社に移行し, 新設会社がその100％子会社になるのに対して, 株式移転の場合は, 新設された会社が持株会社となり, 現存の会社は, 新設された会社の100％子会社になることにある。

　株式移転により持株会社を創設する場合は, 既存会社の有する許認可, 免許等の引継ぎ手続や債権者保護手続が不要であるなどの点で, 会社分割より便利であるといえるが, 会社分割の場合は, 株券を提出し, 割り当てるという作業を伴わないため, 手続が簡素であるというメリットがある。また, 株式移転の場合, 割当比率によっては, 1株未満の端数が割り当てられ, 端数の処理という問題が生じ得るが, 新設分割の場合は, 子会社の株主は分割会社1社であるからこれを回避することができる (注6)。

iv 会社の優良部門と高リスク・不採算部門の切離し

　急成長している優良部門や将来性の高い事業部門等を独立させて, さらに経営効率を高め, 将来の発展を目指すために新設分割を活用することが考えられる。

　他方, リスクの高い事業部門を新設分割により切り離し, 本体会社に直接リスクが及ばないようにすることや, 不採算部門を新設分割により切り離し, 収益率を向上させたり, 分割会社本体の会社価値を高めたりすることが可能となる (注7)。

v 赤字オーナー企業の再生

　債務超過に陥っているが, 採算性のある事業部門を有する会社の再生に新設会社分割が用いられることが考えられる。

　例えば, 債務超過に陥っている会社がオーナーから, 同人が保有している株式の無償譲渡を受ける。これは自己株式の取得になるが無償取得であるために会社法156条以下の手続は必要がない (会社法155条13号, 施行規則27条1号)。次に, 会社分割により当該会社の優良部門を会社分割により切り離し, スポン

サーとなる企業が設立する新設会社に承継させる。新設会社の株式はいったん分割会社の所有となるが，これをスポンサー企業あるいはその関連企業等が適正価格で譲り受ける。分割会社には，オーナーに対する債務や金融債務等が残ることが考えられるが，これらの債務は，分割会社に残された資産や新設会社の株式の譲渡代金等を原資として特別清算等による清算手続を通じて弁済することになる。この場合，金融機関との関係では新設分割に対する異議が唱えられないように（会社法810条1項2号），分割会社に残す債務，新設会社に承継させる債務等について事前に承諾を得ておく必要があると考えられる（注8）。

② 吸収分割の活用
 i 吸収分割による既存会社への事業の委譲

スケールメリットの大きい事業部門や専門的な知識・経験が必要な事業部門については，自社で行うよりも，当該分野で成功している他の会社に承継させ，自社は承継会社の株式を取得し，その得意分野に特化して経営資源を集中させる場合や，技術革新や消費者ニーズの変化が激しい部門については，それに応じた経営戦略・雇用条件を適用するため，本体から分離し，子会社に承継させたい場合等に吸収分割を活用することが考えられる（注9）。

 ii 企業グループ内会社の部門の再編成

持株会社を創設し，持株会社傘下となった複数の子会社の重複する事業を各部門別に1つの会社に統合し，経営効率の向上を図ることが考えられる。例えば，法人部門，個人部門，投資部門を有するA銀行，B銀行，C銀行間において，1つのグループ内にそれぞれの部門に特化した会社を設立することとする。そのため，株式移転により，A銀行，B銀行，C銀行の完全親会社となる持株会社Xを設立し，A銀行，B銀行，C銀行が共同吸収分割を行い，同時に各行が当該吸収分割により取得した株式をXに剰余金の配当として交付することにより，1つのグループ内にそれぞれの部門に特化した会社を設立することができる。A銀行〔法人部門・個人部門・投資部門〕，B銀行〔法人部門・個人部門・投資部門〕，C銀行〔法人部門・個人部門・投資部門〕がA銀行〔法人部門〕，B銀行〔個人部門〕，C銀行〔投資部門〕という内容に特化できるわけである。このような形で企業経営の効率化を図ることが可能になると考えられる（注10）。

 iii 事業の一部の買収

キャッシュレスによる企業の買収の手段としては株式交換が有用であると考えられる。株式交換によって，完全子会社となる会社の株主の有する株式は，株式交換の日に完全親会社となる会社に移転し，その完全子会社となる会社の株主は，その完全親会社となる会社が株式交換に際して発行する新株の割当てを受けることにより，その日においてその会社の株主になる（会社法2条31号）。

ただ株式交換の場合には，会社全体を買収しなければならないが，会社分割の場合は，買収対象会社の1事業部門のキャッシュレス買収が可能となる。例えば，上場会社であるA会社が鉄道事業を営んでおり，非上場会社であるB会社が百貨店事業とホテル事業を営む場合に，A会社がB会社の成長部門であるホテル事業をキャッシュレスで買収しようとする場合，吸収分割を活用してB会社がホテル部門を分離してA会社に事業を承継させ，B会社は自社または自社の株主がA会社の上場株式を取得することによって株式公開のメリットが活用でき，また同株式を適当な時期に市場で売却することにより，事業の売却をすることができることになる(注11)。

iv 合弁関係の解消

数社の出資によって設立された合弁会社の複数の事業部門を，各出資会社の吸収分割により承継させ，合弁会社自体は清算して合弁を解消するということが考えられる。この場合において，承継会社が分割会社の株主である場合，分割会社が吸収分割により取得した承継会社の株式を剰余金の配当として承継会社に分配すること（自己株式の取得）は，会社法で明文（会社法155条13号，施行規則27条2号）で認められている(注12)。すなわち，当該株式会社（承継会社）が有する他の法人等（分割会社）の株式につき，当該他の法人等（分割会社）が行う剰余金の配当または残余財産の分配により当該株式会社の株式の交付を受ける場合（施行規則27条2号）には，自己株式を取得することができると解される（会社法155条13号）。

v 三角分割の活用

対価の柔軟化により，三角合併の方法により，外資が日本の子会社を通じて，日本企業を買収することが可能となったが，会社分割においても，承継会社が分割会社に交付する分割の対価として承継会社の親会社の株式を交付することが可能となっている(注13)。

(3) 会社分割の有用性

　以上のような会社分割の活用事例を考えてみると，本来の事業再生の手法として予定されている会社分割は，会社分割後の事業の価値を高めることにより，債権者に対する弁済満足度を上げることを目的としている。したがって，危機にある企業が会社分割を利用して企業価値を高めることは，優良部門と不採算部門に切り分ける上で会社分割前の債権者を両部門に振り分けることを伴うと考えられる。そして，優良部門で事業を劣化させずに事業を継続し，その価値を高めるためには，取引債権者の多くを優良部門に移行させることが必要であると考えられるが，全ての債権者を優良部門に移行させたまま事業を継続するということでは事業再生の目的を達成することはできないと考えられる。

　会社分割により分割会社に残された残存債権者と新設会社に移行する債権者の間で結果的に弁済等の条件が異なる事態となることは，危機にある企業の事業再建のために会社分割を利用する立場からみれば不可避的なことであるともいえそうである（注14）。

　しかし，債権者の側からすれば，会社分割後に分割会社に残った債権者が，弁済条件等で新設会社が債務引受した債権者と比して不利な取扱いを受けることが許されるためには，一定のルールが必要であり，事業再建の名の下に一方的に残存債権者に犠牲を強いることはできず，不利益を受けた債権者を救済するためには，当該会社分割で受けた不利益を回復し得る法的手段が確保される必要があるといえる。

　模範的な会社分割による事業再建をするには，選択と集中により優良部門である新設会社に資産と負債を切り出し，新設会社の事業が高い収益力を有することで，分割会社に残った債権者が経済合理的な満足を受けることになるということが大切である。例えば，会社分割により分割会社に新設会社株式が交付され，新設会社の事業に高い収益力が見込まれることにより，新設会社株式が残存債権者を満足させるに足る十分な価値を有することが重要であるということになる（注15）。

(4) 会社分割の詐害性

① 判例の考え方

会社法上「会社分割」とは，株式会社または合同会社がその事業に関して有する権利義務の全部または一部を分割後他の会社に，または会社分割により設立する会社に承継させることと定義されている（会社法2条29号，30号）。この会社分割の取消しについて，最判平成24年10月12日（金判1402号16頁・ジュリスト1448号2頁）は，次のように判示している。

　「新設分割は，1又は2以上の株式会社又は合同会社がその事業に関して有する権利義務の全部又は一部を分割により設立する会社に承継させることであるから（会社法2条30号），財産権を目的とする法律行為としての性質を有するものであるということができるが，他方で，新たな会社の設立をその内容に含む会社の組織に関する行為でもある。財産権を目的とする法律行為としての性質を有する以上，会社の組織に関する行為であることを理由として直ちに新設分割が詐害行為取消権行使の対象にならないと解することはできないが（大審院大正7年(オ)第464号同年10月28日判決・民録24輯2195頁），このような新設分割の性質からすれば，当然に新設分割が詐害行為取消権行使の対象になると解することもできず，新設分割について詐害行為取消権を行使してこれを取り消すことができるか否かについては，新設分割に関する会社法その他の法令における諸規定の内容を更に検討して判断することを要するというべきである。

　そこで検討すると，まず，会社法その他の法令において，新設分割が詐害行為取消権行使の対象となることを否定する明文の規定は存しない。また，会社法上，新設分割をする株式会社（以下「新設分割株式会社」という。）の債権者を保護するための規定が設けられているが（同法810条），一定の場合を除き新設分割株式会社に対して債務の履行を請求できる債権者は上記規定による保護の対象とはされておらず，新設分割により新たに設立する株式会社（以下「新設分割設立株式会社」という。）にその債権に係る債務が承継されず上記規定による保護の対象ともされていない債権者については，詐害行為取消権によってその保護を図る必要性がある場合が存するところである。

　ところで，会社法上，新設分割の無効を主張する方法として，法律関係の画一的確定等の観点から原告適格や提訴期間を限定した新設分割無効の訴えが規定されているが（同法828条1項10号），詐害行為取消権の行使によって新設分割を取り消したとしても，その取消しの効力は，新設分割による株式会社の設立の効力には何ら影響を及ぼすものではないというべきである。したがって，

上記のように債権者保護の必要性がある場合において，会社法上新設分割無効の訴えが規定されていることをもって，新設分割が詐害行為取消権行使の対象にならないと解することはできない。

　そうすると，株式会社を設立する新設分割がされた場合において，新設分割設立株式会社にその債権に係る債務が承継されず，新設分割について異議を述べることもできない新設分割株式会社の債権者は，民法424条の規定により，詐害行為取消権を行使して新設分割を取り消すことができると解される。この場合においては，その債権の保全に必要な限度で新設分割設立株式会社への権利の承継の効力を否定することができるというべきである。」と述べている。

　この判決は，新設分割設立会社にその債権に係る債務が承継されず，新設分割について異議を述べることができない新設分割株式会社の債権者が，民法424条の規定により，詐害行為取消権を行使して新設分割を取り消すことができるとした，最高裁判所の初めての公表裁判例である(注16)。

　もっとも，東京高判平成22年10月27日（金判1355号42頁・金法1910号77頁）は，「新設分割が会社法に基づく組織法上の法律行為であるとしても，新設分割は，新設分割会社がその事業に関して有する権利義務の全部または一部を新設分割設立会社に承継させる法律行為であって財産権を目的とする法律行為というべきであり，新設分割には身分上の行為としての側面があるとしても，財産上の行為であるという側面が否定されるものではないから，詐害行為取消権の対象となり得る。」としており，また，福岡高判平成23年10月27日（金判1384号49頁），名古屋高判平成24年2月7日（判タ1369号231頁・金法1945号111頁）も，新設分割は，財産権を目的とする法律行為というべきである，民法は私人及びその取引行為等に適用される一般法であり，会社であっても，会社法等の特別法に規定がない事項については民法の適用を受けることは当然である，新設分割無効の訴えと詐害行為取消権は要件及び効果を異にする別個の制度であり，新設分割無効の訴えの制度があること，あるいは新設分割による新設分割設立会社に新たな法律関係が生じていることなどによって，新設分割により害される債権者の詐害行為取消権の行使が妨げられると解すべき根拠はないなどとして，新設分割にも詐害行為取消権の規定の適用がある旨判示している。

　しかし，これらの下級審の判例は，新設分割後も分割会社に対して債権を行

使することができる債権者（残存債権者）が取消権を行使した事案に関するものであり，残存債権者の保護を念頭に置いたものであるが，前記最高裁判例は，「新設分割設立会社にその債権に係る債務が承継されず，新設分割について異議を述べることもできない新設分割会社の債権者」は取消権を行使できるとのみ述べており，それ以外の類型の債権者が取消権を行使できるか否かについては明らかではない。また，同判例は，「その債権の保全に必要な限度で新設分割設立株式会社への権利の承継の効力を否定すること」を認めているが，原状回復の方法としての価額賠償が認められるか否かについては判示していない（注17）。このほか会社分割と詐害行為取消権に関する判例としては東京高裁平成21年9月30日判決（金法1922号109頁），大阪高裁平成21年8月26日判決（金法1916号113頁），大阪高裁平成21年12月22日判決（金法1916号108頁），東京地裁平成22年5月27日判決（金法1902号144頁）等がある。

② 事例による考察

「債務超過に陥ったA株式会社の事業と重要資産を，会社分割により新設されたB株式会社に移転するとともに，移転される資産の価値にほぼ見合う額のA会社の債務もB会社に移転させる。移転される債務は，A会社にとって大切にすべき債権者に対する債務である。A会社は，分割の対価として，B会社の全株式を取得する。しかし，B会社は資産にほぼ見合う債務を負担しているため，バランスシートの数字上は，株式の価値はほとんどない。」という新設分割のケースを中心に考察することとする（注18）。

会社法810条1項2号は，新設分割の場合について，「新設分割をする場合，新設分割後新設分割株式会社に対して債務の履行を請求することができない新設分割株式会社の債権者は……」と規定し，会社分割後に分割会社に対して債務の履行を請求することができない新設分割株式会社の債権者（上記事例におけるB会社に移った債務の債権者）には異議を述べる機会を付与してその保護を図っている（吸収分割については会社法789条1項2号は「吸収分割をする場合，吸収分割後吸収分割株式会社に対して債務の履行を請求することができない吸収分割株式会社の債権者」についても同じ規定をしている。）。そして，異議を述べた債権者に対しては，会社分割により同債権者を害するおそれがない場合を除き，弁済ないし担保の提供をし，あるいはそのために相当の財産を信託しなければならない（会社法810条5項，吸収分割の場合につき789条5

項)。

　しかし，会社分割後も分割会社に対して債務の履行を請求できる債権者はこのような保護の対象外となっている。したがって，会社分割について各別の催促を受けることもなく，分割後は新設会社に対して弁済を求めることはできず，仮に会社分割に瑕疵があったとしても，その無効の訴えを提起することはできない。このように，会社分割後に新設会社に移る債権者と分割会社に残る債権者との立場は全く異なっている。

　これは1つには，分割会社は会社分割により移転した資産の対価として新設会社の株式の交付を受けるので，資産の減少はきたさず，分割会社に残った債権者が害されることはないと考えられることを理由としている。しかし，前述のごとく，債務超過の会社が会社分割をし，その債務の一部を移転したような場合には，必ずしも分割会社に残った債権者が害されないとはいえない場合も考えられる。また，事業譲渡等に債権者保護手続がないことも1つの理由となっているようである。さらに，吸収分割において元から承継会社に対して債権を有していた債権者については保護手続の手当てがされている（会社法799条1項2号）ので，そのことを考えるとやはり均衡を欠いているとも考えられる（注19）。

　③　詐害行為取消権の行使

　以上考察してきたように，債務超過の会社が事業や資産を譲渡してその債権者を害した場合には，当該債権者は民法上の詐害行為取消権を行使することにより自らの権利を守ることができなければならない場合があると考えられる（民法424条）。

　そうであるとすると会社分割がなされた場合においてもその事案によっては分割会社に残る債権者は詐害行為取消権を行使することができると解すべきであるし，また，こういう方法が可能であるがゆえに分割会社に残る債権者に保護手続の手当てをしなかったとも考えられる（注20）。

　前述した最高裁平成24年10月12日の判例（金判1402号16頁・ジュリスト1448号2頁）が新設分割が財産権を目的とする法律行為としての性質を有する以上，会社の組織に関する行為であることを理由として直ちに詐害行為取消権の対象にならないと解することはできないとした上で，新設分割に関する会社法その他の法令における諸規定を総合的に検討し，結論として，新設分割がされ

た場合において、「新設分割設立会社にその債権に係る債務が承継されず、新設分割について異議を述べることができない新設分割株式会社の債権者」は、詐害行為取消権を行使して新設分割を取り消すことができると判示しているのもこの趣旨を前提にするものと解される。

　ただ、同じ債務超過の株式会社が会社分割をした場合であっても、すべての債権者が分割会社に残っているような場合には、既存の債権者間の不平等は発生せず、新設会社の株式の価値はその資産の価値を通常は下回らないと考えられるので、株式を分割会社が独占的に保有している限りは、分割会社からの資産の流出はないと解される。したがって、この場合には、詐害行為により取消しという状況は発生しないのではないかと考えられる (注21)。

　新設分割手続においては、新設分割計画書を作成する分割会社が、承継資産、非承継資産、承継債務および非承継債務を自由に設定することができるため（会社法762条、763条、765条、804条）、分割会社は不採算部門を分割会社に残して採算部門のみを設立会社に切り出し、分割会社において自由に特定の債権を非承継債務と設定することにより、当該債権者の関与できないところで、同債権の回収可能性を一方的に奪うことが制度上可能である。

　前述のごとく、会社法は会社分割手続において債権者保護手続を要求しているが、従前どおり、分割会社に請求ができる債権者については、債権者保護手続を採るべきこととされていないし、また、当該債権者には新設分割無効の訴えの提起権もない（会社法828条2項10号）。

　会社法がこのような制度設計をした理由としては、この点も先程ふれたが、分割会社は設立会社から移転した純資産の額に等しい対価を取得するはずであり、事業譲渡においても、移転された事業等の過小評価があれば同様の問題が生ずるのであるが、この事業譲渡にも、債権者の異議手続がないことなどが考えられ、これらを理由に分割会社の債権者は、債権者の異議手続の対象外とされたものと解される (注22)。

④　濫用的会社分割

　以上のような会社の新設分割の制度を利用して、手続上は会社法に反することなく資産を移転し、一部の債権者を害することが可能になってくる。そのような会社分割の濫用的なケースとしては、前述した事例をさらに進め、A会社（分割会社）の重要事業や重要資産を会社分割により新設するB会社（新設会

社）に承継させることにより，A会社の資産のうち収益を生み出すことが可能な資産の全部またはほとんどがB会社に移転するようなケースが考えられる（注23）。

⑤ 濫用的会社分割への対応

濫用的会社分割の問題点は，窮境状態にある株式会社が，本来債務者が行うべき債権者に対する誠実義務を履行せず，当該債権者の関与できないところで，債務者から一方的に当該債権の価値が毀損されるところにある。

つまり，会社分割が濫用的となり得る場合は，当該会社につき無資力（民法424条），あるいは法的倒産手続申立原因（破産法15条，民事再生法21条，会社更生法17条等）が客観的に存在し，株式会社の組織再編行為が会社債権者に対する弁済の多寡に重大な影響を与えることが明らかであるにもかかわらず，債務者である株式会社がその自由な選択で会社債権者を不平等に取り扱い，一部の債権者の債権価値を一方的に毀損する場合であるということになると考えられる（注24）。

会社法は，会社設立前から会社の清算まで，また優良会社から債務超過会社まで，多種多様な状況にあり得る会社に関して必要最低限のルールを定めた一般法であるから，会社法に債権者保護手続が規定されていないからといって，会社法がかかる事態を容認しているとは考えられず，既に破産原因が生じているか，もしくはそれが生ずるおそれがあるような場合には，会社法のルールに加えて，倒産手続における基本原則も重ねて適用すべきであるということになると解される（注25）。

⑥ 濫用的会社分割と倒産法

ⅰ 再生手続・更生手続における会社分割

(ⅰ) 再生手続

民事再生手続における会社分割は，裁判所の要許可事項（民事再生法41条）や監督委員の同意事項（同法54条）として明文で規定されているわけではないが，原則として法律上いつでも実行が可能であると解されている。

ただし，近時の東京地方裁判所の運用では，再生手続中の計画外会社分割は裁判所の要許可事項となっている（同法41条1項10号）といわれている（注26）。なお，会社分割により被担保債務が分割会社に，担保目的物が新設会社にそれぞれ帰属するようになった後，分割会社について民事再生手続が開始さ

れた場合には，当該再生債権者の有する担保権は，別除権として扱われることはないとされている（東京地判平成18年１月30日判タ1225号312頁）。

(ii) 更生手続

会社更生手続における会社分割は，再生手続とは異なり更生計画の定めるところによらなければこれを行うことができない（会社更生法45条１項７号）。その趣旨は，会社分割によって財産状態に変動を生じ，更生手続の成否に直結するおそれの大きい行為であるから，更生手続外で行うことは許されないと考えられるからである (注27)。

ii 破産手続における会社分割と否認

債務超過に陥って倒産状態にある会社について，会社分割の制度を濫用して事業再建を図る手法が用いられることがある。このような会社分割が債権者の知らない間に行われた場合，分割会社に残された債権者と設立会社の債権者との間に著しい不平等が生じる可能性があり，その場合，破産管財人として取り得る法的手段は，①会社分割無効の訴え，ⅱ会社法22条１項（事業譲渡による商号使用責任）の類推適用，ⅲ詐害行為取消権，ⅳ破産法による否認権，ⅴ法人格否認の法理が考えられる。

会社分割無効の訴え，会社法22条１項の事業譲渡，法人格否認の法理については，別途考察することとしているので，ここでは省略することとする。また，詐害行為による取消についてはすでに前述したところであるので，ここでは，破産法上の否認権の行使を中心に考察する。

否認権の法的性質は，破産手続開始前の破産者の行為を，破産財団と否認の相手方との関係において遡及的に無効とする，実体法上の形成権であると解されている。

この否認権は，沿革的には，民法上の詐害行為取消権と同一の起源（ローマ法）を有しているが，否認権は，債務者の破産を前提としているから，詐害行為取消権と比較すると，その要件，適用範囲は緩和ないしは拡張されているといわれている。例えば，詐害行為（財産の安売りなどの財産減少行為）のみならず，偏頗行為（特定の債権者に対する担保の供与等）も含むといったような点である。

このように，破産法上の否認は，財産の取戻しを目的とし，その目的達成に必要な限度で当事者間でのみその行為の効果を否定する効果（相対的効力）を

有している。したがって，否認の目的は破産財団を回復し，増殖させることにあるから，必ずしも流出した財産それ自体を取り戻さなければならないものではなく，それができない場合には価額償還をもって代えることができる。

　否認権は，全面的に法律関係を以前の状態に戻すことを目的とするものではなく，財産の取戻しという目的を達成するために，それに必要な限度で，当事者間のみで法律行為の効果を否定する制度である。

　そこで，若干の検討を加えておく必要があるのは，会社分割という組織法上の行為が否認の対象になるかどうかという点である。

　会社分割については，組織法上の行為としての法的安定性を守るために，分割の効力は会社分割無効の訴えをもってのみ主張することができるものとされていること前述のとおりである（会社法828条1項10号，吸収分割につき同項9号）。にもかかわらず，これによることなく，否認権の行使によって会社分割の効果を否定することができるかどうかが問題となる。

　しかし，前述のごとく，否認権の行使は，行為の絶対的無効を主張するものではなく，これを認めることは，会社法828条1項に規定する会社分割無効の訴えの趣旨に直ちに抵触することにはならないと解される。また，組織法上の行為であるから否認権の行使の対象から除外する必要があると解される条項も見当らない（注28）。判例もこれを肯定している。参考になる判例として，東京地判平成17年12月20日（金法1924号58頁），福岡地判平成21年11月27日（金法1911号84頁），福岡地判平成22年9月30日（金法1911号71頁）等がある。

　いわゆる「濫用的会社分割」に対する否認権行使が問題となった裁判例として東京地裁平成24年1月26日の判決（金法1945号120頁，判タ1370号245頁），東京高裁平成24年6月20日の判決（判タ1388号366頁）がある。判決要旨は，「1．会社分割に対する否認権を行使した分割会社の破産管財人による新設会社に対する価格償還請求は，会社分割からは相当の期間を経過し，資産の変動が生じている可能性があり，個別の資産を特定して返還を求めることは困難であると認められる判示の事実関係のもとにおいては，資産の返還に代えて，その価格として算定した全員の支払を求める限度で，その理由がある（破産法168条4項）。2．詐害性のある会社分割に係るコンサルタント業務に対する否認権を行使した分割会社の破産管財人による当該契約に基づく報酬の支払を受けた第三者に対する当該報酬の返還請求は，当該契約自体に詐害性があって，

当該第三者が悪意であると認められる判示の事実関係のもとにおいては，その理由がある。」としている。

　破産法160条1項に規定する行為，すなわち同条1項は，「次に掲げる行為（担保の供与又は債務の消滅に関する行為を除く。）は，破産手続開始後，破産財団のために否認することができる。」と規定し，その1号は，「破産者が破産債権者を害することを知ってした行為。ただし，これによって利益を受けた者が，その行為の当時，破産債権者を害する事実を知らなかったときは，この限りでない。」と規定し，その2号は，「破産者が支払の停止又は破産手続開始の申立てがあった後にした破産債権者を害する行為。ただし，これによって利益を受けた者が，その行為の当時，支払の停止又は破産手続開始の申立てがあったこと及び破産債権者を害する事実を知らなかったときは，この限りでない。」と規定している。例えば，破産会社が，新設分割時に債務超過であったにもかかわらず，新設分割によりその資産のすべてを新設分割設立会社に承継させており，他方で破産会社は，会社分割により新設分割設立会社が承継した債務について重畳的債務引受けをしているため，新設分割後も債務総額は変動していない場合には，会社分割は，債権者の共同担保が減少して債権者が満足を得られなくなる詐害行為であって，本条1項1号（破産法160条1項1号による破産債権者を害する行為）により否認して，新設分割設立会社が取得した資産相当額の価額償還請求をすることができる（福岡地判平成21年11月27日金法1911号84頁）。

　この破産法160条1項に規定する行為を否認する場合，目的物の返還が不可能または困難なときは，破産財団に復すべき財産の返還に代えて，その価格の償還を請求することができるので，上記平成24年の判例のように，会社分割から相当の期間が経過し，資産の変動等が生じている可能性がある場合には，個別の資産を特定して返還を求めることは困難であり，これらの資産の返還に代えて，その価格の償還を請求することができるということになる。また，上記平成24年の判例は，会社分割によって設立された会社B，それから分割会社であるAとの間でコンサルタント業務契約を締結したCとの関係については，AからBに支払われた仮払金の中から報酬を受け取ったCが破産法170条1項1号に規定する転得者に当るか否かが問題となるが，AとCとは，当初から詐害性のある本件会社分割を実施することを目的としてコンサルタント業務契約を

締結したと推認できるとして，同契約自体に詐害性があり，悪意があると認定されたわけである。

　上記平成24年の判例は，会社分割に対する分割会社の破産管財人による新設会社に対する否認権行使を認めたものであるが，このほか参考になる判例としては，会社分割に対する否認権の行使を認めた前記福岡地裁判決（平成21年11月27日金法1911号84頁），福岡地裁判決（平成22年9月30日金法1911号71頁）等がある（注29）。

⑦ 会社分割無効の訴え

　破産管財人は，会社分割の手続に瑕疵があったような場合は，会社分割無効の訴えを提起することができる（会社法828条1項10号，吸収分割の場合につき同項9号）。こうした瑕疵が見当たらない場合は，「債務の履行の見込みがあること」が会社分割の実体的な要件となるかどうかが問題となる。この点については，改正前の商法374条の2第1項3号，同法374条の18第1項3号は，会社分割に際して，「各会社ノ負担スベキ債務ノ履行ノ見込アルコト及其ノ理由ヲ記載シタル書面」の開示を要求しており，各会社の負担する債務の履行の見込みがあることが会社分割の実体的要件であると解されていた。しかし，会社法はこのような規定をしておらず，会社法施行規則205条7号（吸収分割の場合につき同規則183条6号）が「債務の履行の見込みに関する事項」を記載した書面の備え置きを求めているにすぎないので，会社法は，債務の履行の見込みがあることは会社分割の実体的要件ではないと解される（注30）。

　なお，吸収分割の無効を認めた判例としては，東京高裁平成21年9月30日の判決（ジュリスト1438号106頁）がある。

⑧ 濫用的会社分割と法人格否認の法理

　今まで考察してきたように事業譲渡や会社分割は，企業の譲渡，買収の方法として利用されたり，あるいは債務超過の状態にある会社の事業再生の手法のひとつとして利用されたりする。しかし，事業譲渡や会社分割が常に正常な形でなされるとは限らない。会社債権者を害する目的で濫用的にこれらの方法が利用される場合もある。会社が多くの債務を負担し，返済困難な状況に陥ったケースにおいて，会社経営者が債権者による強制執行を免れるために別会社を設立し，その別会社との間で事業譲渡契約を締結したり，あるいは会社法上の会社分割を利用する事態が発生したりする。

このような濫用的事案に対する債権者の対抗手段として，法人格否認の法理を適用し，財産移転先の会社相手に訴訟を提起し，強制執行を行うことが考えられる。

　濫用的会社分割については，詐害行為取消権の行使による対応，あるいは倒産法の法理による否認権の行使による対応が可能であると考えられることについてはすでに考察したが，そのほかに一般法理，すなわち信義則や権利濫用の法理に基づき，濫用的会社分割によって設立された新設会社の法人格を否認するという解釈ができないか否かという問題もある。

　会社分割の過程に着目し，事業再編について本来協働関係にあるべき債権者と債務者との間には，信義則上相手の期待を著しく損なわない義務があると解され (注31)，この義務違反の有無は，詐害行為取消しあるいは否認権行使における一般的な要件とされる「不当性」の判断においても重要な要素になると考えられる。

　濫用的会社分割は，実質的に分割会社が債権者の分割手続への異議手続がないことを逆手にとってその利益を害するところに問題があるということになるし，債務者は，本来的給付義務以外に当事者間に特別の合意がなくとも，目的物の引渡し義務に付随する一定の説明や情報提供義務等のさまざまな付随義務があると解される。また債権者も債務者に対して，同様に弁済の受領に際しての協力義務があると解され，判例・学説においてもこれらの付随義務や協力義務を認めているが，その法的根拠は一般に信義誠実の原則に求めている (注32)。

　このように本来的給付義務以外の信義則上の義務を認めている判例の立場から考えると，債務者の本来的義務である債務の弁済行為に密接に関連する債務者の事業再編行為について，債権者と債務者とがその協議を開始し，協働過程に入った後に，相手方の利益や期待を著しく損なうことのないような合理的な配慮をする信義則上の義務を負担していると考えることができるといえる (注33)。

　濫用的会社分割の根本的な問題は，窮境状態に陥った株式会社が消費貸借契約等に基づく本来的な給付義務に付随した信義則上の組織再編に絡む債権者との協働関係形成義務や説明義務に違反している点にあるから，他の法理で救済されない場合に，最終的に法人格否認の法理によって救済を図る必要がある場

合も存在するのではないかと考えられる (注34)。法人格否認を認めた判例として，福岡地判平成22年1月14日（金法1910号88頁），福岡高判平成23年10月27日（金法1936号74頁），福岡地判平成23年2月17日（金法1923号95頁）等がある。

⑨ 濫用的会社分割と会社法22条1項の類推適用

会社法22条1項は，「事業を譲り受けた会社が譲渡会社の商号を引き続き使用する場合には，その譲受会社も，譲渡会社の事業によって生じた債務を弁済する責任を負う。」と規定している。

事業譲渡というのは，会社が事業を取引行為として他人に譲渡する行為のことをいうが，上記のように，会社法は，事業譲渡に際し，事業を譲り受けた会社が譲渡会社の商号を継続して使用する場合は，譲渡会社の事業から生じた債務について，譲受会社もその責任を負うというのが上記会社法22条1項の趣旨である。この規定の趣旨は，譲受会社が譲渡会社の商号を続用している場合，外部的には同一の事業が継続しているように見えるため，債権者は，事業主の交替があったことを知り得なかったり，交替を知っていたとしても，自己の債務が譲受会社に移転したものと信じたりするのが通常であることから，そのような債権者の信頼を保護する必要があるからであるとするのが一般的である（最判昭和29年10月7日民集8巻10号1795頁，最判昭和47年3月2日民集26巻2号183頁）。

この会社法22条の規定が会社分割に類推適用した判例がある。最高裁平成20年6月10日（判時2014号150頁）の判例であるが，「分割会社がゴルフ場の事業主体を表すものとして用いていたゴルフクラブの名称を承継会社が引き続き使用しているときは，会社分割後遅滞なく会員によるゴルフ場施設の優先的利用を拒否したなどの特段の事情がない限り，承継会社は，本条1項（会社法22条1項）の類推適用により，当該ゴルフクラブの会員が分割会社に交付した預託金の返還義務を負う」と判示している。そのほかにも，ゴルフ場をめぐる会社分割に対し，会社法22条1項の類推適用を肯定したものとして東京地判平成19年9月21日判時1996号132頁等がある。

この点については，会社分割には，公告または，通知等の独自の債権者保護手続が定められ，分割契約や分割計画に関する事前・事後の開示がなされる（会社法775条，782条，794条，803条）こと，さらに，吸収分割承継会社と新

設分割設立会社は，公告または催告（通知）により，債権者からの異議手続を受け付ける（会社法779条，789条，799条，810条）。また，会社分割に関する登記も行わなければならず（会社法923条，924条），会社分割の効力が生じると，事後的にも，吸収分割や新設分割に関する所定の書面を作成し，債権者等に開示しなくてはならない（会社法791条，801条，811条，815条）などから，仮に吸収分割承継会社・新設分割設立会社が分割会社の商号を続用する場合でも，会社法22条は原則的には類推適用されないとする見解（注35）や，会社法の下では，会社分割は事業に関して有する権利義務を承継させることをいい，営業または事業の移転とは異なるものとして位置付けられており，類推適用の基礎は減少していると評価する見解（注36）もある。こうした見解が主張される背景には，事業譲渡は，免責の登記とセットになっており，譲受会社と譲渡会社の事実上の債権者との利害の調整が図られていることから，免責の登記の制度がない会社分割と一緒にすべきではないという考え方もある（注37）。

これに対して，①旧商法下では，前述のごとく，債務超過の状態にある会社を分割会社とする会社分割が認められず，債権者保護手続の対象とならない分割会社の債権者に対しても一定の保護が与えられていたのに，会社法の下では，その要件が緩和されるなど，会社分割における債権者保護手続が後退していること，⑪同一の事業主体により事業が継続しているものと信じたり，事業主体の変更があっても承継会社や設立会社が分割会社の事業上の債務が承継されたものと信じたりした分割会社の債権者を保護する必要があることから，分割会社に対しても会社法22条1項の類推適用を肯定すべきであるとする見解もある（注38）。

会社分割の対象が「事業に関して有する権利義務」であるとはいえ，基本的には事業譲渡の規制対象となる事業性を有する財産の移転との類似性があること，すなわち，会社分割に伴い事業が承継される場合，「法律行為によって事業の全部又は一部が別の権利義務の主体に承継されるという点においては，事業の譲渡と異なるところはないことや，旧商法に比べて会社法における会社分割時の債権者保護手続が後退していることなどを考慮すると，会社分割に対しても会社法22条1項を類推適用することができると解すべきではないか」と考えられる（注39）。

⑩　濫用的会社分割と平成26年会社法改正

i 改正の趣旨

　平成26年の会社法改正の背景としては，リーマン危機以降により明確になった日本経済や日本企業の競争力の低下の原因の一つとして，日本企業のコーポレート・ガバナンスが他の国に比較して劣っていることがあるのではないか，それが日本企業の総資本利益率（ROA）や自己資本利益率（ROE）が欧米企業よりはるかに低いということの原因になっているのではないか，つまり企業同士の株式持合いがなお残り，社外取締役も少なくほとんどが社内の従業員出身の取締役で占められている，日本企業では，業績と無関係に経営のトップが決まり，役員報酬制度も業績に連動していないことが多いこと等から，株主の発言力が弱く，経営に対する株主による監視が有効に機能せず，株主利益を軽視した経営が行われているという批判が機関投資家等から寄せられていたといわれる。結局，高い収益をあげるインセンティブが経営者に欠けているということになる。

　コーポレート・ガバナンスは，企業が社会への付加価値の提供を通じて持続的に企業価値を向上させていくための仕組みである。平成26年度のガバナンス改革の一連の動きは，日本企業の中長期的な収益性向上・生産性向上に向けた取組みとして行われている。コーポレート・ガバナンスはそれ自体が目的なのではなく企業が成長し，業績を上げて株式市場に評価されるための手段である。事の本質を見失わないよう留意する必要がある（注40）。

　ここでは，詐害的な会社分割における債権者の保護という観点から濫用的な会社分割を中心に考察することとする。

　会社分割においては，承継会社または設立会社となる会社の種類は問わないが，分割会社となることができるのは株式会社または合同会社に限られる（会社法2条29号，30号）。

　会社分割の効力発生により，吸収分割契約または新設分割計画に従って分割会社の権利義務が承継会社または設立会社に承継される。この場合，会社分割により債務者である承継会社の財産状態が変動することから，吸収分割承継会社の債権者は，当該会社に対して異議を述べることができる（会社法799条1項2号，802条2項）。他方，吸収分割会社と新設分割会社において異議を述べることができる債権者は，①承継会社もしくは設立会社に分割会社の債務が移転して，爾後，分割会社に請求することができなくなる分割会社債権者（会社

法789条1項2号，793条2項，810条1項2号，813条2項)，または⑪株式会社である分割会社が，承継会社・設立会社の株式をもってする全部取得条項付種類株式の全部取得または剰余金配当（実質的な人的物割）を行う場合における分割会社債権者（会社法789条1項2号第2かっこ書，810条1項2号第2かっこ書）に限られている。前者は債務者の変更，後者は債務者の財産状態の変動に着目したものである。

　吸収分割・新設分割における分割会社債権者は，前記①，⑪に該当しないとき，つまり，債務者が交替せず，かつ，交付された分割対価が分割会社から流出しないときには，当該会社に対する異議申述権を持たない。そしてこのことゆえに，会社分割無効訴訟の提起権を有しない（会社法828条2項9号，10号〔承認をしなかった債権者〕）。

　確かに，分割会社の企業価値だけに着目すれば財産状態は従前と変わらないので，このような分割会社の債権者保護は特段必要ではないようにも思われる。しかし，分割会社から移転された財産よりも換価処理の困難な財産（典型的には非公開会社株式）が分割対価とされたときには，分割会社債権者が弁済を受けられず危険性が増大し，しかもこれを回避・緩和する方法がなかなか難しい。他方で，債務弁済に苦しむ会社には，事業に関する権利義務を債権者の関与なしに移転させることのできる会社分割制度を利用して，債務の分離と事業承継を両立させるべく，現に，債務免脱目的の濫用的会社分割が行われていると指摘されていた（金融法務事情1914号10頁）。

　異議申述権も会社分割無効訴訟の提起権も持たない前述の分割会社債権者は，これまで，民商法上の一般的救済手段として，詐害行為取消権（民法424条）（最判平成24年10月12日民集66巻10号3311頁は，「会社の新設分割は，財産権を目的とする法律行為としての性質を有するとともに，会社の組織に関する行為でもあるが，会社法等の規定の内容を検討すると詐害行為取消権行使の対象となるということができ，新設分割株式会社の債権者は，その債権の保全に必要な限度で新設分割設立株式会社への権利の承継の効力を否定することができる。」旨判示），商号続用ある事業譲渡における事業譲受人の債務引受責任（会社法22条1項）（最判平成20年6月10日判時2014号150頁・判例タイムズ1416号16頁は，「分割会社がゴルフ場の事業主体を表わすものとして用いていたゴルフクラブの名称を承継会社が引き続き使用しているときは，会社分割後

遅滞なく会員によるゴルフ場施設の優先的利用を拒否したなどの特段の事情がない限り，承継会社は，会社法22条1項の類推適用により，当該ゴルフクラブの会員が分割会社に交付した預託金の返還義務を負う。」旨判示）の適用あるいは類推適用，法人格否認法理の援用，倒産処理法上の否認権行使（破産法160条等）（「新設分割を対象とする否認権の行使につき会社分割（新設分割）は，会社間で財産を移転することを要素としており，債務者たる分割会社の一般財産を減少させ得る行為であって，破産法上の否認権の対象となる。」旨判示。東京高判平成24年6月20日判タ1388号366頁）などを通じて濫用的会社分割に対処してきている。

しかし，前述した問題については，平成26年法律第60号の会社法改正により，詐害的な会社分割が行われた場合に承継会社または設立会社が，その承継した財産額の範囲で，分割会社の残存債権者（会社法759条4項かっこ書等）に対する弁済責任を負うとする規定が新たに設けられている（会社法759条4項〜7項，761条4項〜7項，764条4項〜7項，766条4項〜7項）。

ii 債権者の保護

会社分割における代表的な債権者保護の方法としては，改正前の会社法では，ⅰ債権者の保護手続，ⅱ会社分割無効の訴え，ⅲ詐害行為取消権，ⅳ破産手続上の否認権の行使等があげられる。

しかし，債権者保護手続としては，いわゆる詐害的な会社分割手続を実行する場合，承継会社に債務の履行を請求できないと恣意的に取り扱うことで，債権者保護手続の対象となる債権者から除外される事例が見受けられ（会社法789条1項2号），また，会社分割無効の訴えに対しては，提訴権者が異議を述べた債権者に限定されていることや，対価の相当性については，無効事由と基本的にはならないため，有意な手続とはなっていない実情があったといわれ，また，詐害行為取消権については，実務上懸念されていた詐害的な会社分割等における債権者保護についても，判例上救済が認められている事例もあるがそうであるならば，吸収分割承継会社に対して債務の履行を請求することができる規律を認めることが妥当であるとの意見もあったといわれる。

iii 改正の内容

吸収分割会社が債務を承継されないことを知って吸収分割をした場合には，承継されなかった債権者は，吸収分割承継会社が承継した財産の価額を限度と

して，吸収分割承継会社に対して債務の履行を請求することができるとされた（会社法759条4項）。

　なお，承継した財産の価額とは，承継した積極財産の総額であり，承継した債務の価額を差し引かないことに留意する必要があり，また，吸収分割承継会社が吸収分割の効力が生じた時において残存債権者を害すべき事実を知らなかったときは，この限りでないとされる。

iv　分割会社における債権者の保護

　吸収分割会社に知られているかどうかにかかわらず，吸収分割会社に対して異議を述べることができる債権者であって各別の催告を受けなかった者は，吸収分割契約の内容にかかわらず，吸収分割会社および吸収分割承継会社の双方に対して債務の履行を請求することができる（会社法759条2項・3項）。

　改正前は，吸収分割において，会社は異議を述べることのできる債権者に対して，官報に公告し，かつ，知れている債権者に対して個別に催告をする必要がある（会社法789条2項）。そして，官報のほか，定款に定めた公告方法により行う場合には，不法行為によって生じた吸収分割会社に対する債権者を除き，個別の催告を要しないとされている（同条3項）。

　会社に知れていない債権者については，吸収分割会社は，各別の催告をすることが物理的に不可能であるため，吸収分割契約の内容に従い，吸収分割会社または吸収分割承継会社のいずれか一方に対してのみ債務の履行を請求することはできないとされていた。

　一方で会社に知れている債権者に対して会社が各別の催告をしていなかった場合には，当該債権者は，吸収分割会社または吸収分割承継会社のいずれか一方に対して債務の履行を請求できるとされている（会社法759条2項）。

　たまたま会社に知れていなかったために各別の催告を受けなかったとしても，吸収分割契約の内容に従い，承継会社・分割会社いずれか一方にのみの請求しかできないことは不合理ではないかという意見があった(注41)。

　現行法の下では，会社分割制度を悪用し，分割会社が，承継会社等に承継される債務の債権者と承継されない債務の債権者（残存債権者）とを恣意的に選別した上で，承継会社等に優良な事業や資産を承継させ，残存債権者が十分な債務の弁済を受けることができないこととなるといった詐害的な会社分割が行われているとの指摘がされていた。そして，この場合における残存債権者の保

護を図るための方策としては，民法上の詐害行為取消権（民法424条）等が用いられている。

しかし，残存債権者の保護を図るためには，会社分割による財産の移転を取り消すまでの必要はなく，端的に，残存債権者は承継会社等に対して，債務の履行を直接請求することができることとすることが直接的かつ簡明である。

そこで，改正法では，分割会社が残存債権者を害することを知って会社分割をした場合には，残存債権者は，承継会社等に対して，承継した財産の価額を限度として，債務の履行を請求することができるとしている（会社法759条4項等）。

また，詐害的な事業譲渡・営業譲渡についても，同様の規定を設けている（会社法23条の2等，整備法による改正後の商法18条の2）。

なお，改正後においても，詐害的な会社分割や事業譲渡等に対して，詐害行為取消権を行使することは可能であると解される。なお，現行民法425条は「取消しは，すべての債権者の利益のためにその効力を生ずる」と規定しており，判例（大連判明治44年3月24日民録17輯117頁）は，詐害行為取消の効果は債務者に及ばない旨判示している。その結果，たとえば，逸出財産が不動産である場合には，当該不動産の名義が債務者の下に戻り，債務者の責任財産として強制執行の対象となるとされていた。民法改正案425条は，「詐害行為取消請求を認容する確定判決は，債務者及びその全ての債権者に対してもその効力を有する。」とし，債務者に対してもその効力を有することを明確にしている。

このほか，改正前の会社法においては，分割会社に知れている債権者であるか否かにより，債権者保護の在り方に差異が生じているが，改正法では，分割会社に知れているかどうかにかかわらず，会社分割に対して異議を述べることができる債権者であって，各別の催告を受けなかったものは，原則として，分割契約等の内容いかんにかかわらず，分割会社及び承継会社等の双方に対して債務の履行を請求することができることとしている（会社法759条2項，3項等）(注42)。

⑪ 会社分割と不動産登記

i 会社分割による権利の包括承継

吸収分割により吸収分割承継会社は，効力発生日に，吸収分割契約の定めに従い，吸収分割会社がその事業に関して有する権利義務の全部または一部を承

継する（会社法759条1項，2条29号）。

　新設分割により新設分割設立会社は，その成立の日（設立の登記の日）に新設分割計画の定めに従い，新設分割会社がその事業に関して有する権利義務の全部または一部を承継する（会社法764条1項，2条30号）。

　会社分割による権利義務の承継は，包括承継であるが，承継された財産が不動産に関する権利である場合において，さらに，当該権利が吸収分割会社または新設分割会社から第三者に譲渡されたときは，当該権利の帰属については，吸収分割または新設分割による権利の移転の登記と第三者への権利の移転の登記とのいずれが先に行われるかという対抗問題となる（民法177条）。

　会社分割の登記の効力については，吸収合併の場合と異なり（会社法750条2項），吸収分割の場合には，登記の効力についての特則が設けられていない。これは，会社分割の場合には，分割により分割会社は解散するわけではないので，分割の登記だけでは，権利義務の承継を第三者に対抗できないからである。例えば，分割会社の代表取締役が，吸収分割の効力発生日後，しかし吸収分割の登記前に，不動産を第三者に処分したような場合には，対抗問題が生じ，その第三者と承継会社の勝敗は，第三者の善意・悪意にかかわらず，その不動産の所有権移転の登記の前後で決まる。つまり，分割の登記は関係ない。したがって，この例で，不動産の第三者への譲渡が分割の登記後になされたような場合であったとしても，問題状況は，変わらない。新設分割の場合も同様に解される(注43)。

ii　敷地権付き区分建物について，表題部所有者が会社分割をした場合の保存登記

　敷地権の登記がされている区分建物について，表題部所有者である会社が会社分割をした場合，吸収分割承継会社または新設分割設立会社名義で直接所有権の保存の登記をすることの可否について，積極説（「登記簿」登記研究703号219頁以下）と消極説（「質疑応答【7762】」登記研究659号175頁）が分かれているが，吸収分割承継会社または新設分割設立会社は，不動産登記法74条2項の表題部所有者から所有権を取得した者に該当すると解すべきであり，直接所有権の保存の登記をすることができると解される(注44)。

iii　会社分割による登記申請義務の承継

　会社分割による登記申請義務の承継については，不動産登記法62条および不

動産登記令7条1項5号イの適用があり，吸収分割契約または新設分割計画に吸収分割承継会社または新設分割設立会社が当該登記申請義務を承継する旨の記載がある場合に限り，申請することができると解される（「カウンター相談（150）」登記研究665号161頁，「カウンター相談Ⅲ」119頁）。

iv 会社分割と農地法の許可

登記簿上の地目が「田」である土地の会社分割による所有権の移転の登記申請書には，農地法所定の許可書の添付を要しないと解されていた。

ただし，上記は平成17年改正前商法下の見解であり，会社法施行後は，会社分割は，特定承継に著しく近づいたと考えられていることから，農地法所定の許可書を添付しなければならないと解するのが整合的であると考えられる（「質疑応答【7747】」登記研究648号197頁）(注45)。

v 会社分割を原因とする信託契約による担保付社債に関する抵当権移転の登記

会社分割を原因とする信託契約による担保付社債に関する抵当権の移転の登記を申請する場合，新受託者に対する主務大臣の命令書の添付は不要であると解される。

また，この場合の登録免許税については，登録免許税法7条1項3号の規定の適用があり，非課税である（「質疑応答【7754】」登記研究654号195頁，「カウンター相談（144）」登記研究657号245頁）(注46)。

vi 「会社分割の予約」を原因とする所有権移転請求権仮登記の可否

「会社分割」を登記原因とする所有権移転の仮登記の申請はできると解されるが，「会社分割の予約」を原因とする所有権移転請求権仮登記および「会社分割の登記」を停止条件とする条件付所有権移転仮登記の申請は，できないと解される（「カウンター相談（135）」登記研究647号137頁，「カウンター相談Ⅲ」333頁）。

vii 清算株式会社が会社分割をすることの可否

清算株式会社は，吸収分割または新設分割をすることができる。ただし，剰余金の配当等が禁止されるため，人的分割類似行為を行うことはできないと考えられる。また，破産手続開始の決定または解散を命ずる裁判を原因として解散した場合（会社法471条5号，6号）には，会社分割をすることはできないと解される（「質疑応答【7740】」登記研究642号171頁）(注47)。

ⅷ 会社分割による不動産登記に係る登録免許税

会社分割を原因とする不動産登記に係る登録免許税の課税標準および税率は，次のとおりである（注48）。

租税特別措置の廃止（会社分割に伴う不動産の所有権の移転登記等の税率の軽減）

1 廃止前の制度の概要

(1) 株式会社が，平成18年4月1日から平成27年3月31日までの間に新設分割又は吸収分割により不動産に関する権利を取得し，その不動産に関する権利の移転について登記を受ける場合には，その登記に係る登録免許税の税率は，その権利を取得した日以後3年以内に登記を受けるものに限り，次のとおり軽減されていた（旧租税特別措置法81条1項）。

① 所有権の移転　イ又はロに掲げる場合の区分に応じイ又はロに定める割合

イ　平成26年3月31日までに新設分割又は吸収分割を行った場合　1,000分の15

ロ　平成26年4月1日から平成27年3月31日までの間に新設分割又は吸収分割を行った場合　1,000分の18

② 地上権，永小作権，賃借権又は採石権の移転　イ又はロに掲げる場合の区分に応じイ又はロに定める割合

イ　上記①イに掲げる場合　1,000分の7.5

ロ　上記①ロに掲げる場合　1,000分の9

(2) 株式会社が，平成18年4月1日から平成27年3月31日までの間に新設分割又は吸収分割を行った場合において，次に掲げる仮登記を受けるときは，その仮登記に係る登録免許税の税率は，その新設分割又は吸収分割を行った日から3年以内に登記を受けるものに限り，次のとおり軽減されていた（旧租税特別措置法81条2項）。

① 新設分割又は吸収分割による不動産の所有権の移転の仮登記又は移転の請求権の保全のための仮登記　イ又はロに掲げる場合の区分に応じイ又はロに定める割合

イ　上記(1)①イに掲げる場合　1,000分の7.5

ロ　上記(1)①ロに掲げる場合　1,000分の9

14 会社分割と企業再生

②　新設分割又は吸収分割による不動産の地上権，永小作権，賃借権若しくは採石権の移転の仮登記又は移転の請求権の保全のための仮登記　イ又はロに掲げる場合の区分に応じイ又はロに定める割合
イ　上記(1)①イに掲げる場合　1,000分の3.75
ロ　上記(1)①ロに掲げる場合　1,000分の4.5
(3)　株式会社が，平成18年4月1日から平成27年3月31日までの間に新設分割又は吸収分割を行った場合において，上記(2)①②に掲げる仮登記がされている不動産について，その仮登記に基づきその所有権，地上権，永小作権，賃借権又は採石権の移転の登記を受けるときは，その登記に係る登録免許税の税率は，新設分割又は吸収分割を行った日から3年以内に登記を受けるものに限り，その不動産についてのその登記の上記(1)①②に定める割合から次に掲げる登記の区分に応じ，それぞれに定める割合を控除した割合とされていた（旧租税特別措置法81条3項）。
①　新設分割又は吸収分割による不動産の所有権の移転の登記　イ又はロに掲げる場合の区分に応じイ又はロに定める割合
イ　上記(1)①イに掲げる場合　1,000分の7.5
ロ　上記(1)①ロに掲げる場合　1,000分の9
②　新設分割又は吸収分割による不動産の地上権，永小作権，賃借権又は採石権の移転の登記　イ又はロに掲げる場合の区分に応じイ又はロに定める割合
イ　上記(1)①イに掲げる場合　1,000分の3.75
ロ　上記(1)①ロに掲げる場合　1,000分の4.5
(4)　株式会社が，平成19年4月1日から平成27年3月31日までの間に，新設分割又は吸収分割を行った場合には，合併した場合と同様に，登録免許税法7条2項（信託財産の登記等の課税の特例）の規定を適用することとされていた（旧租税特別措置法81条4項）。

2　経過措置

この特例は，適用期限の到来をもって廃止されたが，次のとおり経過措置が設けられている。
(1)　株式会社が，平成27年4月1日前に新設分割又は吸収分割により不動産に関する権利を取得した場合におけるその不動産に関する上記1(1)①②に

掲げる事項についての登記に係る登録免許税については，従前どおりとされている（改正法附則98条1項）。
(2) 株式会社が，平成27年4月1日前に新設分割又は吸収分割を行った場合における上記1(2)①②に掲げる仮登記又はその仮登記に基づき受ける不動産の所有権，地上権，永小作権，賃借権若しくは採石権の移転の登記に係る登録免許税については，従前どおりとされている（改正法附則98条2項）。
(3) 株式会社が，平成27年4月1日前に新設分割又は吸収分割を行った場合における登録免許税法7条2項に規定する信託による財産権の移転の登記又は登録に係る登録免許税については，従前どおりとされている（改正法附則98条3項）。

（注1） 神田秀樹「会社法〔第13版〕」344頁。
（注2） 今中利昭・高井伸夫・小田修司・内藤卓「会社分割の理論・実務と書式〔第6版〕」10頁。
（注3） 前掲（注2）今中ほか11頁。
（注4） 前掲（注2）今中ほか32頁。
（注5） 前掲（注2）今中ほか33頁。
（注6） 前掲（注2）今中ほか35頁。
（注7） 前掲（注2）今中ほか38頁。
（注8） 前掲（注2）今中ほか38頁。
（注9） 前掲（注2）今中ほか42頁。
（注10） 前掲（注2）今中ほか42頁。
（注11） 前掲（注2）今中ほか44頁。
（注12） 前掲（注2）今中ほか46頁。
（注13） 前掲（注2）今中ほか48頁。
（注14） 第一東京弁護士会総合法律研究所倒産法研究部会編著「会社分割と倒産法」4頁。
（注15） 前掲（注14）「会社分割と倒産法」4頁。
（注16） 弥永真生「会社分割と詐害行為取消し」ジュリスト1448号2頁。
（注17） 前掲（注16）弥永3頁。

- (注18) 内田博久「倒産状態において行われる会社分割の問題点」金融法務事情1902号54頁。
- (注19) 前掲（注18）内田56頁。
- (注20) 前掲（注18）内田57頁。
- (注21) 前掲（注18）内田62頁。
- (注22) 黒木和彰・川口珠青「③濫用的会社分割をめぐる問題点」金融法務事情1902号63頁。
- (注23) 前掲（注22）黒木ほか64頁。
- (注24) 前掲（注22）黒木ほか65頁。
- (注25) 前掲（注22）黒木ほか65頁。
- (注26) 郡谷大輔・田中麻理恵「倒産手続における会社分割をめぐる諸問題」金融法務事情1957号37頁。
- (注27) 前掲（注26）郡谷ほか38頁。
- (注28) 前掲（注18）内田58頁。
- (注29) 金融法務事情1945号120頁，判例タイムズ1370号245頁，前掲（注18）内田58頁。
- (注30) 相澤哲・細川充「組織再編行為」商事法務1753号47頁。もっとも，これを肯定する考え方もある。なお，債務の履行の見込みがないことが会社分割の無効事由となると解するとしても，会社分割の無効は訴えをもってのみ主張でき，その提訴期間が6ケ月以内と限定されている（会社法828条1項10号，吸収分割の場合につき同項9号）ので，この要件を満たすことができない場合には，破産管財人としては別途の方法を考えざるをえないことになる（前掲（注18）内田57頁）。
- (注31) 福岡地判平成22年1月14日金法1902号15頁。
- (注32) 契約準備段階における信義則上の注意義務について最判昭和59年9月18日判時1137号51頁，契約交渉過程における相手方の説明義務や情報提供義務について最判平成17年9月16日判時1912号8頁，最判平成18年6月12日判時1941号94頁。
- (注33) 前掲（注22）黒木ほか73頁。
- (注34) 前掲（注22）黒木ほか74頁。
- (注35) 江頭憲治郎編「会社法コンメンタール　総則・設立」（北村雅史）210頁。
- (注36) 弥永真生「判批」ジュリスト1360号85頁。
- (注37) 前掲（注36）弥永「判批」ジュリスト1371号108頁。
- (注38) 藤原俊雄「会社法22条1項の類推適用」民事法情報268号3頁。
- (注39) 小菅成一「会社の組織再編と会社法22条の類推適用」民事法情報275号85頁。元芳哲郎・豊田愛美「会社分割と会社法22条1項の類推適用」判例タイムズ

1369号49頁。
- (注40) 市民と法93号28頁。
- (注41) 神田秀樹「会社法改正の施行とコーポレートガバナンス・コード」事業再生と債権管理148号1頁，岩原紳作「平成26年度会社法改正の意義」ジュリスト1472号11頁，武井一浩「平成26年度ガバナンス改革への対応（会社法改正と実務の課題）」ジュリスト1472号59頁。
- (注42) 坂本三郎，堀越健二「法令解説・社外取締役の機能の活用などコーポレート・ガバナンスの強化を図るとともに，親子会社に関する規律を整備」時の法令1971号25頁，坂本三郎・辰巳郁・渡辺邦弘「平成26年改正会社法の概要」登記研究799号20頁。
- (注43) 神田秀樹「会社法第（17版）」378頁，前掲（注2）今中ほか550頁。
- (注44) 前掲（注2）今中ほか564頁。
- (注45) 前掲（注2）今中ほか565頁。
- (注46) 前掲（注2）今中ほか565頁。
- (注47) 前掲（注2）今中ほか564頁，神田秀樹「会社法（第17版）」378頁。
- (注48) 財務省ホームページ。

⓯ 事業譲渡

(1) 事業譲渡の意義

事業の譲渡というのは、文字通り会社の事業の全部または一部を譲渡することをいう（会社法467条）が、旧商法と異なり、会社法では「事業譲渡」という用語が用いられている。この変更は、他の法制度との用語の統一を図るためであるとされているが、ただ、個人商人は複数の営業を営むときには複数の商号を用いることができるのに対し、会社は1個の商号しかもちえないため、複数の営業を営んでいても1個の営業として扱うほかないという差異があるので、会社については個々の営業と区別して事業としたともいわれている（注1）。したがって、用語の変更によって従来の解釈に差異は生じないということになる。つまり、事業譲渡とは、事業としての有機的な一体性を保ちつつ、事業の全部または一部を構成する各種の財産および事実関係を移転する行為のことをいう。これにより、事業譲受人は新規事業を短期間のうちに始めることができ、譲渡人としても、事業としての付加価値（のれん）を反映した対価を得ることができるので、事業用財産を個別に処分するよりも有利であると考えられる。この事業譲渡はすべての会社で利用可能である（注2）。

もっとも、会社法には事業譲渡の定義規定が存在せず、その法的効果も、財産移転の効力要件・対抗要件も含め、大半が民法等の一般規定に委ねられており、譲渡当事者間または譲渡当事者と第三者との間で生じる効果等若干の特殊な効果が会社法総則（第1編第4章）で定められているにすぎず、また、手続については、株式会社において事業の譲渡・譲受けその他の行為に対する株主総会での承認決議が要求されるのみであり、組織再編におけるような、当該行為にかかる契約の内容や、効力発生前および効力発生後の手続に関する規制も行われておらず、例外的な状況を除いて登記をする必要もない（会社法22条2項前段）。結局、会社法上の事業譲渡には、事業の組織的移転を目的とする複数の取引（売買契約等）が1個の契約（事業譲渡契約）により実現されるといった程度の法的位置づけが与えられているにすぎないと解される（注3）。

(2) 事業譲渡と合併

　合併というのは，1個または複数の会社の権利義務の一切を，別の1個の会社に移転させ，それと同時に権利義務の移転元となった会社を消滅させる行為のことをいう。移転先となる会社が既存の会社（吸収合併存続会社）であるか，それとも合併のために設立される会社（新設合併設立会社）であるかに応じて，吸収合併（会社法2条27号）と新設合併（同法28条）に区別される。

　合併による権利義務の移転には，相続などと同じ一般承継（包括承継）の効果があり（会社法750条1項，752条1項，754条1項，756条1項），合併はすべての会社で利用可能である。

　会社分割というのは，1個または複数の会社の事業に関する権利義務の全部または一部を別の1個の会社に移転させる行為のことであり，移転先となる会社が既存会社（吸収分割承継会社）であるか，会社分割のために設立される会社（新設分割設立会社）であるかに応じて，吸収分割（会社法2条29号）と新設分割（同条30号）に区別される。

　分割会社となることができる会社は，株式会社と合同会社に限られる（同29号，30号）。会社分割は事業譲渡（または会社設立における事業の現物出資）と似ているが，会社分割による権利義務の移転には，事業譲渡におけるような特定承継でなく，一般承継の効果がある（同759条1項，761条1項，764条1項，766条1項）。なお，事業に関する権利義務の全部が承継されても，そのことのみをもって分割会社が消滅することはない。

　株式交換および株式移転というのは，1個または複数の株式会社の発行済株式の全部を別の1個の会社に移転する行為のことであるが，これにより前者の株式会社は後者の会社の完全子会社となる。完全親会社となる会社が既存会社（株式交換完全親会社）であるものが株式交換（会社法2条31号）であり，完全親会社となる会社が株式の移転のために設立される会社（株式移転設立完全親会社）であるものが株式移転（同条32号）である。株式交換・株式移転の効力発生により，完全子会社の発行済株式の全部を完全親会社が取得する（会社法769条1項，771条1項，774条1項）。株式交換完全親会社となることができるのは株式会社と合同会社であり，株式移転設立完全親会社となることができるのは株式会社に限られる（会社法2条31号，32号）**(注4)**。

合併特に吸収合併は，その経済実体は事業譲渡と類似し，法的にもどちらも株主総会の特別決議が必要であり（略式手続および簡易手続は除く。），また，反対株主は株式買取請求権を有している。しかし，法的には事業譲渡と合併とは次のように違いがある。ⅰ事業譲渡は通常の取引上の契約であるので，契約で決めた範囲の財産が個別に移転し，したがって，個々の財産の移転手続が必要であり，事業譲渡による移転登記申請は，事業譲渡人と事業譲受人との共同申請になる（不登法60条）。合併は包括承継であるので，相続と同じように単独申請になる（不登法63条2項）。そして，事業財産のうちのあるものを除外し，または事業の一部を移転することもできるが，合併は消滅会社の全財産が包括的に移転し，個々の財産の移転手続は不要であり，財産を一部除外したりすることはできない。ⅱ事業譲渡では，全部譲渡の場合でもそれにより譲渡会社は当然には解散しないので，その後事業目的を変更して事業を続けるか，解散して残余財産を株主に分配する等の選択肢がある。しかし，合併では消滅会社は法律上当然に解散・消滅し，株主は存続会社・新設会社の株式その他の対価を受け取ることになる。ⅲ事業譲渡においては，譲渡会社が債権者の承諾を得て譲受人に免責的債務引受けをさせないかぎり債務を免れることができないが，合併の場合は消滅会社の債務は当然に存続会社または新設会社に引き継がれるので，事業譲渡とは異なり，会社債権者異議手続が要求される。ⅳ合併については合併無効の訴えが用意されているが，事業譲渡については用意されていない。事業譲渡と合併を比較してみると以上のような点が異なる(注5)。

　以上のように事業譲渡は，合併（会社分割）とは，事業が移転するという点では共通点があるが，合併（会社分割）と異なって，包括承継により権利義務が移転するものではないため，債権者や契約相手方の個別同意がない限り債務も契約関係も移転しない。

　なお，この事業譲渡と類似するものとして資産譲渡がある。事業譲渡は移転する対象が有機的一体として機能する組織的財産であれば，事業ということで原則として譲渡会社の総会特別決議を必要とし，譲受会社では譲渡会社の全事業を譲り受ける場合に限って特別決議が必要となる。しかし，資産譲渡の場合は，重要な資産譲渡の場合に取締役会決議が必要となる(注6)。

(3) 事業譲渡と詐害行為取消権

例えば，債務超過の状態にあるA株式会社が事業の全部または重要な一部をB株式会社に譲渡する場合，A株式会社は原則としてA株式会社の株主総会の特別決議で承認を受けることにより，譲渡を行うことができる（会社法467条1項）。この場合，反対株主に株式買取請求権が認められる場合もあるが，A株式会社の債権者についての債権者保護手続は会社法上必要ではない。

　また，A株式会社がその重要な資産をB株式会社に譲渡する場合は，前述のごとく取締役会の決議により行うことができる（会社法362条4項1号）が，この場合も，会社法上債権者保護手続は必要とされていない。そして，重要な財産の処分に該当するかどうかは，当該財産の価額，会社の総資産に占める割合，保有目的，処分の態様，従来の取扱等の事情を総合的に考慮して判断される（最判平成6年1月20日民集48巻1号1頁）。

　したがって，このような場合に，A株式会社の債権者が取り得る手段としては，民法424条1項に基づく詐害行為取消権の行使がある（最判昭和42年3月14日判時481号106頁）。詐害行為取消権の要件としては，ⅰ被保全債権の存在，ⅱ詐害行為，ⅲ債務者の無資力，ⅳ債務者の悪意，ⅴ受益者・転得者の悪意が必要である。

　そして，譲渡会社が譲渡により債務超過の状態に陥り，譲受会社がこのような事情を知っていたと認められる場合，譲渡会社の債権者は，当該譲渡を取り消して，当該債権の範囲内で，資産または事業の原状回復，もしくは価格賠償を請求することができると解される（注7）。

(4) 詐害的な事業譲渡（会社法23条の2）

① 譲受会社に対する債務の履行の請求

　譲渡会社が残存債権者（譲受会社に承継されない債務の債権者）を害することを知って事業を譲渡した場合には，残存債権者は，譲受会社に対して，承継した財産の価額を限度として債務の履行を請求することができる（会社法23条の2第1項）。もっとも，譲受会社が事業譲渡の効力発生時に残存債権者を害すべき事実を知らなかったときは別である（同条1項ただし書）。平成26年の会社法の改正で詐害的な会社分割の場合における残存債権者保護の規定が新設された（会社法759条4項〜7項，同761条4項〜7項，同764条4項〜7項，同766条4項〜7項）ことに合わせて，詐害的な事業譲渡の場合についても規

定（会社法23条の2）が新設されている。

② 請求期間

譲渡会社の責任は，残存債権者つまり，譲受会社に承継されない債務の債権者が，譲渡会社が残存債権者を害することを知って事業を譲渡したことを知った時から2年以内にその譲受会社に対して，承継した財産の価額を限度として，当該債務の履行を請求することができる。ただし，その譲受会社が事業の譲渡の効力が生じた時において残存債権者を害すべき事実を知らなかったときは，この限りでない。譲受会社が債務を履行する責任を負う場合には，譲渡会社が残存債権者を害することを知って事業を譲渡したことを知った時から2年以内に請求または請求の予告をしないと，2年経過時に消滅し，また，事業譲渡の効力発生日から20年を経過したときも消滅する（会社法23条の2第2項）。残存債権者の権利は，譲渡会社について破産手続・再生手続・更生手続開始の決定があったときは，行使することができない（会社法23条の2第3項）**(注8)**。

(5) 事業譲渡と事業譲渡人との競合の禁止

事業譲渡または譲受けにかかる契約の効力発生により，その当事者は対象財産の移転の義務や対価の支払義務等，契約に定められた各種の義務が発生する。事業譲渡の事実は登記事項ではないので，取引先への挨拶状の送付や広告など，適宜の方法により対外的周知を図っていくことになる。事業譲渡にかかる会社法上の効果としては，譲渡当事者間の効果と，譲渡当事者と第三者との間の効果に分けられる。前者としては，譲渡会社の競業避止義務があり（会社法21条），後者としては，譲渡会社の商号を譲受会社が継承して使用する場合における，譲渡会社債権者に対する譲受会社の債務引受債任（会社法22条1項），および譲渡会社の商号を譲受会社が継承しない場合において，譲受会社が譲渡会社の債務弁済に任じる旨を広告した際の禁反言責任（会社法23条1項，24条）がある。事業譲渡が行われても，当事会社の法人格およびその株主・社員の地位には影響が生じないと解される**(注9)**。

最判昭和40年9月22日（民集19巻6号1600頁）は，事業譲渡の意義と事業譲渡人の競業の禁止について次のように判示している。

「商法245条1項（会社法467条1項1号，309条2項11号）によって特別決

議を経ることを必要とする営業の譲渡とは，24条以下（現商法15条以下）にいう営業の譲渡と同一意義であって，一定の営業目的のため組織化され，有機的一体として機能する財産（得意先の関係等の経済的価値のある事実関係を含む。）の全部又は重要な一部を譲渡し，これによって譲渡会社がその財産によって営んでいた営業的活動の全部又は重要な一部を譲受人に受け継がせ，譲渡会社からの譲渡の限度に応じ法律上当然に25条（現商法16条）に定める競業避止義務を負う結果を伴うものをいう。」旨判示して営業譲渡（事業譲渡）の意義を明確にしている。

(6) 承認手続を経ない事業譲渡の効力

株主総会の承認手続を経ない事業譲渡契約の効力について，最判昭和61年9月11日（判時1215号125頁）は，「株主総会の特別決議による承認手続の経由がないと本件営業（事業）譲渡契約は無効であり，しかも，その無効は，何人との関係においても常に無効であり，譲渡会社，譲渡会社の株主・債権者等の会社の利害関係人のほか，譲受会社もまた上記無効を主張出来る。譲受会社は，譲渡会社ないしその利害関係人が無効を主張するまで営業譲渡を有効なものと扱うことを余儀なくされるなど著しく不安定な立場に置かれるからである。特段の事情のない限り，本件営業譲渡契約についてその無効をいつでも主張できる。」旨判示している。

(7) 信義則による事業譲渡無効の主張の制限

譲受会社が事業譲渡の無効を主張するについて，上記の最判昭和61年9月11日（判時1215号125頁）は，「譲渡会社は本件営業（事業）譲渡契約に基づく債務がすべて履行済であり，他方譲受会社はその履行について苦情を申し出たことがなく，また，本件営業（事業）譲渡契約が有効であることを前提に，譲渡会社に対し本件営業（事業）譲渡契約に基づく自己の債務を承認し，その履行として譲渡代金の一部を弁済し，かつ，譲り受けた製品・原材料等を販売又は消費し，しかも株主総会の承認手続を経由していないことを理由とする無効事由については契約後約20年を経て，初めて主張するに至ったものである等の事情がある場合には，その無効を主張して本件営業（事業）譲渡契約に基づく自己の残債務の履行を拒むことは信義則に反し許されない。」旨判示している。

判示されているような事情がある場合には，事業譲渡により事業の譲渡を受けた譲受会社が信義則により，その無効を主張できないとしている。

(8) 免責の登記

① 商号の続用

　過剰債務を抱える中小企業の事業再生の手法として，収益性・将来性のある事業を譲渡または会社分割により別会社に承継させ，事業の存続を図る一方，不採算部門を残した旧会社は特別清算等を行う方法が採られるケースが少なくないといわれている(注10)。

　会社法22条は，その１項において，「事業を譲り受けた会社が譲渡会社の商号を引き続き使用する場合には，その譲受会社も，譲渡会社の事業によって生じた債務を弁済する責任を負う。」旨規定し，その２項は，「前項の規定は，事業を譲り受けた後，遅滞なく，譲受会社がその本店の所在地において譲渡会社の債務を弁済する責任を負わない旨を登記した場合には，適用しない。事業を譲り受けた後，遅滞なく，譲受会社及び譲渡会社から第三者に対しその旨の通知をした場合において，その通知を受けた第三者についても，同様とする。」と規定し，事業の譲受会社が譲渡会社の商号を続用する場合，譲受会社も，原則として譲渡会社の事業によって生じた債務を弁済する責任を負うことを明らかにしている。譲受会社は，事業譲渡契約の内容に定められた債務を引き継ぐのであって，必ずしも事業によって生じた譲渡会社の当該契約外の債務を負担するものではないが，商号の続用により譲渡会社の債務が譲受会社に移転したかのような外観が生じることを踏まえ，債権者保護のための特別の責任を負うこととされているわけである。

　もっとも，譲受会社が本店所在地において譲渡会社の債務を弁済する責任を負わない旨を登記した場合（免責の登記），あるいは譲受け後遅滞なく個々の債権者に通知した場合には，会社法22条１項に規定する責任は負う必要がない。これは登記による公示によって，あるいは個別に通知することによって債権者の誤信を解消することができるからである。

　商業登記法31条１項は，「商法第17条第２項前段及び会社法第22条第２項前段の登記は，譲受人の申請によってする。」，２項は「前項の登記の申請書には，譲渡人の承諾書を添付しなければならない。」旨規定しているので，この

免責の登記は，譲渡会社の承諾書を申請情報とともに提供し，譲受会社の申請によって行う。登記の内容は，会社登記簿の「商号区」の「商号譲渡人の債務に関する免責」欄に記録される（商業登記規則別表第5～第8）(注11)。

② 屋号の続用

事業の譲受けに際して商号の続用がなくても，事業に関する屋号の続用がある場合，譲渡会社の債務を譲受会社が引き受けたかのような外観が生じることになるので，判例は，「ゴルフ場の譲受人が，譲渡人の商号を続用していない場合であっても，ゴルフクラブの名称を継続して使用しているときは，譲受後遅滞なく当該ゴルフクラブ会員によるゴルフ場の優先的利用を拒否したなど特段の事情がない限り，商法26条1項（現商法17条1項）の類推適用により，譲受人もまた預託金の返還義務を負う。」（最判平成16年2月20日民集58巻2号367頁）としている(注12)。

③ 会社の分割による商号（屋号）の続用

会社分割を行う場合，法律行為によって事業の全部または一部に関する権利義務が承継会社または設立会社に承継されるという点において事業譲渡と同様に，承継会社または設立会社が分割会社の商号または屋号を続用するときには，分割会社の債務を承継会社が引き受けたかのような外観が生じるので，判例は，「分割会社がゴルフ場の事業主体を表すものとして用いていたゴルフクラブの名称を承継会社が引き続き使用しているときは，会社分割後遅滞なく会員によるゴルフ場施設の優先的利用を拒否したなどの特段の事情がない限り，承継会社は，会社法22条1項の類推適用により，当該ゴルフクラブの会員が分割会社に交付した預託金の返還義務を負う（最判平成20年6月10日判時2014号150頁・金法1848号57頁）。」としている。

商業登記実務においても，事業譲渡の譲受会社が屋号のみを続用する場合であっても免責の登記ができるとし（登記研究674号97頁），また，会社分割に伴い承継会社または設立会社が分割会社の商号または屋号を続用する場合であっても免責の登記ができるとしている（登記研究675号247頁）(注13)。

(9) 再生会社の事業譲渡と不動産登記手続

① 事業譲渡の許可

企業等が倒産をした場合，その営業・事業の全部または重要な一部を譲渡す

ることによって，譲渡先において事業の存続を図るとともに，倒産した企業等の債権者に対する弁済率を向上させることが可能となる場合が少なくないといわれる。しかし，一方では，必要性や相当性を欠くような事業譲渡がされると結果的には事業が継続されず，債権者の利益を害することにもなりかねない(注14)。

以上のような事情もあって，再生会社が再生手続において事業譲渡をする場合，再生会社が自由に行うことはできず，再生手続開始決定後に事業譲渡をする場合には，①事業譲渡をすることについて裁判所の許可を得る方法（民事再生法42条）と，ⅱ再生計画案の中で事業譲渡を定め，当該再生計画案の認可決定を得る方法（民事再生法174条）がある。

前者の民事再生法42条の裁判所の許可を得るためには，「事業の再生のために必要であると認める場合」である必要がある。同時に，事業譲渡については，株主総会の特別決議による承認を得る必要がある（会社法467条，809条2項11号）。しかし，倒産状態に陥っている再生会社の場合，株主は再生会社の経営に関心を失い，株主総会の決議が困難であることも考えられるため，民事再生法43条1項は，「再生手続開始後において，株式会社である再生債務者がその財産をもって債務を完済することができないときは，裁判所は，再生債務者等の申立てにより，当該再生債務者の事業の全部の譲渡又は会社法第467条第1項第2号に規定する事業の重要な一部の譲渡について同条第1項に規定する株主総会の決議による承認に代わる許可を与えることができる。ただし，当該事業の全部の譲渡又は事業の重要な一部の譲渡が事業の継続のために必要である場合に限る。」と規定して，裁判所による株主総会決議に代わる許可（代替許可）の制度を設けている。

ちなみに，再生会社では裁判所が監督委員を選任し（民事再生法54条），その旨の登記がされるが，再生会社が財産の処分をする場合には，監督委員の同意を得る必要があるので，再生会社が事業譲渡契約を締結するには監督委員の同意が必要である（民事再生法54条2項，56条1項，2項）(注15)。

② **事業譲渡の許可と登記手続**

前述のごとく，再生会社の事業の譲渡には，民事再生法42条の許可及び同法43条による代替許可を得る必要があり，かつ事業譲渡契約の締結について監督委員の同意が必要である（民事再生法54条，56条）。これらの許可や同意は，

いずれも事業譲渡における効力要件であると解されるため，事業譲渡を原因とする所有権移転登記等を申請するときには，第三者の許可等を証する情報として当該許可書等を提供する必要があると考えられる（不動産登記令7条1項5号ハ）。

まず，監督委員の同意書については，当該印影につき，公的機関の証明書が必要であるので，裁判所の書記官の証明した監督委員選任証明書を提供することになる（平成18年3月29日民二第759号民事局民事第二課長依命通知，不動産登記規則50条2項，48条1項3号）。

それから，民事再生法42条に規定する許可書については，当該許可書を提供する（民事再生法42条2項，3項，9条）。

次に，代替許可書についてであるが，裁判所が代替許可の決定をした場合，裁判所はその裁判書を再生債務者等に，その決定の要旨を記載した書面を再生会社の株主にそれぞれ送達する必要があり，代替許可の決定は，当該再生債務者等に対する送達がされた時から効力が生じる（民事再生法43条2項，3項）。したがって，代替許可書を提供するだけでは，当該代替許可書の効力が生じているか否かの審査ができないため，送達証明書を併せて提供する必要がある（官報による代用公告が行われた場合には，官報に代用公告が掲載された日の翌日に代替許可の効力が生じるので，当該官報が送達証明書になると解される。）（民事再生法10条）。

もっとも，代替許可については，株主からの即時抗告が認められている（民事再生法9条，43条6項）。そのため，即時抗告がされなかったことを証する書面（確定を証する情報）が必要であるか否かが問題となる**(注16)**。

事業譲渡をする場合のもう1つの方法として前述した再生計画案の中で事業譲渡を定め，当該再生計画案の認可決定を得る方法（民事再生法174条）の場合には，再生計画案の認可決定書及び事業譲渡の許可決定書を提供して所有権移転登記を行うことになるが，この場合には，認可決定の確定が効力要件となっているため，確定証明書の提供が必要であると解される。

しかし，代替許可に対する即時抗告の場合は，その場合と同じように解することはできないのではないかと考えられる。確かに，即時抗告が認められた場合には，事業譲渡は事後的に無効になると解されるが，代替許可に対する即時抗告には，執行停止の効力がない（民事再生法43条7項）ので，執行停止の効

力がある再生計画案の認可決定に対する即時抗告とはその性質を異にすると考えられる（民事再生法18条，民事訴訟法334条1項）。

　また，代替許可は，株主総会の特別承認の代わりである。株主総会の特別決議の承認を得て事業譲渡をする場合には，所有権移転登記申請の際に当該株主総会の議事録を提供することになると考えられるが，この場合には，株主総会の決議取消しの訴えの提訴期間の経過を待たずとも，すなわち期間が経過したこと，若しくは訴え権者である株主が決議取消しの訴えをしない旨の証明書を提供することなく，登記申請は受理されると解される。そうであるとすれば，代替許可に対する即時抗告の場合も，まさにこの決議取消しの訴えと同じように考えることができるので，所有権移転登記申請の際に即時抗告がなされたかどうかを考慮する必要はないのではないかと考えられる（注17）。

　そもそも民事再生法43条の趣旨は，債務者が株式会社である場合について，再生債務者がその財産をもって債務を完済することができないとき，つまり，債務者が債務超過の状態にある場合には，株主総会の特別決議がなくても裁判所の許可によって事業譲渡が可能であることを定めているわけであるから，このような状況下においては，当該会社の株主権は実質的には無に近い状態になっているのが通常であると考えられ，事業譲渡における譲渡会社の株主保護の要請はそれほど強くないのではないかと考えられる（注18）。例えば，未成年者が不動産を売買してその所有権移転登記を申請する場合には，法定代理人の同意書の提供が必要であるとしている（昭和22年6月23日民事甲第560号民事局長通達）（注19）。これは，法定代理人の同意書を提供することなく，登記申請を受理した場合，後に法定代理人が売買を取り消した場合は，その法律行為は無効となり，当該登記を信頼して取引関係に入った第三者の利益を害し，取引の安全を損なうことになると考えられるからである。このように，第三者の許可等がなければ登記原因である法律行為を取り消すことができるとされる場合には，取り消し得る行為の追認がされるまでは確定的に有効ではないという点では上記の即時抗告の場合と同じような状況であると考えられるにもかかわらず，この場合には，当該第三者の許可書等の提供が必要であるとされるのは，未成年者の保護のために法定代理人の同意がない場合には，当該法律行為の取消し等を認める必要があるからであると考えられる。そうなるとやはりこの場合の本人である未成年者の保護の必要性と代替許可の場合の株主の保護の必要

性には違いがあるように考えられる。

- （注1） 新基本法コンメンタール「会社法2」（山下眞弘）408頁。
- （注2） 酒井太郎「事業譲渡と組織再編行為(1)」法学教室408号84頁。
- （注3） 前掲（注2）酒井85頁。
- （注4） 前掲（注2）酒井85頁。
- （注5） 神田秀樹「会社法（第13版）」319頁。
- （注6） 前掲（注1）407頁。
- （注7） 黒木和彰・川口珠青「濫用的会社分割をめぐる問題点」金融法務事情1902号69頁。
- （注8） 神田秀樹「会社法（第17版）」22頁。
- （注9） 前掲（注2）酒井88頁。
- （注10） 鈴木龍介「免責の登記」登記情報593号8頁。
- （注11） 前掲（注10）鈴木8頁。
- （注12） 前掲（注10）鈴木8頁。
- （注13） 前掲（注10）鈴木9頁。
- （注14） 大野一毅「再生会社の事業譲渡と裁判所の許可決定」登記情報598号4頁。
- （注15） 前掲（注14）大野5頁。
- （注16） 前掲（注14）大野5頁。
- （注17） 前掲（注14）大野6頁。
- （注18） 大谷豊ほか「民事再生法の全条文と解説」66頁。
- （注19） 前掲（注14）大野6頁。

❶⓰ 会社の合併

(1) 合併の意義

　会社の合併というのは，法定の手続によって二つ以上の会社が一つの会社となることをいう。この合併によって，複数の会社の法人格が一つの法人格に合体する。法人格が一つになるという意味では企業結合の最も進んだ形態ということであり，経済的には，合併によって，企業の再生（承継），企業の拡張，経営の合理化，市場の支配などが可能になると考えられる。

　会社法上は，合併には，新設合併と吸収合併という二つの方法がある。新設合併は，当事者であるいくつかの会社がすべて解散し，別に新会社を設立してその財産をすべて新会社に収容するというものである。吸収合併は，当事者であるいくつかの会社のうちの一つが存続し，他の会社はすべて解散して，その解散した会社の財産は存続会社にすべて収容されるというものである。

　会社法制定以前は，消滅会社あるいは被吸収会社の株主はすべて新設会社あるいは吸収会社の株主となる，すなわち会社の物的施設だけでなく人的施設も包括的に移転するのが合併の本質であると考えられていたが，会社法においては，合併についても，あくまでも組織再編の一環として位置づける趣旨から対価の柔軟化を図ったため，人的施設の収容は少なくとも吸収合併の場合にはその要素でなくなったといわれている**(注1)**。

(2) 合併の効果

　①　吸収合併の場合には，合併による当事会社の一部（消滅会社）が，新設合併の場合には，当事会社の全部が解散する（会社法471条4号）。この場合は，清算は行われず（会社法475条1項），消滅会社は解散すると同時に消滅する。

　②　合併により，吸収合併の場合には存続会社の新株が発行されるのが通常であり，また，新設合併の場合には新会社が成立する。そして，合併の対価として，消滅会社の株主は持株数に応じて存続会社の株式等または新設会社の株式等の交付を受け，存続会社または新設会社の株主となる。

③　合併により存続会社または新設会社は消滅会社の権利義務を包括的に承継する（会社法750条1項，754条1項，756条1項）。したがって，消滅会社の権利義務はすべて一括して法律上当然に移転し，個々の権利義務について個別の移転行為は不要である。第三者対抗要件の具備も不要と解されている。合併による債権の承継と対抗要件の要否につき，判例も「合併による債権の承継については，民法467条による対抗要件を具備することを要しない。」としている（大判昭和12年4月22日民集16巻487頁）。契約によりその一部について移転を留保することはできないと考えられる。判例も義務を承継しない旨の決議の効力につき，「合併後存続する会社が消滅した会社の義務を承継するのは消滅した会社の債権者を保護するためであるから，一般に義務を承継しない旨の決議をしても無効である。」としている（大判大正6年9月26日民録26輯498頁）。

(3) 合併の登記

吸収合併の登記については，会社法921条1項は「会社が吸収合併をしたときは，その効力が生じた日から2週間以内に，その本店の所在地において，吸収合併により消滅する会社については解散の登記をし，吸収合併後存続する会社については変更の登記をしなければならない。」と規定し，新設合併については，会社法922条は，「2以上の会社が新設合併をする場合において，新設合併により設立する会社が株式会社であるときは，次の各号に掲げる場合の区分に応じ，当該各号に定める日から2週間以内に，その本店の所在地において，新設合併により消滅する会社については解散の登記をし，新設合併により設立する会社については設立の登記をしなければならない。……」旨規定している。なお，新設合併の場合には，通常の設立手続の規定の適用はなく（会社法814条1項），新設会社の定款は消滅会社が作成する（会社法814条2項）。吸収合併の場合は合併契約で定めた効力発生日に効力が発生し（会社法750条1項），新設合併は新設会社成立の日，すなわち設立登記の日に効力が発生する（会社法750条1項）。

(4) 合併と不動産登記

① 合併と対抗要件

会社の合併には，前述したように吸収合併と新設合併がある。吸収合併の場

合は，吸収合併後存続する会社（または持分会社）が効力発生日（吸収合併契約において定められた「吸収合併がその効力を生ずる日」。会社法749条1項6号，751条1項7号）に，吸収合併により消滅する会社の権利義務を承継する（会社法750条1項，752条1項）。新設合併の場合には，新設合併により設立会社（または持分会社）が，その設立の日（本店の所在地において設立の登記をした日。会社法49条）に，新設合併により消滅する会社の権利義務を承継する（会社法754条1項，756条）。この会社合併による権利義務の包括承継は，会社の登記記録（会社法921条，922条）により証明できるので，相続の場合と同様，吸収合併後存続会社（または新設合併会社）の単独申請によりその権利の移転登記をすることができる。改正前の不動産登記法には，会社合併についての規定はなく（旧不登法27条），相続に準じて単独申請ができるとされていたが，現在の不動産登記法では明文化されている（不登法63条2項）。

　また，会社合併については，旧商法では，吸収合併，新設合併とも，その効力発生日は登記の時とされていた（旧商法102条，416条1項，374条ノ25等）が，会社法では，前述のごとく，吸収合併の場合は「効力発生の日」（すなわち，合併契約の効力発生の日），新設合併の場合は「新設会社成立の日」（登記の日）とされた（会社法750条1項，752条1項，759条1項，761条1項，754条1項）ので，会社合併を登記原因とする権利移転登記の日付については要注意である。

　吸収合併による効力発生の時期については登記の日ではなく，吸収合併契約で定められた効力発生日となるので，その合併による権利移転の効力発生後合併の登記がされるまでの間は，登記上は，消滅会社の代表取締役はなお消滅会社の代表権を有するような外観を有するため，消滅会社の不動産について，消滅会社の代表取締役であった者が消滅会社名義の不動産を譲渡するという事態が発生しかねない。そこで，会社法は，合併の効力発生後，合併の登記をするまでの間に消滅会社が権利を第三者に処分した場合は，第三者の善意，悪意を問わず，対抗できない旨規定している（会社法750条2項，752条2項）。

　なお，会社分割による所有権その他の権利の移転については，合併の場合と同様に包括的に承継（会社法759条1項，761条1項，764条1項，766条1項）するが，その登記の申請は，吸収分割承継会社または新設分割会社が登記申請することになる（平成13年3月30日民二第867号法務省民事局長通達第二）。こ

の場合の登記原因日付は，合併の場合と同様，吸収分割の場合は「効力発生日」（会社法758条7項，760条6項），新設分割の場合は「新設分割会社成立の日（登記の日）」（会社法49条，764条1項，766条1項）となる(注2)。

会社分割の場合には，吸収合併の場合と異なり，登記の効力についての特則が設けられていない。吸収合併については，会社法750条2項により「吸収合併消滅会社の吸収合併による解散は，吸収合併の登記の後でなければ，これをもって第三者に対抗することができない。」と規定されているが，会社の分割についてはこのような規定はない。分割の場合には，分割により分割会社が解散するわけではないので，分割の登記だけでは，権利義務の承継は第三者に対抗できないからである。つまり，会社分割は，承継会社または新設会社が交付する株式等を対価として分割の対象となる事業に関する権利義務の全部または一部（債務を含む。）を包括的に承継会社または新設会社に移転する点では合併に類似するのであるが，合併と異なり，分割会社は分割後も存在するので，分割の場合は包括承継という概念を使うのは必ずしも適切ではなく，資産の移転については第三者対抗要件としての登記の具備が必要である(注3)。例えば，分割会社の代表取締役が，効力発生後しかし吸収分割の登記前に，不動産を第三者に処分したような場合には，対抗関係が生じるのでその第三者と承継会社との勝敗は，第三者の善意・悪意にかかわらず，その不動産の所有権移転登記の前後で決まる。つまり，分割の登記は関係ないわけである。したがって，上記の場合，不動産の第三者への譲渡が分割の登記後になされたような場合であっても，問題状況は変わらず，所有権移転登記の前後で決まることになる(注4)。

② **合併と所有権保存登記**

未登記不動産（既登録）を法人合併により承継した法人は直ちに自己名義に所有権保存登記をすることができる（旧不登法100条，現不登法74条）(注5)。

③ **合併と所有権移転登記**

甲会社は，その所有不動産をAに売却したが，登記未了のうちに乙会社に吸収合併された場合には，乙会社とAとの共同申請により当該不動産の移転登記を申請することができる。この場合の申請情報には，登記義務者甲会社，右承継会社乙会社と記載して，会社の合併を証する情報を提供する(注6)。

④ **債権者の合併による移転登記の可否**

差押えの登記名義人である債権者（法人）の一切の権利義務を合併により他の法人が承継することになった場合，当該承継法人から，登記の目的を「差押移転」または「差押登記名義人変更」とする登記申請をすることができるかどうかということが問題となる。この差押えの登記は，処分禁止の効力を発生させ，それを第三者に対抗するためにする効力発生のための登記であり，抵当権設定登記のように，永続的に権利を第三者に対抗するための登記ではない。

　ところで，民事執行法施行前の先例ではあるが，仮差押えの登記等の処分の制限の登記名義人から，登記名義人の表示変更の登記が申請された場合には，便宜，受理して差し支えない（昭和42年6月19日民事甲第1787号民事局長回答）とされている。

　例えば，仮処分の登記がされている不動産について，仮処分債権者のために所有権移転登記を申請する場合には，仮処分の登記後にされた第三者の登記の抹消を同時に申請することができるが，仮処分の登記の後に当該仮処分債権者の住所，氏名等に変更が生じているときは，仮処分債権者と所有権移転登記権利者が同一人であることを証明する必要がある。また，同様に，仮差押えの登記がされた不動産につき，所有者たる債務者から第三者への所有権移転の登記がされた後，仮差押債権者が強制競売の申立てをしたことによりその登記が嘱託される場合，あるいは，この強制競売の手続において競落がされ，これを原因とする所有権移転の登記が嘱託される場合において，仮差押債権者たる競売申立人の住所または氏名等に変更が生じているような場合は，いずれの場合も仮差押債権者と強制競売の申立人との同一性を証明しなければならない。

　その他にも，競売申立ての登記，仮差押えの登記，仮処分の登記等の名義人が登記上の利害関係人として承諾書を作成する場合についても，これらの登記の後に住所または氏名等に変更が生じている場合には，これらの登記名義人が承諾書の作成者と同一人であることを証明しなければならない。

　上記昭和42年の先例は，以上のような同一性を証明する負担を軽減するために便宜認められたものであると考えられる。

　しかし，本事例のように，差押登記の後に，債権者である法人に合併による承継があった場合にも，同様に解することができるか否かについては，若干の検討が必要である。

　例えば，競売開始決定後に，債権者に死亡または特定承継等の事由が発生し

た場合において，承継人が自己のために強制執行の続行を求めるためには，債務名義に承継執行文の付与を受けてこれを提出する必要がある（民事執行規則22条1項）。そして，この書面が提出された場合，または競売手続において承諾を証する書面が提出された場合には，債務者及び所有者に対してその旨の通知がされ（同規則22条2項，171条）るから，差押債権者の変更の登記をしなくても，当事者は承継の事実を確認することができる。そうすると，競売開始決定の効力が発生した後においては，上記昭和42年の先例のような差押登記の名義人の変更の登記を嘱託する実益が少ないことになる。

さらに，上記昭和42年の先例は，住所等の変更に関するものであるが，例えば，仮差押えに係る債権が譲渡されたことによって仮差押債権の主体に変更が生じた場合，あるいは任意競売の申立後に抵当権の被担保債権が譲渡されたことによって競売申立てに係る抵当権の主体に変更が生じたような場合は，上記先例の射程外であると考えられる。

そのほかにも，債権譲渡による仮差押債権者の名義変更を否定する先例（昭和27年10月23日民事甲第518号民事局長電報回答）や仮処分の被保全権利の承継による仮処分登記の名義人の変更の嘱託を認めない実例（注7）もあるので，上記昭和42年の先例は，登記名義人の表示についての変更があった場合の便宜措置であると解される。

以上のように考えると，競売開始決定後に差押債権者に合併等の事由による承継があっても，その旨の登記はすることができないと解される（注8）。

⑤　合併による根抵当権移転登記の可否

元本確定前の合併を登記原因とする根抵当権の移転登記の申請は，合併後に元本確定またはその確定を推認させる登記が既にされている場合でも受理されるかどうかということである。

例えば，根抵当権者であるA社がB社に吸収合併された後に根抵当権設定者に破産宣告（破産手続開始決定）がされ，既にその旨の登記が経由されている場合において，A社からB社への合併を登記原因とする根抵当権の移転登記が申請された場合にこの申請が受理されるかどうかである。

この場合の根抵当権の譲渡または一部譲渡については，元本の確定の登記またはその確定を推認させる登記（ここでは破産の登記。民法398条の20第1項4号）が既にされているので，当該根抵当権移転登記の登記原因の日付が元本

の確定またはその確定を推認させる登記の登記原因の日付より前であったとしても，すでに元本が確定していると推認される以上，この根抵当権移転登記はできないと考えることもできるようにも考えられる。ただ，この事例の場合は，登記原因が「合併」ということで包括承継による場合であるので，仮に確定していたとしても，包括承継であれば差し支えないと解することもできると考えられる。後者の見解が相当であると解される（注9）。

⑥ 根抵当権の債務者の合併とその変更登記

根抵当権の債務者（ＡＢＣＤ）の4会社のうちＡ社が債務者でないＥ社に吸収合併された場合における根抵当権の変更登記の登記原因は「年月日合併」，変更後の債務者の表示は，「債務者ＢＣＤＥ」とし，従前の債務者の表示は朱抹しないということである（注10）。

⑦ 単独受託者の合併による登記手続

単独受託者たる信託会社が合併により消滅した場合には，受託者更迭による所有権移転の登記を新会社が単独で申請することができると解される（信託業法40条1項，信託法56条2項）（注11）。

（注1） 宮島司「新会社法エッセンス」〔第3版補正版〕424頁。

（注2） 中井一士「新不動産登記法へのいざない⑿」民事法務284号10頁。

　　これらの点については，拙著「倒産法と登記実務」（民事法研究会）で取り上げて考察している。

（注3） 神田秀樹「会社法（第13版）」347頁。

（注4） 前掲（注3）神田351頁。

（注5） 質疑応答〔2702〕登記研究131号36頁。

（注6） 質疑応答〔3579〕登記研究168号41頁。

（注7） 質疑応答〔4414〕登記研究229号70頁。

（注8） カウンター相談（115）「差押登記名義人の合併による移転登記又は変更登記の可否について」登記研究627号189頁。

（注9） 質疑応答〔7717〕登記研究627号205頁。

（注10） 質疑応答〔7736〕登記研究641号171頁。

（注11） 質疑応答〔7739〕登記研究642号171頁。

破産法と企業再生

(1) 破産法の改正

　現在の破産法は平成17年1月1日から施行されているが、改正前の破産法は大正11年に成立し、大正12年から施行されていた。この旧破産法は、1877年に制定されたドイツ破産法におおむね倣ったものであるといわれ、当時の社会経済構造を前提とし、主として法人事業者の破産を想定し、消費者（個人企業者等を含む。）の破産に対する手当ては十分ではなかったといわれている。また、その後の社会経済状況の変化、例えば、社会経済の高度化、複雑多様化、情報化、国際化といった状況は想定されておらず、全体として厳格で画一的な手続となっていた。破産宣告により破産者に対して公私の権利または資格に制限を加える「懲戒主義」的色彩が濃厚であり、当初は破産者の免責制度も存在しなかった。この免責制度が採用されたのは昭和27年である。

　このように旧破産法は、主として法人事業者の破産を想定しているため、いわゆる消費者（個人企業者等を含む。）の破産に対する手続的な手当てが十分でないことや自由財産の範囲が限定的であり、個人破産者の経済生活の再生に支障を来すことが考えられるという状況であった**(注1)**。

　以上のような状況を踏まえて、平成16年に破産法が改正（平成17年1月1日施行）されたわけであるが、その1条においてその目的を明らかにしている。破産法1条は、「この法律は、支払不能又は債務超過にある債務者の財産等の清算に関する手続を定めること等により、債権者その他の利害関係人の利害及び債務者と債権者との間の権利関係を適切に調整し、もって債務者の財産等の適正かつ公平な清算を図るとともに、債務者について経済生活の再生の機会の確保を図ることを目的とする。」と規定している。この破産法の目的は、ⅰ支払不能または債務超過にある債務者の財産等の清算に関する手続を定めること等により、ⅱ債権者その他の利害関係人の利害および債務者と債権者との間の権利関係を適切に調整し、ⅲもって債務者の財産等の適正かつ公平な清算を図るとともに、ⅳ債務者について経済生活の再生（個人企業者等を含む。）の機

会の確保を図ることを意味している。⒤は，破産手続が清算型の倒産処理手続であり，破産手続開始の原因となる事実のある債務者の財産または相続財産，信託財産についての清算に関する手続であることを示している。そして，このような手続を定めることにより，⑪の破産をめぐる利害関係人の利害の調整と債務者と債権者との間の権利関係の調整を行うという，目的達成手段を示し，さらに，これによって，⑩の債務者の財産や相続財産の適正かつ公平な清算を図るという法律の目的を明らかにするとともに，破産法の規定する免責手続および復権の制度に関して，⑭の個人の債務者（個人企業者等を含む。）についての経済生活の再生（個人企業の再生を含む。）の機会を確保することをも目的とすることを明らかにしている (注2)。

　この免責の制度については，破産手続による配当がされても，破産債権者は少額の弁済しか受けられないというのが通常であり，そのままであれば，破産債権者は，弁済を受けられなかった残額について破産手続の終結後も破産者の責任を追及することができることになる（破産法221条）。ただ，法人は破産により解散し消滅してしまうから，破産手続終了後に破産法人そのものの責任が追及されることはないのであるが，個人破産については，破産手続終結後も債権者からの追及を免れられないということになる。しかし，このように個人破産者が破産手続終了後も無制限に責任を負うとすることは，その経済的再生を著しく困難にすることになる。そこで，わが国では前述のごとく昭和27年（1952年）に，会社更生法を制定した際に破産法を改正して，個人破産者の経済的再生を容易にするために免責制度が導入されている。

　この免責制度により，破産者の免責の申立てに基づいて免責の決定がなされたときは，破産者は破産手続により弁済されなかった債権の全額について責任を免れることができることになる。

　ただ，この免責制度は，破産債権者の残額債権が実質的にはなくなる点で，憲法29条に規定する財産権の保障に違反するのではないかという疑問がなくはないが，判例は，公共の福祉のため憲法上許された必要かつ合理的な財産権の制限であって憲法に違反しないとしており（最判昭和36年12月13日民集15巻11号2803頁），学説もほぼ同様に解している (注3)。

　ここでは，清算を目的とする破産法の下においてもなおかつ企業の継続・再生に絡むと考えられる規定を中心に考察することとする。

(2) 破産と賃貸借

① 賃貸借と対抗力

　近代における所有権の社会的な作用の代表例として，不動産の所有者がこれを他人に賃貸して賃料を徴収する賃借権の制度と所有者が不動産を担保に供してお金を借りる担保権の制度があるわけであるが，前者に関しては，民法が定める地上権，永小作権または地役権を設定する方法もある。しかし，わが国においては伝統的に，圧倒的多数が賃貸借によって賄われているといわれ，賃貸借の場面では，「貸す側」の優位な地位にある所有者が「借りる側」という弱い立場につけ込んで，自分に有利な賃貸借契約を押しつける傾向にあるため，特に借地借家の分野で賃借人を保護するための借地借家法が制定されているわけである。

　民法では，この賃借権を物権ではなく，債権と構成しているから，例えば，賃貸されている家屋の所有権が譲渡されると，その賃借人は，新所有者に対して自分が賃借権を有していることを主張することができないのが建前である。「売買は賃貸借を破る」という大原則が適用される場面である。しかし，民法は，これでは賃借人の保護が十分ではないということで，不動産の賃借権については，その登記をしたときは，その後に不動産について物権を取得した者に対しても，その効力を有するものとしている（民法605条，改正民法605条1項）。

　ただし，賃貸借の登記は，当事者間に特約がある場合に限り，することができるものであるので，賃借人が賃貸人に対して当然に登記請求権を有する，つまり，賃貸人が任意に応じないときには，裁判に訴えて登記を実現することができるわけではない。判例も「賃借権の登記をする旨の特約がない場合には，賃借人は賃貸人に対して賃借権の登記を請求する権利はない」としている（大判大正10年7月11日民録27輯1378頁）。

　賃貸借の当事者間にその登記をする旨の特約がある場合，これに基づく賃借権の登記の申請は，賃借人が登記権利者，賃貸人を登記義務者として両者が共同して申請することになる。この賃貸借の登記がされると，賃借人は，その後に賃貸不動産の所有権を取得した者に対しても，賃借権を主張することができる。つまり，新所有者は賃借権の負担が付いた不動産を取得することになるの

で，賃貸借という契約関係からみれば，賃貸不動産の所有権の譲渡に伴って，前所有者が有していた賃貸人としての地位が新所有者に承継されるということになる。もっとも，この場合，賃貸人の地位を承継した新所有者が賃借人に対して賃料の支払を請求するには，所有権移転の登記を得ておく必要があるか否かの点については，この場合，新所有者は賃借人の賃借権を否認するのではなく，また，賃借人も新所有者の所有権自体を争うわけではないから，民法177条が予定している，「食うか食われるか」の関係にないとして，新所有者は所有権の移転の登記をしなくても賃料を請求することができるとする見解もある。しかし，判例は，不動産の賃借人は，民法177条の適用上，その不動産につき物権を取得した者が登記を備えていないことを主張する正当な利益を有する第三者に当たると解しており，学説の多数も同じ見解を採っている(**注4**)。民法改正案605条4項は，賃貸人たる地位の移転は，賃貸物である不動産について所有権移転の登記をしなければ，賃借人に対抗できない旨規定している。

② 賃借人の破産

改正前の民法621条は，賃借人が破産した場合に，破産管財人のみならず，相手方である賃貸人にも解約申入権を認めていた。賃貸人に解約申入権が付与されていたのは，破産手続が開始され，賃料の支払に関する不安の生じた賃貸人を保護する趣旨に基づくものであるが，しかし，賃借人の破産自体は債務不履行とならず，賃貸人の保護は，ⅰ破産手続開始後の賃料債権は，財団債権となり，随時弁済が受けられること。判例も，「土地の賃借人が破産しても賃貸借が解約されない場合には，破産手続開始決定の日以後の賃料は，賃借土地が破産財団のために利用されているのであるから，破産法148条1項（改正前破産法47条）7号の適用又は類推適用により，財団債権となる。」旨判示している（最判昭和48年10月30日民集27巻9号1289頁）。ⅱ破産手続開始後に財団債権である賃料債権の不払があったときは，信頼関係の破壊を基礎付ける要素となり，民法541条に基づく賃貸借契約の解除が可能であると解されることにより図られていると考えられる。

そこで，改正前の民法621条の規定については，ⅰ賃借権の財産的価値にかんがみると何ら補償のないまま賃貸人の解約申入れによって賃借権が奪われることには合理性がなく，かつⅱ不動産賃借権の場合には，借地借家法により賃借権が保護されていることを考慮するとその趣旨に反することにもなりかねな

いという問題があった。

このように双方未履行双務契約に関する破産法の一般原則と異なり，特に賃貸人に解約申入権を認めてまでその保護を図る必要性に乏しく，損害賠償の点等を含め，破産法の一般原則によるのが適切であると考えられることから，民法621条の規定が削除されている(注5)。

③ **賃貸人の破産**

改正前（平成17年1月1日前）には，賃貸人が破産した場合には，改正前破産法59条，60条により，破産管財人は，賃貸借契約につき履行の請求または解除の選択権を有すると考えられていた。しかし，不動産の賃貸借の場合には対抗要件制度が用意され，物権に準じた保護が図られているにもかかわらず，その地位が破産管財人の解除によって覆されることは不当であること等を理由として改正前破産法59条の適用を制限すべきであるとの主張がされていた。

現在の破産法56条は，以上のような状況の中で，対抗力の認められる賃借権は，その保護の必要性の高さに配慮して対抗力が付与されたものであり，そのような保護の必要性の高い賃借権については，賃貸人が破産した場面における破産管財人の解除権行使の局面においても，破産管財人による解除を制限することによって保護を図るべきであるとの考え方から，そのような賃貸借については，破産管財人に特別の解除権を認めた破産法については，破産管財人に特別の解除権を認めた破産法53条1項および2項の規定の適用を排除している。つまり，破産法56条1項は，賃借権など使用および収益を目的とする権利を設定する契約については，相手方が当該権利について登記，登録その他の第三者対抗要件を具備している場合には，破産法53条の一般原則を適用しないことにしたわけである。

このように対抗力を備えた賃貸借につき，破産法53条による破産管財人の解除権を認めない場合における相手方（賃借人等）の請求権については，破産管財人による債務の履行が選択された場合（破産法148条1項7号）と同様に，財団債権となり（破産法56条2項），賃借人等は，その有する使用収益権について随時弁済を受けることができ，継続して使用収益することができることになる。

このように現在の破産法は，賃借人の保護を図る観点から，賃貸人が破産した場合であっても，土地賃貸借の場合に地上建物の登記がされ（借地借家法10

条1項），建物賃貸借の場合に建物の引渡しがされた（借地借家法31条1項）場合のように，借地権を第三者に対抗することができるときは，破産管財人に特別の解除権を認めないこととし（破産法56条1項），賃借人の請求権（使用収益権）が財団債権となり，破産財団から随時弁済を受けられることになっている（破産法56条2項）(注6)。その結果，賃貸人の解除権は，正当事由にかかわりなく，一般的に排除されるが，賃借人の管財人は，換価のために有利かどうかの基準に従って解除または履行を選択すべきことになる（敷金返還または賃借権譲渡）(注7)。

(3) 破産法による事業の継続と事業（営業）の譲渡

① 資産の流動化

破産法の改正により資産の流動化に大きく影響すると考えられるのは，ⓘ適正価格による不動産等の処分については，原則として否認の対象にならなくなったと考えられること，ⓘⓘ賃借人の破産時における賃貸人の解約権を認める旧民法621条の規定を削除したこと，ⓘⓘⓘ賃貸人の破産時において，対抗力のある賃借権について，破産管財人の解除の規定（旧破産法59条）を削除し，破産管財人による解除権を認めないことにしたこと（破産法56条），ⓘⓥ賃料債権の処分や相殺を当期・次期に限った旧破産法63条及び103条1項前段を削除し（旧民再法51条，旧会更法106条等），処分の制限を廃止したことなどがあげられる(注8)。

ⓘについては，後に倒産法による否認権について考察する予定であり，ⓘⓘとⓘⓘⓘについては，すでに考察したところである。また，賃料債権の処分制限の廃止についてもすでに考察している。

ここで，考察してきた内容を簡潔にまとめておくと賃借人の破産時における賃貸人の解約権の規定（旧民法621条）の削除ということについては，旧民法621条の規定では，賃借人の破産の時には，賃借人の管財人のみならず賃貸人も解約申入れができ，解約申入れがされた場合には，いずれの当事者も損害賠償を請求することができないとされていた。しかし，これに対しては，ⓘ不動産賃借権保護強化の思想に反し，賃貸人を有利に扱いすぎる，ⓘⓘ賃貸人の保護は破産手続開始後の賃料債権を財団債権として取り扱うことで十分であるとの批判がされていた。そこで，現破産法は，このような批判を容れて，民法621

条を削除している。

　また，賃貸人の破産時における，対抗力ある賃借権についての破産管財人の解除権の規定（旧破産法59条）の適用の排除については，賃貸人の破産時における賃貸借契約と旧破産法59条（現破産法53条）との関係について，ⓘ賃借人が自らに無関係な賃貸人の破産によって賃借権を失うのは借地借家法などの賃借人保護立法の理念に照らして不当であること，ⓘⓘ民法が賃借人破産の場合に，賃貸人の解約規定を置きながら，賃貸人破産の場合については，何も定めていないことは，双方の解約権を排除する趣旨であると考えられることなどを根拠に旧破産法59条の規定の適用を全面的に否定するか，あるいは賃借人保護立法の精神との整合性を厳格に解し，対抗力のある不動産賃借権についてのみ旧破産法59条の適用を否定する考え方が有力であった。

　現破産法は，保護の必要性の高い賃借権すなわち対抗力を備えた賃借権については，旧破産法59条（現破産法53条）の適用を否定して管財人の解除権を制限し，あわせてこの場合の相手方の請求権を財団債権とする取扱いを明確化している（現破産法56条1項，2項）。

　それから，賃料債権の処分を当期・次期に限った旧破産法63条（旧民再法51条，旧会更法106条で準用）の制限については，旧破産法63条1項は，賃料債権の処分や賃料の前払いの効力について，破産手続においては破産債権者に対抗できる範囲を破産手続開始決定のあった時点における当期および次期の2期分に限定し，その後の分についてはその効力を主張できないものとし，旧破産法103条前段も，賃借人からする賃料債権を受働債権とする相殺（実質的には賃料の前払い的な色彩を有する）について同様の制限をおいていた。

　これらの規定は，賃料債権の無制限の譲渡・相殺（前払い）を認めると，管財人は，賃料の入ってこない不動産の管理を継続しなければならないという無意味な事態を招く可能性がある点を考慮したものであるといわれている（注9）。

　しかし，これに対しては，ⓘ将来の賃料債権譲渡について，目的財産に関し権利取得した第三者に対する対抗力を認める判例（最判平成10年3月24日民集52巻2号399頁，最判平成10年3月26日民集52巻2号483頁等）の立場から考え，破産の場合にのみその効力を制限する合理的理由に乏しい。ⓘⓘ将来債権の譲渡，前払いによって破産財団に負担のみ残存するという事態は担保権の目的

財産についても同様であり，倒産前の平常時に交換価値の処分がなされている以上，破産財団としてはかかる結果を甘受すべきであると考えられること，⑪濫用的な譲渡，相殺に関しては管財人の否認権の行使によってある程度の財団の回復を図ることが可能であることなどの批判がされていた。そこで，現破産法は，旧破産法63条および103条1項前段の規定を削除している**(注10)**。

そこで，ここでは事業（営業）の譲渡と事業の継続について考察することとする。

② 事業の継続

旧破産法では，第1回債権者集会において，営業の廃止または継続について決議をしなければならないとされていた（旧破産法194条）。

しかし，破産手続開始後も破産者の事業を継続することが破産債権者の利益に適合する場合は例外的であると考えられるので，破産者の事業は，破産手続開始の決定と同時に廃止されることが原則とされていた。

現破産法では，破産手続開始の決定があったときは，破産者の事業は原則として廃止し，破産管財人が破産手続開始の決定がされた後であっても事業を継続することが破産財団にとって有利であると判断する場合には，裁判所の許可を得て，破産者の事業を継続することができるとしている**(注11)**。

つまり，現破産法では，破産者の事業の継続または廃止は債権者集会の決議事項でなくなり，事業の継続はもっぱら破産法36条によるとされ，破産者の事業を継続するか否かの判断は，制度的にも破産管財人及び裁判所に委ねられることになった。

事業というのは，一定の目的をもって同種の行為を反復継続して行うことをいうが，破産者の事業として財産上の利益を図ることは必須の要素ではなく，広く破産財団を基礎とする活動であれば事業に該当すると考えられる。

破産者が法人の場合は，その事業はすべて破産財団を基礎とする活動に該当すると解されるが，自然人の場合は，もっぱら破産者の一身専属的な能力に基づく活動（例えば，技術的，学問的給付を目的とする医師，芸術家等の活動等）はここでいう事業には該当しないと解される**(注12)**。この事業は，破産財団を基礎として破産管財人が自ら行うものであることが必要であるが，その方法に特段の制限はないと考えられるので，在庫品の売却のみならず，新たな商品の仕入れや設備投資も可能であると解される。

破産管財人は，破産手続開始決定がされた後であっても，①破産会社の事業を継続した場合の方が破産財団にとって有利な場合，すなわち，事業を継続して仕掛品を完成させ，販売した方がより高額な処分ができ，破産財団を増殖させることができると考えられる場合，⑪入院患者のいる病院が破産手続開始の決定を受けるも，その営業を直ちにやめるとすると社会的混乱が生じてしまうおそれがある場合等には，破産管財人は事業の継続をすることができる（注13）。

　破産法36条は，「破産手続開始の決定がされた後であっても，破産管財人は，裁判所の許可を得て，破産者の事業を継続することができる。」と規定し，法文上の用語が「営業」（旧破産法192条，194条）から「事業」に改められているが，この営業の意義は，上記の事業と同様広く破産財団を基礎とする活動を意味すると解されていたことから，その解釈にそった用語に改められたものと解される（注14）。

　③　事業（営業）の譲渡

　商法上の営業の譲渡（商法16条等）は，「一定の営業目的のために組織され，有機的一体として機能する財産の全部または一部を譲渡し，これによって，譲渡会社からの財産によって営んでいた営業活動の全部または重要な一部を譲受人に受け継がせ，譲渡会社からの譲渡の限度に応じ法律上当然に競業避止義務を負う結果を伴うもの」をいい，営業を構成する各個財産の譲渡は，その分量がいかに大きく，または重要なものであっても，それは営業譲渡にはならないと解される（最判昭和40年9月22日民集19巻6号1600頁）。営業には，動産，不動産，債権，知的財産権，ノウハウ，契約上の地位，暖簾，従業員との雇用関係等をも含む。現破産法は，営業の譲渡に加え事業の譲渡について定めている（破産法78条2項3号）が，破産者は商人に限られず，病院や社会福祉法人の行う事業等は，営業と解することができないと考えられるところから，「事業」が明文で定められたものと解される。旧破産法の下では病院の事業を譲渡する場合には，旧破産法197条3号（営業ノ譲渡）を類推適用して，裁判所の許可を要すると解されていた。

　株式会社にあっては，事業譲渡は株主総会の特別決議事項である（会社法467条1項，309条2項11号）が，破産手続開始によって，破産者の財産の管理処分権は破産管財人に専属しているので，破産管財人は，会社法の手続を経る

ことなく事業（営業）譲渡をすることができる（注15）。

　企業が破産すると通常はその企業が従来行ってきた事業活動を完全に停止することを意味し，つまり，その企業で働いていた従業員は全員解雇され，かつ企業が所有していた事業資産は破産管財人によって第三者に個々に譲渡されて，その企業が従来有していた事業の実体は経済社会から完全に消滅することになる。しかしながら，一定の営業目的のもとに人的・物的に給付されている企業を分離，解体して消滅させることは，その企業が有していた継続企業価値を実現させずに失わせることであり，またその企業が有していた経済社会の中における意義（例えば，自動車メーカーにとって代替性のない自動車部品を製作している会社等）を消滅させ，債権者，取引先など，その企業をとりまく利害関係人に実務上大きな損失を与えることもあると考えられる。

　そのような観点から，実務上，企業が破産した場合であっても，その企業の継続企業価値を保存することが債権者やその利害関係人にとって有益であると考えられる場合には，破産管財人は事業（営業）譲渡の手法をもって破産した企業の全部または重要な一部の事業を第三者に譲渡することがあり得る（破産法78条2項3号）（注16）。

(4) 破産法と免責制度

① 改正の内容

　ここでいう免責というのは，破産法上，破産者が残債務について弁済の責任を免れることをいう。

　破産法は，その1条において破産法の目的について規定している。同条は，「この法律は，支払不能又は債務超過にある債務者の財産等の清算に関する手続を定めること等により，債権者その他の利害関係人の利害及び債務者と債権者との間の権利関係を適切に調整し，もって債務者の財産等の適正かつ公平な清算を図るとともに，債務者について経済生活の再生の機会の確保を図ることを目的とする。」と規定している。

　この目的は，まず，破産手続が清算型の倒産処理手続であり，破産手続開始の原因となる事実のある債務者の破産または相続財産等についての清算に関する手続であるとともに，このような手続を定めることにより，破産をめぐる利害関係人の利害の調整と債務者と債権者との間の権利関係の調整を行うとい

う，目的の達成手段を示し，さらに，これによって，債務者の財産や相続財産等の適正かつ公平な清算を図るという法律の大目的を明らかにするとともに，破産法の規定する免責手続および復権の制度に関して，これにより，個人の債務者についての経済生活の再生の機会を確保することをも新しい破産法は目的とすることを明らかにしている(注17)。

旧破産法においては，免責の申立ては，破産宣告後破産手続が終了するまでの間，同時破産廃止決定があったときはその決定が確定した後1か月以内にすることができるものとしていた（旧破産法366条ノ2第1項）。旧法において，このように破産宣告後でなければ免責の申立てをすることができないとされていたのは，免責制度が「破産者」の経済的更正を図るものであることに基づき極めて形式的に制度化されたためであると考えられる。

しかし，個人である債務者が自ら破産手続開始の申立てをする場合には，債務者は破産手続の開始のみならず免責の許可を得ることをも目的としているのが通常であり，それにもかかわらず，破産手続開始の決定後に別途免責許可の申立てをする必要があるとすることは迂遠であり，合理性に乏しいともいわれていた。

そこで，新法では，債務者の合理的な意思に合致するように，債務者が破産手続開始の申立てをした場合には，当該申立てと同時に免責許可の申立てがあったものとみなすものとしている（破産法248条4項本文）。

また，債権者が破産手続開始の申立てをした場合であっても，破産手続開始の決定前に債務者が免責許可の申立てをすることを妨げる理由はないと考えられるので，破産手続開始の申立人の如何を問わず，破産手続開始の申立てがあった日から免責許可の申立てができるものとして（破産法248条1項），破産手続と免責手続とを一体化している。もっとも，破産手続開始の決定後，長期間が経過した後でも免責許可の申立てができるとすると，破産手続と免責手続を一体化させた趣旨が没却されるので，免責許可の申立てをすることができる期間を破産手続開始の決定が確定した日以後1月を経過する日までの間と制限している(注18)。

② 免責と再生

人間はだれしも間違えることは絶対ないとはいえないと考えられる。そのときにもう一度やり直すチャンスを法は与える必要があるのではないだろうかと

も考えられる。民法には規定はないが，現在保有する資産で可能な分だけ支払う。つまり，最低限の再出発のための分を残してすべての手持ち資産を提供するならば，もう一度やり直す機会を与えることも必要ではないだろうかという考え方である (注19)。これが免責制度の出発点である。

　この免責制度については，私的自治を原則とする民法には特に規定はないが，強制的に実現できない債務として「責任なき債務」と「自然債務」については債権法等で取りあげて説明している。債務は，もともと給付するという法的義務だけを意味し，その義務を負う結果，債務者の財産が強制執行の目的となることを意味する責任とは区別されるが，通常の債務はこの債務と責任は一体となっている。しかし，両者が分離する場合があり得る。たとえば，強制執行をしない旨の特約がある場合は分離するし，また，相続財産の限度で相続人が債務の弁済義務を負う限定承認（民法922条）や，さらには，債務者でない者が責任だけを負う物上保証人なども債務と責任とが分離する。

　また，自然債務は，債務が存在していても，その実現を求めて裁判所に訴えることができないもので，債務者が任意に履行すれば債権者は受領でき，不当利得にはならないという債務のことをいう。すなわち，債務者にその給付を強制するのは，本来，社会の道徳や慣習などの法律以外の規範であり，国家はこれを二次的に援助する関係に立つ。そうであるとすれば，国家がその強制力を用いることをさし控え，任意の履行を是認しつつ，任意に履行されない場合には道徳・習慣による強制に任せることもある。つまり，自然債務は，給付の強制手段としての社会的規範と法律的規範とのギャップから生ずるものであり，理論的には，通常の債権は，⒤給付を請求できる力（請求力または訴求力ともいう。）と，ⅱ債権者が給付を保持し返還を要しないという力（給付保持力）とを有するが，自然債務は，ⅱはあって⒤はないということになる。その例としては，消滅時効が援用された債務や公序良俗に反する債務などがあるが，免責された債務もこれに該当すると考えられる (注20)。

③　免責と憲法29条

　この免責制度と財産権の不可侵性を規定した憲法29条との関係が問題となるが，この点について最高裁昭和36年12月13日決定（民集15巻11号2803頁）は，次のように述べている。

　「破産法における破産者の免責は，誠実なる破産者に対する特典として，破

産手続において，破産財団から弁済できなかった債務につき特定のものを除いて，破産者の責任を免除するものであって，その制度の目的とするところは，破産終結後において誠実な破産者を更生させるために，その障害となる債権者の追求を遮断することに存する。ところで，一般破産債権につき破産者の責任を免除することは，債権者に対して不利益な処遇であることは明らかであるが，他面上述のように破産者を更生させ，人間に値する生活を営む権利を保障することも必要であり，さらに，もし免責を認めないとすれば，債務者は概して資産状態の悪化を隠し，最悪の事態にまで持ち込む結果となって，かえって債権者を害する場合が少なくないから，免責は債権者にとっても最悪の事態を避けるゆえんである。これらの点から見て，免責の規定は，公共の福祉のため憲法上許された必要かつ合理的な財産権の制限であると解するを相当とする。されば右免責規定は憲法29条各項に違反するものではない。」

それに関連して，破産者の相続人による免責の申立てについては次のように述べている。

「破産手続開始決定後に破産者が死亡した場合には，その相続財産（破産手続開始決定後の新得財産を除く）につき破産手続が続行されるところ，破産者の相続人は破産債権者たり得ること（破産法232条〔旧33条〕）からこの者を右破産手続の承継人とみることはできず，相続財産自体を右破産手続の当事者（破産者）とみ，法人格なき財団に破産能力を認めるのが相当である。したがって，破産者の相続人が右破産手続の当事者であったことを前提に免責の申立てをする余地はない。」（高松高決平成8年5月15日判時1586号79頁）としている。

なお，破産手続開始決定と同時に同時廃止となり，免責の審理中に，破産者の妻が交通事故で死亡し，その損害賠償請求権を破産者が相続したところ，破産債権者が破産者の知らない間にその損害賠償請求権を差し押えて弁償を受けてしまった事案につき，原審（広島高裁松江支判昭和63年3月25日判時1287号89頁・判タ674号219頁）は，「免責制度は，誠実な破産者を経済的に更生させ，人間に値する生活を営む権利を保障することなどを目的としているという法の趣旨に鑑みて，免責手続中破産債権に基づき強制執行をして免責破産者から得た弁済金を保持させておくことは相当でない。」として，破産者の不当利得返還請求を容認している。

そして，破産者の不当利得返還請求を認容しているが，最高裁平成2年3月20日判決（民集44巻2号416頁）は次のように判示し，原審判決を破棄自判し，破産者の請求を棄却している。

「破産宣告〔現破産手続開始決定〕と同時に破産廃止決定がされ，右決定が確定した場合には，破産債権に基づいて適法に強制執行をすることができ，右強制執行における配当等の実施により破産債権に対する弁済がされた後に破産者を免責する旨の決定が確定したとしても，右強制執行による弁済が法律上の原因を欠くに至るものではないと解するのが相当である。

けだし，破産廃止決定が確定したときは破産手続は解止され，この場合に免責の申立がされていたとしても，破産宣告による破産債権に対する制約が存続することの根拠となり得べき規定は存しないから，破産宣告に基づく制約は将来に向かって消滅し，債権者は破産債権に基づいて適法に強制執行を実施することができることとなるところ，右強制執行における配当等の実施により破産債権への弁済がされた後に破産者に対する免責の決定が確定したときは，破産者は破産手続による配当を除き破産債権の全部についてその責任を免れることとなる（〔旧〕法366条ノ12本文〔現253条〕）が，右決定の効力が遡及することを認める趣旨の規定はなく，右弁済が法律上の原因を失うに至るとする理由はないからである。」

しかし，免責制度の趣旨を考えるならば，そもそも破産手続と免責審理手続は一体として考えるべきであり，免責審理中の個別執行は許されないと解される(注21)。現行破産法は，同時破産廃止があった場合にも免責が確定するまでは個別執行は禁止されている（破産法249条）。

なお，新破産法では，免責許可の申立てをすることができる主体を個人である債務者（破産者）である旨を明確にしている（破産法248条1項）。破産者が個人（自然人）である場合には，破産手続が終結または廃止されても人格が消滅することはなく，その後も社会経済生活を継続していかなければならないため，免責手続によって債務から解放する必要があるのに対して，破産者が法人である場合には，破産手続開始の決定を受けたことが，一般的に法人の解放原因とされ（会社法471条5号等），破産手続の終結または廃止によって，通常，当該法人は消滅することになり，法人については免責手続を利用する実益はないと考えられるので，旧法においても，免責の申立ては個人の破産者のみがす

ることができると考えられていたが，現破産法はそのことを規定上明確にしている（破産法248条1項）(注22)。

(5) 倒産法と担保権消滅制度

① 破産法上の担保権消滅制度

別除権の目的財産については，破産管財人は，民事執行法その他強制執行の手続に関する法令の規定により，別除権の目的である財産の換価をすることができるとしている（破産法184条2項）が，これは，任意売却を妨げるものではなく（破産法78条2項1号，2号，7号，8号），実際にも，民事執行法等によるのに比べより迅速かつ高額での換価をしうるため，任意売却による換価が通常になっているともいわれている(注23)。判例も，「破産法184条（旧破産法202条）は，同法78条2項（旧法197条）1号及び2号所定の権利若しくは物の換価のため，破産管財人による任意売却によらない場合には，財産権の種類に則し，強制執行に関する規定に従って換価しなければならないと規定しているにすぎないから，管財人が任意売却の方法を選択した場合には，鑑定や入札の手続を経ることを要せず，適切な時期，方法，相手方を選んで，自由にこれを換価することができる。」（東京高決昭和55年7月31日判タ424号88頁）としている。このように破産管財人は，別除権者の同意を得ることなく，別除権の目的財産を任意売却することができ，追及効のある担保権は任意売却後も当該財産について存続するが，その場合にも第三取得者は目的財産が不動産であり，担保権が抵当権，先取特権，質権である場合には，抵当権の消滅請求により担保権を消滅させることができる（民法378条～386条，341条，361条）。

旧破産法の下においては，破産財団に属する財産の迅速な換価と破産財団の充実の観点から，破産管財人と別除権者である担保権者と買主である第三者の三者間の合意によって，担保権の消滅と目的財産の任意売却とを一括して行い，その場合に，代金の一部を破産財団に組み込まれるという取扱いが行われていたようである(注24)。

この方法により担保権者としては，担保権の実行によって目的財産を換価し，弁済を受ける場合よりも，より迅速かつ高価な換価，手続コストの縮減を期待でき，破産管財人としては早期の換価が可能となることで，破産手続の迅速化・円滑化によるコスト減のメリットがあるといわれ，また，担保権者への

弁済が多くなればそれだけ破産配当の対象となる債権額を縮減できる面もあり，その換価代金の一部を破産財団に組み入れることによって財団の増殖を図るということが期待できるというわけである。

　このように旧破産法の下での実務においては，破産財団に属する財産を迅速に換価し，破産財団の充実を図るために，別除権の目的である財産について，破産管財人と担保権者と買主となる第三者との三者間の合意によって別除権の目的である財産の受戻し（担保権の消滅・旧破産法197条14号）と目的である財産の任意売却とを一括して行い，その場合に，代金の一部を破産債権者に対する配当原資として破産財団に組み入れるといる取扱いが行われていた。

　しかし，このような運用は，前述したように純粋に合意に依拠することになるため，本来であれば，換価代金から全く配当・弁済を受ける見込みのない後順位の担保権者についても合意を取りつける必要があり，このためいわゆる判子代として一定の金銭の支払を余儀なくされたり，任意売却自体が実現しなくなるという事態が生じていたといわれている（注25）。

　そこで，現破産法では，このような運用を促進するとともに，さらに，これを補充する制度として担保権の消滅の制度が創設されている。

　この制度は，破産管財人が担保権（特別の先取特権，質権，抵当権または商事留置権）の目的である財産を強制執行の手続によらずに任意に売却する場合に，裁判所の許可を得て，当該財産につき存在するすべての担保権を消滅させ，また，任意売却により取得できる金銭の一部を担保権者への弁済に充てずに破産財団に組み入れ，破産債権への配当の原資とすることを可能にするものである（破産法186条～191条）。

　このような制度が設けられることにより，破産管財人と担保権者との間の合意の形成の促進が図られることになると考えられる（注26）。

　破産手続における担保権の消滅の制度は，破産財産に属する財産の換価の円滑化および破産財団の拡充のために設けられている。そのため対象は財産の任意売却の場面に限定され，許可があったときは，金銭の納付による担保権の消滅だけではなく，当該目的財産の任意売却についても許可されたことになる。また，任意売却により取得する金銭の一部を担保権者への弁済に充てずに破産財団に組み入れることを予定していること（破産法186条1項1号，3項6号，190条1項，191条1項）などを考慮して，許可の要件として，破産債権者の一

般の利益に適合することのほか、担保権者の利益を不当に害することのないことも必要であるとしている（破産法186条1項）。

目的物の価額に争いがあるときは、担保権の実行としての競売手続により換価価値を現実化させることが可能であり、また、より高額での任意売却をも可能とすべく買受けの申出の制度がある（破産法187条、188条）**(注27)**。

我が国の担保権の基本的性質として、「担保権不可分の原則」と「順位上昇の原則」があり、前者は被担保債権全額が弁済されるまで担保権を行使できるという原則であり、後者は先順位担保権が弁済等により消滅すると、後順位担保権者の順位が上昇するという原則である。

しかし、バブル崩壊後、担保の対象物の価格では被担保債権額をカバーできない「担保割れ」状態が普通に生じてきたため、破産のさいに前述した二原則を守る必要はないのではないかという考え方が強くなっていた。

たとえば、民事再生においては、「当該財産が再生債務者の事業の継続に欠くことができないもの」であれば、再生開始時の評価額で担保権を消滅させることができるとされ（民再法148条）、倒産開始時の評価額でしか担保権に優先権はないことが明確化された（担保権消滅許可制度）。もっとも、「共同担保の一部に対する担保権消滅許可の申立ては、これが認められれば、残余部分の担保価値が大きく減少し、担保権者に著しい不利益を与えることとなる場合には、権利濫用として許されない。」としている（札幌高決平成16年9月28日金法1757号42頁・最決平成17年1月27日抗告棄却）。

そうであればもう一歩進めて、破産のときにも、管財人が目的物に対して、別除権を競売手続で実行した場合より任意売却でその努力により高価で処分できる場合には、売得金のうち差額にあたる部分を組入金として破産財団に組み入れられないかということで、旧破産法203条が認めていたような担保権の実行時期についての担保権者の選択権を否定し、担保権を実行しないのであれば、管財人が提示した金額での担保権の消滅に同意させられてしまうことになったわけである。

現行破産法は、その186条以下において担保権消滅制度について規定しているが、そのポイントは、管財人は、①担保目的物の任意売却と財団への組入れ額について担保権者と協議すること、⑪任意売却の協議がまとまらなくても、目的物を任意売却に付するため、担保権消滅許可の申立てをすることができ

る，ⅲそのため後順位抵当権者のハンコ代などの要求に応じる必要はない，ⅳこれに対する抵当権者の対抗手段として，競売手続の実行や買受けの申出（管財人が申立てた売得金より5パーセント以上高い買受け価額でなければならない。）ということである。そして，これにより管財人による担保目的物の任意売却と想定競落価格との差額を破産財団への組入金として認める制度である（注28）。

② 民事再生法上の担保権消滅制度

民事再生手続においては，民事再生手続開始決定の時において再生債務者の財産につき担保権を有する者は，別除権者として，再生手続によらないでその権利を行使することができ，担保権者は原則として，自らの判断で担保権を実行することができる。

しかし，当該担保権の目的財産が，再生債務者の事業の継続に欠くことのできない財産であるときは，再生債務者等は，裁判所の許可を得て，当該財産の価額に相当する金銭を裁判所に納付して当該財産につき存するすべての担保権を消滅させることができる（民再法148条）。納付された金銭は，裁判所によって，消滅する担保権を有する者に配当または弁済される（民再法153条）。この場合は，再生債務者の事業の継続に不可欠な財産を確保することが制度目的となるので，財産を現実に換価させることによってその価額を確定させることはできないため，目的財産の価額につき争いがある場合には，裁判所が，評価人の評価に基づき，決定で当該財産の価額を定める価額決定の請求の手続が設けられている（民再法149条～151条）（注29）。

③ 会社更生法上の担保権消滅制度

会社更生手続においては，手続の開始によって担保権の実行は禁止され，既にされている担保権の実行手続は中止される（会社更生法50条1項）。

更生手続開始の時において更生会社の財産につき存する担保権を有する者も，その被担保債権につき更生計画の定めるところによらないで，満足を得ることはできない（会更法2条10項，47条）ので，更生手続の場合は再生手続の場合とは異なり，担保権の実行により事業の継続に不可欠な財産が流出し，事業の継続が著しく困難になるということは生じないと考えられる。

再生手続における担保権消滅の制度が事業の継続に不可欠な財産の確保を目的とするのに対し，更生手続においては，不要な財産の流動化をも目的のひと

つとしているため，その要件は，事業の継続にとっての不可欠性ではなく，更生会社の事業の更正のための必要性の有無となっている。

また，この制度が必要となるのは，更生計画認可前の段階に限られるため，その利用は，更正計画案を決議に付する旨の決定があるまでに限られる（会更法104条2項）。

さらに，再生手続と異なり，担保権者は手続外でその権利を行使することはできないので，担保権の消滅の制度において，担保権者が被担保債権につき満足を得るのは，認可された更生計画の定めにより権利変更があったものについて更生計画の定めによる弁済を受けたとき，または更生計画認可の決定前に更生手続が終了し，裁判所による配当等が実施されたときである（会更法109条，110条）（注30）。

④ 倒産法上の担保権消滅制度の特色

担保権の実行や強制執行等の手続によらずに，担保目的財産の価値を現実化・金銭化して，担保権者への弁済に充てることをもって，担保権者のイニシアティブによらずに担保権を消滅させる制度には，倒産手続上は前述したように，破産法における担保権消滅制度（破産法186条～191条），民事再生法における担保権消滅制度（民再法148条～153条），そして，会社更生法における担保消滅制度（会更法104条～112条）がある。民法上は，抵当権消滅請求制度（民法379条～386条）がある。

なお，破産法には，前述した一般的な担保権の消滅の制度と並んで商事留置権の消滅の制度がある（破産法192条）。この商事留置権消滅制度は，破産手続開始の時において破産財団に属する財産につき商法または会社法の規定による留置権がある場合において，当該財産が破産法36条の規定により継続されている事業に必要なものであるとき，その他当該財産の回復が破産財団の価値の維持または増加に資するときは，破産管財人は，留置権者に対して，当該留置権の消滅を請求することができる制度（破産法192条1項）である。

ⅰ 破産法上の担保権消滅制度の特色

前述したように，破産手続は，清算手続であり，担保権は別除権として処遇される。破産手続においては，別除権である担保権の目的財産を破産財団中に確保・維持する要請はなく，担保権の消滅の制度は，破産財団に属する財産の換価方法の多様化と財団の拡充のために設けられ，その対象となる場合は，財

産の任意売却の場面に限定されている。その意味では破産法における担保権消滅制度は，基本的には企業の再生にかかわる制度ではないのであるが，再生型倒産手続である民事再生法，会社更生法における担保権消滅制度とのかかわりが密接であり，その対比の中でそれぞれの制度の特色を把握することの必要性と重要性に鑑み考察の対象として取り上げている。

この破産手続における担保権消滅制度は，それが破産債権者の一般の利益に適合すること，及び当該担保権を有する者の利益を不当に害することがないということが要件となっている。任意売却の場合，早期の換価によって固定資産税等の管理コストを縮減し，また，競売よりも高額での売却によって別除権者の行使可能な破産債権を圧縮する等，任意売却自体によって破産債権者一般の利益及び破産財団の拡充を図り得るが，破産管財人は，さらに，担保権の実行の申立てまたは買受けの申出という形での担保権者の異議がない場合には，裁判所の許可の下で，任意売却によって相手方から得られる金銭の一部を，担保権者への配当・弁済に充てずに，破産財団に組み入れることができる（破産法186条1項1号，3項6号，190条1項1号，191条1項）。

このように，破産法における担保権消滅の制度は，換価の一環として行われるものであるから，担保権者は別除権として認められている担保権の実行を申し立てることは妨げられない（破産法187条）。また，迅速な換価と破産財団の充実という制度の趣旨からは，より高額での任意売却を妨げる理由はないので，担保権者は，破産管財人による申立てに対して対抗的により高額での任意売却を申し出る買受けの申出の制度がある（破産法188条）。また，目的財産の価額を個別に決定する手続としては，担保権の実行としての競売手続を利用することができる。もっとも，現実に任意売却の価額が出されているときにそれと異なる価額を算出することは実際上困難であり，制度の実効性に疑問があるため，民事再生手続及び会社更生手続とは異なり，価額決定の請求手続は用意されていない。

裁判所の許可についても，担保権の消滅の許可があると，金銭の納付による担保権の消滅だけではなく，当該目的財産についての任意売却についても許可があったことになる。

担保権者は，民事再生手続におけるのと同様，納付された金銭につき，裁判所により配当または弁済金の交付を受ける（破産法191条）（注31）。

ii 民事再生法上の担保権消滅制度の特色

民事再生手続においては，再生手続開始の時において再生債務者の財産につき抵当権を有する者は，原則として，そのイニシアティブにより担保権を実行することができる。しかし，当該担保権の目的財産が，再生債務者の事業の継続に欠くことができない財産であるときは，その担保権の実行によって事業の継続という民事再生手続の目的が遂行できなくなるし，また，そのような負担があるままでは，事業の継続及び再生のための見通しがたたない。そこで，当該財産が再生債務者の事業の継続に欠くことができないものであるときは，再生債務者等の申立てに基づく裁判所の許可決定により，当該財産の価額に相当する金銭を裁判所に納付して当該財産につき存するすべての担保権を消滅させることができるものとしている（民再法148条）。そして，納付された金銭は，裁判所によって，消滅する担保権を有する者に配当または弁済される（民再法153条）。この場合は，当該財産を再生債務者のもとに確保することが重要であるので，競売手続を利用することができないため，目的財産の価額に争いがある場合には，裁判所が，評価人の評価に基づき，決定で，当該財産の価額を定める価額決定の請求手続が定められている（民再法149条〜151条）。金銭の納付主体は，再生債務者等である。担保権者は，別除権者として処遇される民事再生手続においては，目的財産の価額が被担保債権額を上回る場合には受戻しができる（民再法41条1項9号）ため，担保権の消滅の制度を利用できるのは，いわゆる担保割財産の場合である。

この担保権消滅制度の利用の時期については，会社更生法のような明文の規定はないが，再生債務者の事業の継続に不可欠な財産の確保という制度目的から，担保権消滅の許可によってその目的が確保できないということになると再生計画の認可の判断が難しくなるので，その時期についての事実上の限界はあると考えられる（注32）。

iii 会社更生法上の担保権消滅制度の特色

会社更生手続においては，手続の開始によって担保権の実行は禁じられ，既にされている手続は中止される（会更法50条1項）。そして，更生手続開始の時において更生会社の財産につき存する担保権を有する者も，その被担保債権につき，更生計画の定めるところによらなければ，満足を得ることはできない（会更法2条10項，47条）。また，担保権も更生計画による実体的な権利変更

の対象であり，更生計画において，担保権を存続させる旨の条項が置かれなければ，更生計画認可の決定により，担保権は消滅する（会更法204条1項，170条1項）。そのため，会社更生手続においては，民事再生手続におけるような，担保権の実行により事業の継続に不可欠な財産が流出し，事業の継続が著しく困難になるという事態は生じない。しかし，会社更生手続においては，一方で，更生計画認可前の早期の段階で事業譲渡をすることが更生会社の事業の更生を図るために必要であることも少なくなく（会更法46条），当該事業譲渡の対象財産につき担保権が設定されていると，事実上事業譲渡が困難となる。また，他方で，担保権の設定された更生会社の財産の中には事業の更生に必要でない財産もありうると考えられ，そのような財産については，それらを売却することが，当該財産の固定資産税等の管理コストの負担の圧縮や，当該財産の担保余剰価値部分の運転資金としての利用の観点から有用である場合が考えられる。そこで，これらの場合に，担保権者の利益を保護しつつ，早期の段階で担保権を消滅させることができるようにするため，裁判所が，更生会社の事業の更生のために必要であると認めるときは，管財人の申立てにより，当該財産の価額に相当する金銭を裁判所に納付して当該財産を目的とするすべての担保権を消滅させることを許可する旨の決定をすることができる制度が用意されている（会更法104条1項）。

民事再生法における制度が事業の継続に不可欠な財産の確保を目的とするのに対し，会社更生法においては，そのように事業の継続に不可欠な財産に限定されず，不要な財産の流動化を狙いの一つとするため，その要件は，事業の継続にとっての当該財産の不可欠性ではなく，担保権を消滅させることが更生会社の事業の更正のために必要であるか否かというその必要性がポイントになっている。例えば，前述のごとく会社を更生させるために事業譲渡をすることが必要であるというような場合において，その事業譲渡の対象財産に担保権が設定されていることが事実上事業譲渡を困難にしているというような場合である。

担保権者が更生担保権者として処遇される会社更生手続においては，担保余剰がある場合に受戻しによって担保権を消滅させることはできないので，担保権消滅請求の制度は，いわゆる担保割財産の場合のみならず，担保余剰のある場合にも用いられる。会社更生手続においては，担保権の実行そのものが認め

られず，競売手続を通じて価額の実現を図ることができない。そのため，民事再生手続におけるのと同様に価額決定の請求手続（会更法105条〜107条）が認められている。ただ，民事再生手続の場合と異なり，目的財産が更生会社財産として維持されることが目的ではなく，最終的には譲渡や第三者による利用等が予定されており，担保権の消滅請求自体は換価とは切り離され，その前段階として位置づけられている(注33)。

これまで考察してきたように，相手方に破産手続が開始された場合，抵当権は別除権として破産手続に関係なく実行することができ，中止命令（破産法24条）の対象にならない。他方，破産管財人には自助売却権（破産法184条2項）が認められ，抵当権者の換価時期選択権は制限されている。

民事再生手続が開始された場合は，抵当権者は別除権者として再生手続に関係なく実行することができるが，中止命令の対象となり（民再法31条），再生債務者には自助売却権は認められていない。

会社更生手続が開始された場合には，抵当権は，更生担保権として，更生手続中は，その権利の行使が全面的に制約される。そのことはすでに考察したとおりである。

各倒産手続においては，担保権消滅制度が設けられているが，破産手続における同制度（破産法186条以下）は，破産管財人による担保目的物の任意売却に伴うものであるのに対し，民事再生手続における同制度（民再法148条以下）は，再生債務者の事業の継続のために不可欠な資産につき，担保権の制約から解放すべく認められているものである。そして，会社更生手続における同制度（会更法104条以下）は，事業譲渡や遊休資産の売却等更生会社の事業の更生のために必要な場合に認められる制度である。

このように，同じ担保権消滅制度といっても，その制度目的は全く異なる。また，担保権消滅の対価として裁判所に納付された金銭の処理も，破産手続，民事再生手続では配当が実施される（破産法191条，民再法153条）が，会社更生手続では，更生計画が認可されると管財人に交付される（会更法109条）など，その内容も異なっている(注34)。

⑤ **民法上の抵当権消滅制度との異同**

　ⅰ　民法上の抵当権消滅請求の制度は平成15年の民法改正により滌除の廃止に伴い導入された制度であり，すでに詳しく考察してきた。

この抵当権消滅制度は，抵当不動産について，所有権を取得した第三者が，取得代価または特に指定した金額を抵当権者に提供して抵当権の消滅を請求する制度である（民法379条～386条）。抵当権者は，その提供金額に不満があるときは，抵当権を実行して競売を申し立てることができる。抵当権者が競売を申し立てないときは，提供された代価または金額を承諾したものとみなされ（民法384条），すべての抵当権者の承諾と第三取得者が承諾を得た提供金額の支払または供託をすることにより，抵当権は消滅する（民法386条）。

　この民法上の抵当権消滅制度は，担保目的財産の譲渡に伴い，その所有権を取得した第三者（第三取得者）が，目的財産の代価額または一定の指定額を担保権者に支払うことにより，そのイニシアティブで，担保権を消滅させる制度である。消滅の対象となる担保権は，担保不動産につき登記された担保権であり，抵当権，先取特権，質権である。

　第三取得者は，担保権者による担保権の実行としての競売による差押えの効力が発生する前であれば，抵当権消滅請求ができる（民法379条）。この第三取得者の意義については，平成15年法律第134号による改正前の滌除に関するものであるが，現在も参考になるものとして，次のような判例がある。ⅰ「所有権移転請求権保全の仮登記を経由した者は，その請求権が停止条件付又は将来確定すべきものとして登記されたときを除き，本条にいう第三取得者に該当する。」（大決昭和10年7月31日民集14巻1449頁）。ⅱ「担保権実行前の譲渡担保権者は，本条（民法379条）の第三者に当たらない。」（最判平成7年11月10日民集49巻9号2953頁）。ⅲ「1個の不動産全体に抵当権が設定されている場合，抵当不動産の共有持分を取得した第三者は，抵当権を滌除することができない。」（最判平成9年6月5日民集51巻5号2096頁）とする判例があり，現時点においても重要な意義を有する判例であると思われる。

　抵当権消滅請求においては，第三取得者から担保不動産につき登記された担保権者に対し，支払われる金額が提示され，その妥当性を判断するための情報に関わる資料が提示される（民法383条）。民法383条は，その資料につき，「抵当不動産の第三取得者は，抵当権消滅請求をするときは，登記をした各債権者に対し，次に掲げる書面を送付しなければならない。1　取得の原因及び年月日，譲渡人及び取得者の氏名及び住所並びに抵当不動産の性質，所在及び代価その他取得者の負担を記載した書面，2　抵当不動産に関する登記事項証明書

（現に効力を有する登記事項のすべてを証明したものに限る。），3　債権者が2箇月以内に抵当権を実行して競売の申立てをしないときは，抵当不動産の第三取得者が第1号に規定する代価又は特に指定した金額を債権の順位に従って弁済し又は供託すべき旨を記載した書面」と規定し，その資料の内容を明らかにしている。以上のような内容を記載した書面は，第三取得者から各担保権者に送付される。担保権者は前述のごとく2ヶ月の熟慮期間があるが，それを承諾しない場合には担保権を実行して競売を申し立てなければならず，そうしない場合には第三取得者の提供した金額を承諾したものとみなされる。担保権は，すべての登記された担保権者が承諾し，かつ，第三取得者が当該金額を払い渡し，または供託したときに消滅する。

　このように抵当権消滅請求制度は，担保権の追及効があるために，不動産の流通が阻害される局面において，第三取得者のイニシアティブにより一定の金額の支払によって，担保権を消滅させることを可能とすることにより，担保不動産の流通の促進を図ることを目的とする制度である。この場合第三取得者の権利保護は，担保不動産の流通促進という目的のための手段という性質をもつことになると考えられる(注35)。

　この抵当権消滅制度は，倒産手続外での第三取得者と担保権者との間のやりとりとして行われるのであるが，破産法上の担保権消滅制度は，倒産手続における一制度であって，破産管財人がイニシアティブをとり，担保権者への配当，弁済金交付は裁判所が担い，担保権の登記の抹消が裁判所書記官の嘱託によるなど裁判所の関与のもとで遂行され，その対象となる担保権には前述のごとく商事留置権（破産法192条）も含まれ，対象となる財産も不動産に限定されないなど，手続の仕組みや対象の範囲は，民法上の抵当権消滅制度とは異なる。

　また，民法上の抵当権消滅制度が，担保不動産の有効利用や譲受人の保護に重点があるのに対し，破産法上の担保権消滅制度は，譲渡人側の換価の必要性に重点をおいている制度であるというところに力点の違いがある。しかし，ともに担保目的財産の譲渡の局面において，担保権者のイニシアティブや強制執行等の手続によることなく，被担保債権の全額の満足に至らなくとも担保権を消滅させ，流通の促進を図ることを可能にする制度であるという点において，両制度は相当に共通点を有していると思われる。

破産法上の担保権消滅制度は，任意売却を軸として，民法上の抵当権消滅制度を，より安定性の高い倒産法上の制度として構築し，担保及び目的財産を拡張し，担保権の実行としての競売の開始にかかわらずその申立てができるものとするなど，その利用可能範囲を広げたものとみることができると考えられる（注36）。

　ⅱ　もうひとつ，この担保権消滅制度と担保権の不可分性との関係をどのように考えるかという問題がある。

　担保権消滅制度は，まず民事再生法で導入され，会社更生法，破産法に同じ担保権消滅という制度が設けられた。もちろん，その制度の内容は前述したようにかなり異なっているのであるが，基本的には共通性のある手続ということで相当程度類似した性質のものでもある。

　その背景にあるのが，担保権の不可分性ということになるのであるが，倒産法との関係では，被担保債権についてその全額を弁済しない限り，担保権は消滅しないという原則である。つまり，被担保債権の一部の弁済，仮にそれが担保目的物価額に相当するものであったとしても，その弁済によって担保権が実体法上消滅することはないという原則である。このような規定は現行民法にあり（民法296条，372条），留置権の不可分性を規定した民法296条の規定を民法372条により抵当権に準用している。判例も，「留置権者は，留置物の一部を債務者に引き渡した場合においても，特段の事情のない限り，債権の全額の弁済を受けるまで，留置物の残部につき留置権を行使することができる。」と判示して（最判平成3年7月16日民集45巻6号1101頁），その趣旨を明確にしている。

　このような規定は，いわゆる旧民法，すなわち施行されないで終わったボアソナード教授等の作成にかかる民法にも同様の規定（旧民法債権担保編196条等）が存在するということで，フランス法に由来する原理であるといわれ，さらに，ドイツ法にも同様の制度が存在し，基本的にはヨーロッパ大陸法において一般に認められている原理であるといわれている（注37）。

　この担保権の不可分性が実際上どういう意義をもっているかというと，1つは，担保権者が担保権の実行時期を選択できる，つまり，その選択権を保障する機能ということになる。担保権者は，現在は担保割れの状態（担保目的物の価額が被担保債権を下回っている状態）になっている場合には，担保権を実行

せずに担保目的物の値上がりを待って担保を実行し，より多くの債権を回収できるという期待を保障する，そういうことができる権能を担保権者に認めるということである。

それからもう1つの機能は，被担保債権全額の弁済を受けない限りは，担保権者は常に担保権の実行の可能性を留保することができ，それによって債務者に対して被担保債権の全額の弁済を間接的に強制できるという機能である。

このように担保権は2つの機能を有すると考えられるのであるが，前者の実行時期選択権については，倒産法においては，かなり制限されていると解される。

会社更生法では，担保権は更生担保権となって，そもそも担保権の実行ということは考えられない。また，破産法においても，管財人が担保目的物を換価する際に剰余主義は排除されており，担保権者には担保権の実行時期の選択権が保障されていないのではないかと解される。そして，民事再生における担保権消滅制度は，担保権者は担保権の実行を待ち，担保権実行時期を選択できる立場にはないといえるのではないかと考えられる。

後者の間接強制機能についても，倒産債権を担保権者が優先的に回収するという一面をもっているので，そのことが倒産手続において要求される債権者平等の原則に反するということで，消極的に評価されるということがある（注38）。

このようにみてくると担保権消滅制度は民法の認めている担保権の不可分性の例外となる制度であるということになりそうである。

その1つとして，民法上の制度である抵当権消滅制度（民法379条）がある。従来は滌除といわれていた制度であるが，第三者が抵当目的物を取得した場合に，被担保債権の全額を弁済しないでも抵当権の消滅を求めることができる制度である。

それからもう1つは，破産手続における担保権消滅の制度である。民法の担保権消滅制度と類似した側面をもっているが，破産における担保権消滅制度というのは，基本的には第三者に担保目的物を譲渡する場合に，目的物価額を管財人が弁済することによって担保権を消滅させる制度である。これは実質的にみれば，その目的物を第三者に譲渡した後にその第三者が抵当権消滅請求をする民法の抵当権消滅制度と基本的にはパラレルなものとみることができる（も

っとも破産における担保権消滅には，いわゆる組入れがあり，この点は民法の抵当権消滅とは異なる。）(注39)。破産の場合も民法の抵当権消滅制度と同様に，担保権者の対抗方法としては，市場にその価額を聴くという競売が認められている。滌除の時代は増価競売だけだったわけであるが，改正民法の下では単に競売となっており，基本的にはパラレルな形になっている。もっとも，破産の場合には，買受申出という制度も認められている。

民事再生の場合において担保権消滅が認められるのは，担保目的物の利用を継続するためである。本来そのためには，非占有型担保の場合には担保権自体を消滅させてしまう必然性は必ずしもないわけであるが，倒産手続の場面においては，担保権者が担保権を実行してしまうことにより担保目的物の利用が不可能になるという側面を重視し，その実行を防止するため担保自体を消滅させるという選択肢をとっている。そういうことになると担保権者の対抗の方法は，目的物を売却するということにはならないわけであるので，担保目的物の価額の争いについて裁判所が判断するという価額決定の制度になると考えられる。

会社更生の担保権消滅制度は，以上考察した2つの側面を両方もっているということになる。目的物の譲渡，典型的には事業譲渡等の場合に，その譲渡対象物についている担保権を消滅させるという場面では，それは抵当権消滅に類似することになるし，また，会社更生に従来あった留置権消滅は，まさに民法の留置権消滅制度の特則であったわけであり，それを担保権消滅に吸収させたということになるのであるが，いずれにしても会社更生の場合には，担保権の実行は禁止されているので，抵当権消滅的なものと位置づけられるとしても，担保権者の対抗方法は担保権の実行ということにはならないわけであるから，実質的には担保目的物の価値を裁判所が判断するということになる (注40)。

⑥　担保権消滅制度と不動産登記
ⅰ　破産法
(i)　担保権の消滅と登記手続

旧破産法の下では，破産財団に属する財産について破産管財人によって任意売却による換価が行われる場合において，当該財産に特別の先取特権，質権，抵当権または商事留置権があるときは，換価による売買代金の一部を破産債権者に対する配当原資として破産財団に組み入れるという取扱いが行われてい

た。

　しかし，このような運用は，合意に依拠するため，財産が換価された場合の代金から全く配当・弁済を受ける見込みのない後順位の担保権者についても合意を取り付ける必要があり，このためいわゆる判子代として一定の金銭の支払いを余儀なくされたり，任意売却自体が実現しなくなるという事態が生じ，このような手法が運用にとどまるのでは限界があるとの指摘があった。このことはすでに述べたとおりである。

　新破産法では，担保権（特別の先取特権，質権，抵当権または商事留置権）の目的である財産の換価の円滑化および迅速化を図るなどの観点から，前記のような運用を促進すると同時にこれを補完するため，破産管財人が，担保権の目的である財産を強制執行の手続によらずに任意に売却する場合に，裁判所の許可を得て，当該財産につき存在するすべての担保権を消滅させ，また，任意売却により取得できる金銭の一部を担保権者への弁済・配当に充てずに破産財団に組み入れ，破産債権者への配当の原資とすることを可能とする担保権の消滅の制度を創設している（破産法186条～191条）。この点もすでに考察した。

　この制度では，破産管財人と担保権者との間では事前の協議が要求され，また，担保権者には，破産管財人の許可の申立てにつき考慮する期間（熟慮期間）が与えられ，事前の協議において同意をしていた場合を除き，組入金の額等につき異議があるときは，担保権の実行の申立てをしてそれを証する書面を提出するか，より高価での買受けを申し出ることができ，このいずれかがされたときは，破産管財人が申し立てた相手方への任意売却および担保権の消滅は認められないことになる（破産法187条，188条）。

　破産管財人の許可の申立てどおりの担保権の消滅と破産財団への組入れは，担保権者が担保権の実行の申立てや買受けの申出という形で異議を出さなかった場合に認められるのであり，この制度自体は，破産管財人の許可の申立てに対して異議がないという担保権者の意思に基礎を置いていると見ることができる。

(ii) **消滅した担保権に係る登記の抹消**

　相手方または買受人および破産管財人からそれぞれ所定の金銭が納付されると，その時に担保権が消滅する（破産法190条4項）ので，裁判所書記官は，消滅した担保権に係る登記または登録の抹消を嘱託しなければならない（破産

法190条5項)。すなわち,担保権の目的となっている不動産等につき,売却により得られた売得金から組入金を控除した額等が裁判所に納付されることによって当該担保権が消滅した場合には,裁判所書記官は,消滅した担保権に係る登記の抹消を嘱託しなければならない(破産法190条5項)。

嘱託情報としては,破産財団に属する不動産等を任意売却等により換価することによって抵当権等の登記を抹消する場合の嘱託情報には,登記の目的として「何番抵当権(又は先取特権若しくは質権)抹消」と記載(記録)し,登記原因は,「平成何年何月何日破産法による担保権消滅」と記載(記録)する。このときの登記原因の日付は,裁判所に金銭の納付があった日である(破産法190条4項)。

添付情報としては,登記原因証明情報として,担保権の消滅の許可の決定(破産法189条1項)の裁判書の謄本を提供する。なおこの抹消の嘱託には嘱託の副本を添付する必要はない(注41)。

ⅱ 民事再生法
(ⅰ) 担保権の消滅と登記手続

民事再生手続においては,破産手続及び会社更生手続と同様に再生債務者が別除権の目的物を受け戻すことができるが,事業の継続に必要な物件上の担保権が担保割れになっているため,その被担保債権額の全額を弁済しなければ担保権が消滅しないとすることは,債務者の再建を困難にし,債権者の平等を害するおそれがある。

そこで,再生手続においては,民事再生法53条1項に規定する特別の先取特権,質権,抵当権および商事留置権を有する者には,別除権が与えられ,再生手続によらないで担保権を行使することができる(仮登記担保契約に関する法律19条3項により,仮登記担保権も,抵当権と同様の取扱いがされることとなる)。しかし,再生手続外での担保権の実行を何ら制約しないで行うことができるものとすれば,再生債務者の事業の継続に欠くことのできない財産について担保権が実行され,その財産が売却されてしまう結果として,事業の継続が不可能になるおそれがある。この場合に,再生債務者が担保権の実行を回避するには,被担保債権の全額を弁済して担保権の目的である財産を受け戻し(民再法41条1項9号)する方法もある。しかし,被担保債権の額が担保の目的の価額を上回っている場合や,担保権の実行による競売手続では配当を受けられ

ない場合，後順位の担保権者がいる場合には，担保権の目的の価額を超えて被担保債権の全額を弁済しなければならず，担保権を有しない再生債権者との間の公平を害することになるから，受戻しの方法は採ることが難しくなる。

そこで，再生手続においては，担保権者に対して目的財産の価額に相当する満足を与えることにより，再生手続開始当時に当該財産の上に存するすべての担保権を消滅させ，再生債務者の事業の継続に欠くことのできない財産の確保を図る制度を新たに導入している。

(ii) 消滅した担保権に係る登記の抹消

(ア) 担保権の消滅

再生手続開始当時，再生債務者の財産の上に特別の先取特権，質権，抵当権または商事留置権が存する場合において，当該財産が再生債務者の事業の継続に欠くことのできないものであるときは，再生債務者等（管財人が選任されていない場合にあっては再生債務者，管財人が選任されている場合にあっては管財人をいう）は，裁判所の許可を得て，当該財産の価額に相当する金銭を裁判所に納付することにより，当該財産の上に存するすべての担保権を消滅させることができる（民再法148条）。もっとも，共同担保の一部に対する担保権消滅許可の申立ては，これが認められれば，残余部分の担保価値が大きく減少し，担保権者に著しい不利益を与えることとなる場合には，権利濫用として許されない（札幌高決平成16年9月28日金法1757号42頁・最決平成17年1月27日抗告棄却）。

(イ) 担保権に係る登記の抹消の嘱託

裁判所書記官は，再生債務者等が担保権の目的である財産の価額（担保権消滅の許可の申立書に記載した申出額または価額決定により定められた価額）に相当する金銭を裁判所に納付したときは，消滅した担保権に係る登記の抹消を嘱託しなければならない（民再法152条3項）。

ⅰ 担保権に係る登記の抹消の嘱託書には，担保権消滅の許可の裁判書（民再法148条3項）の謄本を添付する必要がある（民再規81条3項）。

ⅱ 担保権に係る登記の抹消の登記の目的は「何番抵当権抹消」とし，登記原因の記載は，「平成　年　月　日民事再生法による担保権消滅」とする。

　なお，登記原因の日付は，再生債務者等が担保権の目的である財産の価額に相当する金銭を裁判所に納付した日である（民再法152条2項）(注42)。

iii 会社更生法

(i) 担保権の消滅と登記手続

抵当権は，担保目的物の交換価値を優先的に把握する典型的な担保物権であり，与信先が倒産した場合に最もその機能を発揮することが期待される。このことから抵当権は，破産手続，民事再生手続においては別除権とされ，これら手続によることなく，任意の時期に換価手続を実行する等，原則として自由に行使することができる。しかし，会社更生手続においては，更生担保権となって全面的に更生手続に拘束されてしまう。すなわち，抵当権者は，そのイニシアティブを事実上失い，以後，更生手続の進行にしたがって権利を行使することになる（注43）。

更生手続開始の当時に，更生会社の財産の上に特別の先取特権，質権，抵当権または商事留置権がある場合において，当該財産が更生会社の事業の更生のために必要であると認めるときは，管財人は，裁判所の許可を得て，当該財産の価額に相当する金銭を裁判所に納付することにより，当該財産の上にあるすべての担保権を消滅させることができる（会更法104条）。

(ii) 更生計画の遂行による権利変動の登記

更生計画の遂行により更生手続終了前に登記のある権利の得喪または変更が生じた場合において，その登記権利者が更生会社，更生債権者，更生担保権者，株主等（会更法2条14項）または更生計画の定めにより設立される株式会社であるときは，裁判所書記官は，当該権利の得喪または変更に伴う登記を嘱託しなければならない（会更法261条6項本文において準用する同法258条1項）。

なお，管財人が自らの権限を行使することにより，登記のある権利の変動が生じた場合（会更法72条2項）には，裁判所書記官からの登記の嘱託は認められず，管財人と第三者との共同申請によることになる。

その嘱託書には，登記原因を証する情報のほかに，更生計画認可の決定の決定書の謄本を提供する必要がある（登記令7条）（注44）。

(iii) 消滅した担保権に係る登記の抹消

裁判所書記官は，管財人（会更法67条）が担保権の目的である財産の価額（会更法108条1項）に相当する金銭の全部または一部（会更法111条1項，112条2項）を裁判所に納付したときは，裁判所書記官は消滅した担保権に係

る登記の抹消を嘱託しなければならない（会更法108条4項）。

　上記の登記の抹消の嘱託書には，担保権消滅の許可の決定の決定書（会更法104条4項）の謄本を提供する必要がある（登記令7条）。登記の目的として「何番抵当権抹消」とし，登記原因は「平成　年　月　日会社更生法による担保権消滅」とする。登記原因の日付は，管財人が担保権の目的である財産の価額に相当する金銭の全部または一部を納付した日である（会更法108条3項）。

⑦　担保権消滅制度と担保権の不可分性

ⅰ　担保権の不可分性

　前号で考察した担保権消滅制度については，民事再生法による担保権消滅制度は，再生手続の中で担保権がそのまま存続する場合には，事業の継続に不可欠な財産について担保権が実行され，事業の再建が不可能になり，またそれを防止するためにその被担保債権を全額弁済すれば，やはり事業の再建を困難にし，債権者間の実質的な平等を害するおそれがあるため，全く新たな制度構想として，担保目的物価額の弁済による担保権の消滅制度を認めている。

　会社更生法による担保権の消滅の制度は，更生手続の中で営業譲渡等を行うに際して，担保権がそのままであれば営業譲受人の範囲等が制限されるなど担保目的物の換価を困難にする一方，それを防止するために被担保債権を弁済することは更生手続では許されず，結果として事業の実質的な更生を害するおそれがあるため，担保権消滅制度を設けている。

　破産法による担保権消滅制度は，破産手続の実務において従来行われていたといわれる別除権目的財産の任意売却の際の財団組入れを制度化するという観点から，任意売却代金の弁済により，担保権者の同意なしに担保権を消滅させることを可能にするため担保権の消滅制度を認めている。

　以上の3つの手続で設けられた担保権の消滅の制度は，その設けられた趣旨，動機などは異なるものの，これらの制度は，被担保債権の全額の弁済をしないでも，担保目的物価額の弁済により担保権の消滅を認めるものであり，実体法上の担保権の不可分性の原則に抵触する性質を有しているように考えられる（注45）。

　一般に担保権の不可分性の意義としては，ⓘ担保権の目的物が滅失し，または分割したとしても，その残部または各分割物で被担保債権の全部が担保されること，ⓘⓘ被担保債権の一部が弁済・相殺等によって消滅しても残額債権につ

いて担保目的物全体によって担保されることという2つの内容があるといわれている。ここで取り上げるのは⑪の意義においてということになるが，担保の目的物は被担保債権を不可分的に担保しているものであり，債権額と目的物とがそれぞれ部分的に対応するものではないという規律の面から取り上げる。そうなると，担保目的物の価額が被担保債権額を下回っている場合にも，目的物相当額である被担保債権の一部を弁済したからといって，それで担保権が消滅することはないということになるのであるが，この不可分性の原則が倒産手続との関係では貫かれておらず（不可分性の例外），大きな問題となるわけである（注46）。

ただ，この不可分性の例外は，民法自体も認めている。その例として，抵当権消滅請求の制度がある。

抵当不動産の第三取得者は抵当権消滅請求ができる（民法379条）。この抵当権消滅請求制度についてはすでに考察したところである（43頁以下）が，具体的には，抵当不動産の代価等を記載した一定の書面を各登記債権者に送付し（民法383条），債権者が書面送付後2ヶ月以内に抵当権を実行しないときはその代価等を承諾したものとみなされ（民法384条），すべての登記債権者が代価等を承諾し，第三取得者が代価等を払い渡したときは，抵当権は消滅するわけである（民法386条）。この制度は先取特権（民法341条）および不動産質権（民法361条）に準用されている。

この制度は，平成15年改正前の滌除の制度を改正したものである。その制度の根拠は，①譲受人の保護と⑪不動産の流通の保護ということにあるが，この制度の存在によって，担保権の不可分性の存在理由は相当程度減殺しているといわれている。その理由としては，担保権設定者はその意思で自由に担保目的物を譲渡することができ，その時点での把握価値を確定させることによって，担保権者の担保権実行時期の選択権を奪い，担保権者の間接強制力も失われると考えられるからである（注47）。

なお，この担保権の不可分性の例外は，民法上の留置権消滅請求においてもみられる（民法301条）。

ii　破産における担保権消滅請求と担保権の不可分性

破産法における担保権消滅請求制度（破産法186条以下）と担保権の不可分性との関係については，第1に，担保目的物については，破産管財人が担保権

者の意に反しても換価することが可能であり（破産法184条2項），この場合には剰余主義の適用が排除される（同条3項）。このように破産管財人の意思により不可分性の排除が可能である以上，任意売却の場合にのみ不可分性を維持する合理性は乏しい。第2に，任意売却後には買受人からの民法上の抵当権消滅請求が可能であり，そうであればその前の段階で担保権の消滅を認めても，担保権者の実質的な利益は害されないと考えられる。第3に，担保権者は，破産管財人の申立てに対して，担保権実行の申立てや買受申出という対抗手段を有しており，それにもかかわらずそれを行使しない場合には，黙示的にその申立てを承諾するものであり，不可分性の利益を放棄したと考えられることなどが不可分性の例外を認めている理論的な理由になると考えられる。つまり，抵当権消滅請求制度では担保権者の競売申立権を認めれば，その利益は十分保護されていると考えられるうえに，さらに買受け申出権まで認めて厚くその利益を保障しているわけであるので，破産法における担保権消滅請求制度は，担保権の不可分性の例外としての相当性を有すると解される（注48）。

iii 民事再生における担保権消滅請求と担保権の不可分性

民事再生手続開始の決定があった場合，債務者名義の不動産には，再生手続開始の登記はしないこととされている。再生債務者が法人のときは，その商業・法人登記として，再生手続開始の登記がされるが，個人のときには何ら公示されない。その理由としては，第1に，民事再生手続では，再生手続が開始されても，再生債務者は，原則としてその業務を遂行し，またはその財産を管理し，若しくは処分する権利を有すること，第2に，再生債務者が財産の処分等をするには裁判所の許可を得なければその処分は無効とされているが，この無効は善意の第三者に対抗することができないとされていること，そして，第3に，再生手続は，債務者の事業または経済生活の再生を図ることにあるから，債務者の不動産または不動産上の権利に再生手続開始の登記をすることはむしろ，当該不動産の迅速な処理の足かせになり，再生手続の趣旨に反すると考えられることなどが考えられる。

もっとも，保全処分の登記，否認の登記，再生債務者に属する不動産の売却の登記，担保権消滅の登記については，その処分の制限または物権変動を第三者に対抗するためにする登記であるから，債務者が個人または法人であるかどうかに関係なく，破産手続または更生手続と同様，債務者名義の不動産または

不動産上の権利に対し，その登記をする必要がある（注49）。

　民事再生手続は，和議法による和議手続に代わる再建型倒産処理手続として平成11年（平成11年法律第225号，平成12年4月1日施行）に創設されたものであるが，この旧和議法の下では，その手続の係属・経過・効果等を公示して第三者に警告を与える趣旨から，和議開始の登記，和議開始取消の登記，和議廃止の登記，和議認可の登記，和議不認可の登記，和議取消の登記，和議認可の登記の抹消（昭和37年10月9日民事甲第2821号民事局長通達）をすべきものとされていた。しかし，民事再生手続においては，再生債務者が有する不動産には，前述のごとく再生手続開始の登記や再生計画認可等の再生手続がどの段階にあるかの登記はしないことを原則としている。その理由としては，これらの登記をすることにより不動産の流動性を阻害するおそれがあるし，さらには第三者に警告する必要性があるかどうかについても疑問があることなどによるものである（注50）。

　このように，この民事再生法は，企業が完全に行き詰まる前に申請ができるようにし（民再法21条），再建計画を承認する要件も大幅に緩和され，従前の経営者による事業経営と再生手続の施行が原則とされている（民再法41条，64条，66条，79条，82条等）。したがって，民事再生法の定める担保権消滅請求の制度（民再法148条以下）も事業の継続に不可欠な財産が担保権者によって売却されることを避ける必要があり，そのためには，被担保債権の全額を弁済することは，再建を困難にすることになり，また債権者間の平等を確保するという観点からも妥当でないことから，担保目的物価額の支払いにより担保権を強制的に消滅させる担保権消滅制度を設けている。その意味で，この担保権消滅制度は担保権の不可分性の例外を認めたものであるということになるが，結局，担保目的物を再生事業の継続のために再生債務者等の利用可能なものとして保障する必要があるということで，担保権の不可分性の例外としての相当性を有すると解される（注51）。

　　iv　会社更生における担保権消滅請求と担保権の不可分性

　会社更生手続開始により更生会社の財産に関する管理処分権が管財人に移り，更生会社がその権限を失っていることを公示する趣旨から旧会社更生法（昭和27年法律172号）では，不動産登記簿にも，更生手続開始の登記，更生手続開始の取消しの登記，更生手続廃止の登記，更生計画不認可の登記，更生

計画認可の登記および更生手続終結の登記等（旧会更法18条1項，19条，22条）をすることとされていた。しかし，改正会社更生法（平成14年法律第154号，平成15年4月1日施行）では，これらの登記をすることを廃止し，更生会社の商業法人登記簿に登記すれば足りることになっている（会更法258条，259条，261条）。

その理由としては，更生手続開始の登記等は，対抗要件としての効力を有するものではなく，更生会社と取引をする第三者に対する警告的な意味を有するに過ぎないうえに，更生手続開始の登記は更生会社の登記簿に登記されるので，更生会社と取引をしようとする第三者は，商業登記によって，更生手続開始に伴う更生会社の事業の経営並びに財産の管理および処分をする権利が更生管財人に専属するに至った事実を知ることができる。

そこで，改正会社更生法では，これらの登記はしないとしている。ただ，同法により担保権消滅請求の制度（会更法104条以下）が導入されているので（会更法104条～112条），更生手続開始の当時，更生会社の財産上に抵当権等が存する場合において，当該財産が更生会社の事業の更生のために必要であると認めたときは，更生管財人は，裁判所の許可を得て，当該財産の価額に相当する金銭を裁判所に納付することにより，当該財産に存在する担保権を消滅させることができることになっている（会更法108条3項）(注52)。

会社更生手続では，事業の更生のために必要な財産の上に担保権が設定されており，事業継続や営業譲渡等のために，その担保権を消滅させることが，事業の更生のために必要があると認められるときは，管財人が財産価額に相当する金銭を裁判所に納付して，担保権消滅の許可を裁判所に求めることができる（会更法104条1項）。これが会社更生法による担保権消滅制度であるが，たとえば，会社が当該物件を第三者に処分するために担保権消滅制度が使われる場合，いいかえれば，担保権消滅が営業譲渡等を目的として行われる場合が考えられる。このような場合には担保権の不可分性の例外としての相当性を有すると解される。

結局，倒産手続における担保権消滅制度の根拠は，1つは，任意売却をする場合における譲受人保護（それによる譲渡の容易さ）のための担保権消滅であり，破産法の担保権消滅制度，さらには営業譲渡等を目的とする会社更生法の担保権消滅制度がこれに該当すると考えられる。もう1つは，自己利用をする

場合における利用の保護（それによる再建の容易さ）のための担保権消滅である。民事再生法における担保権消滅制度がこれに該当すると考えられる（注53）。いずれの担保権消滅制度も，担保権の不可分性の例外としての相当性を有していると解される。

(6) 倒産法と任意売却

① 別除権の目的である財産の破産財団からの逸脱

別除権の目的である財産については，破産管財人は，破産財団増殖に向けて，換価のために努力を傾注するといわれ，通常は，別除権者の協力・同意を得て，任意売却先を見つけ，売却代金から別除権者への別除権受戻費用を弁済し，担保権を抹消して処分する方法をとるようである。

ところが，諸般の事情から別除権者との交渉がうまくいかず，倒産事件の長期化を招くこともあるようである。そこで，担保目的物の換価の円滑化・迅速化等を図る観点から，任意売却による担保権消滅制度が新たに導入された（破産法186条～191条）ことは，すでに詳述したところである。

しかし，適当な買受人が現れない場合や，当該財産の性状等諸事情から担保権消滅制度ではなく，担保権を存続させた当該財産を第三者に別除権付きで譲渡したり，あるいは破産財団から放棄する方法に至ることもあるようである。

その場合においては，別除権者は，その有する担保権の行使により弁済を受けることができない債権の額を証明しなければ配当を受けられないわけであるが，そのことは，当該財産が破産財団に属する場合と変わりはないのである（破産法65条2項）(注54)。

別除権というのは，破産手続開始の時において破産財団に属する財産について特別の先取特権，質権または抵当権を有する者が，これらの権利の目的である財産について破産手続によらないで行使することができる権利のことをいう（破産法2条9項）が，この別除権は，担保の設定者に対する破産手続の開始によってその効力に影響を受けることなく，行使できる（破産法65条1項）。

物的な担保権は，債務者の経済状態が悪化した場合に対処するための権利であるから，設定者（多くの場合は同時に債務者である）が破産した場合にこそ効力を発揮すべきことが期待されている権利であるので，破産法はこれを別除権として，上記のような効力を認めたわけである。この別除権という名称は，

その権利者が，他の債権者から特別に除外されて，特定財産から満足を受けることができることに由来するといわれ，破産法によって創設された権利ではなく，別除権は，破産手続外で存在する担保権の効力がそのまま破産手続においても尊重されるという趣旨に基づくものである（注55）。

このように，別除権はもともと破産財団に属する特定の財産上の担保権の効力を意味し，別除権者は同時に破産債権者でもあるというのが通常であるが，そうでない場合もある。したがって，破産債権者でなくても，破産財団に属する財産の上に担保権を有する者，たとえば，破産者が物上保証人である場合や担保目的物の第三取得者である場合もやはり別除権者である（破産債権者でない担保権者）し，破産債権者が破産財団に属さない財産の上に担保権を有していても別除権者にはならない。もっとも，破産者の自由財産の上に担保権を有するときは，準別除権者として別除権者に準じた扱いを受ける（破産法108条2項）。

なお，この別除権は，破産手続開始時に破産財団所属財産の上に担保権が存在すればよく，その後に破産管財人による任意売却等によって当該財産が破産財団に属しないことになったとしても，なお，担保権が存在する限り，担保権者は別除権者として扱われ，その権利行使は不足額の原則（別除権者は，別除権の行使によって弁済を受けることができない債権の額，つまり不足額についてのみ破産債権者として権利を行使することができること）により，不足額についてのみその権利を行使することができる。これを不足額責任主義という。別除権に係る担保権の目的である財産が破産管財人による任意売却その他の事由により破産財団に属さないこととなった場合でもその担保権を有する者はなお別除権者とされる（破産法65条2項）から，不足額責任主義の適用がある（注56）。

任意売却以外に破産財団に属さないことになる「その他の事由」（破産法65条2項）としては，破産財団からの放棄が考えられる。

このように別除権は，破産財団に属する特定の財産から優先弁済を受ける権利である点で破産財団全体から優先弁済を受ける権利である財団債権と異なり，また，財団債権は別除権者に対する弁済がなされた後に残った財産から，破産債権に先立って弁済される債権である（注57）。

② 共有者の別除権

ところで、別除権に関する規定で、新破産法により実質的に改正を受けているものがある。

旧破産法は、共有者の別除権として、共有者の一人が破産した場合において、その破産者に対し共有に関する債権を有する他の共有者は、分割によって破産者に帰すべき共有財産の部分について別除権を有すると規定していた（旧破産法94条）。この背景には、民法259条により、共有に関する債権は、分割によって債務者に帰すべき共有物の部分をもってその弁済に充てることができる旨規定されていることがあるが、しかし、このことが他の債権者との関係で優先的に弁済を受ける地位を保障することになるかどうかについては議論があったところであり、また、民事再生手続においては、共有に関する債権を有する者には特に優先的な地位は認められていない。そこで、新破産法は、共有者の別除権に関して特別な規定を設けていない (注58)。

③ 別除権者への通知

別除権者が担保権の実行や別除権の放棄等をする機会を保障するという観点等から、別除権者に対する一定の配慮が図られ、破産管財人による別除権者に対する事前通知の制度が設けられている（破産規則56条）。

破産規則56条は、任意売却等に関する担保権者への通知として、「破産管財人は、法第65条第2項に規定する担保権であって登記がされたものの目的である不動産の任意売却をしようとするときは、任意売却の2週間前までに、当該担保権を有する者に対し、任意売却をする旨及び任意売却の相手方の氏名又は名称を通知しなければならない。破産者が法人である場合において、破産管財人が当該不動産につき権利の放棄をしようとするときも、同様とする。」と規定している。

④ 破産における担保物権の変容

民法に規定する担保物権のうち、民法上の留置権（民事留置権）は、破産によって効力を失う（破産法66条3項）。再生手続および更生手続においては特別の規定がない。倒産処理手続における民事留置権の取り扱いについては、見解が分かれており、なお、慎重な検討を要するということで、再生手続および更生手続においては特段の手当てをしていない (注59)。そのため民法上の留置権付きの債権は、破産では一般の破産債権になる。これに対し、破産手続開始の時において破産財団に属する財産につき存する商法または会社法の規定によ

る留置権（商事留置権）は，特別の先取特権とみなされ（破産法66条1項（旧破産法93条1項，2項）），優先弁済権まで付与されている。そして，破産法は特別の先取特権，質権，抵当権が別除権であることを破産法65条2項で規定している。この別除権と被担保債権との関係については，不足額責任主義の考え方がとられていること前述のとおりであるが，この考え方は，担保権者に，別除権の行使と被担保債権全額について一般の破産債権者としての権利行使とを並行して行うことを許さない原則であり，担保権者はまず別除権を行使して，別除権によっても満足を得られない部分についてのみ破産債権者としての権利行使を認められることになる。これは他の一般債権者との公平を図ったものである。

　破産についても，この「不足額責任主義」の考え方がとられ，別除権者はその別除権の行使によって弁済を受けることができなかった債権額についてのみ，破産債権者として権利を行使することができる（破産法108条1項）。もっとも，必ず最後の配当までに担保権の処分を完了するか，放棄をしなければ破産手続に参加できないとするのは実際的でないといわれ，担保権者と管財人との合意によって別除権の額を確定し，その結果，不足額を確定することもできる（破産法108条1項ただし書）(注60)。判例は，「破産債権者が破産財団に属する特定の不動産について抵当権を有する場合において，破産管財人が当該不動産を抵当権付きのまま第三者に譲渡しても，破産債権の行使については不足額責任主義の制約を受ける。」（大阪地決平成13年3月21日判時1782号92頁）としている。

⑤ 破産管財人等による不動産の任意売却と裁判所の許可

　破産手続開始の決定があった場合には，破産財団に属する財産の管理及び処分をする権利は，裁判所が選任した破産管財人に専属する（破産法78条1項）が，破産管財人が不動産の任意売却をするには裁判所の許可を得なければならない（同法78条2項1号）。

　旧破産法202条は不動産に関する物権は，民事執行法その他の強制執行手続によって換価することを原則としていたが，現破産法は，強制執行手続によるよりも，一般に迅速かつより高価に売却できる任意売却を原則としている（破産法184条1項）。しかし，不動産は一般に高価であり，破産財団にとって重要な財産であるところから，裁判所の許可を要するとしている(注61)。

民事再生法41条1項，会社更生法72条1項，2項にも同趣旨の規定がある。
⑥　破産管財人による任意売却と買受人
ⅰ　売買契約の特質
　破産手続開始決定の当時破産財団に属する財産の上に担保権が存する場合において，当該担保権を消滅させて当該財産を任意に売却することが破産債権者の一般の利益に適合するときは，破産管財人は，裁判所に対し，当該財産を任意に売却し，売得金相当額（ただし，組入金がある場合には，組入金額を控除した額に相当する金銭）を裁判所に納付して当該財産の上に存するすべての担保権を消滅させることについての許可の申し立てをすることができる（破産法186条1項）。

　この場合の売買契約については，次のような点に留意する必要がある。

(ⅰ)　担保消滅許可の申立てに基づいての任意売却については，担保権消滅許可決定が確定しないと，売買契約は効力を生じない（破産法78条2項1号，5項）。

(ⅱ)　もっとも，破産管財人による担保権消滅許可の申立てがあった場合においても，担保権者は，担保権消滅許可の申立書の送達を受けた日から1ヶ月以内に，担保権の実行の申立てを行うことによって，破産管財人の予定する任意売却と担保権消滅許可を阻止できる（破産法187条1項，189条1項）。この場合の担保権の実行には，一般には，担保不動産競売だけでなく，担保不動産収益執行も含まれると解されているが，反対意見もある（注62）。

(ⅲ)　また，破産管財人に対し，当該担保権者または他の者が売得金の5％以上の上乗せした額での買受けの申出をし，かつ，買受希望者が買受けの申出額の20％相当額の保証を提供した場合には，破産管財人の予定した任意売却および財団組入れを阻止できる（破産法188条，189条1項，2項）。

(ⅳ)　買受けの申出があり，裁判所による買受希望者を売却の相手方とする担保権消滅許可決定が確定した場合，破産管財人と買受人との間で，破産管財人が当初予定した売却の相手方との間での売買契約（担保権消滅許可の申立書に添付した売買契約書）と同一の内容の売買契約（ただし，売却の相手方と売買代金とは異なる）が締結されたとみなされる（破産法189条1項，2項）。

(v) 賃借権等の用益権は，消滅すべき担保権には含まれないが，抵当権と併用の賃借権設定の仮登記が消滅すべき担保権に含まれるか否かについては見解が分かれている。

抵当権者が目的不動産について賃貸借契約の予約契約または抵当債務不履行を停止条件とする賃貸借契約を締結し，条件付賃借権設定仮登記，いわゆる併用賃借権の仮登記をすることは，後順位抵当権者または無担保権利者の取得する短期賃借権の出現を防止する手段として行われていたわけである。したがって，この賃借権に期待される効果は抵当権の担保価値を擁護するところにあると解され，抵当権と一体となって，債権を担保するところにその目的および存在価値があると考えられている。そうなると併用賃借権設定仮登記は，抵当権とともに消滅すべき担保権に該当すると解される(注63)。

ⅱ 買受けの申出と売買契約

上記のように，破産管財人の予定する任意売却に対し，当該担保権者等が売得金の5％以上の上乗せをした額での申出をし，かつ，買受け希望者が買受けの申出額の20％相当額の保証を提供した場合には，破産管財人の予定した任意売却および財団組入れは阻止され（破産法188条，189条1項，2項），買受けの申出による買受け希望者を売却の相手方とする，破産管財人と買受人との間の売買契約が裁判所による担保権消滅許可決定の確定によってその効力が発生する（破産法189条1項，2項）。そして，この売買契約は，破産管財人が当初予定した売却の相手方との間での売買契約と同一の内容の売買契約とみなされる（ただし，売却の相手方と売買代金は異なる。）。

上記契約の場合，破産者（法定代理人破産管財人）を売主とし，買受けの申出をした人を買主とする。買受け不動産の所有権は，買主が売得金相当額（ただし，組入金がある場合は，組入金を控除した金額，買主提供の保証がある場合には，保証額を控除した金額，保証金は買主が売主に提供し，その保証金相当額は売得金に充当する。）を裁判所に納付し，売主に対し売買残代金を支払い，かつ買主提供の保証がある場合には，売主が裁判所に対し保証額の納付をして，売買代金全額の支払いが完了したときに売主から買主に移転する。

所有権移転の登記手続は，売主である破産者（法定代理人破産管財人）が買主に対し，対象不動産の所有権が買主に移転したときに直ちに当該不動産について，所有権が移転した日を売買の日とする所有権移転登記手続をすることに

なる(注64)。

　つまり，破産管財人による任意売却，担保権の消滅の許可の申立てについては，担保権者から所定の期間内に対抗措置がとられなかったときは，担保権者に異議はないものとして，破産管財人の申立てどおり，申立書に記載された相手方を売却の相手方として，目的財産を任意に売却し，金銭の納付により担保権を消滅させる許可の決定が出される。

　担保権者が対抗措置をとり，買受けの申出をしたときは，買受けの申出に係る買受希望者を売却の相手方として，許可の決定が出される。そして，担保権者が対抗措置をとり，担保権の実行を申し立てたときは，不許可決定が出される。

　対抗措置として，買受けの申出がされたことや担保権の実行の申立てがされたこと，またはすでに担保権の実行の手続が行われていることを裁判所が明らかにするために，破産管財人による届出や担保権者による担保権の実行を証する書面の提出が要求されている。

　破産管財人から買受希望者に売却する旨の届出（破産法188条8項）がされ，当該買受希望者を売却の相手方とする許可の決定が確定したときは，破産管財人と当該許可に係る買受人との間で，当初売買契約と同一内容の売買契約が締結されたものとみなされることは前述のとおりである（破産法189条2項前段）。この場合，売買契約の相手方である買主は，当初の申立書記載の相手方ではなく，買受人が当該売買契約の買主となる。また，売買契約において，相手方である買主が支払うべき金額は，買受けの申出の額が売買契約の「売得金」の額とみなされる（破産法189条2項後段）(注65)。

iii　破産管財人の権限と任意売却

　結局破産管財人は，適当と認めれば，裁判所の許可を得て，被担保債権を弁済して目的物を受け戻すこともできる（破産法78条2項14号）。のみならず，別除権者が別除権を行使しない場合には，民事執行法その他強制執行の手続に関する法令の規定に従って別除権の目的物を換価することもでき，別除権者はこれを拒むことができない（破産法184条2項）。破産管財人がこの方法で目的物を換価したときには，別除権者が換価代金から優先弁済を受けることになる（破産法184条4項）。

　また，破産管財人は，担保不動産を別除権者自身に売却し，被担保債権と売

買代金債権を相殺し，差額を別除権者から破産管財人に支払うという方法で決済することも可能である。

それから，別除権者の同意なしに任意売却した場合に，なお担保権が存続するときは，担保権者は別除権者として扱われ（破産法65条2項），その権利行使は不足額の原則の制限を受ける（破産法108条1項，2項）。破産規則によれば，破産管財人は，破産法65条2項に規定する登記された担保権の目的である不動産を任意売却しようとするときは，破産管財人は，任意売却の2週間前までに，当該担保権を有する者に対し，任意売却をする旨及び任意売却の相手方の氏名または名称を通知しなければならない（破産規則56条）。任意売却により担保権の目的である不動産の占有・管理状態が変化することから，別除権者に対し，新所有者についての情報を提供するとともに，担保権の実行等の機会を与える等の趣旨に基づくものである（注66）。たとえば，不動産が別除権の負担付で任意売却される場合において，任意売却の相手方が別除権付不動産の用途を居住用から賃貸用に変更することもあり得ると考えられるが，そのような場合には，担保目的物の資産価値に変動が生じ，別除権者にとっては，被担保債権の回収の見込みに影響があり得ると考えられる。

したがって，このような場合に，破産管財人を相手方として，担保権の実行や担保目的物の受戻し等をするための適切な機会を与える必要があるとの趣旨に基づくものである（注67）。

なお，破産規則56条後段は，「破産者が法人である場合において，破産管財人が当該不動産につき権利の放棄をしようとするときも，同様とする。」と規定している。法人の破産において，担保目的物が財団から放棄された場合，破産者である法人に管理処分権が復帰するが，破産会社の代表者と破産者との間の委任関係が破産手続開始決定により終了する（民法653条）との解釈を前提として，担保権者が財団からの放棄後に，別除権放棄を行った上で別除権の不足額を証明し，配当に加入しようとしても，別除権放棄の意思表示等をすべき相手方が存在しないとの問題点が指摘されていたところであるので，このような場合に，別除権者が破産管財人を相手方として別除権放棄や担保権の実行をする適切な機会を与えるため，任意売却の場合と同様に，財団からの放棄に先立ち別除権者に対して通知をすべき旨を定めたものである（注68）。いずれにしても，任意売却についても，裁判所の許可を必要とする（破産法78条2項1

号)。

　なお，参考になる判例として，別除権の目的である財産の任意売却後に不足額責任主義が適用されることを明示した大阪地決平成13年3月21日（判時1782号92頁）は，破産管財人の任意売却について「本条（旧破産法202条）は，破産法78条2項（旧破産法197条）1号及び2号所定の権利若しくは物の換価のため，破産管財人による任意売却によらない場合には，財産権の種類に則し，強制執行に関する規定に従って換価しなければならないとしているにすぎないから，管財人が任意売却の方法を選択した場合には，鑑定や入札の手続を経ることを要せず，適切な時期，方法，相手方を選んで，自らこれを換価することができる。」と明示している（東京高決昭和55年7月31日判夕424号88頁）。

　そして，さらに進んで，破産管財人は別除権者の同意なしに破産管財人が任意売却をして担保権を消滅させ，売却代金の一部を破産財団に組み込む担保権の消滅請求の制度（破産法186条以下）が認められていることはすでに詳しく考察したところである(注69)。

⑦　任意売却と登記手続
　ⅰ　破　産
　破産手続開始決定がされた場合には，原則的には破産管財人が登記義務者になると解されるが，その後，自然人について破産廃止，権利放棄，破産終結がなされた場合には，破産者個人の管理処分権が復活するので，破産者個人が登記義務者となる。株式会社について破産廃止，権利放棄，破産終結がなされた場合には，原則的には登記義務者は清算人であると解される。

　登記申請の添付情報としては，別除権の目的である財産の受戻し（別除権の被担保債権を弁済して当該別除権を消滅させること。破産法78条2項14号）及び不動産に関する物権の任意売却（同法78条2項2号）についての裁判所の許可が必要であるので，所有権移転登記の申請には，裁判所の許可書の提供が必要である。しかし，破産者の所有権取得時の登記識別情報または登記済証の提供は必要でない。破産管財人の資格証明書は裁判所書記官の作成に係るものまたは破産管財人が法人である場合には法人の登記事項証明書である。破産管財人の印鑑証明書は，登記所の登記官または住所地の市区町村長の作成後3ヶ月以内のもの，裁判所書記官の作成したもののいずれかである(注70)。

（ⅰ）　破産財団に属する不動産が任意売却された場合の登記手続

破産手続開始の決定があった場合には，破産財団に属する財産の換価は，破産管財人が行う任意売却の方法（破産法78条2項1号，破産規則56条）によるほか，民事執行法その他強制執行の手続に関する法令の規定によって行うことができる（破産法184条1項）。また，破産管財人は，民事執行法その他強制執行の手続に関する法令の規定により，別除権の目的である財産の換価を行うことができる（破産法184条2項）。

　まず，不動産が任意売却された場合の登記手続についてであるが，破産管財人が登記義務者，買主が登記権利者となって共同申請により所有権移転登記をする（不登法60条）。その登記の申請情報の内容は，売買による所有権移転登記の場合と同じである。

　破産財団に属する不動産について，破産管財人が任意売却による登記の申請をする場合には，任意売却による登記の申請情報と併せて，破産管財人であることを証する情報（登記令7条1項1号）として，破産管財人の選任を証する情報（破産規則23条3項）または破産管財人が法人であるときは法人の登記事項証明書（破産法257条2項，商業登記法10条）を提供しなければならない。添付情報として提供する必要がある破産管財人の印鑑証明書（登記令16条2項，3項，18条2項，3項，不動産規則48条，49条），または電子証明書（登記令14条）については，登記所の登記官，裁判所書記官（破産規則23条4項）または住所地の市町村長若しくは区長の作成した印鑑証明書のいずれでも差し支えない。

　破産管財人が不動産等の任意売却をする場合には，裁判所の許可を得る必要がある（破産法78条2項1号）ので，任意売却による登記の申請の場合にも，第三者が許可したことを証する情報（登記令7条1項5号ハ）として，裁判所の許可があったことを証する情報を提供する必要がある。

　なお，破産管財人が不動産等の任意売却をする場合，旧破産法当時から，当該不動産の登記済証の添付は不要であるとされていた（昭和34年5月12日民事甲第929号民事局長通達）が，新破産法の下でも，この取扱いが維持されている（平成16年12月16日民二第3554号民事局長通達第5・2イ㈡）。

(ii) **破産財団に属する不動産の任意売却による登記に伴う破産手続開始の登記の抹消**

　破産財団に属する不動産を破産管財人が任意売却した場合には，破産手続開

始の登記の効果が失われるので、裁判所書記官は、破産管財人の申立てにより、売却を登記原因（その日付は売却の日付けと一致している必要がある）として、当該破産手続開始の登記の抹消の嘱託をしなければならない（前記平成16年通達第5・2(3)ア）。旧破産法当時の取扱い（昭和32年3月20日民事甲第542号民事局長通達）と同じである（注71）。

(iii) **破産管財人による民事執行法その他強制執行の手続に関する法令の規定に基づく換価の場合の登記手続**

　破産財団に属する財産の換価は、破産管財人が行う任意売却の方法によるほか、民事執行その他強制執行の手続に関する法令の規定によってもすることができる（破産法184条1項）。この場合の登記は、民事執行法による登記手続により行われる。まず、強制競売開始の決定があると裁判所書記官の嘱託により差押の登記がされる。そして、競売手続が進行して、買受人が代金を納付したときは、裁判所書記官の嘱託により、買受人のために「売却」を登記原因とする所有権移転登記がされる。この場合、当該不動産に対してなされた破産手続開始の登記と競売開始決定による差押の登記の抹消は、上記買受人のためにする所有権移転登記の嘱託と一つの嘱託情報としてされる。

　破産財団に属する不動産を、民事執行法その他強制執行の手続に関する法令に基づく強制競売手続または担保権の実行手続によって換価した場合には、破産手続開始の登記の効果が失われることになるので、前記破産手続開始の登記の抹消登記（民執法82条1項2号、188条）は、売却による権利移転の登記（民執法82条1項1号、188条）および差押登記の抹消登記（民執法82条1項3号、188条）の嘱託とともに、裁判所書記官の嘱託によってする（前記平成16年通達第5・(3)イ、昭和32年通達）。

　そして、これらの破産手続開始の登記の抹消および差押登記の抹消の嘱託は、「売却」を登記原因とするものであるので、登記原因の日付は、売却の日付と一致している必要がある（**注72**）。

　なお、破産法184条2項本文は、別除権の目的である財産の換価方法を制限し、破産管財人は民事執行法その他強制執行の手続に関する法令の規定（当該規定が定める強制執行の手続）により別除権の目的である財産の換価をすることができるものとしている。これは別除権の目的である財産については2項の定める強制執行の手続による換価だけが許され、他の方法によっては換価する

ことができないことを明らかにするものである。そして破産法184条2項の定めによる強制執行の手続による換価は手続の適正さ及び換価価格の公正さが制度的に担保されているため，同条1項と同様裁判所の許可は必要とされず，また，2項ただし書において別除権者はその換価を拒むことができないとしている。もっとも，これは別除権者が担保権の実行手続を申立てることを禁止する趣旨ではない（民事執行法47条，188条）と解されている(注73)。

ii 民事再生

民事再生手続開始が決定された場合には，管財人が選任された場合を除き，原則として再生債務者が登記義務者となる。具体的には，不動産が法人所有であれば代表取締役，自然人の所有であれば所有者個人であるということになる。

登記申請の添付情報としては，監督委員が選任されており，その要同意事項として「財産の処分，別除権の目的である財産の受戻し」が指定されている場合にはその同意が必要である（民事再生法41条1項1号，9号，54条2項，4項）。

所有権移転登記申請には，監督委員が選任されている場合には，その同意書を提供する必要がある。裁判所書記官の作成に係る「監督委員選任証明書兼印鑑証明書」は同意書の一部である。

なお，不動産会社について民事再生手続の開始決定がされ，監督委員の要同意事項として「財産に係る権利の譲渡，担保権の設定，賃貸その他一切の処分（ただし，商品の処分その他常務に属する財産の処分を除く。）」とされている場合であっても，当該不動産会社所有の不動産の売却による所有権移転登記申請をするときは，不動産の売却は常務に属する財産の処分には該当しないと考えられるので，添付情報として監督委員の同意書の提供が必要であると解される(注74)。

iii 会社更生

会社更生手続開始決定がされた場合には，管財人が登記義務者となるが，更生計画の定めまたは裁判所の決定により，更生計画認可の決定後には，更生会社の機関，すなわち代表取締役がその権限を回復する場合がある（会社更生法72条）。

会社更生手続開始決定後は，更生会社の財産の管理処分権限は裁判所が選任

した管財人に専属し，裁判所が必要と認めるときは，会社更生法72条2項に掲げる行為をするには裁判所の許可を得なければならないものとすることができる。したがって，管財人の行為について常に裁判所の許可を必要とするわけではないが，実際には，更生手続開始決定の中で，裁判所の要許可事項として，おおむね会社更生法72条2項に列挙された行為が指定されているようである（注75）。そうなると更生会社所有の不動産を任意売却する場合には，更生担保権に係る担保の変更，財産の処分については，裁判所の許可が必要である場合が多いと考えられる。

したがって，更生会社所有の不動産の任意売却による所有権移転登記の申請情報には，不動産の売却についての裁判所の許可書を提供する必要があるということになり，その許可書を提供できないときは，更生会社の所有権取得時の登記識別情報または登記済証を提供する必要があると解される。もっとも，裁判所の許可書を提供するときは，更生会社の所有権取得時の登記識別情報または登記済証の提供は不要であると解される。管財人の資格証明書は，裁判所書記官の作成に係るものまたは更生会社の登記事項証明書で作成後3ヶ月以内のものということになる。管財人の印鑑証明書は，登記所の登記官または市区町村長の作成後3ヶ月以内のものか，裁判所書記官の作成したものかのいずれかということになる（注76）。

⑧ 任意売却と仮登記

破産手続において，抵当権は別除権とされ破産手続によらずに権利行使ができる（破産法65条）。民事再生手続においても同趣旨の規定がある（民再法53条）。しかし，会社更生手続では，抵当権は更生担保権となり更生計画による弁済がされるので，更生手続外での権利行使はできない（会更法50条1項，24条1項2号）。したがって，更生手続においては，担保権の実行は許されず，更生担保権の届出をしたうえで，更生計画に基づく弁済をうけることになる（会更法47条1項）。会社更生法では，このように担保権が手続内に取り込まれていて，手続内でしか権利行使が許されない点が会社更生手続の大きな特色である。

ところで，この担保権に関し，破産手続開始決定前に抵当権設定仮登記を経由した債権者は，抵当権に基づく優先弁済を破産管財人に主張できるかどうかという問題がある。

仮登記は，不動産登記法105条に基づきすることができ，実体上の権利を保全するためにする１号仮登記と条件付権利等を保全するための２号仮登記があるが，この仮登記のままでは破産管財人に対抗することはできない。ただ，条件等が具備されれば，仮登記に基づく本登記を破産管財人に求めることができると解される。そして，破産管財人はこの請求があればこれを拒否できないと解される（破産法49条）。

　なお，仮登記担保契約に基づく仮登記担保については，仮登記のまま担保権の実行ができることが法定されている（仮登記担保法19条）。

　仮登記担保契約に関する法律19条１項は，破産財団に属する土地等についてされている担保仮登記の権利者については，破産法中破産財団に属する財産につき抵当権を有する者に関する規定を適用すると規定し，その２項は，破産財団に属しない破産者の土地等についてされている担保仮登記の権利者については，破産法中同法108条２項に規定する（破産財団に属しない破産者の財産につき特別の先取特権，質権若しくは抵当権を有する者または破産者につき更に破産手続開始の決定があった場合における前の破産手続において破産債権を有する者）抵当権を有する者に関する規定を準用すると規定している。例えば，自然人について破産手続開始決定があった場合における自由財産（破産法34条３項）等のように，破産者の財産のうちで，破産財団に属しない財産につき，別除権に係る担保権が存するときに，その担保権を有する破産債権者が担保権の実行によりその被担保債権の回収を図りつつ，破産債権者として破産手続において配当を受けることを許容する場合には，破産債権者間の公平を害する点で別除権者による破産債権者としての立場と変わるところではない。そこで，その破産債権者としての権利行使は，別除権者と同様の規律に服するものとしている(注77)。

　仮登記担保法19条３項は，再生債務者の土地等についてされている担保仮登記の権利者については，民事再生法中抵当権を有する者に関する規定を適用すると規定し，同条４項は，担保仮登記に係る権利は，会社更生法または金融機関等の更生手続の特例等に関する法律の適用に関しては，抵当権とみなすとしている。

　そして，同条５項は，14条の担保仮登記（仮登記担保契約で，消滅すべき金銭債務がその契約の時に特定されていないものに基づく担保仮登記は，強制競

売等においては，その効力を有しない）は，破産手続，再生手続及び更生手続においては，その効力を有しないと規定している（注78）。

⑨　更生会社の管財人が更生会社所有の不動産を更生計画によらないで売却した場合の登記申請と登記識別情報の提供の要否

登記権利者および登記義務者が共同して権利に関する登記を申請する場合その他登記名義人が政令で定める登記を申請する場合には，登記名義人本人からの申請であることを確認するため，申請情報と登記義務者の登記識別情報を提供する必要がある（不登法22条）。

しかし，虚偽の登記がされるおそれがなく，登記義務者の権利を害するおそれがない場合には，例外的に登記義務者の登記識別情報の提供およびこの提供ができないときの事前通知等を要しないとする取扱いが認められている。

たとえば，旧不動産登記法の下では，破産管財人が裁判所の許可を得て，破産者が所有する不動産を売却し，その所有権の移転の登記を申請する場合には，登記義務者の登記済証の添付を省略しても差し支えないとする取扱いが認められていた（昭和34年5月12日民事甲第929号法務省民事局長通達・登記研究139号43頁）。

これを現行不動産登記法によって考えてみると，同様の事例では，やはり登記識別情報の提供等を要しないと考えられる。

今回ここで取りあげた前述の問題は，破産法ではなく，会社更生法による更生会社の管財人が，更生計画によらないで更生会社所有の不動産を売却し，その登記の申請をする場合でも，登記義務者の登記識別情報の提供を要しないとする取扱いでよいのかどうかという点である。

登記識別情報の提供を必要とする理由は，登記の申請が登記義務者の真意に基づくものであることを担保し，もって，虚偽の登記の申請を防止しようとするものである。前述した昭和34年の先例は，破産管財人が裁判所によって選任され（破産法74条），しかも，破産管財人が関与して行う所有権移転の登記の申請には，裁判所の許可を証する情報の提供があること（破産法78条2項1号，登記令7条1項5号ハ）から，虚偽の登記の申請のおそれがないことを考慮したものと考えられる。

そのほか，相続財産法人が登記義務者となり，相続財産管理人が家庭裁判所の権限外行為許可書を添付して登記を申請する場合も，登記済証（登記識別情

報）の提供の省略を認めている（注79）が，同様の考え方によるものと解される。

　ところで，会社更生法の場合，管財人が更生会社の所有する不動産を処分する場合等であっても，必ずしも裁判所の許可を要せず，裁判所が必要と認める場合においてのみ許可を要するとされている（会更法72条2項）。そのため，登記実務においては，更生会社の管財人が，更生会社名義の不動産を処分し，この登記を申請する場合には，裁判所の許可書または許可を要しない旨の証明書を必要としないとしている（昭和36年5月12日民事甲第1152号法務省民事局長通達・登記研究170号37頁）。

　しかし，前記昭和36年の通達も許可書を提供してはならないとしているわけではないので，破産の場合と同様に添付情報として裁判所の許可書の提供があるときは登記識別情報の提供を省略することができると解される。つまり，会社更生法による更生会社の管理人が登記申請書に会社法72条2項の規定による許可書の提供がなかった場合は，破産等の場合と同様に便宜的な取扱いをすることは相当ではなく，原則どおり，登記識別情報を提供する必要があると考えられる（注80）。

⑩　**破産財団に属する不動産の所有権の一部の任意売却と破産の登記の取扱い**

　所有権の全部について破産の登記がされている不動産について，破産管財人が裁判所の許可を得て（破産法78条2項1号）所有権の一部を任意売却し，所有権一部移転の登記をする場合において，当該移転した持分に対する破産の登記を抹消するには，いったん破産の登記を抹消したうえで，新たに破産者の持分について破産の登記をすべきかどうかである。

　この場合，所有権全部に破産の登記がされている不動産について，その不動産の所有権の一部を任意売却し，所有権一部移転の登記をしているので，当該移転した持分に対する破産の登記を抹消するには，当該破産の登記を破産者の破産とする変更の登記をするのが相当であるということになり，「何某（任意売却の買主）に一部売却」を原因として，「何番破産登記を何某（破産者）破産とする変更」の登記をするのが相当であると考えられる（注81）。

⑪　**任意売却と登記申請手続**

　この点については，すでに⑦任意売却と登記手続において詳しく考察した

が，ここでは任意売却と登記申請手続という観点からまとめて説明することとする。

　ⅰ　**破産における任意売却**

　破産手続における任意売却の処分権限者（登記申請当事者）は，原則的には破産管財人であるが，自然人について破産廃止，権利放棄，破産の終結がされた場合には，破産者個人の管理処分権限が復活する。株式会社について破産廃止，権利放棄，破産終結がされた場合には，原則的には清算人であり，同時破産廃止の場合には破産手続開始決定後に新たに選任された代表取締役であると解される（注82）。

　登記申請の添付情報としては，別除権の目的である財産の受戻しおよび不動産に関する物権の任意売却についての裁判所の許可が必要である（破産法78条2項1号，14号）ので，所有権移転登記の申請には，裁判所の許可書を提供する必要がある。ただし，破産者の所有権取得時の登記識別情報または登記済証の提供は必要でない。

　破産管財人の資格証明書は，裁判所書記官の作成に係るもの，または破産者が法人である場合には法人の登記事項証明書が必要である。破産管財人の印鑑証明書は，登記所の登記官または住所地の市区町村長の作成後3ヶ月以内のもの，裁判所書記官の作成したもののいずれかである（注83）。

　ⅱ　**民事再生における任意売却**

　民事再生手続における処分権限者（登記申請当事者）は，管財人が選任されている場合を除き，原則として再生債務者であり，具体的には不動産が法人所有であれば代表取締役，自然人所有であれば所有者個人である。

　登記申請の添付情報としては，監督委員が選任されており，その要同意事項として「財産の処分，別除権の目的である財産の受戻し」が指定されている場合にはその同意が必要であり，所有権移転登記の申請情報には，その同意書を提供する必要がある。裁判所書記官の作成に係る「監督委員選任証明書兼印鑑証明書」は同意書の一部であると解される。

　不動産会社について民事再生手続が開始され，その登記記録に監督委員の要同意事項として，「財産に係る権利の譲渡，担保権の設定，賃貸その他一切の処分（ただし，商品の処分その他常務に属する財産の処分を除く。）」と登記されている場合であっても，当該不動産会社所有の不動産の売却は，常務に属す

る財産の処分には該当しないと考えられるので，その売却による所有権移転の登記を申請するときは，添付情報として監督委員の同意書の提供が必要であると解される(注84)。

iii 会社更生における任意売却

会社更生手続における処分権限者（登記申請当事者）は，管財人であるが，更生計画の定め，または裁判所の決定により，更生計画許可の決定後には，更生会社の機関（代表取締役）がその権限を回復する場合があると解される。

更生会社の財産の管理処分権限は裁判所が選任した管財人に専属し，裁判所が必要と認めるときは，会社更生法72条2項に列挙された行為について裁判所の許可を得なければならないものとすることができ，実際には更生手続開始決定の中で，裁判所の要許可事項として，おおむね会社更生法72条2項に列挙された行為が指定されているようである。そうなると，更生会社所有の不動産を任意売却する場合には，更生担保権に係る担保の変換，財産の処分についての裁判所の許可が必要である場合が多いと考えられるので，登記申請の添付情報としては，所有権移転登記の申請情報に裁判所の許可書を提供する必要がある場合が多いということになり，その許可書を提供できないときは，更生会社の所有権取得時の登記識別情報または登記済証を提供する必要があるということになる。更生管財人の資格証明書は，裁判所書記官の作成に係るもの，または更生会社の登記事項証明書で作成後3ヶ月以内のものである。更生管財人の印鑑証明書は，登記所の登記官または市区町村長の作成後3ヶ月以内のもの，裁判所書記官の作成したもののいずれかであるということになる(注85)。

(7) 倒産法と物上代位

① 民法と物上代位

抵当権に基づく賃料債権に対する物上代位が可能であるか否かについては，判例，学説で争いがあったが，最判平成元年10月27日（民集43巻9号1070頁）がこれを肯定して以来賃料債権に対する物上代位を認める扱いが確立したといわれている。すでにこのことは詳しく考察したところであるが，ここでは倒産法と物上代位について考察する前提として少し振りかえっておきたいと思う。

抵当権者は，抵当権設定者が抵当権の目的物となった物を賃貸したときは，抵当権者のための不動産競売申立て中か否かにかかわらず，賃料債権について

物上代位による債権差押えをすることができ（上記平成元年10月27日最高裁判例），賃料債権が譲渡され第三者対抗要件を備えた後であっても，それ以前に設定され登記された抵当権の物上代位により賃料を差し押えることができるとしている（最判平成10年１月30日民集52巻１号１頁，最判平成10年２月10日金法1508号73頁）。この最高裁平成10年１月30日の判例は，抵当権が登記により公示されているという点にポイントをおいていると解される。それゆえに，最判平成17年２月22日（金法1740号28頁）は，抵当権と異なり公示方法の存在しない動産売買の先取特権については，払渡しまたは引渡し前に差押えをすることによって物上代位の目的債権の譲受人等の利益の保護を図る必要があり，目的債権が譲渡された第三者対抗要件を備えた後は差押えはできないとしている（注86）。

　転付命令による債権の移転との関係では，抵当権者は転付命令が第三債務者に送達される時までに被転付債権を差し押さえなければ転付命令の効果を妨げることはできない（最判平成14年３月12日民集56巻３号555頁）。また，他の債権者が申し立てた債権差押えに配当要求する方法では優先弁済を受けることはできない（最判平成13年10月25日民集55巻６号975頁）。一般債権者による賃料債権の差押えと物上代位による差押えの間の優劣は一般債権者による差押命令の第三債務者への送達と抵当権設定登記の先後によって決まる（最判平成10年３月26日民集52巻２号483頁）。第三債務者である賃借人は抵当権の物上代位による賃料差押えがなされた後は，抵当権設定後に賃貸人に対して取得した債権を自働債権とし，賃料債権を受働債権とする相殺をもって抵当権者に対抗できない（最判平成13年３月13日民集55巻２号363頁）が，抵当権設定後に賃貸借契約が締結され敷金が授受された場合に，抵当権の物上代位により賃料債権が差し押さえられた後に賃貸借契約が解除されたときは，未払賃料債権は敷金の充当によりその限度で当然に消滅する（最判平成14年３月28日民集56巻３号689頁）。しかし，抵当権の目的物の賃借人が取得すべき転貸借賃料債権については，抵当不動産の賃借人を所有者と同視することを相当とする場合を除いて物上代位することはできない（最判平成12年４月14日民集54巻４号1552頁）。

　② 破産・民事再生と物上代位

　抵当権に基づく賃料債権に対する物上代位権の行使の可否につき概観したが，債務者に倒産手続が開始した場合に物上代位権がどのようになるかという

問題がある。結論的には，破産や民事再生では，抵当権の物上代位の行使は制約を受けないと解されるが，会社更生では，抵当権の行使が制約を受けるのと同じように物上代位権の行使も制約を受けると解される。

　まず，破産についてであるが，破産手続は担保債権を拘束しないので破産手続開始決定前に抵当権者が物上代位により賃料を差し押さえていたときは，その差押えは別除権の行使であり，破産手続開始決定により影響は受けないと解される。

　次に破産手続開始決定後に抵当権者が物上代位により賃料債権を差押えできるか否かが問題となるが，判例は，動産売買の先取特権について，「債務者が破産宣告（破産手続開始決定）を受けた場合でも，その動産の転売代金債権につき物上代位権を行使することができる。」（最判昭和59年2月2日民集38巻3号431頁）としている。破産手続開始決定は，破産者の財産管理権を奪い，破産管財人に破産者の財産の管理処分権を付与するものであるから，破産債権者との関係では全債権者のための差押えであるとみることができるが，これは破産手続開始決定により，債権が差し押さえられたと同じ状況になるだけで，抵当権者が物上代位による差押えをして，優先権を主張することは何ら妨げられないと解される（注87）。

　なお，民事再生手続における抵当権に基づく物上代位による賃料債権への差押えについても同様に解することができると考えられる。

③　会社更生と物上代位

　会社更生手続では，抵当権の行使が制約を受けることについてはすでに考察したが，それと同じく物上代位権の行使についても制約を受ける。すなわち，会社更生手続申立て時に既に抵当権に基づく物上代位により債権差押えがなされていた場合は，裁判所は必要があると認めるときは利害関係人の申立てあるいは職権で，物上代位に基づく債権差押えを会社更生手続開始の申立てに対する決定があるまでの間，中止することができる（会社更生法24条1項）。もっとも中止するだけでは，抵当権者が取立てができないだけではなく，更生申立会社も賃借人からの取立てができないので，会社更生法24条5項は開始前会社の事業の継続のために特に必要があると認めるときは，開始前会社の申立てにより，担保を立てさせて，裁判所は強制執行の取消しを命ずることができるとしている。また，いまだ物上代位による差押えがなされていないときは，包括

禁止命令により差押えを禁止することができる（会更法25条）。そして，また，会社更生手続開始決定後は，新たに抵当権実行の申立てをすることは禁止され，既になされている手続は中止される（会更法50条1項）。

もっとも，この中止だけでは，まだ差押えの効力はあるので，更生管財人は更生のため必要であるときは手続の取消しを裁判所に求めることができる（会更法50条6項）。

(8) 倒産法と権利の放棄

① 権利の放棄
ⅰ 権利の放棄と裁判所の許可

権利の放棄は，破産財団の減縮をもたらすものであるから，裁判所の許可事項とされている（破産法78条2項12号）。放棄には，債権放棄，共有持分の放棄（民法255条）のごとく，権利それ自体を放棄する場合だけでなく，別除権の目的物（例えば不動産）を破産財団から放棄する場合も含まれる。

破産財団からの放棄により，破産者が個人の場合は破産者の自由財産となり，破産者が法人の場合は，清算法人がその管理・処分権を有することになる（注88）。

被担保債権の全部または一部が破産手続開始後に担保されないこととなる典型例は，別除権者による別除権の放棄である。この別除権の放棄は別除権の基礎となる担保権の全部または一部を放棄することにより行うものであり，相手方のある単独行為である。放棄の意思表示の相手方は破産管財人であり，別除権の目的である財産が破産財団から放棄された後は破産者ということになる。これは破産者が株式会社である場合でも同様である（最決平成12年4月28日判時1710号100頁）が，別除権者が破産手続開始時の代表取締役に対してした放棄の意思表示はこれを有効とみるべき特段の事情が存しない限り無効となる（最決平成16年10月1日金法1731号56頁）。すなわち，上記平成12年決定は，「管財人が破産財団に属する特定の財産を放棄した場合，当該財産を目的とする別除権を有する別除権者がその権利を放棄するときには，放棄の意思表示の相手方は破産者である。このことは破産者が株式会社であっても異ならない。」とし，上記平成16年決定は，「破産者が株式会社である場合において，破産財団から放棄された財産を目的とする別除権につき，別除権者が旧取締役に対し

てした別除権放棄の意思表示は，これを有効とみるべき特段の事情の存しない限り，無効と解するのが相当である。」としている。

ⅱ　破産管財人が放棄した財産の処分と所有権移転登記

　破産管財人は，裁判所の許可を得て，権利の放棄をすることができる（破産法78条2項12号）。破産財団から放棄された財産は，破産管財人の管理・処分権から解放されて，破産者が自由に管理処分できる自由財産となる。

　個人である債務者について破産手続開始決定があった場合において，破産財団の中に不動産等の登記のある財産があるときは，取引の安全をはかるために，裁判所書記官の嘱託により破産手続開始の登記がされる（破産法258条1項）が，登記された不動産を破産管財人が放棄した場合には，同人の申立てによって破産手続開始の登記の抹消の嘱託がされる（破産法258条3項，破産規則79条7項）。

　破産手続開始の登記が抹消されると破産者が当該不動産を売却したような場合には，破産者と買受人との共同申請により，当該不動産の所有権移転登記を申請することができる。ただ，法人である債務者について破産手続開始の決定があった場合において，破産財団に属する権利を放棄したときに，その権利の管理・処分権がどうなるかについては若干検討する必要がある。

　株式会社が破産したときは，会社登記記録に破産手続開始の登記がされ（破産法257条1項），この破産手続開始の登記がされた会社については，代表者の資格証明書または印鑑証明書を交付すべきでないとされている（昭和45年7月20日民事甲第3025号法務省民事局長回答）。

　会社は破産手続開始決定によって解散するが（会社法471条5項，641条6項），この解散によって消滅するわけではないので，破産の目的の範囲内においてはなお会社が存続するものとしている（破産法35条）。会社につき破産手続開始決定があると破産管財人が選任され，破産財団に属した会社の財産の管理・処分等の破産手続による清算事務をする（破産法78条）。しかし，財産に関する管理処分以外の業務，例えば，破産手続開始決定に対しての即時抗告の申立て（破産法33条），破産手続中の株式会社の設立無効の訴え，あるいは当該会社の本店移転の登記申請等は破産者自身が執行することができると解されている**（注89）**。

　しかし，破産管財人が破産財団に属する権利を放棄することによって自由財

産となった不動産等については，破産手続開始決定当時の取締役にはその処分権限がないと解される（最判昭和43年3月15日民集22巻3号625頁，最決平成16年10月1日判時1877号70頁，昭和44年10月24日民事甲第2227号法務省民事局長通達・登記研究265号67頁）。

会社が破産によって解散している以上，自由財産の処分については清算人の清算手続によってすることになる。したがって，破産財団に属する権利の放棄により，自由財産が生じ，清算の必要性が生じた場合にはその時点で，裁判所に清算人の選任を請求し，そこで選任された清算人によって財産の処分を行うことになると解される（昭和57年11月22日民四第7006号法務省民事局第四課長回答・登記研究421号100頁）。

② 別除権放棄と不動産登記

ⅰ 別除権放棄と対抗力

別除権放棄あるいは別除権協定と登記の要否という問題である。

この問題は，担保権者が自らの有する別除権を放棄した場合あるいは別除権協定を結び被担保債権の減縮をしたような場合に，倒産法との関係でその効果の主張をどうするか，つまり放棄された場合には，その被担保債権額について破産債権，再生債権として手続上権利を行使できるかどうか，別除権協定の場合には，減縮された被担保債権額を超えた，つまり担保割れになっている部分の被担保債権額について手続上権利を行使できるかどうかということを考える前提として登記が必要かどうかという問題である（注90）。

この問題は，別除権を譲り受けた譲受人との関係で，対抗関係になるのかどうか，つまり，別除権を放棄したり，被担保債権を減縮したような場合に，その登記がされていないとすると，当該担保権者から担保権を譲り受けた人あるいは被担保債権の譲受けによって担保権を取得した人が，倒産手続との関係でその放棄される前の別除権あるいは減縮される前の被担保債権に基づく担保権を主張できるのかどうかということが問題となってくる。

この場合，別除権放棄の場合は，これは対抗関係に立つと考えられる。この場合には一種の復帰的物権変動と観念できる。つまり，担保権者の把握している担保価値が担保権を放棄することによっていわば債務者に移転することになると構成できる。そうなると担保権を譲り受けた人と，復帰的に担保権の価値をいわば取り戻した債務者と破産財団あるいは再生債務者との間には対抗関係

がある，食うか食われるかの関係があるとみることができると考えられる。そうすると，その譲受人との関係では，登記がなければ破産管財人や再生債務者は別除権が放棄されたことを主張できないということになる。そうであるとすれば，登記がされないうちに放棄がされたことを前提として，倒産手続のなかでその権利行使を担保権者に対して認めることはできないと解される(注91)。

これに対して別除権協定の場合には，そういう対抗関係は生じないと考えられる。被担保債権の債権額は登記記録に記録されるが，仮に実際よりも多い額が被担保債権として記録されていたとしても，実際にはすでに弁済等でその被担保債権の一部が消滅していたような場合には，基本的にはその被担保債権額の消滅等は別除権の譲受人に対してその登記がなくても主張できると解される。そうであれば，上記合意も，実体法上被担保債権の範囲を当然に変更させるという点で弁済等と違いはないのではないかと考えられるので，再生債務者等が異議なく承諾したような場合はともかく，そうでない限りは，登記がなくてもその額の縮減を破産管財人あるいは再生債務者は主張できると解される。したがって，この場合は，登記がなくても別除権協定を前提とした手続参加ができると考えられる(注92)。

ii 抵当債務の一部消滅と抵当権の登記

なお，対抗力の点では上記のとおりであるが，登記手続の面で関連する問題として若干の付言をしておきたい。

被担保債権の一部弁済があった場合と弁済前の債権額による抵当権設定登記請求につき，最高裁昭和39年12月25日判決（民集18巻10号2260頁）は，「抵当権設定登記をする前に被担保債権の一部が弁済されても，債権者はその債権の全額について登記手続を請求することができる。」旨判示している。この場合の抵当権設定登記手続の請求は，債権元本全額についての抵当権設定契約に基づく履行を求めるものであるから，その後被担保債権について一部弁済があっても，登記簿上に表示すべき被担保債権を特定する意味から，債権者はその債権全額及び利息金について抵当権設定登記手続を請求し得るものと解するのが相当であるとしている。登記上は抵当権の被担保債権が特定されなければいけないわけであるから，その面から当初の債権額が表示される必要があるといえるのであるが，登記は物権変動の過程に従ってする必要があるから，物権変動を如実に登記するという面からみると抵当権設定契約は，一部弁済前の債権の

総額についてされているから当初の債権額の表示をするのがむしろ原則であるといえる。

しかし，登記実務は，抵当権設定契約後に債権額の一部が弁済され，残存債権について抵当権設定登記申請があった場合受理して差し支えないとしている（昭和34年5月6日民事甲第900号法務省民事局長通達）。

問題は被担保債権全部につき抵当権設定登記がされている場合において，その後の被担保債権の一部弁済による債権額の変更の登記ができないかどうかである。

この点については，明治39年6月29日及び明治42年3月12日の大審院判決では，被担保債権の一部が弁済により消滅した場合，抵当権の変更登記はできないとしている。この判決は，抵当権の不可分性が遠因になっているともいわれ，被担保債権の一部が弁済されたからといっても，抵当権は残額の範囲で存続しているので，抵当権設定者は抵当権の抹消あるいは一部抹消を求めることはできないとし，抵当権の不可分性というのは，被担保債権が一部弁済等によって減少した場合でも，抵当権はその担保物の全体に対して行使できるということであって，被担保債権が半額になったからといってその担保物の半分に相当する部分について抵当権が及ばなくなるわけではないと考えるわけである。明治39年の大審院判決が判示しているように「……債権の一部に変更を生ずるも債権全部の弁済があるにあらざれば依然として存在し消滅または変更せざるものとする故に民法504条に依り第三取得者が抵当権の一部に対し弁済の責を免れ得る場合と雖も抵当権は依然として存在し，消滅せざるは勿論毫も其変更を生ずべき理なきをもって抵当登記の変更を許し得べきものにあらず。」となるわけである。

しかし，法務省先例（昭和11年1月20日民事甲第64号法務省民事局長回答）は，一部弁済による債権額減少の登記と弁済期変更の登記が一件の申請で申請できるかどうかの照会につき，回答は債権額減少の登記は当然できることを前提として回答している。また，新不動産登記法の下における基本通達である不動産登記記録例集（平成21年2月20日民二第500号法務省民事局長通達389）は一部弁済による債権額の変更の登記の登記記録例を示している。

以上のような点を考慮すると，結局，抵当権設定後その登記前に被担保債権の一部が弁済された場合であっても，一旦被担保債権の全額について抵当権の

設定がされた以上，その実体関係を如実に登記に反映させるため，被担保債権の全額について抵当権設定登記をすることができ，その後の一部弁済は，後にその関係を登記に反映するために一部弁済による債権額の変更登記をすることができると解される。なお，抵当権設定後その登記前に被担保債権の一部が弁済された場合には，一種の中間省略登記になるが，所有権移転登記の場合のように，登記に公信力がないため，権利変動の過程と態様を如実に登記して不動産取引の安全と権利の保全を図る必要がある場合とは異なり，抵当権設定登記において債権額を登記事項とする趣旨は，被担保債権を特定するためのものであり，また，当該不動産の負担する債務全額及び余剰担保能力を公示して取引の利便に寄与するという面もあるので，残存債権額のみについての抵当権設定登記の申請もできると解される (注93)。

iii 破産財団から放棄された不動産に係る抵当権の抹消登記申請の当事者

破産管財人が破産財団から放棄した不動産上の別除権である抵当権の設定登記の抹消の申請は，破産手続開始決定当時の代表取締役ではなく，破産会社のために清算人を選任し，その清算人と抵当権者（別除権者）との共同申請による必要がある (注94)。

iv 裁判所から選任された清算人からの申請による所有権移転登記申請の可否

会社が所有する不動産について，裁判所から選任された清算人を登記義務者とする所有権移転登記の申請がされたが，添付情報である会社の登記事項証明書からは，当該会社が破産会社であり，破産管財人も選任され，その旨の登記もされているものの，登記原因証明情報からは当該不動産の処分について，破産管財人や破産裁判所が関与していることを示す情報は記載されていない。

ところで，破産法78条2項12号は，破産管財人は，裁判所の許可を得て，破産財団に属する財産を破産財団から放棄することができる旨規定している。権利を放棄することによって，当該財産は破産財団からはずれて自由財産となり，破産者の管理処分権に属することになる。破産者が法人の場合は，清算人がその管理処分権を有することになる。したがって，破産財団から放棄された不動産を当該法人の破産手続継続中に任意売却する場合には，利害関係人の申立てにより裁判所が清算人を選任する必要がある。

そうなると上記の登記申請は，清算人からの申請であるから，当該不動産は

権利放棄により清算会社が管理処分権を有することになったと考えられる。したがって，申請適格者は清算人であるということになるが，ただ，登記原因証明情報にはその記述がないということであり，この点が問題となる。前述のごとく，破産法78条2項により，権利の放棄には裁判所の許可が必要であるから，不動産登記令7条1項5号ハに規定する，登記の原因となる法律行為について第三者の許可，同意または承諾をしたことを証する情報を登記申請の添付情報として提供する必要があるが，このケースの裁判所の許可は，この場合の第三者の許可に該当すると解されるので，本件登記申請に係る不動産については，破産財団から除くことについての裁判所の許可を証する情報の提供が必要であり，登記原因証明情報には裁判所の許可を得て破産管財人から権利放棄された財産の売買である旨の記述が必要であるということになると考えられる（注95）。

- （注1） 小川秀樹「一問一答・新しい破産法」9～10頁。
- （注2） 前掲（注1）小川29～30頁。
- （注3） 徳田和幸「プレップ破産法（第4版）」130頁。
- （注4） 小池信行「不動産登記講座(7)」民事法務312号21頁，25頁。
- （注5） 前掲（注1）小川80頁。
- （注6） 前掲（注1）小川85頁。
- （注7） 小林秀之「新破産から民法がみえる」142頁。
- （注8） あさひ・狛法律事務所編「新破産法のすべて」286頁。
- （注9） 前掲（注8）あさひ・狛法律事務所編291頁。
- （注10） 前掲（注8）あさひ・狛法律事務所編293頁。
- （注11） 小川秀樹「一問一答新しい破産法」69頁。
- （注12） 竹下守夫編「大コンメンタール破産法」145頁（野口宣大）。
- （注13） 破産実務研究会「Q&A破産法の実務」931頁（相羽利昭）。
- （注14） 前掲（注12）竹下編145頁。
- （注15） 前掲（注12）竹下編335頁（田原睦夫）。
- （注16） 前掲（注8）あさひ・狛法律事務所編310頁。
- （注17） 前掲（注11）小川30頁。
- （注18） 前掲（注11）小川333頁。

(注19) 前掲（注7）小林166頁。

(注20) 前掲（注7）小林167頁，野村豊弘・栗田哲男・池田真朗・永田眞三郎「民法Ⅲ―債権総論（第3版）」27頁。

(注21) 前掲（注7）小林175頁。

(注22) 前掲（注11）小川333頁。

(注23) 前掲（注12）竹下編755頁（沖野眞巳）。

(注24) 前掲（注12）竹下編755頁（沖野眞巳）。

(注25) 前掲（注11）小川250頁。

(注26) 前掲（注11）小川251頁。

(注27) 前掲（注11）小川253頁。

(注28) 前掲（注7）小林251頁。

(注29) 前掲（注11）小川252頁。

(注30) 前掲（注11）小川253頁。

(注31) 前掲（注12）竹下編761頁（沖野眞巳）。

(注32) 前掲（注12）竹下編759頁（沖野眞巳）。

(注33) 前掲（注12）竹下編760頁（沖野眞巳）。

(注34) 田原睦夫「各種倒産手続と担保権の取扱い―概論」金融法務事情1747号8頁。

(注35) 前掲（注12）竹下編762頁（沖野眞巳）。

(注36) 前掲（注12）竹下編762頁（沖野眞巳）。

(注37) 山本和彦「倒産手続における担保権の取扱い」事業再生と債権管理111号5頁。

(注38) 前掲（注37）山本6頁。

(注39) 前掲（注37）山本6頁。

(注40) 前掲（注37）山本7頁。

(注41) 秦愼也「破産法の施行等に伴う不動産登記事務の取扱いについて」民事月報60巻7号115頁，登記インターネット7巻11号91頁，拙著「倒産法と登記実務」278頁。

(注42) 佐藤武「民事再生法と不動産登記実務」登記インターネット3巻3号45頁，拙著「倒産法と登記実務」347頁。

(注43) 森川和彦「④倒産手続における抵当権。⑶会社更生における更生担保権としての取扱い」金融法務事情1752号24頁。

(注44) 「訓令・通達・回答」登記研究687号211頁，拙著「倒産法と登記実務」449頁，453頁。

(注45)　田邊光政編「最新倒産法・会社法をめぐる実務上の諸問題」(23担保権消滅請求制度について―担保権の不可分性との関係を中心に―山本和彦) 455頁。
(注46)　前掲（注45）山本457頁。
(注47)　前掲（注45）山本463頁。
(注48)　前掲（注45）山本467頁。
(注49)　不動産登記法実務研究会編「問答式不動産登記の実務」1460ノ73。
(注50)　青山正明「更生手続開始の登記等に関する一考察」民事行政の歴史と今後の課題下巻406頁。
(注51)　前掲（注45）山本469頁。
(注52)　前掲（注49）「問答式不動産登記の実務」1460ノ69。
(注53)　前掲（注45）山本475頁。
(注54)　村上亮二「破産法が変わる第19回別除権①―行使方法，受戻し」金融法務事情1722号114頁。
(注55)　竹下守夫編「大コンメンタール破産法」275頁（野村秀敏）。
(注56)　前掲（注55）竹下編455頁（菅家忠行）。
(注57)　前掲（注55）竹下編276頁（野村秀敏）。
(注58)　前掲（注11）小川111頁，前掲（注55）竹下編276頁（野村秀敏）。
(注59)　前掲（注58）小川109頁。
(注60)　前掲（注7）小林77頁。
(注61)　前掲（注55）竹下編334頁（田原睦夫）。
(注62)　田邊光政編「最新倒産法・会社法をめぐる実務上の諸問題」(「破産管財人による任意売却と担保権消滅をめぐる実務上の問題点」多比羅誠) 434～435頁は，担保権消滅許可請求は，担保物件の交換価値を実現する破産管財人の換価の手段であり，これを阻止できるのは，担保権者が自ら交換価値を実現する換価方法を選択したからであって，担保不動産収益執行は，不動産から生ずる収益を被担保債権の弁済に充てる手続であって，交換価値の実現の手段でないことなどを理由として破産法187条1項の「担保権の実行」には，担保不動産収益執行は含まないと解している。
(注63)　前掲（注62）田邊編437頁（多比羅誠）。
(注64)　前掲（注62）田邊編443～445頁（多比羅誠）。
(注65)　前掲（注55）竹下編809頁（沖野眞巳）。
(注66)　前掲（注11）小川106頁。
(注67)　最高裁判所事務総局民事局監修「条解破産規則」137頁。
(注68)　前掲（注67）138頁。

(注69) 前掲（注55）竹下編286頁（野村秀敏）。
(注70) 大野静香「⑥担保不動産の任意売却の実務」登記情報616号48頁，49頁。
(注71) 前掲（注49）「問答式不動産登記の実務」1460ノ20。
(注72) 前掲（注49）「問答式不動産登記の実務」1460ノ25。
(注73) 前掲（注55）竹下編743頁（菅家忠行）。
(注74) 前掲（注70）大野48〜50頁。
(注75) 前掲（注70）大野50頁。
(注76) 前掲（注70）大野50頁。
(注77) 前掲（注55）竹下編460頁（菅家忠行）。
(注78) 濱田芳貴「倒産手続における仮登記の問題点」登記情報481号94頁。
(注79) 質疑応答〔7661〕登記研究606号199頁。
(注80) 「カウンター相談（167）」登記研究694号223頁。
(注81) 質疑応答〔7470〕登記研究561号151頁。
(注82) 前掲（注70）大野48頁。
(注83) 前掲（注70）大野49頁。
(注84) 前掲（注70）大野50頁。
(注85) 前掲（注70）大野50頁。
(注86) 矢吹徹雄「③倒産手続における抵当権(2)物上代位の取扱い」金融法務事情1750号42頁。
(注87) 前掲（注86）矢吹43頁。
(注88) 前掲（注55）竹下編338頁（田原睦夫）。
(注89) 前掲（注49）「問答式不動産登記の実務」1460ノ62。
(注90) 山本和彦「倒産手続における担保権の取扱い」事業再生と債権管理111号5頁。
(注91) 前掲（注90）山本11頁。
(注92) 前掲（注90）山本11頁。
(注93) 山口智啓「重要判例にみる不動産登記実務講座第20回（その1）」登記情報517号140頁，同講座第20回（その2）登記情報518号142頁，青山正明編著「新版民事訴訟と不動産登記一問一答」122頁（南敏文）。
(注94) 質疑応答〔7760〕登記研究657号249頁，「登記簿」登記研究673号177頁。
(注95) 「登記簿」登記研究756号129頁。

⓲ 企業の再生と否認による逸出財産の回復

(1) 詐害行為取消権と否認権

　詐害行為取消権も否認権も，沿革的には共にローマ法に由来するといわれ，特に詐害行為否認（破産法160条）は詐害行為取消権と類似性が高いといわれている(注1)。

　両者は，いずれも債務者の責任財産を不当に減少させる詐害行為の効力を否定して責任財産の回復を図り，債権者間の公平を守るという共通の目的を有している。このため，詐害行為取消訴訟継続中に破産手続開始決定がされた場合，訴訟はいったん中断し，管財人が否認訴訟として受継できる（破産法45条）。

　このように，詐害行為取消権と否認権は沿革や目的を共通にするものの，否認権は破産という特殊な状況において行使されるものであるから，その範囲が拡張され，いくつもの類型が認められて要件も緩和され，対象も広がっている。つまり破産法は詐害行為取消権と同様に破産者（債務者）の詐害意思を必要とする詐害行為否認のほか，一定の時期や行為についての偏頗行為否認（破産法162条）や無償否認（160条3項）という類型を認めている。また，対象となる行為も，詐害行為取消権では債務者の法律行為に限られるのに対して，否認権では法律効果を生ずる行為まで含む。

　詐害行為取消権は各債権者が行使でき，訴えによらなければならないのに対して，否認権は管財人が統一的に行使し，訴えだけでなく，請求，抗弁でも行使できる（破産法173条）。

　また，登記についても，詐害行為取消権には特別な登記はないが，否認権には否認の登記（破産法260条）という相対的効力がある特殊登記が認められている（最判昭和49年6月27日民集28巻5号641頁）(注2)。上記最判昭和49年6月27日判決は，「破産者の行為が否認されると，その行為は直ちに効力を失い，右行為により逸出した破産者の財産は物権的に破産財団に復帰し，破産管財人は行為の相手方に対して右財産の破産財団への原状回復を請求できることとな

るが，否認の右のような効力は，破産財団との関係において，かつ，破産状態の存続する限りにおいて生ずるにとどまる。そこで，破産者がその財産の所有権を他に移転しその登記を経た後に破産者の右行為が否認された場合において，登記の原状を回復するためには，破産管財人は，右行為の相手方に対して右登記の否認の登記手続を請求すべきである。抹消登記の請求には否認の登記の請求が含まれていると解し得るから，前者の請求に対して後者の登記を命ずることは適法である。」と判示している。かつては，否認の登記の性質について，予告登記説や抹消登記説もあったが，現在は判例・学説とも破産手続が廃止あるいは取り消されない限り，登記が有効であるとする特殊登記説の考え方が定着している**(注3)**。

(2) 否認による逸出財産の回復

破産法の目的は，「支払不能又は債務超過にある債務者の財産等の清算に関する手続を定めること等により，債権者その他の利害関係人の利害及び債務者と債権者との間の権利関係を適切に調整し，もって債務者の財産等の適正かつ公平な清算を図るとともに，債務者について経済生活の再生の機会の確保を図ること」（破産法1条）にある。ここで重要なことは，破産法も，債務者（破産者）について「経済生活の再生の機会の確保を図ること」を目的の一つにしていることである。

破産手続が開始されると，破産者は破産財団に属する財産について管理処分権を失い，破産者がそれらの財産に関して法律行為をしても破産管財人に対抗できないのが原則である（破産法47条）。破産手続開始前においては，債務者は自由にその財産を処分することができるし，また，債務を負担することも自由であるが，債務者は，その財産状態が悪化して，破産状態になると，事業や生活の資金調達のために不当な安売りをしたり，あるいは財産を隠すための工夫をしたり，さらには特定の債権者のみに弁済をしたりして，一般の債権者を害することが考えられる。このような行為は，破産手続開始前のものであるとはいえ，その後に債務者が現実に破産手続開始の決定を受けた場合を考えてみると，一般債権者（破産債権者）の満足に充てられる破産財団を構成すべき財産を不当に減少させたり，債権者間の公平に反することになる。

そこで，破産法はそのような行為に対処するために，債務者が破産手続開始

の決定を受けたときは，破産手続開始前にされた破産債権者を害する行為の効力を，破産財団との関係において失わせる，つまりその行為の効力を否認して，その行為によって出ていった財産を破産財団に回復する権利を破産管財人が行使することができるとしている（破産法160条以下）。これが破産における否認権であるが，その法的性質に関しては，破産手続開始前の破産者の行為を，破産財団と否認の相手方との関係において遡及的に無効とする，実体法上の形成権であると解されている（注4）。

つまり，このような否認権が認められる背景には，破産手続が開始する前の段階は，一種の非常時であり，債務者としてはできるだけ自分の財産を隠匿・処分して将来の生活や再起に備えて手持ち資金を多くしようと画策するであろうし，債権者としては1円でも多く自己の債権を優先して回収しようと試みるであろう。その結果として，破産手続が開始した時点では，破産財団が減少していたり，破産債権者に偏頗的（かたよった）弁済がされていたりする場合が生じ得る。そのような事態をそのまま放置すれば，破産債権者にできるだけ多額かつ平等な配当を保障するという破産手続の目的が達成できなくなる。そこで，そのような破産手続開始前の詐害行為・偏頗行為の効力を破産手続上否認し，処分・隠匿された財産を回復し，また債権者の平等弁済を確保するのが否認権の制度である（注5）。

(3) 否認の要件

破産法に規定する否認の要件を類型ごとに分けると，まず1つ目の類型が，破産法160条1項による破産債権者を害する行為の否認である。この行為の対象としては，廉価売却のような財産減少行為がある。次に2つ目の類型が，破産法162条による偏頗行為の否認である。現存の債務についてされた担保の供与や債務の減少に関する行為がある。このケースは財産の減少を招いたというよりも，債権者間の平等を害したということであり，まさに「偏頗」な行為ということになる。3つ目の類型は，破産法161条による適正価格売却である。この場合は，相当な価格で売却した場合であるので，財産の計数上の減少はないのであるが，共同の担保を毀損する，担保価値の非常に高かったものから，金銭などの担保価値の低いものに変えるということになるので，広い意味では財産の減少と捉えることもできそうである。4つ目の類型は，破産法160条

2項による対価的均衡を欠く代物弁済である。例えば，100万円の債務であるにもかかわらず200万円の物をもって弁済したという場合である。この行為は2つの意味をもつことになる。1つは，前述した偏頗行為である。100万円の債務を弁済したという意味においては，債務者間の平等を害する偏頗行為としての要素をもっている。もう1つは，100万円を払えば済むのに200万円払ったということで，財産減少行為としての要素をもっている。この場合には，消滅した債務の額に相当する部分以外の部分に限って否認することができる。5つ目は，破産法160条3項による無償行為による否認である。これは贈与等による無償行為のことであり，財産減少行為の典型的な例ということになる（注6）。

　結局，否認権の類型としては，破産者と受益者双方の詐害意思を要する詐害行為否認，受益者だけの詐害意思で足りるが支払不能後に支払停止や破産申立てなどの危機時期になされた行為に対してだけ行使できる偏頗行為否認，主観的要件は不要であるが，一定の危機時期になされた無償行為に対してだけ行使できる無償否認に分かれることになる。

　まず，詐害行為否認であるが，詐害行為否認は，破産者が債権者を害することを知りながら破産前にした詐害行為であって，受益者も悪意である場合は否認できるとするものである。ほぼ詐害行為取消権に類似し，受益者の悪意の証明責任は管財人側ではなく，悪意でないことを受益者側が証明しなければ責任は免れない。破産者の詐害意思の証明責任は管財人側にある。

　なお，本旨弁済が故意否認の対象になるか否かについては，旧破産法の下では，債権者平等に反し特定の債権者に弁済による利益を与えるという破産者の詐害意思を要件として，本旨弁済も故意否認の対象になるとするのが通説であったといわれている（注7）が，現行破産法は詐害行為否認と偏頗行為否認を明確に区別し，前者は破産法160条1項柱書で担保の供与や債務の消滅を除くと規定しているので，本旨弁済は詐害行為否認の対象にならないと解される。

　また，相当の対価を得てした財産の処分行為も原則として故意否認の対象にならないとしつつ，否認の対象となる場合も「隠匿・無償の供与その他破産債権者を害する処分」のおそれを現に生じさせる場合に限定して否認できるとしている。判例は，「破産者が相当代価で抵当不動産を売却し，その代金の大部分を被担保債務の弁済に充てた場合には，右売却はその部分については詐害性

を有しない。」と判示している（東京高判平成5年5月27日判時1476号121頁）。

次に偏頗行為の否認についてであるが，破産者が支払不能後や破産申立て前後の一定の時期（危機時期）において債権者を害する行為（偏頗行為）をした場合，破産者の主観的要件なしに受益者の意思だけで否認できるとするのが偏頗行為の否認である。3つの類型に分けることができ，受益者の範囲も異なる。第1は，破産者の義務に属する負担の供与または債務の消滅に関する行為その他破産債権者を害する行為である（破産法62条）。これは，支払不能または破産申立て後になされ，受益者の悪意を管財人側が立証することを要件として，既存の担保供与や弁済などの破産者の義務に属する行為についても否認を認めたものである。第2は，第1と同一の行為類型であるが親族または同居者あるいは破産法人の役員や親子会社の場合であり，受益者の悪意の立証責任が転換され，受益者側に証明責任がある（破産法162条2項1号）。第3は，破産者の義務に属しない担保供与または債務消滅であり，支払不能前30日以後の行為が対象となり，受益者の悪意の証明責任は受益者側にある（破産法162条1項2号）。

最後に無償否認についてである。破産者の支払停止や破産手続開始申立て前6ヶ月以後にした贈与などの無償行為またはこれと同視すべき行為は，主観的要件なしに否認できる（注8）。

(4) 営業譲渡の否認

従来経営状態の悪い会社の営業を譲り受ける場合，譲り受ける側に大きなリスクがあったといわれている（注9）。

第1には，営業譲渡の対価が正当であっても，譲渡会社が破産すると場合によっては営業譲渡が否認されることがあるというリスクがあったということである。たとえば，旧破産法の下では不動産を譲渡した場合に，仮にその値段がリーズナブルであっても否認されることがあるというのが判例の考え方であるといわれ，会社更生開始手続申立て以前に営業譲渡をしたところ，更生管財人が否認の請求をし認められた判例（東京地決昭和46年12月24日判時659号85頁）があり，また，否認された場合には営業権が譲受人から破産財団に復帰するにもかかわらず，譲受人が支払った営業譲渡代金の返還請求権が破産債権として扱われることが多かったといわれていた。ところが，新破産法では，否認の要

件と効果について手当てがなされている。まず、否認の要件については、相当の対価で財産が譲渡された場合は、第1に、財産の換価により破産者が隠匿等の行為をするおそれを現に生じさせること、第2に、破産者が行為の当時隠匿等をする意思を有していたこと、第3に、破産者が行為の当時隠匿等をする意思を譲受人が知っていたことという要件のいずれにも該当しない限り否認できなくなった（破産法161条）ので、営業譲渡代金がリーズナブルな場合、否認される可能性が著しく減少したといえる。また、否認の効果の観点からは、営業譲渡の値段が相当でないことを理由として否認された場合であっても、破産者が対価として取得した財産について隠匿等の処分をする意思を有し、かつ、破産者がその意思を有していたことを譲受人が知っていたときを除き、譲受人は反対給付が破産財団に現存すればその返還を請求できるほか、現存しない場合には財団債権として返還を請求できることになり（破産法168条1項2号）、財団債権は優先的に支払われる（破産法151条）ので、営業譲渡を否認されることによるリスクはこの点でも大幅に減少したといえる。

　ただ、財団債権となっても破産財団が不足する場合には全額支払いを受けることができない（破産法152条）ので、譲受人にリスクは残るが、営業譲渡型事業再生にとっては、障害は大幅に小さくなったといえそうである**(注10)**。

(5) 対抗要件の否認

① 対抗要件の否認の意義

　権利変動の原因となる法律行為とは別に、原因行為に付随して行われる対抗要件の充足行為についても独立して否認できる（破産法164条）。例えば、債務者が所有不動産を第三者に譲渡するなど、権利変動の原因行為をすでに行っているにもかかわらず、相当の時期に登記などの対抗要件を充足する行為をせず、支払停止または破産手続の開始の申立てがあった後に、突然その充足行為をすることは、債務者の財産状態について一般債権者の信用を裏切り、予測に反した不公平な結果を招くおそれがある。そこで、支払停止または破産手続開始の申立て後になされた対抗要件の充足行為は、権利の設定などの原因行為から15日を経過した後に、支払停止を知ってなされた場合には、原因行為について否認が成立するか否かにかかわりなく、対抗要件の充足行為が独立して否認の対象になるものとしている。

旧破産法にも同様の規定（旧破産法74条）があったが，現破産法164条の規定は，次の２点において違いがある。第１に，否認の対象となる対抗要件の充足行為の中に，仮登記及び仮登録が含まれていることを明文化したこと，第２に，旧破産法74条では単に「悪意ニテ為シタル」と規定されていたのを，「支払いの停止等のあったことを知ってした」との表現に変え，悪意の内容を明文化している（注11）。

　この対抗要件の否認と一般の否認との関係については，原因行為と対抗要件充足行為は一体のものであって，対抗要件充足行為が否認の独立の対象となることは本来あり得ないが，原因行為から長時間が経過し，危機時期にいたって対抗要件が充足されることは，破産債権者らに不測の損害を与えるので，破産法164条が特別に否認を認めたとする創造説と呼ばれる考え方と，対抗要件充足行為は目的物の処分そのものと同視できるほどの重要性をもっているので，独立の否認の対象になりうるものであるが，原因行為が否認されない以上，できるだけ対抗要件を備えさせることが好ましいということで，15日以内になされたものについては否認を制限したとする制限説と呼ばれる考え方がある（注12）。

　なお，支払停止または破産申立前の対抗要件充足行為が否認できるかどうかについては，創造説によればできないということになるが，制限説の立場からは，意見が分かれ，対抗要件の充足行為は164条によってのみ否認が可能であるとする考え方と，164条は危機否認のみの要件を加重したものであり，対抗要件の充足行為について，破産法160条の故意否認の要件が備わっている場合には，支払停止の前後を問わず，否認が可能であるとする考え方があり，後者の考え方が多数であるといわれている（注13）。

　なお，東京地判平成５年２月16日判タ840号209頁は，「対抗要件を充足する行為は，164条（旧74条）の要件を満たす場合にのみ否認の対象となり，160条（旧72条）に基づいて否認することは許されないから詐害行為否認の対象とならない。」と判示している。しかし，この点については，否認できると解すべきであるとする見解が多いといえる（注14）。

② 対抗要件（登記）留保と仮登記
ⅰ 登記留保
　登記留保というのは，一般的には当事者間で権利関係の変動を発生させる契

約をしながら，合意により登記をしないままにしておくことをいう。たとえば，抵当権の場合，その多くは，債務者の信用状態に不安がない場合に，対象物件の登記簿（登記記録）を汚したくない，必要書類に一部不備がある，あるいは登記費用を節約したいといった設定者の要請から，登記申請に必要な一切の情報や書類をあらかじめ預かり，必要な場合はいつでも登記申請を行うことができるようにしたうえでこの登記留保が行われているようである。

登記申請（不登法18条2号）のために必要な書類（情報）は，抵当権設定契約書のほか，登記識別情報または登記済証，印鑑証明書，資格証明書，代理権限証書（委任状）等であるが，長期の登記留保後に登記申請をするような場合には，資格証明書や印鑑証明書については有効期限の3ヶ月（登記令16条3項，17条1項，18条3項）ごとに更新するなどする必要がある。

ii 登記留保の危険性

仮登記には順位を保全する効力はあるが，対抗力はないから，登記留保中に第三者が抵当権等の設定登記をした場合や対象物件が第三者に譲渡され，その移転登記がされた場合は，これらの第三者に対して抵当権を主張することができない。

破産手続等において，支払停止または破産手続開始の申立て等がされた後に登記をしても，設定契約より15日経過後悪意でしたものは否認の対象になる（破産法164条1項，民再法129条1項，会更法88条1項）。そのため，設定者の支払停止が予想される状態になって，慌てて本登記をしても手遅れになるおそれがある。また，破産手続等の開始前の登記原因に基づき開始後に登記をしても，手続開始の事実を知らずに登記した場合を除き，その効力を主張できない（破産法49条1項，民再法45条1項，会更法56条1項）。

しかし，破産手続開始前にすでになされている仮登記抵当権は，その効力を主張でき，管財人に本登記の請求ができると解される（大判大正15年6月29日民集5巻602頁）。また，既になされている仮登記を本登記しても対抗要件の否認には該当しない（破産法164条1項）。もっとも，仮登記抵当権者が別除権者（破産法2条9号，65条1項）として権利行使（不動産競売の申立て）はできないので，管財人に本登記を請求し，本登記を経たうえで権利行使をすることになる。

iii 民事再生手続における登記留保と仮登記

基本的には破産手続と同様に手続開始決定後であっても当該会社等に本登記を請求することができる（民再法45条1項）。本登記がされれば別除権者として権利行使が可能になる。

iv　会社更生手続における登記留保と仮登記

更生担保権は更生手続に基づいて権利変換（担保権は解除され，更生担保権という債権に権利返還される）され，被担保債権化される（会更法2条10項）。したがって，更生手続開始決定の時には対抗要件を具備した担保権（本登記抵当権）が要求されると解される（注15）。

③　対抗要件の否認と破産者の行為

破産法164条により否認の対象となる対抗要件の充足行為は，破産者の行為に限られるか否かが問題となる。

最高裁昭和45年8月2日判決（民集24巻9号1339頁）は，「対抗要件の充足行為も，本来は，破産法160条・162条（旧破産法72条）によって否認の対象になり得べきであるが，原因行為に否認の理由がない限り，できるだけ対抗要件を具備させることとし，一定の要件を満たす場合にのみ，特にこれを否認し得ることとしたのが本条（旧破産法74条，現破産法164条）の趣旨である。」旨判示し，また，最高裁昭和40年3月9日判決（民集19巻2号352頁）は，「本条（旧破産法74条，現破産法164条）により否認し得る対抗要件充足行為も破産者の行為又はこれと同視すべきものに限られ，破産者がその債権を譲渡した場合における当該債務者の承諾は否認の対象にならない。」と判示している。また，大阪高裁昭和36年12月18日判決（判時291号15頁）は，やはり対抗要件否認の対象は破産者の行為またはこれと同視しうるものに限るとし，第三者の行為が破産者の行為と認められるためには，破産者との通謀などが必要であるとしている。

しかし，詐害行為の否認のうちで破産者の詐害意思を要件とする否認類型については，詐害意思の認定のために，破産者の行為またはこれと同視しうる第三者の行為が必要であると考えられるとしても，詐害行為否認のうちで破産者の主観的要件を不要とする否認類型（破産法160条1項2号），および破産者の主観的要件を一般的に不要とする偏頗行為否認（破産法162条1項）については，必ずしも破産者の行為を必要としないと解することができると考えられる。

そうすると，破産法164条は，実質的危機時期における否認の規定であり，偏頗行為の否認として主張される場合はもちろんのこと（破産法162条1項），詐害行為否認として主張される場合も，破産者の主観的要件を不要とする160条1項2号の否認類型であるので，対抗要件の充足行為が破産者の行為でなくても，破産法164条による否認が認められると解される（注16）。

なお，15日の期間は，権利移転の原因である行為がなされた日からではなく，当事者間における権利移転の効果が生じた日から起算すべきである（最判昭和48年4月6日民集27巻3号483頁）としている。

④ 第三者による保存行為の否認

破産者が未登記不動産を第三者に譲渡し，支払停止後に当該第三者が自身で自己名義の保存登記をした場合，この保存登記が破産法164条に規定する対抗要件の充足行為として否認することができるかどうかが問題となる。

たとえば，破産者が建物を建てて，それを第三者に譲渡したが，そのまま放置していた。ところが，支払停止とか破産手続開始の申立てとか，事態がおかしくなってきて，譲受人が保存登記をしたときに，破産管財人は，その建物について譲受人の保存登記はおかしいではないか，その保存登記は否認する，ということがいえるのかどうか（破産法164条）。

判例は，消極的な考え方である。否認できるためには，「破産者が協力し加担し，破産会社の行為と同視すべきと認められる場合」に限るとしている。これは昭和40年3月9日の最高裁の判例（民集19巻2号352頁）であるが，そういう破産者の行為があってはじめて否認権の行使ができるとしている。

ところが，前述のような保存登記の場合であると，これは事実上は建築確認書を引き渡すとか，売買契約をしたりするから，実際にはそういう行為があるといえると思うが，判例の考え方は，保存登記自体は譲受人のみができる単独行為であるから，そこをとらえてできないとしているものと思われる（最判昭和39年3月24日判時370号30頁）。であるから，判例によるとこの保存登記は否認できず，そういう場合には，否認の登記が申請されても受理できないということになる。

ただ，これは登記手続的には，保存登記をするためには，建築確認書とか売買契約書とか，破産者の協力を必要とするものがあり，破産者の協力がないと実際には保存登記はできないと考えられる。であるから，判例のいうように，

保存登記の登記申請形態だけをとらえて，はたして破産者に関係がない行為であると言い切れるのかどうかは，若干問題があるし，また，もともと破産者の行為がないと，あるいはそれと同視しうる行為がないと否認できないという構成自体がどうかという問題もある。であるから学説には，この判例の考え方に対しては，そういう破産者の行為を要件にすること自体が疑問であるというような意見もある（注17）。破産法164条による否認は，破産者の主観的要件を不要とする否認類型であるので，破産者の行為は必ずしも必要ないと解し，第三者による保存行為であっても，それが物権変動の対抗要件としての実質を備えている場合には，破産法164条による否認が認められると解することはできないか。私見としては，この場合には，破産者が実質的には関与しているという点を考慮して，否認の登記は認めてもいいのではないかと考えている（注18）。

⑤ 仮登記仮処分による仮登記の否認

最高裁平成8年10月17日判決（民集50巻9号2454頁）は，「仮登記仮処分命令を得てする仮登記は，その効力において共同申請による仮登記と何ら異ならず，否認との関係で両者を区別する合理的理由はないし，実際上も通常仮登記仮処分命令は仮登記義務者の処分意思が明確に認められる文書等が存するときに発せられることにかんがみると，仮登記仮処分命令に基づく仮登記も，破産者の行為があった場合と同視し，これに準じて破産法164条（旧破産法74条）1項により否認することができる。」と判示し，仮登記仮処分命令を得てする仮登記（不登法108条）は，仮登記権利者が単独で申請し，仮登記義務者である破産者は関与しないが，破産者の行為があった場合と同視しうるから，これに準じて破産法164条によって否認できるとしている（注19）。

⑥ 中間省略登記の否認

それからまた，よく出される問題に，中間省略登記がある。たとえば，破産者AがBに不動産を売った。ところが，Bはすでにその不動産をCに売っているという場合に，登記はAからCにされていることがある。このような中間省略登記は，登記手続的にはできないのであるが，ただ，そのことが判明しない場合に結果的になされてしまうことがありえる。もっとも，現行の不動産登記法61条は登記原因証明情報の提供を原則として必須化しているので，中間省略登記はできないと考えられる。

こういうAからCへの中間省略登記を否認できるのか否かということが問題

となる。これはなぜ問題になるかというと，否認の対象になる実体上の行為はＡＢ間の売買行為であり，ＡＢ間の売買行為が否認されているのに，登記はＡからＣになされている登記を否認することができるのかということになる。対象になっているのは，ＡとＢとの間の行為ではないかという議論である。

しかしこれも，一応ＡＢ間の売買を否認するということであるが，登記手続的にはＡＣの登記として一応有効に存続しているので，それを否認できないということになると，ＡＢの実体上の行為を否認しても，登記手続的にはそのことを表す手立てがないことになる。であるから，ＡＢ間の売買が否認に値するということであれば，これはＣの登記の否認ということでこれを認めざるを得ないことになる。

もう１つ，中間省略登記の変型であるが，Ａ自体が中間者になっている場合，たとえば，会社更生手続を進めているＡ会社は中間者であって，権利はＢ→Ａ→Ｃと移っているが登記はＢからＣになされており，債務者であるＡ会社が中間者になっているという場合もありうる。そういう場合に，ＡＣ間の売買が否認の対象であるということで，否認する。そういう場合に否認の登記ができるのかどうか，というようなことが問題になりうるが，一応，そういう場合でも判決により，ＡとＣとの間の売買契約の否認ということで，否認の登記が申請されてくると，やはりＣの登記を否認せざるを得ないと考えられる。

ただ問題は，登記手続的には，Ｃの登記を否認すると，Ｂの登記に戻ってしまう。本来の権利者であるＡは登記手続上どこにも出てこない。これがまた公示上問題ではないかということで，もしそういう場合を認めるとすれば，むしろＡのためにＣの登記を否認したのだということを何らかの形で公示すべきではないかという意見が強い。そうでないと，Ｃの登記を否認しても，登記手続上はＢのものだという公示をしてしまうことになる。

実際にはＢのものではなくて，Ａのものであるから，そのあたりの公示のしかたは工夫しなければいけないのではないかと思われるが，いずれにしても，そういう形の場合でも，否認の登記は受理されると考えられる(注20)。

この点については判例(注21)も，こういうケースは否認できるとしている。なぜ否認できるかというと，それは登記原因をどうみるか，つまりいつ権利移転があったかというのはＡとＢとの間の実体上の行為，すなわちＡとＢとの間の売買契約の日でとらえる。それから，悪意が要件になっているが，悪意かど

うかというのは，中間者であるBの悪意が証明されればいいという考え方である。であるから，そういうことで要件さえそろえば，原因行為から15日以降だとか，そういう要件があるが，その原因行為はAとBとの間の原因行為でとらえ，要件がそろえば，AC間の中間省略登記の否認を認めてもいいというのが判例の考え方である。

ただ，学説等（注22）は，Bだけの悪意を要件とすることを疑問としている。破産法170条の規定（転得者に対する否認）があり，第三者に譲渡されたような場合は，第三者の悪意が要件となる。であるから，BからすでにCに移っているということであれば，Cの悪意も要件になるのではないか，だからBとCが悪意ならば，これは否認を認めてもいいのではないか，としている。

⑦ 対抗要件の否認の対象

破産法164条1項本文は，「支払の停止等があった後権利の設定，移転又は変更をもって第三者に対抗するために必要な行為（仮登記又は仮登録を含む。）をした場合において，その行為が権利の設定，移転又は変更があった日から15日を経過した後支払の停止等のあったことを知ってしたものであるときは，破産手続開始後，破産財団のためにこれを否認することができる。」と規定している。ここに規定している「移転又は変更をもって第三者に対抗するために必要な行為」というのは，広く権利変動について対抗要件を充足する行為を指すと解されている。たとえば，不動産登記（民法177条，605条，借地借家法10条等），不動産の引渡し（借地借家法31条），債権の譲渡及び質入れの通知または承諾（民法364条，467条）などである（注23）。

不動産に関する登記には，抵当権設定登記が含まれ（大判昭和6年9月16日民集10巻818頁，東京高判昭和28年2月13日下民集10巻188頁，東京地判昭和36年12月19日下民集12巻12号2994頁），また，預託金制ゴルフ会員権の譲渡担保権設定契約の第三者対抗要件は，指名債権の譲渡に準じて，ゴルフ場経営会社に対する確定日付ある通知またはゴルフ場経営会社による確定日付ある承諾であり（最判平成8年7月12日民集50巻7号1918頁），破産法164条との関係でもこのような通知または承諾が否認の対象となる（東京地判平成7年5月29日判タ892号266頁，東京地判平成7年9月28日判時1568号68頁等）。

仮登記は，それ自体で対抗要件を充足させるものではないが，本登記の際の順位保全をし，破産財団に対してもその効力を有するものであるから，対抗要

件を充足させる行為に準ずるものとして，破産法164条の否認の対象になる。このことは，旧破産法の解釈としても同様に解されていた（最判平成8年10月17日民集50巻9号2454頁）が，現破産法は，この点を明確にするために，仮登記が破産法164条の対象となることを明文化した。そして，仮登記が本条による否認の要件を満たすときは，それに基づく本登記も否認できると解される(注24)。

破産法164条に基づく否認は，対抗要件の充足行為が，支払の停止または破産手続開始の申立て後にされたことが必要である。ここでいう支払の停止というのは，弁済能力の欠如のために，即時に弁済すべき債務を，一般的かつ継続的に弁済することができない旨を，外部に表明する債務者の行為のことをいうが，債務者が弁護士と債務整理の方法等を相談し，破産手続開始の申立ての方針を定めただけでは，未だ内部的に支払停止の方針を決めたにとどまり，外部への表示行為がないので，支払の停止とはいえない（最判昭和60年2月14日判時1149号159頁）とされている。

破産法164条1項に規定する15日の起算日については，権利変動の原因行為の日と権利変動の効果発生の日が異なる場合，最判昭和48年4月6日（民集27巻3号483頁）は，15日の期間は当事者間における権利移転の効果を生じた日から起算すべきものであると判示していること前述のとおりである。破産法164条は，対抗要件の充足行為を意識的に放置しておき，危機徴表の後にこれを行うような秘密取引を有害と見て，一般債権者を保護するために設けられた規定であるから，15日の期間内に対抗要件を具えようと思えばそれができることが前提となると考えられる。したがって，15日の起算日は，権利変動の効果発生の日と解される(注25)。

破産法164条は，否認の要件として，「支払いの停止等のあったことを知ってしたものであるとき」と規定しているが，この主観要件の主体は，対抗要件の充足行為をする破産者の行為を意味すると解される。しかし，判例（大判昭和6年9月16日民集10巻818頁，最判昭和39年3月24日判タ162号64頁），通説は，否認される行為の相手方である受益者であると解している(注26)。

破産法164条1項ただし書は，「……ただし，当該仮登記又は仮登録以外の仮登記又は仮登録があった後にこれらに基づいて本登記又は本登録をした場合は，この限りではない。」と規定している。これは，支払停止及び破産手続開

始の申立ての前に、仮登記または仮登録がなされているときは、当該財産について、すでに破産者の財産からの逸出または受益者の優先的地位が公示されているので、支払停止または破産手続開始の申立ての後に悪意で本登記に改められても、一般の債権者を害するとはいえないところから、危機時期前の仮登記または仮登録を保護するために、この場合の本登記または本登録は否認できないとされたものである。ここにいう仮登記は、不動産登記法105条1号および2号による仮登記が含まれると解される。この例外規定が適用されるためには、本登記が仮登記に基づいてなされることを要し、仮登記がいったん抹消された後に本登記をした場合は、否認を免れない。最高裁昭和43年11月15日判決（民集22巻12号2629頁）は、「債務の弁済期が未到来のため、債権者が代物弁済一方の予約に基づく予約完結権を行使できない間に、債務者に対する破産の申立てがなされ、これを知った債務者と債権者が相通じ、債務者は期限の利益を放棄し、債権者は予約完結の意思表示をして代物弁済の効力を生じせしめたときは、破産管財人は、債権者の上記予約完結行為を本条（破産法162条1項、旧破産法72条2号）により否認し得る。」旨判示し、そのことを明らかにしている（注27）。

　それから、判決による登記等の否認ということがあるが、これは執行行為の否認といっている（破産法165条、民再法130条、会更法89条）。これはこれまで述べてきた債務者の行為を媒介とする売買とか、あるいは移転登記とか、そういうものの否認と違い、会社財産に対して第三者が処分の制限をかけてきたり、あるいは判決によって会社に対して移転登記の請求がなされている場合に、その実体をみると、これはやはり否認の対象になる行為であるという場合には、そういう判決によってなされている登記、あるいは処分の制限の登記の基礎になっている債務名義そのものを否認できる強い効果がある。

　要は執行行為の否認ということになると、そういう第三者が会社財産に対してかけてきた処分の制限とか、あるいは判決による移転登記とか、そういうものまで否認できる強い権利があるということである。そのためには、もちろん判決をもらったり、決定をもらわなければいけないわけであるが、そういう手続をとれば、第三者の処分の制限の登記すらも否認することができるということになる（注28）。

(6) 否認の効果

① 財産減少行為の否認と財団債権の範囲

財産減少行為を否認した場合の財団債権の範囲については，旧破産法では，例えば，1,000万円の財産を500万円で売却した行為が否認された場合には，売買代金の受領によって生じた利益が破産財団に現存している場合には，相手方は財団債権として500万円を取り返すことができるが，利益が現存していない場合には，すべて破産債権になる（旧破産法78条）。結局，旧法の場合は，破産者がどう使ったかということによって，財団債権となるか破産債権となるかが決まるということになる。

現破産法においては，破産者が受けた反対給付が破産財団に現存しない場合にも，相手方が有する反対給付の価額の償還請求権は，原則としてこれによって生じた利益が破産財団に現存するかどうかにかかわりなく，財団債権になる（破産法168条）。しかし，相手方が，破産者が隠匿等の処分をするような意思をもっていたことを知って買ったような場合は，相手方の償還請求権は破産債権になる。したがって，相手方が破産者の使途が浪費あるいは隠匿の意思であるといったことを知らない限りは，基本的には財団債権になる可能性が高いということになる（注29）。

② 破産管財人の選択権

破産法168条は，破産管財人の選択権を認めている。例えば，1,000万円の財産を500万円で売却したというような詐害行為の否認の場合，破産管財人はどのように取り戻すことができるかということが問題になる。

1つには，破産管財人は，500万円分は財団債権で払うとしたうえで，不動産1,000万円分の返還を求めるということができる。

しかし，一方では不動産の1,000万円分の返還を受けたとしても，これはいずれ売却して換価すべきものである。そうすると500万円を支払って1,000万円分の不動産をもらってそれを換価するぐらいであれば，当初から差額の請求を認めていいのではないかということで，当初から差額の償還請求を認めている。上記の例でいえば，当初から500万円分の差額請求ができるということになる（破産法168条2項3号）（注30）。

③ 否認権の行使とその効果

否認権は破産管財人が専属的に行使する（破産法173条1項）。その法的性質については，遡及的に原状に回復させる物権的効力を持つ形成権である（破産法167条1項）が，破産財団との関係でのみ無効となる相対的無効である。最判昭和49年6月27日（民集28巻5号641頁）は，「破産者の行為が否認されると，その行為は直ちに効力を失い，右行為により逸出した破産者の財産は物権的に破産財団に復帰し，破産管財人は行為の相手方に対して右財産の破産財団への原状回復を請求することができることになるが，否認の右のような効力は，破産財団との関係において，かつ，破産状態の存続する限りにおいて生ずるにとどまる。そこで，破産者がその財産の所有権を他に移転し，その登記を経た後に破産者の右行為が否認された場合において，登記の原状を回復するためには，破産管財人は，右行為の相手方に対して右登記の否認の登記手続を請求すべきである。抹消登記の請求には否認の登記の請求が含まれていると解し得るから，前者の請求に対して後者の登記を命ずることは適法である。」と判示し，その前段において，その旨を明らかにしている。また，現物返還が原則であるが，現物返還できない場合は価額償還で足り，その算定基準時は否認権行使時の時価とされている（最判昭和61年4月3日判時1198号110頁・判タ607号50頁）（注31）。

(7) 民事再生法と会社更生法による否認

① 民事再生法による否認

民事再生法においても，破産法と同様に否認権の制度が設けられている。民事再生法の前身である和議法には，破産と同様の否認権の制度はなく，その点が和議手続の欠点の一つとされていた。そこで，民事再生法では否認権の制度を設け，詐害行為や偏頗行為は再生手続においてもその効果を否定できることとしている。民事再生法における否認制度（民再法127条以下），基本的には破産法のそれとパラレルなものであり，詐害行為の否認，偏頗行為の否認，適正価格処分行為の否認，対抗要件の否認等の種類があり，その要件，否認権のための保全処分や否認の請求等否認権行使の手続，否認権行使の効果等も，破産手続と基本的には異ならないと考えられる（注32）。ただ，否認権の行使者は破産と会社更生では管財人が否認権を行使するが，民事再生では，管財人が選任されているときは管財人が，管財人が選任されていないときは，監督委員が裁

判所から否認権限の授与を受けて否認権を行使することになる（民再法135条，138条）(注33)。

② 会社更生法による否認

　財産を不当に減少させようとする行為や特定の債権者にだけ利益を与える偏頗行為は，債権者の一般の利益を害し，債務者の財産の基礎を失わせることになる（清算型の場合は，配当原資，再建型の場合は，再建の基礎となる財産）ので，会社更生でも破産，民事再生と同様に，債権者間の平等と債務者の財産の回復を目的として否認の制度を設けている（会更法86条以下）。会社財産が更生手続申立ての直前に処分されたり，債権の弁済に充てられてしまっているような場合には，否認権を行使して取り戻し，弁済原資を回復することが必要な場合があると考えられるからである。

　支払停止等があった後に，権利の設定，移転，変更をもって第三者に対抗するために必要な行為をした場合において，その行為が権利の設定，移転，変更があった日から15日を経過した後，悪意でしたものであるときはこれを否認することができる（会更法88条1項本文）。この場合の「支払の停止」は債務者の資力欠乏のため債務の支払いをすることができないと考えてその旨を明示的または黙示的に外部に表示する行為をいう（最判昭和60年2月14日金法1100号82頁）。このように支払停止は支払不能の状態を外部に表示する債務者の行為であり，時系列的には，債務超過，支払不能，支払停止と進むのが通常のようである(注34)。

　ところで，大阪地判平成21年4月16日（金法1880号41頁）は，「①会社更生法88条1項の『支払停止』とは債務者が資力の欠乏のため債務の支払いをすることができないと考えてその旨を明示的または黙示的に外部に表示する行為をいうものと解すべきであり，『支払停止』には弁済期の到来した債務に対する支払停止行為だけでなく，弁済期が近日中に到来する予定の債務に対してあらかじめ支払うことができない旨表示する行為も含まれる。そして，黙示的な支払停止行為の存否を判断するにあたっては，同行為に至る経緯，同行為が債務者の信用に及ぼす影響，同行為から窺える債務者の意思および取引の相手方の属性等を総合的に考慮する必要がある。

　⑪権利変動の対抗要件の否認の『支払停止』の判断においては，債務者における客観的な支払不能状態の判断をする必要はなく，債権者が対抗要件充足行

為時において債務者が支払不能状態になかったことを立証した場合に管財人による否認権の対象から除外すれば足りる。」と判示している。

この判決は、会社更生法88条の「支払停止」の意義について判示したものであるが、「支払停止」には弁済期の到来した債務に対する支払停止行為だけではなく、弁済期が近日中に到来する予定の債務に対してあらかじめ支払うことができない旨表示する行為も含まれると判示していること、対抗要件否認が認められるためには、支払不能であることを要するという実体法上の解釈を前提に、主張立証責任の分配として、否認権を行使する管財人が支払停止を主張立証した場合、否認権行使を争う相手方が対抗要件充足行為時点における支払不能の不存在を主張立証することを要する旨判示している（注35）。

(8) 否認の請求

旧破産法では、否認権は訴えまたは抗弁によって行使されるものとされていた（旧破産法76条）ので、つねに訴訟によらなければ否認権の行使ができず、破産事件長期化の原因になっているという指摘もされていた（注36）。そこで、現破産法173条1項は、民事再生法（135条1項）や会社更生法（95条1項）にならい、決定手続による簡易迅速な否認権の行使方法として、否認の請求を認めている。

(9) 否認権の行使と不動産登記

① 破産法と否認の登記

破産者が破産債権者を害することを知ってした行為は、その行為そのものを否認できるし、権利の設定あるいは移転の日から15日を経過した後に、支払停止等があったことを知りながら登記の申請をしたときは、その登記を否認することができることはすでに考察したとおりである。

破産管財人によって否認権が行使され、登記原因となる行為、または登記が否認された場合には、その効力を第三者に対抗するために、対抗要件を具備する必要があるので、破産管財人は否認の登記の申請をしなければならない。そして、否認の登記がされている場合に、破産手続開始の決定の取消しの決定が確定したような場合には、裁判所書記官が否認の登記の抹消を嘱託することになる。

旧破産法においては，これらの破産管財人による否認の登記の申請と裁判所による否認の登記の抹消の嘱託についての規定しかなかったのであるが，新破産法においては，破産財団に復帰した財産の換価を容易にするために，これらに加えて当該不動産が売却された後の，⒤否認の登記，⒤否認された行為を登記原因とする登記，または否認された登記，それから⒤これに後れる登記の抹消手続について新たに定めている (注37)。担保・債権回収の実務にとっては否認が重要な機能を有しており，その登記が重要な役割を果しているからであると考えられる (注38)。

　登記の原因である行為または登記自体が否認された場合，否認による財産の破産財団への復帰を第三者に対抗するためには，対抗要件を備える必要がある。そのために破産法は否認の登記という制度を設けていることはすでに詳述したところであるが，従来この否認の登記は，否認の対象となった所有権移転登記や抵当権設定登記等を抹消することなく，否認がなされた旨を記載するという形で行われていた。したがって，否認により否定された登記内容はその後も登記簿上残ることになり，否認により破産財団に復帰した目的財産を後日破産管財人が第三者への任意売却によって処分する場合には，この第三者のためになされる所有権移転登記は，否認の登記に続けて記載されることになるので，買受人に不安を与えて購入を躊躇させ，ひいては破産管財人による換価業務に支障が生じ得るといわれていた。

　現破産法では，この点を考慮し，否認の登記の抹消の制度が新たに設けられた（破産法260条2項）。この否認の登記の抹消は，破産管財人による任意売却のほか，受益者から転得者への登記で破産財団に対抗できるものがある場合（破産法260条3項），および破産手続の解止（取消し，廃止，終結）があった場合（破産法260条4項）にもされることになり，従来議論のあった問題の解決が図られている。民事再生法13条，会社更生法262条にも同様の規定がある (注39)。

　以上の結果，否認による裁判等の結果，否認によって破産財団に復帰した財産が破産管財人により第三者に売却され，そのための登記が申請されたときには，否認の登記（破産法260条2項1号），原因行為が否認された登記または否認された登記（破産法260条2項2号），およびこの登記に後れる登記（破産法260条2項3号）が登記官により職権で抹消される。

しかし，受益者に対する否認権の行使が認められたものの，否認の登記がされるまでにその者に係る所有権移転登記に基づいてなされた抵当権設定行為や抵当権設定登記についての否認は認められなかったような場合に，破産法260条2項2号の登記にかかる権利を目的とする第三者の登記で，破産財団に対抗することができるものがある場合には，否認の登記の抹消がされるほかは，破産法260条2項2号の登記の抹消ではなく第三者から破産者への所有権移転登記がされる（破産法260条3項）。これは，当該2号による所有権移転登記を抹消すると，第三者の権利取得に至るまでの物権変動の過程が登記簿（登記記録）上正確に公示されない（第三者は登記簿上無権利者から抵当権の設定を受けたことになってしまう。）ことになって適当でないからである**（注40）**。

なお，破産手続が終了するまでの間に，否認権の行使によって取り戻した財産の換価がなされなかった場合には，破産手続の終了によって否認の効果は消滅し，否認の登記は効力を失うことになる。そこで，裁判所書記官は，破産手続開始の決定の取消しもしくは破産手続廃止の決定が確定したとき，または破産手続終結の決定があったときは，職権で遅滞なく，否認の登記の抹消を嘱託しなければならない（破産法260条4項前段）。旧破産法123条2項において準用する旧破産法121条前段において準用する旧破産法120条後段に相当する規定であるが，旧破産法に関する通説的見解は，破産手続終結の決定があった場合等には，破産手続終結の登記等をすることにより否認の登記の失効を公示する（否認の登記は抹消しない）ものと解していた。現破産法では前述のような見直しをしたことにより，この場面でも否認の登記を抹消するものとしている（最判昭和49年6月27日民集28巻5号641頁）。

また，破産管財人が否認権の行使により取り戻した財産（破産法260条4項後段〔第2項第2号に掲げる登記に係る権利〕）を放棄し，否認の登記の抹消の嘱託の申立てをしたときも，裁判所書記官は，否認の登記の抹消を嘱託しなければならない（破産法260条4項後段）。これは，旧破産法において取扱いが明確でなかった点（旧破産法123条2項において準用する旧破産法121条後段において準用する旧破産法120条後段）を明確にしたものである**（注41）**。

② **否認の登記の性質**

否認の登記の性質については，否認権の行使による一種の予告登記として破産法上設けられたものであるとする予告登記説，否認の効果である物権変動を

公示するために必要とされる抹消登記や移転登記などの総称であるとする各種登記説，否認による破産財団への復帰という相対的効力を有する物権変動を公示するために破産法上設けられた登記であるとする特殊登記説がある。この特殊登記説が判例・通説であり，登記実務の考え方である（昭和54年3月31日民三第2112号法務省民事局長通達）。不動産登記には，同法3条に定める保存，移転，変更，処分の制限等の登記があるが，これらの登記とは別に，破産法，会社更生法，民事再生法が特別に認めた登記であるということであり，その趣旨は，破産手続とか，民事再生手続とか，会社更生手続の枠内でのみ消滅の効果をもつという，そういう制約付きの登記であるということを「否認」という言葉で表しているということで，特殊登記といっているということであると考えられる。このことは，最判昭和49年6月27日（民集28巻5号641頁）は，「破産法の行為が否認されると，その行為は直ちに効力を失い，右行為により逸出した破産者の財産は物権的に破産財団に復帰し，破産管財人は行為の相手方に対して右財産の破産財団への原状回復を請求できることになるが，否認の右のような効力は，破産財団との関係において，かつ，破産状態の存続する限りにおいて生ずるにとどまり，破産の取消し，廃止，終結となったときにはその効力も当然消滅するのである。」と判示し，特殊登記説の考え方を示している（注42）。

破産法は，否認により登記を原状に回復する場合について，一般の抹消登記とは別に，否認の登記という制度を設けて，これによるべきこととし，また，破産の取消し，廃止，終結となった場合には，職権によって否認の登記を抹消すべきことを定めている。破産法がこのような否認の登記及びその職権による抹消という特別の制度を定めているのは，前述したような否認の効力に鑑み，否認の場合に一般の抹消登記によったり，また，否認の効力が消滅した場合に，抹消登記の回復登記によったりすることは，いずれも適当でないという趣旨によるものである。

③　否認の登記と受益者・転得者

否認の登記については，受益者から，さらに譲渡や権利の設定を受けた転得者がいる場合について留意する必要がある。

①　まず，転得者が受益者から権利の譲渡を受けその登記がされている場合である。

例えば，Aから受益者Bに売買による所有権移転登記がなされ，さらにBから転得者Cに所有権移転登記がなされている場合には，否認されるのは，あくまでも破産者Aから受益者Bへの所有権移転登記ということになる。転得者Cに係る登記は，抹消される登記（B名義の登記）に後れる登記として，受益者Bに係る登記の抹消について，転得者Cの承諾に代わる判決が得られた状態であると考えることができる。したがって，転得者Cのみに対して否認権を行使する場合にも，否認されるのは転得者Cへの移転登記ではなく，あくまでも破産者Aから受益者Bへの移転登記が否認されることになり，転得者Cに対しては，あくまでもその否認の効力を主張することができるという関係になる。
　逆にいえば，転得者Cに対してだけ否認をすれば，それだけでAからBへの移転自体が否認されることになる。C・B，そしてB・Aの2段階の手続を踏まなくても，破産者A，つまり破産財団に権利が復帰したことになる。
　つまり，すでに転得者Cに対する否認の登記がされている場合には，重ねて受益者Bに対する否認の登記をする必要はないということになる。むしろこの場合に受益者Bに対する否認の登記があった場合には，すでに受益者Bへの移転は消滅し，権利が破産財団に戻っているにもかかわらず，すでに抹消されている権利の登記名義人を登記義務者とする抹消登記の申請がされた場合と同じように，登記義務者の表示が相違するということで，不登法25条7号により却下されるということになる（注43）。
　ちなみに，逆にまだ否認の登記がされていない状態で，受益者Bに対する否認の登記のみを申請することもできないと解される。転得者Cに対して否認の登記ができなかった場合に，受益者Bに対する否認の登記だけを認めると，転得者Cの所有名義はそのまま有効に残っているという状態であるにもかかわらず，否認により受益者Bから破産者Aへの新しい移転登記がなされてしまうということになり，いわば二重譲渡がされたのと同様な状態になってしまう。したがって，この場合には，申請に係る登記の目的である権利が同一不動産について既になされている登記の目的である権利（転得者Cへの所有権移転の登記）と矛盾するということで，不登法25条7号により却下されることになる。
　⑪　次に，転得者Cに係る登記が受益者Bの登記に係る権利を目的とする第三者Dの権利に関する登記である場合である。
　たとえば，受益者Bは，所有権の登記名義人であり，転得者Dがその抵当権

者としてD名義の抵当権の登記がされている場合である。

この場合についても，転得者Dに対して効力が及ぶ否認の登記をすれば，重ねて受益者Bに対して効力の及ぶ否認の登記をすることができない。転得者Dに対して否認の登記をすれば，不動産は破産財団に復旧しているということになる。先ほどの例のように，権利が受益者から転得者へ転々と移転している場合においては，受益者Bはすでに所有権を失っているということになるが，このケースのように転得者Dに係る登記が受益者Bの登記に係る権利を目的とする，第三者の権利に関する登記である場合（例えば，抵当権設定の登記）には，受益者Bは現在も所有権の登記名義を有しているということになる。この場合には，受益者Bに対する否認の登記の申請のみをすることは可能であると解される。なお，この場合には，受益者Bに対してのみ効果の及ぶ否認の登記がされることになり，抵当権者Dの抵当権の登記の負担付きのまま当該不動産は破産財団に復旧することになる(注44)。

④ **否認の登記等の抹消**

ⅰ 抹消

否認の登記をした後に，この否認の登記を抹消する場合である。旧破産法においては，否認の登記あるいは否認の対象となった登記をそれぞれ抹消する手続は規定されていなかった。しかし，否認の登記が抹消されないということになると登記記録上，その不動産が破産財団から完全に除外されたものかどうかということが明らかでないということになり，従来から任意売却等によって所有権移転登記を受けた所有者等から，公示として不適切であるとの指摘もされていたところである(注45)。そこで，この否認の登記の抹消について，登記官の職権による否認の登記の抹消と登記官の職権による所有権移転の登記をする場合があるので，以下場合を分けて説明する。

① まず，登記官の職権による否認の登記の抹消の場合である。

たとえば，AからB，BからCへと所有権移転登記がされている場合である。この場合に，否認の登記に係る権利に関する登記，仮に否認されたのがAからBへの所有権移転の登記であるとすると，さらにBからCへと所有権移転登記がされると，仮に後になって破産手続が廃止されたとしても，この買受人Cへの所有権移転の効果が覆ることにはならないので，買受人への所有権移転の登記をした時点で否認した効果が確定することになる。

確定的に権利が移転する場合というのは，破産管財人によるその権利の任意売却に伴う，破産者から第三者への権利の移転の登記をするとき，民事執行法その他強制執行の手続に関する法令の規定によってされた競売による売却に伴う第三者への権利の移転登記をするときなどということになるが，これらの場合については，受益者への移転の効力が復活することはあり得ないということが確定するので，破産法260条2項の規定によって1号により当該否認の登記，破産財団に戻すためにした否認の登記，それから2号として否認された行為を登記原因とする登記または否認された登記（AからBへの所有権移転登記），3号として，2号で否認された行為を登記原因とする登記または否認された登記に後れる登記（BからCへの所有権移転登記）が抹消の対象となる。

⑪　次に，登記官の職権による所有権の移転の登記である。

否認の登記がされるまでの間に，否認された行為を登記原因とする登記または否認された登記に係る権利を目的としてされた第三者に係る権利に関する登記であって，破産手続との関係においてその効力を主張することができるものがされているような場合は，否認の効力が主張できず，既になされた当該登記の効力を主張できることになる。

たとえば，破産者Aから受益者Bに所有権が移転され，さらに受益者Bを設定者とする抵当権が設定されているような場合において，受益者Bに対してのみ否認の登記がされたものの，転得者Cに対しては否認の登記がされていない場合は，受益者Bに係る登記，つまり破産者Aから受益者Bへの所有権移転登記は抹消する。そうなるとCを抵当権者とする抵当権の設定の登記は不動産登記規則152条2項の規定により登記官の職権抹消の対象になる。そうなると，Cに対しては否認の効力は本当は及ばなかったのに抵当権の登記は抹消されてしまうということになる。そこで，破産者Aから受益者Bへの所有権移転登記の抹消に代えて，受益者Bから破産者Aへの所有権移転登記をする。そして，Cの抵当権はその所有権に付着していくということになる（破産法260条3項）。

これは一般的な登記の処理と同じ考え方に基づくものであり，たとえば，無効として抹消すべき登記である場合に，その登記に係る権利を目的として，第三者に係る権利がある場合に，その無効な登記を抹消する場合にはこの第三者Cの承諾が要る（不登法68条）。しかし，この第三者Cの承諾が得られない場

合には，真正な登記名義の回復により，第三者の権利の負担付きのまま真の権利者に移転するということが行われているが，その考え方による処理が行われるわけである。

この場合において，買受人をDとするとBからDに直接移転するのではなく，Bから破産者であるAに移転登記をしたうえで，買受人であるDに移転することになる。先ほど登記官による職権抹消の場合に抹消すべき登記として破産法260条2項1号から3号までの登記をあげたが，この260条3項による登記の場合は，否認の登記だけは残しておく意味がないので，登記官の職権により当該否認の登記は抹消される (注46)。

ii 抹消の原因
ⅰ 売却

抹消原因としては，2つほど考えられる。1つは売却である。ここでは会社更生法による否認を例にあげて考察する。更生管財人は更生計画の遂行，もしくは事業の経営などに必要な場合には，会社財産の処分権をもつ（会更法72条，209条）。この場合，更生会社の管財人が更生会社所有の不動産を更生計画によらないで売却し，その登記を申請する場合には，裁判所の許可書（会更法71条2項）を提供できないときは，登記識別情報を提供する必要がある（「カウンター相談（167）」登記研究694号223頁）。登記識別情報の提供の省略は，虚偽の登記を防止する観点から，裁判所から選任された者が申請者であること，裁判所の許可書を添付して申請していることという要件を満たしている必要があると考えられる。したがって，更生会社の管財人が，更生会社名義の不動産を処分し，この登記を申請する場合には，裁判所の許可書または許可を要しない旨の証明書の添付は要しない（昭和36年5月12日民事甲第1152号法務省民事局長通達・登記研究170号37頁）が，裁判所の許可書の添付がない場合は，登記識別情報の提供が必要であると解される（前掲登記研究694号226頁）。

その財産の処分をすると，その会社の財産ではなくなるので，その結果として，更生会社の財産でなくなるわけである。そのためには，裁判所の許可が要る場合があるが，その許可を得て売却をすると，第三者に権利が移る。その結果，その財産は更生手続から外れるので，その財産については更生手続開始とか認可の登記は必要でなくなる。

その場合に，開始の登記とか認可の登記はどうするかということになるわけ

18 企業の再生と否認による逸出財産の回復

であるが，これは実ははっきりとした規定がなかった。ただ，これについては先例があり，売却すると，管財人のほうで，この財産は売却したから裁判所に抹消登記の嘱託をしてほしいという上申をすれば，裁判所のほうから抹消の登記の嘱託をするという手続が確立していた。これは昭和32年3月20日民事甲第542号法務省民事局長通達である。これは破産手続開始の登記の関係での通達であるが，会社更生手続開始の登記もこの通達で対応できることになり，抹消嘱託を裁判所からしてもらえばいいことになる。任意売却であるから，裁判所は売却したかどうかわからない場合があるので，管財人から売却したから抹消してくださいという上申をすることになっていた。

ところで，これに関連して破産財団に属する不動産について，その所有権の一部につき破産管財人によって売却され，買受人のために所有権の一部移転の登記がなされたが，この買受人の取得した所有権が破産手続開始の登記の負担のない権利の登記であるとするための登記手続はどうするかという問題がある。

この場合，買受人が取得した所有権の一部については破産手続開始決定の効力が失われ，破産の効力の一部消滅と解されなくはなく，この考え方をとるならば，買受人の持分について破産の効力が消滅したことによる一部抹梢の観念が生じ，登記手続においても破産手続開始の登記の一部抹消の登記をすることにならざるを得ないわけである。しかし，現行の不動産登記の手続においては，登記の一部抹消という登記手続は認めていないので，破産者の所有権全部についての破産手続開始決定の効力を，破産者の持分のみについて存続するものとすることは，破産の効力の変更といってよいと考えられる。したがって，登記手続としては，破産手続開始の登記の変更の登記として取り扱うべきであるということになり，登記の目的を，「何番破産を何某持分の破産とする変更」とし，登記原因を「年月日売却」とする破産の変更登記の嘱託が裁判所からなされれば，受理することになる(注47)。このことは更生手続開始の登記等についても同様である。ただし，現在の会社更生手続開始の登記は，不動産登記簿（記録）には登記されないので，この問題は発生しない。

⑪ 放　棄

もう1つ，抹消する手続としては，権利の放棄がある（会更法72条7号）。この権利の放棄の場合も，権利を放棄した場合には，その結果として，その財

309

産は更生財産から外れる。その場合にも，一応売却の場合と同じように，第三者に権利放棄を原因として移転登記をしたときに，管財人のほうで上申をして，裁判所から開始の登記，あるいは認可の登記の抹消の嘱託をしてもらうということになる。それによって，更生手続開始の登記等が抹消される。ただし，この場合も，現在の会社更生手続開始の登記等は不動産登記簿（登記記録）に登記されないので，この問題を発生しない。なお，破産手続開始の登記は，破産財団に属する個人の権利について不動産登記簿（登記記録）にその登記がなされるので，破産管財人がその登記をされた権利を放棄し，その登記の抹消の嘱託の申立てをしたときに裁判所書記官から抹消の登記の嘱託をすることになる（破産法258条3項）(注48)。

⑤ **不動産登記法111条1項の所有権と破産法に基づく否認の登記**

甲所有の不動産について，甲から乙への所有権移転の登記をした後に，乙に対する詐害行為取消権に基づく所有権移転登記の抹消登記手続請求権を被保全権利とする処分禁止の仮処分の登記がされている場合において，その後甲が破産したため，甲の破産管財人が，当該詐害行為取消権に基づく所有権移転登記の抹消登記手続請求の本案訴訟を受継（旧破産法86条2項，現破産法45条2項）し，勝訴判決を得た場合に，その勝訴判決に基づき，甲乙間の所有権移転の登記について，登記の原因である行為が否認された場合における否認の登記を申請する際に，仮処分の登記に後れる登記の抹消を申請することができるか否かということが問題となる。

たとえば，甲区5番で甲区3番の甲から乙への売買による所有権移転の登記につき，その登記原因の破産法による否認の登記を申請する際に，甲区4番の処分禁止の仮処分の登記に後れる登記である乙区1番の賃借権設定仮登記の抹消を申請することができるかということである。不登法111条1項は，「所有権について民事保全法第53条第1項の規定による処分禁止の登記がされた後，当該処分禁止の登記に係る仮処分の債権者が当該仮処分の債務者を登記義務者とする所有権の登記（仮登記を除く。）を申請する場合においては，当該債権者は，当該処分禁止の登記に後れる登記の抹消を単独で申請することができる。」旨規定している。

このケースの場合，甲区4番に処分禁止の仮処分の登記があり，この登記は，所有者乙を仮処分の債務者とする民事保全法53条1項の規定による仮処分

の登記である。そして、仮処分の債権者は、甲の破産手続開始前に乙に対して詐害行為取消権に基づく所有権移転登記の抹消登記手続請求訴訟を提起していた丙であるが、甲の破産管財人が、当該訴訟の受継に伴い、丙の仮処分権者としての地位を承継していると考えられる。

そうすると、所有権移転登記原因の破産法による否認の登記の申請が、不登法111条に規定する当該処分禁止の登記に係る仮処分の債権者が当該仮処分の債務者を登記義務者とする「所有権の登記」を申請する場合に該当するかどうかということがポイントになる。

「所有権の登記」というのは、所有権または共有持分の登記名義人を実質的に変更する登記であり、たとえば、所有権の移転の登記、保存若しくは移転の登記の抹消、移転の登記の抹消回復の登記または持分の更正の登記等をいい、仮登記は所有権の登記には含まれない（平成2年11月8日民三第5000号法務省民事局長通達・登記研究515号215頁）。

そうなると否認の登記の実質はどうかということになるが、否認権はすでに考察してきたように、破産者が破産手続開始前にその財産について破産債権者を害する行為をした場合に、その行為の効力を破産財団との関係において失わせ、逸出した財産を破産財団に回復させる破産法上の権利である（破産法160条等）。この否認の登記については、ⅰ否認権の行使による一種の予告登記であるという説、ⅱ各場合に応じて必要とされる抹消登記や移転登記などの通常の終局登記の総称であるという説、ⅲ否認による財産の破産財団への復帰という特別の物権変動を公示するために設けられた特殊登記であるとする説があることはすでに述べたところである。通説・判例（最判昭和49年6月27日民集28巻5号641頁）は特殊登記説をとっており、登記実務もその考え方により取り扱われているが、この考え方の基本は、物権変動は、通常、対抗力を備えれば、誰に対してもその効果を主張できる絶対的なものであるが、否認の場合は、その効果は破産財団との関係において、しかも破産状態の存続する限りにおいて生ずるにとどまるところから、相対的な効力を有するにすぎないと解され、この点において、否認による物権変動は、特別あるいは特殊といわれているわけである。

そうなると、本事案の場合は、甲から乙への所有権移転の登記について、否認の登記がなされたとしても、否認に相対的効力しかないということになる

と，破産財団との関係では甲から乙への所有権移転の効果が失われ，その不動産の所有権が破産財団に復帰するだけであるということで，抹消登記や移転登記と同様に考えることはできず，不動産登記法111条に規定する所有権の登記には含まれないのではないかとも考えられる。否認の登記の性質については，特殊登記説の考え方を基本にしているが，そうなるとその特殊性を重視することになり，相対的な効力を有する特殊な登記ということになって，「所有権の登記」には含まれないのではないかとも考えられそうである。

しかし，不動産登記法111条に規定する所有権の登記は，所有権の登記名義人を実質的に変更する登記であると一般的に解されており（「登記簿」登記研究679号163頁），所有権または共有持分の登記名義人を実質的に変更する登記であるから，不動産登記法3条に規定する所有権の移転，変更または消滅がこれに当たると解され，さらには，更正の登記および抹消の回復の登記も実質的にはこれに含まれると解される。たとえば，所有権移転の登記，保存もしくは移転の登記の抹消，移転の登記の抹消回復の登記または持分の更正の登記等がある（注49）。なお，仮登記が，この所有権の登記に含まれないことは不動産登記法111条1項に規定するとおりである。

確かに，否認の効果は相対的ではあるが，現破産法167条1項は「否認権の行使は，破産財団を原状に復させる。」と規定（旧破産法77条1項も同旨）しているので，その効果は物権的であると解することができる。つまり，逸出した財産等が破産財団における破産管財人の管理処分の対象としての財産として当然に破産財団を構成することになる（注50）。判例においても，「破産者の行為が否認されると，その行為は直ちに効力を失い，右行為により逸出した破産者の財産は物権的に破産財団に復帰する。」としている（最判昭和49年6月27日民集28巻5号641頁）。

このように考えてくると，否認権の行使によって，その対象となった財産が相対的ではあるけれども破産財団に復帰するという物権的な効果が生じることになるので，否認の登記は，破産財団のために抹消登記または移転登記がされた場合と同様に所有権の登記名義人を実質的に変更する登記に当たると考えられる。この点に関する法務省先例においても，所有権移転の登記原因の否認の登記がある不動産については，当該否認の登記が抹消されない限り，当該不動産の所有権の登記名義人を登記義務者とする根抵当権登記申請は受理すべきで

ないとしている（昭和33年8月8日民事甲第1624号法務省民事局長心得電報回答・登記研究130号24頁）。この先例は，否認の効果について，所有権移転登記の登記原因の否認の登記は，所有権の帰属主体を実質的に変更する登記と認めており，否認の登記を所有権の登記に含まれると解しているものと考えられる。したがって，上記ケースにおける否認の登記は，不動産登記法111条に規定する所有権の登記に含まれ，破産管財人は，否認の登記の申請をするのと同時に，仮処分の登記に後れる賃借権設定仮登記の抹消申請を単独で申請できると解される（「登記簿」登記研究679号165頁）。

⑥ **混同により抹消された抵当権の移転登記原因の破産法による否認とその登記手続**

Aを所有権登記名義人として登記されている不動産に対してBを抵当権者とする抵当権設定登記がされ，次いで，BからCへの抵当権の移転登記がされ，さらにその後にBが破産手続開始決定を受けたような場合において，その後さらに不動産の所有権をCが取得し，その登記が経由されたため，C名義の抵当権の登記は権利混同を登記原因として抹消され，さらにCからDに所有権移転登記がされているという場合に，Bの破産管財人がBからCへの抵当権移転の登記原因を否認してBの有していた抵当権をBの破産財団に組み入れることができるかどうかが問題となる。

権利混同による物権の消滅の効果については，一般的には，混同による物権の消滅は絶対的であるとされている。つまり，混同以前の状態が復帰してもいったん消滅した権利は回復しない。もっとも，権利混同を原因として抹消された抵当権の抹消回復は，職権ですることはできないが，当事者からの申請があれば可能であるとする登記先例（昭和41年10月6日民事甲第2898号法務省民事局長回答）がある。

そこで，まず，抵当権が混同を登記原因として抹消されている場合にその回復が可能であるかどうかということが問題となる。混同を登記原因として，抹消された抵当権でも，もともと混同そのものが初めから生じなかった場合などには，その抹消回復をすることは可能であると考えることができそうである（「登記簿」登記研究546号108頁）が，抵当権移転の登記原因が否認された場合には，もともと混同が生じていなかったと解することは難しいということになるかどうかである。否認権の行使によって，否認の対象となった登記原因

は，破産財団と破産者BからCが移転登記を受けたCとの間では遡って無効となり，破産財団に復帰することになるので，少なくとも，Cとの間では，抵当権の移転は生じなかったことになる。そうなると抵当権の目的不動産の所有権をCが取得したとしても，もともと抵当権の混同は生じていなかったことになる。つまり，混同を生じさせた法律要件が遡及的に失効した場合は，いったん有効に混同が生じても，消滅した権利が復活していると解することができるのではないかということである。このことは，たとえば，抵当権が抹消される当時に，既に未登記の他の権利の目的となっている場合（抵当権，質入れ等）には，実体的に権利混同は生じていない可能性があると解されていること（「登記簿」登記研究539号82頁）も参考になる。

それから，2つ目の問題として，Bの破産管財人がCに代位して，単独でCの抵当権の抹消回復登記の申請をすることができるかどうかという問題がある。

この場合，抵当権が混同を原因として抹消されたものであるとしても，現在の所有権登記名義人はDであり，その抹消回復の登記は登記権利者はCであり，登記義務者はDということになる。この点については，抹消された抵当権の回復登記の申請における登記義務者は現在の登記名義人であるとされている登記先例（昭和57年5月7日民三第3291号法務省民事局第三課長回答）が参考になる。したがって，もし，Dが抵当権の抹消回復の登記申請に協力しないときはBの破産管財人は，Dに対し抵当権の抹消回復登記手続を請求し，その勝訴判決（確定判決）によって単独申請することになる（不登法63条1項）。

なお，Bの破産管財人がCに代位して抹消回復登記を申請する場合の代位原因証明情報（登記令7条1項3号）は，当該抵当権のBからCへの移転登記原因の否認の登記手続を命ずる確定判決等（破産法173条）になる。この判決のほか，Dに対する抵当権の抹消回復登記手続を命ずる確定判決も代位原因証明情報になると考えられる（「登記簿」登記研究546号110頁）。

⑦ 権利の一部についての否認の登記とその登記の抹消

権利の一部について否認の登記がされている場合において，破産管財人から当該否認の登記に係る権利の移転の登記が申請されたときの登記処理についての問題である。

破産者が破産債権者を害することを知ってした行為等は否認することができ

る（破産法160条〜162条）ので，当該行為を登記原因とする登記がされている場合は，「登記原因となる行為」が否認されることになる。また，物権変動があった日から15日を経過した後に，破産者が支払停止等のあったことを知ってした登記（仮登記に基づく本登記を除く。）も否認することができる（破産法164条）。

　破産管財人によって否認権が行使され，登記原因となる行為または登記が否認された場合に，その効果を第三者に対抗するためには，破産管財人は否認の登記の申請をしなければならない（破産法260条１項）。

　権利の一部について否認権が行使された場合には，否認された権利の一部が，破産手続において相対的に破産財団に復帰したことを公示するために，当該権利の一部に係る否認の登記をする必要があると考えられる。

　なお，不動産の一部についての登記はできない（登記令20条４号）が，権利の一部についての登記は認められている（平成２年11月８日民三第5000号法務省民事局長通知）。

　否認の登記がされた後に，破産手続開始の決定が取り消されるなどした場合には，破産手続における相対的効果しかない否認権行使の効果は失効する。また，破産管財人によって否認の登記に係る権利が第三者に任意売却された場合や，民事執行法その他強制執行の手続に関する法令の規定による競売によって否認の登記に係る権利が第三者に売却された場合には，破産者から第三者への権利の移転の登記が申請または嘱託される。そして，これらの登記が実行されることにより，否認という破産手続における相対的効果ではなく，権利の移転という確定的効果が生じることになるので，否認の登記を残しておく必要はなく，登記官の職権で否認の登記が抹消される。

　この場合の手続については，原則として，破産法260条２項の規定により，登記官は，職権で，①否認の登記，ⅱ否認された行為を登記原因とする登記または否認された登記，ⅲⅱの登記に後れる登記があるときは当該登記をそれぞれ抹消しなければならない。この「否認された行為を登記原因とする登記又は否認された登記に後れる登記」というのは，否認された行為を登記原因とする登記または否認された登記の後にされた登記のうち，破産手続との関係においてその効力を主張することができないものであって，その登記について否認の登記がされているものをいう（平成16年12月16日民二第3554号法務省民事局長

通達第4の2(4))。

なお，否認された行為の後，否認の登記がされるまでの間に，否認された行為を登記原因とする登記または否認された登記に係る権利を目的としてされた第三者の権利に関する登記であって，破産手続との関係においてその効力を主張することができるものがされているときは，破産法260条3項により，登記官は，職権で①当該否認の登記を抹消し，⑪受益者から破産者への当該登記に係る権利の移転の登記をしなければならない。この場合の「否認された行為を登記原因とする登記または否認された登記に係る権利を目的としてされた第三者の権利に関する登記であって，破産手続との関係においてその効力を主張することができるもの」というのは，当該第三者に対する否認の登記がされていない場合をいう（前掲平成16年民事局長通達第4の3）。なお上記事例は，権利の一部についての否認の登記であり，登記官の職権による否認の登記の抹消等の方法が問題となるが，この点については，平成18年2月16日民二第415号法務省民事局第二課長通知の解説（登記研究701号134頁）を参照して欲しい。

⑧　否認の登記と登記義務者

否認の登記がされている場合に，それを前提に登記申請をする場合には，誰が登記義務者になるかという問題がある。

仮に3番で否認の登記がなされているということになると，次に登記を進める場合，この不動産の所有権移転登記をするとした場合，登記義務者は誰かということになる。登記名義はB名義になっている，2番でBに移っているが，3番で否認の登記がされているわけであるから，この場合に，Bを登記義務者として所有権移転登記申請がきたら受理できないということになる（大阪高判昭和53年5月30日判タ372号92頁）。そのような登記申請は，不動産登記法25条7号により却下される。なぜかというと，B登記名義は否認されているからである。

この登記記録をみて，いま誰がこの不動産の権利者かというと，これはAである。だから，もし次の登記をするとすれば，Aを登記義務者として所有権移転登記なり，抵当権の設定登記をするならば，これは受理できる。しかし，Bを登記義務者として所有権移転登記申請がされた場合には，これは受理できないということになる。

この考え方は登記実務でも明確に打ち出していて，そういう場合には，登記

義務者はBではない，Aである，ということがはっきりしているので，こういう場合は受理できないことになる（昭和33年8月8日民事甲第1624号法務省民事局長心得電報回答，不登法25条7号により却下。なお，大阪高決昭和53年5月30日金法857号30頁）(注51)。

⑨　否認の登記と否認された根抵当権設定登記等の抹消登記手続の可否

否認の登記についてよく聞かれるのは，更生手続とか破産手続が全部終了しているが，否認の登記だけ残っている。ところが，否認の登記は，一般の方は聞きなれないし，否認の登記がついていると，これはいわくつきの不動産ではないかというので，なかなか処分ができない，否認の登記をなんとかしてくれないか，というようなことがよく聞かれる。たとえば，次のような場合である。

甲　区	乙　区
1　所有権移転A	1　根抵当権設定
2　破産手続開始	1′　1番根抵当権転抵当
3　所有権移転C	2　1付記1の否認
4　2番破産手続開始登記抹消	3　1の否認

この先例は，昭和62年3月20日民三第1433号法務省民事局第三課長回答であるが，否認が関係しているのは，乙区の根抵当権の否認である。根抵当権設定登記があって，それに転抵当権が設定されており，まず2番で1付記1の転抵当を否認している。3番で1の根抵当権も否認している。要するに根抵当権設定と転抵当，両方とも否認されているわけである。一方，甲区をみると破産手続が進んでいるということがわかる。破産手続が進んでいて，Aが破産した。そして，その財産はCに移っている。これは売却であろう。その結果として，破産の登記が抹消されている。

この場合に，否認の登記が2つとも残っている。法律的には否認されているので問題はないが，登記としては，否認の登記が残っているので，この否認の登記を抹消してほしいという。否認の登記があると，まだ問題が解決していないのではないか，抵当権が生きるのではないか，根抵当権が生きているのではないかということで，この不動産は売れないので抹消してほしいということである。

ところが，考えてみると，否認の登記がなされていて，否認の登記でこの根抵当権が否認されて，その結果として，この財産はCに売却され，そして破産財団からこの財産は離脱しているわけである。要するに破産手続から離れているから，この状態で破産手続はいわば完結しているわけである。
　ということは，もし否認の登記を抹消するということはどういうことになるかというと，否認の登記を抹消すると，理屈としては，根抵当権は生きてくることになる。根抵当権は生きてくるということになると，もともと根抵当権は生きていないということで，Cに売却しているので——否認しているから——もともと売却手続がおかしかったのではないかということで，いろいろ問題が起きてくるのではないかというのが1つの問題である。
　もう1つは，そういうことをいっても，破産の手続は終わっており，破産の登記は抹消されているわけであり，しかも任意売却されている。そういう状態で，前述したように破産手続という皿から離脱しているわけであるから，そういう状態だったら，否認の登記を抹消してもいいではないか，当事者が困るなら抹消してもいいではないか，こういう考え方も成り立ちうる。
　ところが，後者の考え方に立つとしても，やはり抹消できるという規定がないと，簡単には抹消できない。しかも，絶対的に大丈夫だということであればいいのであるが，前述したように，前者の考え方でいけば，もともと否認されているということで破産手続を進めているのに，否認されていないということになって，それは破産手続の進め方がおかしかったことになるのではないか，ということもあり得るから，そういうことを踏まえると，きちっとした規定がないと，抹消はできないことになる。
　この先例の結論は，否認の登記の抹消はできないという結論になっている。逆にいうと，否認の登記の抹消は，破産なり更生手続が途中で取消しとか廃止になった，あるいは終結したということでないと，このように売却手続で更生手続とか破産財団から離脱した財産については抹消する手立てがないからである。
　それでは通達でもってそういう取扱いを便宜認めたらどうかということは，考え方としてはありうると思うが，この場合に否認の登記を抹消するということは，破産手続の進め方がどうだったかというところに波及するおそれがあるので，はっきりした規定がない限り，抹消できないということで，この否認の

登記は抹消できないとしていた。

　かつての取扱いは以上のような問題があったのである。現在の取扱いは，破産法260条2項，会社更生法262条2項，民事再生法13条2項により，当該否認の登記と根抵当権の登記を抹消することになり，立法的に問題の解決を図っている（注52）。

⑩　否認の登記と合筆・合併

　それから，これに関連してよく問題になるのは，不動産の合筆とか合併である。否認の登記が残っていると，否認の登記も権利の制限の登記ではないかということで，否認の登記がなされている不動産を合筆することはできないのではないかということが依然として問題になる。

　この場合は，もし破産手続なり，会社更生手続が進んでいて，破産手続開始の登記はそのままある，あるいはまた，会社更生手続開始の登記がそのままあるという状態で，否認の登記だけなされている不動産の合筆の登記ができるかというと，これはおそらくできないといわざるを得ないと思われる。

　なぜかというと，それは否認の登記はまだ効力をもっていて，否認の登記の効果を踏まえて破産手続なり，会社更生の手続を進めていると考えられるわけであるから，その場合はできないと思われる。この場合は，まだ売却に至っていない場合であるから，これは破産手続開始でもいいし，会社更生手続開始でもいいのであるが，こういう状態で合筆ができるかというと，これは否認の登記で抵当権が消えているといえば消えているが，まだ破産手続の最中あるいは更生手続の最中だということが登記上は読み取れるわけであるから，こういう形で合筆を認めるのは，登記実務的にいうと，難しいと考えられる。

　しかし，そうでなくて，破産手続開始の登記の抹消の登記はされていないが，Cに売却されているというような状態で考えると，否認の登記は完全に会社更生手続ないしは破産手続の皿から外れていることになる。すなわち会社更生手続なり，破産手続から逸出した財産，離れた財産だというように考えていいと思われる。

　そういうことになれば，その時点で，確定的に否認の登記は効力が発生している。すなわち否認の登記は目的を達成して，実質的には意味のない登記と考えて，こういう状態ならば，合筆の登記を認めても問題はないのではないか。

　もちろん最も好ましい状態は，破産手続開始の登記の抹消の登記がされるこ

とである。当該不動産の売却がなされ，破産手続開始の登記とかあるいは会社更生手続開始の登記そのものが抹消されているという状態であれば，否認の登記は完全に目的を達成して，本来の使命を果たし終わっていることになる。だから，形は否認の登記という登記ではあるが，実質的には使命が終わっているわけであるから，そういうものが残っていても，合筆の登記を認めても問題はない。手続がすべて終わって，破産財団から出てしまっている財産，離脱している財産であるから，そういう状態であれば，合筆の登記は可能ではないかと考えられる。

いずれにしても，否認の登記で最も問題になるのは，このような否認の登記の抹消とか，あるいは否認の登記のされている不動産の合筆・合併の登記である。それぞれ事案によって事情は多少違うが基本的な考え方は前述したようなことになると思われる。

なお，前述の如く，現行の会社更生法においては上記のような場合，否認の登記が抹消され（会更法262条2項，3項，4項），また，破産法においても前述のごとく否認の登記が抹消される（破産法260条2項，3項，4項）。民事再生法も同じである（民再法13条2項，3項，4項）ので，この問題は，立法的に解決されている(注53)。

⑪ **無償性と否認行為**

大阪高裁平成22年2月18日判決（金法1895号99頁）は，「1．金融機関の与信が破産による保証ないし物上保証と同時交換的にされた場合であっても，破産者のした担保提供行為は無償否認の対象になる。2．代表取締役である破産者が担保設定にあたり主債務者である会社から保証料等の直接の対価を受領していない物上保証について，①融資を受けた会社の利益について，会社の法人格を否認ないし無視して，これを破産者の利益と同視し，破産者が担保設定の対価を受けていると評価できるまでの事情は認められず，②主債務者の倒産が即保証人の倒産に連なる場合であるというだけでは，担保提供の無償性を否定すべき特段の事情には当たらず，③融資によって破産者の有する株式ないし出資の価値が現実に維持された事実は認めるに足りないから，無償性を否定すべき特段の事情が存在するとは認められない。」と判示している。

この事案は，甲会社の代表取締役であるAが，Aの相続財産の破産管財人が，Aが甲会社に対する債務につき物上保証をした行為を無償否認したもので

18 企業の再生と否認による逸出財産の回復

あるが，代表取締役の相続財産の破産管財人は，銀行に対する甲会社の債務の根担保としてAが個人で所有する株式に担保設定した行為について，A死亡後にその相続財産に対する破産手続開始の申立てがされる前6ヶ月以内にされた無償行為に当たるとして破産法160条3項により否認し，銀行に対し，破産法167条に定める原状回復として，担保権実行による株式売却代金の価額償還を請求したものである。

破産法160条3項にいう無償行為について判例（最判昭和62年7月3日民集41巻5号1068頁）は，①破産者が義務なくして他人のためにした担保の供与は，債権者の主たる債務者に対する出捐の直接的な原因をなす場合であっても，破産者がその行為の対価として経済的利益を受けない限り，同項にいう無償行為に当たる，⑪いわゆる同族会社の代表者で実質的な経営者でもある破産者が当該会社のために担保の供与をしたことを直接の原因として，債権者が当該会社に対して出捐をしても，破産者がその行為の対価として経済的利益を受けない場合には，その行為は，同項にいう無償行為に当たる，と判断している。

前記大阪高裁平成22年判決は，金融機関の与信が破産者による保証ないし物上保証と同時交換的にされた場合であっても，破産者のした担保提供行為は無償否認の対象になるとして，昭和62年の最高裁判例を変更すべき事情は認められないとしている。また，破産者は，担保設定に当たり，保証料等の直接の対価を受領していないから，特段の事情のない限り，破産者にとって無償行為に当たるとして，本件担保権設定について，無償性を否定すべき特段の事情が存在するとは認められないとしている（金法1895号100頁）。

このことに関連して，最判平成8年3月22日（金法1480号55頁）は，同族会社が融資を受ける際に，保証人に対する会社の求償債務につき取締役が連帯保証をした場合には，融資金は取締役個人に直接経済的利益を与え，これは連帯保証契約の対価と評価できるから，右連帯保証契約は無償否認の対象である「無償行為」とはいえないとしている。不動産に担保権を設定するような場合にも，参考になる判例である。

（注1）　小林秀之「新破産から民法がみえる」199頁。
（注2）　前掲（注1）小林200頁。

(注3)　前掲（注1）小林199頁。
(注4)　徳田和幸「プレップ破産法〔第4版〕」87頁。
(注5)　山本和彦「破産処理法入門〔第4版〕」98頁。
(注6)　東京弁護士会・弁護士研修センター運営委員会編「新破産法」74頁。
(注7)　前掲（注1）小林201頁。
(注8)　前掲（注1）小林202頁。
(注9)　高村隆司「新破産法とM＆A」金融法務事情1730号1頁。
(注10)　前掲（注9）高村1頁。
(注11)　竹下守夫編「大コンメンタール破産法」662頁（三木浩一）。
(注12)　前掲（注11）竹下編663頁（三木浩一），青山善充・伊藤眞・井上治典・福永有利「破産法概説」192頁。
(注13)　前掲（注11）竹下編666頁（三木浩一），前掲（注12）青山ほか192頁。
(注14)　前掲（注11）竹下編666頁（三木浩一）。
(注15)　神宮字謙「登記留保と仮登記」金融法務事情1774号18頁，久保壽彦「抵当権設定の登記留保と仮登記〔2〕」金融法務事情1754号103頁。
(注16)　前掲（注11）竹下編667頁（三木浩一）。
(注17)　宗田親彦「最近の否認判決の動向―否認権対象について」ジュリスト583号24頁ほか。これを認めた場合，登記用紙（登記記録）を閉鎖しなければならないかという問題があるが，実質は抹消登記であるとはいえ，所有権保存登記を抹消するわけではないので，閉鎖をする必要はないと考えられる（中井一士「否認の登記等の破産に関する登記をめぐる諸問題」登記情報436号62頁）。
(注18)　拙著「倒産法と登記実務〔第3版〕」239頁。
(注19)　前掲（注11）竹下編667頁（三木浩一）。
(注20)　前掲（注18）拙著587頁。
(注21)　東京地判昭和33年8月21日新聞113号8頁，東京高判昭和39年7月31日民集15巻7号1892頁。
(注22)　桜井孝一「対抗要件の否認」不動産登記講座Ⅳ196頁ほか。
(注23)　前掲（注11）竹下編667頁（三木浩一）。
(注24)　前掲（注11）竹下編668頁（三木浩一）。
(注25)　前掲（注11）竹下編669頁（三木浩一）。
(注26)　前掲（注11）竹下編670頁（三木浩一）。
(注27)　前掲（注11）竹下編670頁（三木浩一）。
(注28)　前掲（注18）拙著589頁。
(注29)　前掲（注6）「新破産法」82頁。

(注30)　前掲（注6）「新破産法」83頁。
(注31)　前掲（注1）小林203頁。
(注32)　前掲（注5）山本170頁。
(注33)　今中利昭・今泉純一「実務倒産法講義」226頁。
(注34)　全国銀行協会「新破産法において否認権および相殺禁止規定に導入された「支払不能」基準の検証事項について」金融法務事情1728号49頁。
(注35)　金融法務事情1880号42頁。
(注36)　前掲（注11）竹下編714頁（田頭章一）。
(注37)　杉山典子「最近の不動産登記に関する通達について」登記インターネット8巻4号11頁。平成16年12月16日民二第3554号法務省民事局長通達（民事月報60巻7号74頁）。
(注38)　小川秀樹・川田悦男・田原睦夫・三上徹・山本克己「新破産法と否認の実務(上)」金融法務事情1729号29頁。
(注39)　「Q＆A破産法の実務」1078頁（河崎祐子）。
(注40)　小川秀樹「一問一答新しい破産法」357頁。
(注41)　前掲（注40）小川158頁。
(注42)　前掲（注18）拙著577頁。
(注43)　前掲（注37）杉山12頁。
(注44)　前掲（注37）杉山13頁。
(注45)　前掲（注37）杉山14頁。
(注46)　前掲（注37）杉山16頁。
(注47)　登記先例解説集310号78頁。
(注48)　前掲（注18）拙著595頁。
(注49)　鎌田薫・寺田逸郎編「新基本コンメンタール不動産登記法」315頁（千葉和信）。
(注50)　前掲（注11）竹下編678頁（加藤哲夫）。
(注51)　前掲（注18）拙著579頁。
(注52)　前掲（注18）拙著580頁。
(注53)　前掲（注18）拙著583頁。

⑲ 信託法による資産の流動化と企業再生

(1) 信託財産に属する財産と固有財産

　信託法17条は、「信託財産に属する財産と固有財産若しくは他の信託の信託財産に属する財産との付合若しくは混和又はこれらの財産を材料とする加工があった場合には、各信託の信託財産及び固有財産に属する財産は各別の所有者に属するものとみなして、民法第242条から第248条までの規定を適用する。」と規定している。

　この規定は、信託財産に属する財産と固有財産または他の信託の信託財産に属する財産については、法的には、いずれも受託者の所有に属するものであるため、直接、民法242条から248条の規定を適用することはできないが、実質的には、その経済的な利益は別人に帰属するものであるから、別の所有者に属するものとして取り扱うのが実態に即していると考えられるところから、各財産が各別の所有者に属するものとみなしたうえで、民法の付合の規定を適用するものとしている。旧信託法30条も「信託財産ニ付附合、混和又ハ加工アリタル場合ニ於テハ各信託財産及固有財産ハ各別ノ所有者ニ属スルモノト看做シ民法第二百四十二条乃至第二百四十八条ノ規定ヲ適用ス」と規定し、同趣旨の規定を置いていた。

　その結果、ある財産についての共有持分が、信託財産と固有財産または信託財産と他の信託の信託財産とに属することとなる場合が生じるため（民法244条、245条）、現信託法19条において、この場合の共有物の分割に関する規定を設けている(注1)。

　ところで、受託者には、信託財産に属する財産と固有財産および他の信託の信託財産に属する財産とを分別して管理すべき義務が課せられているが（旧破産法28条、現破産法34条）、受託者がこの分別管理義務に違反したため、あるいは天災等のやむを得ない事由が生じたため、これらの各財産を識別することができない状態が生じる可能性がある。

　すなわち、混和による識別不能は、複数の物が混交して物理的に識別・分離

することが不可能となった状態，つまり，社会経済上１個の物とみられるようになった状態であり（たとえば，穀物や液体が混合または付合した場合），混和物全体につき，原則として主たる財産の所有者が所有権を取得し，主従の区別ができないときは，混和の時における価格の割合に応じて各所有者に共有持分が帰属することになる（民法243条ないし245条）（信託法17条の混和等）。

これに対し，信託法18条に規定する信託財産に属する財産と固有財産に属する財産とを識別することができなくなった場合の識別不能というのは，複数の物が物理的には識別・分離することが可能であるものの，その帰属状態が不明となった状態のことをいう。たとえば，固有財産に属する動産と信託財産に属する動産とを分別保管していた仕切りが破損し，あるいは，管理帳簿が滅失してしまい，どの動産がどちらに属するかが不明となってしまったような場合が信託法18条に規定する識別不能の場合ということになる。この場合には，各財産ごとに，物理的な識別・分離が可能であるから，主従の区別に関係なく共有関係を生じさせ，信託法19条に規定する共有物分割の手続によることができるとしている（注2）。

旧破産法の下においては，このような識別不能状態が生じた場合において，当該財産がいずれの信託財産または固有財産に属することになるのかが明らかでなく，たとえば，信託財産に属する財産と固有財産に属する財産との識別不能状態が生じた場合において，受託者が破産手続開始の決定を受けたときには，信託財産を破産管財人から確保することができるのか，あるいは，識別不能状態にある財産の一部が滅失した場合において，その損失はどのように分担されるべきか等の点が明らかではなかったわけである。

そこで，前述した現信託法18条において，信託財産に属する財産に関して識別不能状態が生じた場合の各財産の帰属関係を明確化するための規定を設けている。

すなわち，18条1項および3項において，信託財産に属する財産に関して識別不能状態が生じた場合には，当該各財産の共有持分が，識別不能状態が生じた当時における当該各財産の価格の割合に応じて，信託財産と固有財産または各信託の信託財産に属するものとみなすことにし，さらに，この価格の割合を立証することが困難である場合に備え，18条2項において，民法250条に倣い，共有持分の割合が均等であるとの推定規定を設けている。

この18条の規定が適用される対象は，識別不能になった事由を問わないとされ，たとえば，受託者が個々の財産を物理的に分別する方法によって管理すべき義務が信託行為の定めにより免除されている場合，天災等の不可抗力による場合，受託者の分別管理義務の違反による場合のいずれの場合であっても適用され，また金銭についても例外を認めるものではないとされている。すなわち，金銭の所有者は，特段の事情のない限り，その占有者と一致すべきであると解される（最判昭和39年1月24日判時365号26頁）など，金銭については特殊な取扱いがされているが，この18条の各項の規定の適用に当たっては，金銭についても例外を認めるものではないと考えられている。その理由は，①信託財産は，その所有権自体は受託者にあることを前提としながらも，固有財産とは異なる取扱いが認められているので，直ちに上記の判例の趣旨が及ぶものではないこと，②仮に，金銭について識別不能となったときには常に固有財産に属するものとして取り扱うものとすると，金銭について識別不能状態が生じている場合において受託者が破産手続開始の決定を受けたときには，受益者の保護は，受託者に対する償金請求権として破産債権になる限度でしか図ることができなくなり，受益者の利益を著しく害するとともに，金銭以外の財産の取扱いとの間で均衡を失すること，③ある信託の信託財産に属する金銭と他の信託の信託財産に属する金銭とが識別不能状態になるに至ったときには，共有的な処理をせざるを得ないと考えられること等によるものであるとされている（注3）。

　信託法18条の規定が適用されると，識別不能状態にある各財産の一部または全部に対して，受託者の固有財産に係る債権を有する債権者から強制執行がされた場合には，受託者または受益者は，各財産について信託財産に属することとなる共有持分に基づいて，異議を主張することができ（信託法23条5項），また，受託者が破産手続開始の決定を受けた場合には，各財産の共有持分のうち信託財産に属する部分について倒産隔離が図られることになり，受益者（信託財産）の保護に資することになる。さらに，識別不能状態にある財産の一部が滅失した場合には，その損失は，共有持分の割合に従って，按分負担されることになる。

　現破産法19条は，同法17条または18条を適用した結果，受託者に属することとなった特定の財産について，その共有持分が，信託財産と固有財産または信

託財産と他の信託の信託財産とに属することになった場合の分割の方法を規定している。

民法の共有の規定によると，共有物の分割については，各共有者の分割請求に基づき，共有者間で協議をし，協議が調わないときはその分割を裁判所に請求することができることになる（民法256条，258条）。しかし，信託財産と固有財産または信託財産と他の信託の信託財産とに共有持分が属する場合において，共有物の分割を行おうとする場合には，誰を「共有者」として扱うべきかが当然には定まらないので，信託法19条において特則を設けている（注4）。

具体的には，たとえば，特定の財産の共有持分が信託財産と固有財産とに属する場合には，①信託行為において定めた方法，②受託者と受益者との協議による方法，③分割をすることが信託の目的の達成のために合理的に必要と認められる場合であって，受益者の利益を害しないことが明らかであるとき，または，当該分割の信託財産に与える影響，当該分割の目的および態様，受託者と受益者との実質的な利害関係の状況その他の事情に照らして正当な理由があるときは，受託者が決する方法のいずれかの方法によって，当該共有物の分割をすることができるものとしている（信託法19条1項）。

信託財産の処分権限を有するのは受託者であり，固有財産の処分権を有するのも受託者であることを考えると，受託者が単独で分割をすることができるのではないかとも考えられそうであるが，受託者が単独で行う分割は，典型的な利益相反行為に該当するから，受益者は，利益相反行為の制限の例外（信託法31条2項），つまり，信託行為に当該行為をすることを許容する旨の定めがあるとき（31条2項1号），受託者が当該行為について重要な事実を開示して受益者の承諾を得たとき（同項2号），相続その他の包括承継により信託財産に属する財産に係る権利が固有財産に帰属したとき（同項3号），受託者が当該行為をすることが信託の目的の達成のために合理的に必要と認められる場合であって，受益者の利益を害しないことが明らかであるとき，または当該行為の信託財産に与える影響，当該行為の目的及び態様，受託者の受益者との実質的な利害関係の状況その他の事情に照らして正当な理由があるときに相当する条件の下でのみ，当該行為をすることができるものとしている（注5）。

(2) 信託による資産の流動化と信託財産の独立性

信託法25条１項は、「受託者が破産手続開始の決定を受けた場合であっても、信託財産に属する財産は、破産財団に属しない。」と規定している。
　信託財産が受託者の破産財団に属しないことについては、旧破産法には明文の規定はなかったが、判例（最判平成14年１月17日民集56巻１号20頁）は、「公共工事の前払金保証事業に関する法律に基づく保証を前提として地方公共団体と請負人（破産者）との間の請負報酬前払の合意がなされた場合には、前払金が別口座で管理され、工事費用以外には使用できず、払出が管理され、不適正な使途のときには払出しが中止されることから、前払合意は信託契約に該当し、前払金は信託財産であって破産財団を構成しないから取戻権の対象となる。」と判示し、学説上も争いがないことから、信託法25条１項に明文の根拠規定を設けている (注6)。
　ただ、その理由については、①信託財産の独立性を強調し、信託財産は受託者の固有財産とは区別されるべきであるということ、さらには、受託者の破産によって受託者の任務が終了し（旧信託法42条１項）、信託財産はこの任務終了時に新受託者または他の受託者に帰属することになるものとみなされることから（旧信託法50条）、信託財産は、「破産者が破産手続開始の時において有する一切の財産」（破産法34条１項、旧破産法６条１項）に該当しないことを理由とする見解と、②受託者個人の債権者は信託財産に対して差押えをすることが禁止されており（旧信託法16条１項、現信託法23条１項）、信託財産は、「差し押さえることができない財産」（破産法34条３項２号、旧破産法６条３項）に該当することを理由とする見解がある (注7)。いずれの考え方によるとしても信託財産が受託者の破産財団に属しないことは明らかである。つまり、受託者個人の債権者は信託財産への強制執行をすることはできないし（信託法23条１項、旧信託法16条１項）、また、仮に受託者が破産した場合であっても、信託としての対抗要件が具備されている限り、信託財産はその破産財団には組み入れられない（信託法25条１項）ということであるので、この倒産隔離機能により、信託による資産流動化の枠組が確立しているといえる (注8)。
　信託により資産の流動化を行うための枠組は、第１に、対象資産が独立財産性を持ち、創設者・資産管理者等の破産から保護されていること、第２に、対象資産を投資家による投資に適した形に変換できること、第３に、資産管理者に十分な資産の保全・管理能力があることといった要素を備えている必要があ

ると考えられる。信託の倒産隔離機能は，まさに第1の要件を完全に満たすものであり，また，第2，第3の点についても信託が設定された資産はすべて受益権という権利に変換されることにより，その権利内容は同質化され，客観的な割合によって表象される権利として，市場を通じて多数の投資家の投資の対象となる。たとえば，不動産を受益権化したうえで売却すれば，買主は不動産の現物を購入した場合と比較して，資産管理の負担を負う必要がなく，より運用利益という面からは有利な地位を享受できる要素をもっている。そして，受託者には厳格な規制が課されており，的確な財産管理の遂行により信託は，資産流動化の「器」として大きな役割を果たすことが期待されている(注9)。

　現信託法は，信託の基本構造において要物性を緩和し，財産の移転を信託の要件からはずし（信託法2条，4条），自己信託を認め（同法3条3号），また受託者と受益者との地位の兼併を認め（同法8条），「受託者は，受益者として信託の利益を享受すること」を許容している。

　そして，現信託法はさらに受託者の義務に関する規定を任意法規化し，信託法31条は，信託行為に利益相反行為を許容する旨の定めがある場合や重要な事実を開示して受益者の承認を得た場合などの一定の要件を満たせば利益相反行為を許容し（任意法規化），また同法28条は，信託目的に照らして相当であるときには，信託行為に定めがない場合でも，受託者が第三者に信託事務の処理を委託することを許容し，受託者が第三者に委託できる範囲を拡大している。

　現信託法はさらに新しい信託類型を創設し，受託者の責任が信託財産に限定される限定責任信託（同法216条以下），受益者の定めのない目的信託（同法258条以下），委託者が自ら受託者となる前述した自己信託（同法3条3号）等が創設されている。

　また，会社法の規定への準拠がされているといわれ，たとえば受益者集会（同法106条〜113条），信託財産の法人化（同法74条）等がそれである(注10)。

　これらの現信託法の内容は，前述した信託の倒産隔離機能とともに資産流動化を中心として企業の承継，再生等に資する仕組みを提供しているものと解することができる(注11)。

(3) 受託者の倒産

① 現信託法と旧信託法

現信託法では，受託者に倒産手続が開始した場合であっても，信託財産に属する財産が破産財団，再生債務者財産，更生会社財産に属しないことが明文化されている（信託法25条1項，4項，7項）。また，受託者に倒産手続が開始した場合における受益債権や信託債権の取扱いについても，受託者が信託財産のみをもってその履行の責任を負うものは，破産債権，再生債権，更生債権（更生担保権）とならないことが明文化されている（信託法25条2項，5項，7項）。

　旧信託法の下では，受託者に倒産手続が開始した場合における信託財産の取扱いについて，明文の規定が設けられていなかったが，上記のような現信託法の規定は，旧信託法の下における実務を踏襲するものであり，その明文化が図られたことは信託を用いた基本的な枠組みの安定化に寄与するものであるということができる(注12)。

② 受託者の固有財産と信託財産

　受託者が破産手続開始の決定を受けても，信託財産自体はその影響を受けないが，原則として受託者の任務は終了する（信託法56条1項3号）。信託に基づいて受託者の受託した信託財産は，受託者に帰属する財産ではあるものの，受託者の固有財産とは分離・独立した財産であり，受託者の債権者に対する債務の引当とはならない財産であるからである。

③ 分別管理義務と信託の登記

　受託者が分別管理義務を遵守しつつ，適切に信託実務を遂行しない限りは，信託財産ひいては受益者の利益が保全されない。つまり，受託者に分別管理義務が課せられ（信託法34条），かつ，その義務が着実に遂行されることによって，受託者の倒産からの信託財産の隔離機能を確保することができる。この分別して管理する方法については，信託行為に別段の定めを設けることを許容しているが，信託の登記をすることができる財産については，信託行為の定めによって信託の登記をするという受託者の義務（信託法14条）を免除することはできないとしている（信託法34条2項）。

　この点については，「信託の登記または登録をする義務を当面は免除するものの，受託者が経済的な窮境に陥ったときには遅滞なくこれをする義務が課せられているような場合，すなわち，信託行為の定めをもってこのような義務を一時的に猶予することについては，信託法34条2項によって禁止されるもので

はない。」とし，その理由については，このような一時的な猶予については，受託者の倒産からの信託財産の隔離機能は維持されていると評価できるし，信託財産の効率的な運用を可能にして受益者の利益にも資する場合があるといえるからである。信託財産の出入りが著しい等の事情がある場合において，その都度，信託の登記または登録をしていては，取引の効率性を害し，費用もかかるため，信託行為の定めによりこれを猶予する必要がある場合等が考えられる。また，実務上は，たとえば，抵当権付債権の信託がされる場合における抵当権については，一時的とはいえ，信託の登記を猶予することが一般的であるとの指摘もあるようである(注13)。

信託に要する費用を低減させることは受益者の利益に資する要素もあり，受託者が経済的な窮境に至った場合など信託法の要請によって信託の公示が必要とされる場合には，受託者が信託の登記を行うことが担保されている場合であって，しかもそのことが信託契約に明記されているなどそのことを受益者が許容している場合には，受託者の倒産からの信託財産の隔離機能は維持されていると評価できるので，信託法34条2項の文言（信託行為に別段の定めをすることによっても，信託法14条に規定する登記の義務は，これを免除することができない旨の規定）については柔軟に解釈し，受託者が信託の登記を留保することも許容されると解される(注14)。

(4) 委託者の倒産

① 委託者破産の効果

委託者が破産手続開始の決定を受けても，委託者の委託に係る信託自体は，原則として，影響を受けない。信託財産は，信託設定時までは委託者に帰属していた財産であるが，信託行為により委託者の他の財産から分離されて受託者に移転しており，委託者の債権者に対する引当財産ではなくなっているからである。

② 委託者の破産管財人の解除権

信託法163条8号は，委託者が破産手続開始の決定，再生手続開始の決定または更生手続開始の決定を受けた場合において，破産法53条1項，民事再生法49条1項，または会社更生法61条1項の規定により，いわゆる双方未履行双務契約が解除された場合，当該信託は終了する旨規定している。

この委託者の破産管財人の有する双方未履行双務契約の解除権に関し，特に資産流動化目的で信託が利用されている場合における信託の法的安定性を重視し，信託契約についてはこの解除権の行使の制限について検討がされたが，信託契約についてのみ委託者の破産管財人の解除権を全面的に排除することは理論的に困難であるし，仮に委託者の破産管財人による解除権の行使を明文をもって制限するとしても，諸般の事情を考慮した上で「契約を解除することによって相手方に著しく不公平な状況が生じるような場合」（最判平成12年2月29日民集54巻2号553頁）に当たるか否かという規範的な要件とならざるを得ず，具体的かつ明確な基準を設けることは困難であると考えられたということなどを考慮し，結局，委託者の破産管財人に双方未履行双務契約の解除権の行使については，その制約による資産流動化目的による信託の法的安定性の確保という要請は実現しなかったということになる（注15）。

③　詐害信託に関する規律

　旧信託法12条は，債務者が債権者を害することを知って信託を設定した場合における詐害行為取消権について，受益者が善意であっても詐害信託であれば債権者は常に詐害行為取消権を行使できると解し得るような規定となっていたため，受託者や受益者が関与し得ない事情によって信託の効力が取り消されるリスクがあり，ファイナンス取引（資金調達等）において信託を利用する場合の安定性を損ない投資家に不測の損害を生じさせかねないとの指摘がされていたといわれている（注16）。

　現信託法11条は，ⅰ受益者の主観的要件（詐害の事実についての認識）の基準時を「受益者としての指定を受けたことを知った時又は受益権を譲り受けた時」としていること，ⅱ受益者のうちの一部でも詐害の事実について善意であれば信託の取消しは認められないこと，ⅲ詐害の事実について悪意の受益者を被告として受益権の委託者への譲渡請求が認められていることなどの点で，旧信託法の取扱いを変更している。また，詐害信託に関する規律を改めたことに伴い，委託者に法的倒産手続が開始した場合における信託の否認についても信託法12条は，破産法160条1項の規定の適用については，同項各号中「これによって利益を受けた者」とあるのは，「……これによって利益を受けた受益者の全部又は一部」とすると規定して信託の否認についても同様の規定を置いている。

このように詐害信託および否認の取扱いが旧信託法の内容から改められたことにより，信託を用いたファイナンス取引（資金調達等）において，委託者の債権者または破産管財人などによる詐害行為取消権または否認権の行使によって信託が取り消され，そのスキームが維持できなくなるというリスクは軽減されたものと解することができる(注17)。

④ 委託者兼受益者の倒産と信託終了事由

旧信託法の下においては，委託者が受益権のすべてを保有するような場合，もっぱら委託者兼受益者の事情によって信託が解除される可能性があった（旧信託法57条，58条）。しかし，現信託法においては，委託者および受益者は，いつでも，その合意により信託を終了させることができることを原則とした（信託法164条1項）上で，信託行為によって別段の定めをすることを認めている（同条3項）。したがって，委託者および受益者の合意によっては信託を終了させることができない旨を信託行為に定めることによってこの問題は払拭できることになる(注18)。

(5) 受益者の倒産

① 現信託法と旧信託法

特別の事情による信託の終了を命ずる裁判については，その内容如何によっては，資産流動化目的での信託の活用という観点からは，その法的安定性に大きな影響を与えることになるので，この点について規定する信託法165条の意義は次の3点において大きいと考えられる。

第1に，旧信託法58条では，裁判所が信託の終了を命ずるに当たり，「已ムコトヲ得サル事由」があることが要件とされていたが，現信託法165条1項では，この要件をより具体化・明確化し，「信託行為の当時予見することのできなかった特別の事情」との要件に改めることによって，この165条が信託の変更の場合と同様に（信託法150条1項），特別の事情変更がある場合に限って適用されるべきものであることを明らかにしている。

第2に，旧信託法58条では，「已ムコトヲ得サル事由」の一態様として，「信託財産ヲ以テスルニ非サレハ其ノ債務ヲ完済スルコト能ハサルトキ」という事情が掲げられているため，受託者や信託債権者等が関与し得ない受益者側の事情，たとえば，信託を解除して受益者が信託財産を取得しなければその債務を

完済できないようなときに、信託が終了してしまう可能性があり、委託者の意思を無視して受益者側の事情だけで信託の終了を認めることは適当でないことから、現信託法165条1項では、このような事情は例示することをせず、「信託行為の当時予見することができなかった特別の事情により、信託を終了することが信託の目的及び信託財産の状況その他の事情に照らして受益者の利益に適合するに至ったことが明らかであるとき」というように要件を改めている。つまり、資産流動化を目的とする信託において、受託者、信託債権者等の予期に反して中途で信託が終了してしまうことになれば、信託の目的に反することが通常であるため、一般的にはこの要件を満たすことにはならないと考えられ、この改正は、信託の法的安定性を高めることになると考えられる（注19）。

② 信託終了の申立権者

信託終了の申立権者については、旧信託法58条では「受益者又ハ利害関係人」とされていたのを改め、現信託法165条1項では、「委託者、受託者又は受益者」と限定しているので、このように申立権者を限定することにより、申立権の不行使に関する特約を締結することによって、信託の安定化を図ることが容易になると考えられる（注20）。ただ、このような申立権の不行使特約の効力だけに依拠して信託の枠組を考えることは慎重に検討する必要があるように思われる（注21）。

(6) 信託財産の破産

① 破産管財人の権限

信託財産について破産手続が開始され、破産財団を構成する信託財産の管理処分権が破産管財人に委ねられたときには、受託者に対する監督的権能は、破産管財人に付与される。たとえば、受託者の権限違反行為の取消権の行使、利益相反行為の追認権や取消権ないしは介入権の行使、受託者の損失てん補責任の追及やその免除、受益者に対する信託財産の給付に関する追求等については、すべて破産管財人の権限、つまり、受益者による受託者に対する機能は、受益者から破産管財人に移る。

② 受益債権と信託債権の優劣

破産法244条の2以下に、信託財産の破産に関する規定が加えられ、信託財産についても破産法が適用されることになった。このことはすでに考察したと

おりである。そのため、信託を利用した取引においては、委託者、受託者あるいは受益者の倒産との関係での倒産隔離に加えて、信託財産の破産との関係で倒産隔離を図ることも必要になってきたわけである。

信託財産についての破産手続開始決定があったときは、当該信託は終了する信託法163条7号）。

また、他の終了事由により、清算手続に入っている場合においても、清算中の信託において、信託財産に属する財産がその債務を完済するのに足りないことが明らかになったときは、清算受託者は、直ちに信託財産についての破産手続開始の申立てをしなければならない（信託法179条1項）。

そして、信託財産についての破産手続開始決定がなされた場合において、清算受託者が信託財産責任負担債務に係る債権を有する債権者に支払った金銭等があるときは、破産管財人は、これを取り戻すことができる（信託法179条2項）。

受益債権と信託債権との優劣関係については、信託法101条は、「受益債権は、信託債権に後れる。」と規定している。旧信託法には、受益債権と信託債権との優先劣後関係に関する規定はなかったが、一般的には、受益債権は、信託財産に対する持分という実質を有する権利であり、信託債権に劣後すると解されていた(注22)。

ところで、この信託法101条の趣旨は、受益債権も信託債権もともに受託者に対する債権であるという点では同じであるが、受益債権は信託財産から給付を受けることを内容とするものであり、信託債権は、受託者の信託事務の処理に基づいて生じる権利であり、基本的には信託財産の価値の維持・増加を目的として行った行為の中で生じたものであるということを考えると、受益者は信託財産に係る給付を受ける地位にあるのに対し、受託者の行った信託事務処理はその価値の維持・増加に資するものであるから、受益債権は、信託事務処理に基づいて生じた債権である信託債権に劣後するとすることが公平に適うことになると考えられる(注23)。

③ セキュリティ・トラストと倒産
ⅰ 信託法55条とセキュリティ・トラスト

セキュリティ・トラストは、担保物の所有権は信託の対象としないまま、担保権のみを信託財産とし、受託者が担保権者となって、受益者である被担保

者のために一元的に担保権の管理・行使を行うことを目的とする信託である。

信託法55条は，セキュリティ・トラストに関して，担保権者である受託者が，信託事務として，信託財産である担保権の実行の申立てをし，売却代金の配当または弁済金の交付を受けることができることを規定して，担保権の実行の場面における受託者の権限を明確にしている(注24)。

セキュリティ・トラストにおいては，担保権の帰属（受託者）と被担保債権の帰属（受益者）とが分離するため，民事執行法上，被担保債権の債権者でない担保権者が担保権の実行の申立てもし，売却代金の配当または弁済金の交付を受けることができるかどうかについては，疑義もあるため，この55条において，これらが可能であることを明確にしている(注25)。

ⅱ 債務者（抵当権設定者）の破産

委託者である債務者（抵当権設定者）に破産手続開始決定がなされ，破産管財人が選任された場合の法律関係は次のようになると考えられる。

ⅰ 債権者と債務者との間の金銭消費貸借契約の期限の利益は喪失される（民法137条1号）ので，被担保債権全額が履行遅滞となり，担保権の実行が可能な状態となる。

ⅱ 債権者の貸金返還請求権は破産債権となり（破産法2条5項），破産債権は破産法に特別の定めがある場合を除き，破産手続によらなければ，行使することはできない（破産法100条）。

ⅲ 債務者（担保権設定者）が，破産手続開始時において有する一切の財産は破産財団を構成し（破産法34条），その管理処分権限は裁判所が選任した破産管財人に専属する（破産法78条）。セキュリティ・トラストでは，債務者＝担保権設定者の所有不動産に信託的に担保権が設定されるだけであり，当該不動産の所有権は債務者＝担保権設定者が有するので，当該不動産は破産財団に帰属する。

ⅳ 受託者は，当該不動産について破産手続開始時に担保権を有するので，別除権者であり（破産法2条9号，10号），破産手続によらずに当該不動産についての担保権を実行できる（同法65条）。セキュリティ・トラストにおいては，担保権者（受託者）と被担保債権の債権者（受益者）が分離しているが，被担保債権を有しない受託者である担保権者が担保権を実行することができ（信託法55条），別除権を有することになると解される。

iii 否認権の行使

否認権については，否認原因についての善意・悪意を誰につき認定すべきかが問題となる。信託的抵当権設定契約が委託者である債務者と受託者との契約であり，受益者である債権者の関与は不要であるので，受託者の善意・悪意により判断することになり，受託者が善意であれば否認できないと考えられる（注26）。

iv 破産債権の行使

破産債権を有しているのは受益者である債権者であるから，破産債権の届出を含む破産手続参加は受益者である債権者が行うべきであるとも考えられるが，信託法26条，55条等を根拠に破産債権の届出を含む破産手続参加は受託者の権限に属すると解する見解が有力であるといわれている。実際には信託契約等においてこの点についての明確な定めをしておくことなどが望まれる（注27）。

v 担保権の実行としての担保権消滅請求と任意売却

破産手続において受託者は抵当権者であり，別除権者として破産手続によらずに権利を実行できる。受益者は，担保権実行として不動産売却または収益執行を申し立て，配当金を受領することになると考えられる。

また，別除権者は受託者であるので，担保権消滅請求は受託者を相手方として行えば足りると考えられる（注28）。

任意売却は破産管財人が行い，売却代金からの財団組入金を含む諸費用の控除，担保権への具体的な弁済金の金額等について別除権者と協議をして進めることになると考えられるので，受益者の意向を踏まえ任意売却の許可申請をすることになると考えられる（注29）。

④ 信託不動産の流動化

近年の社会経済状況の下で不動産会社等の倒産が発生しているが，ごく最近は少し状況がかわっているようである。不動産会社が信託等を利用した不動産流動化スキームの参加者である場合，不動産流動化スキームはどのような影響を受けることになるのであろうかという点についても若干の考察をしておきたいと思う。

たとえば，オリジネーターと呼ばれる対象不動産の原所有者が，当初委託者兼当初受益者となってその所有する対象不動産を受託者（信託銀行や信託会

社）に管理処分信託（信託譲渡）をする。この信託譲渡を受けた受託者は，信託受益権をオリジネーターに対して発行する。オリジネーターはその信託受益権をＳＰＣ（合同会社等）に対して譲渡し，その対価として信託受益権代金を取得する。ＳＰＣが支払う信託受益権代金は，銀行等からの借入金等から支払うといわれている。

このように不動産流動化スキームにおいては多数の参加者が登場する。したがって，各パートが円滑に機能して初めてプロジェクト全体が成り立つことになり，これらの参加者のいずれかが倒産するとプロジェクト全体の機能不全を生じることになりかねない。

資産流動化については，従来は，流動化対象の資産を原保有者であるオリジネーターの信用力から切り離すこと（狭い意味での倒産隔離）を中心に論じられてきたといわれているが，オリジネーターやＳＰＣ以外のスキーム参加者の倒産によって事実上プロジェクトが機能不全に陥ることも少なくないといわれている。流動化スキームは各種の契約の集合体というべきものであり，これは広い意味での倒産隔離の問題である。具体的にどの参加者が倒産するとどのような問題が生じ，これにどのように対処すべきかについて個々的に検討していく必要があるということになりそうである。

ただ，いかに注意深く組成しても，ひとたびスキーム参加者が破綻すれば，資産流動化スキームが影響を受けることを完全に避けることは不可能であると考えられる。スキームが想定しているガバナンス（意思決定や手続実行の体制）やウォーターフォール（金銭の流れ）はスキーム参加者の倒産によって大きな影響を受ける。契約書等においてある程度の対処は可能であると考えられるが，それらも万全ということにはならないと考えられる。結局は倒産した企業の運営者やその監督者との間で協議を行い，解決の道筋を協議していくほかないように思われる。

そこでは，不動産流動化スキームという当事者が合意した仕組み・枠組みと倒産時の公平性確保を目的とする倒産法制上の規律との間であるべき調和点を求め，再生を図っていく端緒としていくことが極めて重要であるということになる。悪化した事業環境の中で事業価値の急速な劣化が想定されるため迅速に処理する必要があり，また，関係方面への影響といった広い視野での検討も必要であるということになる。いずれにしても，関係当事者の熱意と努力によっ

てバランスのとれた解決策が積み上げられ，事業再生への道筋と見極めが可能となるような方向性が期待される(注30)。

⑤　信託財産と破産原因

信託財産については，支払不能または債務超過の状態にあるときに，破産手続が開始される（破産法244条の3）。

一般に法人については，支払不能に加えて債務超過が破産手続開始の原因とされ（破産法15条，16条），他方，相続財産については債務超過のみが破産手続開始の原因とされている（破産法223条）。その趣旨は，法人については財産が弁済能力の基礎になっているが，債務超過の法人を存在させておくと第三者の損害を拡大させるおそれがあるからであると考えられる。しかし相続財産についてはその信用，技能，労力といった要素を考慮しがたいため支払不能が破産原因とされていないと考えられる(注31)。つまり，信託については，信託財産責任負担債務については，信託財産に属する財産自体が弁済能力の基礎になっているということができるから，債務超過を破産手続開始の原因とすることになるものと考えられるし，信託財産に属する財産に基づいた事業が行われる場合などを想定すれば，その収益力を観念することは可能であると考えられる。したがって，信託目的に従った信託財産に属する財産の管理・処分が予定され，その増殖も観念され得る信託財産については，それ自体としての財産の増殖を観念し難い相続財産と同様の扱いをして，原則的な破産原因である支払不能を破産手続開始の原因としないことは合理的な理由がないということで，相続財産の破産とは異なり，支払不能も破産手続開始の原因としている(注32)。

⑥　破産手続申立権放棄の特約

信託財産について破産手続が開始すると，信託取引においては，当事者の予測可能性が害されるおそれがあるので，極力，信託財産の破産手続が開始されないようにすべき場合が多いといわれている(注33)。

そこで，信託を用いた証券化・流動化においては，信託財産の破産手続ができるだけ開始されないような方法が採られることがあり得ることになり，破産手続申立権放棄特約もそのひとつとして，信託債権者，受益者および受託者に破産手続申立権を放棄させることが考えられる。

特別の事情による信託の終了を命ずる裁判の申立権者について，旧信託法58

条では「受益者又ハ利害関係人」と規定されていたが，現信託法165条1項では，申立権者として，「委託者，受託者又は受益者」と限定している。このように申立権者を限定することにより，申立権の不行使に関する特約を締結することによって，信託による資産流動化スキームの安定化を図ることが容易になると考えられている(注34)。

ただ，旧信託法58条に基づく解除権については，絶対的に排除することは許されないとする考え方もあるといわれ，裁判所による信託の終了として制度的に共通する信託法165条による信託の終了についても同様に解すべきであるとの考え方もあるようである。流動化信託においては，このような申立権の不行使特約の効力だけに依拠して信託のスキームを組成することは難しいように考えられる(注35)。

⑦ 信託の倒産隔離機能と否認権

ⅰ 信託財産の破産と否認

一般の破産においては，破産手続開始前に破産者がした一定の行為の効力を否認することができる。

しかし，信託財産の破産においては，相続財産の破産の場合と同じように，破産者に当たる概念が存しないから，信託財産の破産における否認権に関する規定の適用については，特例を設ける必要がある。そこで否認権に関する破産法の規定の適用については，信託財産に属する財産の管理処分権を有する者である受託者，信託財産管理者，信託財産法人の管理人及び信託法170条1項（裁判所によって選任された管理人）が信託財産に関してした行為は，破産者がした行為とみなすこととし，受託者等がその権限に基づき信託財産に関してした行為は，破産者がした行為とみなすこととして，受託者等がその権限に基づき信託財産に関してした行為が否認権の対象となる。破産法244条の10第1項は，「信託財産について破産手続開始の決定があった場合における第6章第2節の規定（160条から176条）の適用については，受託者等が信託財産に関してした行為は，破産者がした行為とみなす。」と規定し，その旨を規定している。

受託者が信託財産に関してした行為には，受託者が信託財産のためにその権限の範囲内でした行為（信託法21条1項5号）のほか，受託者がその権限の範囲外でした行為であっても取消しがされていないもの，つまり，受託者の行為

19 信託法による資産の流動化と企業再生

によって生じた債権は原則として信託財産に属する財産への強制執行等が可能になる（信託法21条1項6号イ）ものも含まれるが，いずれにしても，受託者等がその権限に基づき信託財産に関してした行為が否認権の対象になるように規定されている（破産法244条の10第1項）(注36)。内部者との関係においても，一般の破産においては，適正価格による財産の処分の否認において，破産者が法人である場合には，その理事，取締役等を，破産者が個人である場合には，その親族・同居者をそれぞれ内部者として取り扱い，内部者との間の行為については，当該行為の当時，内部者は破産者の隠匿等の処分をする意思を知っていたものと推定することにしている（破産法161条2項，168条3項）が，これは，経験則上，隠匿等の処分をする意思で内部者を相手方として破産者が財産の処分をした場合には，内部者も破産者の意思を知りつつこれに加担した蓋然性が比較的高いと考えられることや，このような処分行為の否認の立証を容易にする必要性があることによるものと解される(注37)。

　信託財産の破産においても，受託者等が信託財産に関してした行為（否認との関係では破産者がした行為とみなされる。破産法244条の10第1項）が内部者との間で行われるときは，一般の破産と同様に，内部者は受託者等が隠匿等の処分をする意思を知っていたものと推定すべきであるとしている。そこで，内部者と考えられる者，すなわち，受託者等は，否認の対象行為の当時，隠匿等の処分をする意思を有していたことを知っていたものと推定されることになる（破産法244条の10第2項，4項）。

　信託においては，受託者が信託財産と固有財産との間での取引（信託財産に属する財産を固有財産に帰属させるなどの行為。信託法31条1項1号）や信託財産と他の信託の信託財産との間での取引（ある信託の信託財産に属する財産を他の信託の信託財産に帰属させるなどの行為。信託法31条1項2号）等を行うことがあり，これらの行為はいずれも受託者が自らを相手方として行うものであるため，このような行為については，あえて推定規定を設ける意義は高くないと考えられる。つまり，破産者としての費消，隠匿等の意思が認定されれば，通常，相手方としてこれを有していたことを知っていたことも当然認定されることになると考えられる。しかし，職務分掌（信託法80条4項），すなわち，同条1項は，「受託者が2人以上ある信託においては，信託事務の処理については，受託者の過半数をもって決する。」，同条2項は「前項の規定にかか

わらず，保存行為については，各受託者が単独で決することができる。」，同条3項は「前2項の規定により信託事務の処理について決定がされた場合には，各受託者は，当該決定に基づいて信託事務を執行することができる。」と規定し，同条4項は「前3項の規定にかかわらず，信託行為に受託者の職務の分掌に関する定めがある場合には，各受託者は，その定めに従い，信託事務の処理について決し，これを執行する。」と規定しているので，この職務分掌により処分権限を有する受託者と処分権限を有しない受託者との間で処分行為が行われる場合等には，推定規定を設ける実益があるということで，破産法244条の10第2項，同第4項が置かれていると考えられる。

このほか，一般の破産では，偏頗行為の否認において，内部者が相手方である場合には，内部者は，行為の当時，支払不能であったこと，または支払停止があったことなどについて知っていたものと推定されており（破産法162条1項イ，2項），信託財産の破産においても，同様に，偏頗行為の否認において受託者等が相手方である場合には，行為の当時，支払不能であったこと，または支払停止があったことなどについて知っていたものと推定される（破産法244条の10第2項，第4項）(注38)。

ⅱ 信託財産の否認と否認制度の変容
(ⅰ) 破産者がした行為とみなされる行為の主体

前述のごとく，信託財産の破産においても，一般の破産の場合と同じく，破産手続開始決定前になされた破産者の行為やこれと同視される第三者の行為の効力を否定して，いったん責任財産から逸出した財産を破産財団に回復したり，破産債権者間の公平な満足を実現したりする必要があることに変わりはない。

しかしながら，信託財産の破産においては，相続財産の破産の場合と同じく，破産者に当たる概念が存在しないし，また，信託特有の関係者が取引に関与している。そこで，信託財産の破産における否認権の行使については，その主観的要件の主体に関する特則が設けられ（破産法244条の10），破産者がした行為とみなされる行為の主体と証明責任が転換される内部者の範囲について修正がされている(注39)。

信託財産に属する財産の管理処分権を有する受託者または信託財産管理者，信託財産法人管理人もしくは信託法170条1項の管理人（裁判所から選任され

た管理人。破産法244条の4）が信託財産に関してした行為は，破産者がした行為とみなされている（破産法244条の10第1項）。ここでいう信託財産に関してした行為には，信託財産のためにした行為であって受託者の権限に属する行為（信託法21条1項5号「信託財産のためにした行為であって受託者の権限に属するものによって生じた権利」）のみならず，信託財産のためにした行為であっても受託者の権限に属しないもののうち取り消されていない行為（信託法21条1項6号）も含まれること前述のとおりである(注40)。

(ii) 証明責任が転換される内部者の範囲

一般の破産の場合において，否認対象行為の相手方が内部者（破産者が法人であるときの役員・親会社等や破産者が個人であるときの親族・同居者）であるときは，相手方（受益者）において善意の証明責任を負うものとされ，相手方の主観的要件に関する証明責任が転換されている（破産法161条1項，2項，162条1項，2項）。このことは，信託財産の破産の場合においても，証明責任転換の趣旨に異なるところはないので，相手方において善意の証明責任を負うものとしている(注41)。

(7) 信託財産に属する財産と対抗要件

① 対抗要件としての信託の登記

信託法14条は，「登記又は登録をしなければ権利の得喪及び変更を第三者に対抗することができない財産については，信託の登記又は登録をしなければ，当該財産が信託財産に属することを第三者に対抗することができない。」と規定している。受託者に信託登記がなされる場合の登録許税は，本則は，固定資産税評価額の1,000分の4である（登録免許税法別表第1・1・(4)イ）が，現在は特例により1,000分の3である（租税特別措置法72条・平成29年3月31日まで）。

信託法の下において，第三者に対する信託の対抗が問題となる場面としては，①固有財産に属する債務に係る債権によって信託財産に対し強制執行がされた場合において，受託者または受益者が異議を主張する場合や，委託者の債権者から自己信託に係る信託財産に対し強制執行がされた場合において，受託者（兼委託者）または受益者が異議を主張する場合（信託法23条5項），ⅱ受託者が破産手続開始の決定を受けた場合において，信託財産が受託者の破産財

343

団に属しないことを主張する場合（信託法25条１項），ⅲ受託者が信託財産のためにした行為がその権限に属しない場合において，受益者が当該行為を取り消す場合（信託法27条１項または２項）等が考えられる (注42)。

②　信託の登記と破産の登記

まず，委託者の破産の場合である。委託者が破産した場合に，破産の登記をしようと思ったら，信託に供されていたような場合である。基本的には信託の登記がすでになされているものについて，破産の登記はできない（委託者からの倒産隔離機能）。

ただ，問題は，旧破産法55条（現破産法47条）の規定があり，破産手続開始決定後の信託の登記であれば無視できる効力がないということがある。旧破産法55条は「不動産又ハ船舶ニ関シ破産宣告前ニ生シタル登記原因ニ基キ破産宣告ノ後為シタル登記又ハ不動産登記法第２条第１号ノ規定ニ依ル仮登記ハ之ヲ以テ破産債権者ニ対抗スルコトヲ得ス但シ登記権利者カ破産宣告ノ事実ヲ知ラスシテ為シタル登記又ハ仮登記ニ付テハ此ノ限ニ在ラス」と規定している。現破産法においては，その49条１項において「不動産又は船舶に関し破産手続開始前に生じた登記原因に基づき破産手続開始後にされた登記又は不動産登記法第105条第１号の規定による仮登記は，破産手続の関係においては，その効力を主張することができない。ただし，登記権利者が破産手続開始の事実を知らないでした登記又は仮登記については，この限りでない。」と規定して，同趣旨の規定が置かれている。であるから，破産手続開始決定後になされた信託の登記は，その登記原因が破産手続開始前に生じた場合であっても破産債権者に対抗できない。ただし，登記権利者が破産手続開始の事実を知らないでした登記または仮登記については，この限りではない。つまり善意者保護の規定を置いている。

たとえば，破産手続開始決定に基づく破産の登記の時には，すでに信託の登記はなされているということであれば，当該不動産は委託者の財産ではないから破産の登記ができないが（昭和61年４月30日民三第2777号法務省民事局第三課長回答），ただ，厳しい場面を想定すると，そこに破産手続開始決定の日が入っているから，その破産手続開始決定の日以後に信託の登記がなされていたということがわかったときにどうするかということがある。

破産の登記申請は，信託の登記のときにすでに受託者名義になっているから

受理できないというのか，旧破産法55条（現破産法47条）の規定により，破産手続開始決定後の登記については，その登記名義人は「破産債権者ニ対抗スルコトヲ得ス」（旧破産法55条），あるいは「破産手続の関係においては，その効力を主張することができない。」（現破産法47条1項）のであるから，破産債権者はその登記を無視できるのではないか，そうであるとすれば，信託の登記がなされていても，その信託の登記は破産手続開始決定後の登記であるため（破産の登記の前になされてはいるが）破産者の債権者に対抗できないのだから，すでに信託の登記がなされていても，破産の登記はできることになる。

　破産手続開始の前か後かの基準時は，破産手続開始決定の裁判書に記載された「決定の年月日時」である（破産規19条2項）から（ただし，破産手続開始の日になされた法律行為は，破産手続開始後にしたものと推定される（現破産法47条2項））。破産者（ここでは委託者）の管理処分権の喪失は，破産手続の開始によって当然に生ずるのであり，破産手続開始の登記はその委託者に対してなされる。

　これは，破産のための保全処分の登記をして，その後に所有権移転登記をしている場合は，その後，破産の開始決定がなされたら，その所有権移転登記を無視して，保全処分のかかった当時の所有者を債務者として破産の登記をするが，それと同じ考え方であり，この場合でも，委託者を債務者として破産手続開始の登記をするということが，むしろ旧破産法55条1項（現破産法47条1項）の規定の趣旨に沿う処理ではないかということになると考えられる。

　ただ，ここにただし書があり，「但シ登記権利者カ破産宣告ノ事実ヲ知ラスシテ為シタル登記又ハ仮登記ニ付テハ此ノ限ニ在ラス」（旧破産法55条1項ただし書），「ただし，登記権利者が破産手続開始の事実を知らないでした登記又は仮登記については，この限りでない。」（現破産法49条1項ただし書）と規定しているから，原則は対抗できないが，受託者がそういう事実を知らなかった，善意だったということになった場合には対抗できる。結局，善意か悪意かが勝負になる。

　しかし，ここでは対抗できないのが原則であるから，一応原則どおり処理をすべきではないかと思われる。どうしても対抗したいのであれば，信託会社，つまり受託者のほうで，私は知らなかったということを主張して，破産の登記の抹消を請求して争うしかないのではないかと思われる。現破産法49条1項た

だし書も前述のごとく，同趣旨の規定であるので現在の破産法の下でも同様に解することができる。なお，信託の登記原因が破産手続開始後に発生している場合については，現破産法47条1項（旧破産法53条1項）は，相手方が破産手続開始決定の事実について善意であったか悪意であったかは関係なく，主張できないとしているので，受託者の善意・悪意は関係なく，破産手続開始決定後の信託は破産管財人に対して対抗できないことになる（注43）。なお，旧破産法53条1項は，「対抗スルコトヲ得ス」と規定し，現破産法は，「その効力を主張することができない」と規定しているが，同じ趣旨であると解される（注44）。

　結論的にいうと，原則としては，破産の登記の嘱託の時にすでに信託の登記がなされていれば，破産の登記はできない。ただし，その破産の登記の嘱託書の破産手続開始決定の日を確認し，その日以後に信託の登記がなされている事案であれば，その信託は無効であると解されるので，信託の登記を無視して，破産手続開始の登記を受理せざるを得ないと思われる。破産法は相続財産に破産能力を認めている（旧破産法129条以下，現破産法222条以下）が，信託財産については，現破産法244条の2以下の規定により，信託財産についての破産能力を認めていることは前述のとおりである。したがって，今後は，信託財産についての破産手続開始等の登記がなされることがあると考えられる。

　③　固有財産と信託財産に属する共有物の分割の登記
　　ⅰ　固有財産に属する財産から信託財産に属する財産になった場合
　共有物分割の登記，すなわち，不動産に関する権利が固有財産に属する財産から信託財産に属する財産となった場合は，権利の変更の登記をするが，これに併せて信託の登記をする必要がある。そして，これらの登記の申請は，権利の変更の登記の申請と同時に申請しなければならない（不登法98条1項）。そして，この場合は，受益者が登記権利者，受託者が登記義務者となる（不登法104条の2第2項前段）。

　　ⅱ　信託財産に属する財産から固有財産に属する財産となった場合
　この場合は，共有物分割で当該不動産に関する権利が信託財産に属する財産から固有財産に属する財産となった場合である。
　この場合は，権利の変更の登記と併せて信託の登記の抹消をする必要がある。これらの登記の申請は同時にする必要がある（不登法98条1項）。この場合は，受託者が登記権利者，受益者が登記義務者となる（不登法104条の2第

2項後段)。この場合，登記義務者である受益者については，登記識別情報の提供は要しないとされている（不登法104条の2第2項後段)。

iii 一の信託の信託財産に属する財産から他の信託の信託財産に属する財産となった場合

この場合も権利の変更の登記と併せて信託の登記と信託の登記の抹消をする必要がある。そして，これらの登記の申請は，権利の変更の登記の申請と同時に申請しなければならない（不登法104条の2第1項)。

そして，この場合には，当該他の信託の受益者および受託者が登記権利者，当該一の信託の受益者および受託者が登記義務者となる（不登法104条の2第2項前段)。この場合，登記義務者である受益者については，登記識別情報の提供は必要ない（不登法104条の2第2項後段)。

なお，上記 i ， ii ， iii の不動産登記記録例については，平成21年2月20日民二第500号法務省民事局長通達（不動産登記記録例集）が参考になる。

④ 信託の登記と委付による登記

信託財産に属する財産を受託者の固有財産に帰属させることおよび信託財産に属する財産を他の信託財産に属する財産に帰属させることについては，原則，利益相反行為に当たるものとして禁止されている（信託法31条1項1号，2号）が，受益者の利益が害されるおそれのない場合には，禁止の例外を認めている。たとえば，「信託行為に当該行為をすることを許容する旨の定めがあるとき」（同条2項1号）または「受託者が当該行為について重要な事実を開示して受益者の承認を得たとき」（ただし，信託行為に反対の定めがない場合に限る。同条2項2号，2項本文ただし書）には，例外的に認めている。

自己取引等が原則的に禁止されているのは，受益者の利益が害されることを防止する観点からであり，受益者の利益が害されない限り，一律に無効とする必要がないといえるからである。

なお，旧信託法においては，信託財産を固有財産とする行為については，やむを得ない事由があって裁判所の許可を受けた場合においてのみ，例外的に許容されていた（旧信託法22条1項ただし書)。

信託財産に属する財産を受託者の固有財産に帰属させる事例としては，受託者が当該不動産を取得（売買）する場合もあるし，委託者（受益者）が受託者に債務を負っていたところ，当該信託財産を委付することにより免れる場合も

考えられる。

この場合においては，信託の登記の抹消をすることになるが，それは権利の変更の登記の申請と同時に申請しなければならない（不登法104条1項）。

また，不動産に関する権利が信託財産に属する財産から固有財産に属する財産となった場合には，受託者が登記権利者，受益者が登記義務者とする特例が設けられている（不登法104条の2第2項前段）。この場合において，登記義務者である受益者については，登記識別情報の提供を要しない（不登法104条の2第2項後段）。いずれも前述したとおりである。

(8) 信託と事業承継

① 信託のメリット

遺言で遺産分割の方法を指定しておいても，遺言書をめぐってトラブルが発生することがありうる。そこで，信託を活用して事業に必要な財産を後継者に引き継ぐことが考えられる。

例えば，事業を承継しない他の相続人（例えば次男）に対して事業財産以外の財産を取得させること，つまり，事業財産以外の賃貸マンションの受益権を与えるといった方法をとることができれば，当該相続人の遺留分減殺請求が事業用財産にまで及び，その結果，会社経営に悪影響が及ぶといった事態を防ぐことができる。そうすれば，受益権という形で不動産を承継するので，仮に会社員（事業を承継しない相続人である次男）であり，賃貸経営のノウハウを持たず，経営のために時間を割く余裕のない人でも無理なくマンションの管理を続けていくことができる。

② 信託契約

経営者であるAが委託者となり，その所有する事業用の土地建物と賃貸マンション，保有するX株式会社の株式のすべてを信託会社T社に信託する。そして，事業用の土地建物を次代以降散逸させないために，T社とX株式会社との間で事業用の土地建物の賃貸借契約を締結する。そして，信託会社はX株式会社の株式を取得するが，議決権の行使はAの意向に従ってT社が行うこととする。

③ 委託者の死亡

その後Aが死亡すると妻のBと長男Cが株式と事業用の土地建物と株式の受

益権の2分の1ずつを取得し，次男Dが貸借マンションの受益権を取得する。

④ 受益者の死亡

長男Cが母Bの死亡によりBの受益権を取得する。X株式会社の議決権は，T社がCの意向に従い行使する。また，いろいろなケースを想定して，この信託契約は，一定の期間または一定の事由で終了する旨を定めておくこともできると考えられる。例えば，「X株式会社の運営を継続する体制が整った段階で信託が終了する。」としておくとか，さらには「信託終了時にはCがT社の受託していたX株式会社の株式を全部取得する。」としておくと，効率的な経営権の承継が可能となるといったことが考えられる(注45)。

(9) 信託と空家対策

① 空家の現状と課題

わが国では，人口の減少，地方の過疎化が急速に進み，地方を中心に多数の空家が発生して社会問題となっている。そのため，「空家等対策の推進に関する特別措置法」が制定される（平成26年法律第127号。平成27年5月26日施行）など空家の適切な管理，地域住民の安全財産保護，生活環境の保全，空家の活用促進等が進められている。同法によれば，「空家等」というのは，「建築物又はこれに附属する工作物であって居住その他の使用がなされていないことが常態であるもの及びその敷地（立木その他の土地に定着する物を含む。）をいう。」とされている（同法2条1項）。

他方，地方移住，定期的滞在を促進する目的で，地方自治体が地方の空家情報をホームページ等で提供するという空家情報登録制度（空家バンク）が定着しつつあるといわれる。この制度は，空家所有者が地方自治体に物件登録を行い，自治体は空家の利用希望者に空家や不動産取引業者を紹介し，空家の所有者と利用希望者との間で賃貸または売買が行われるなどという仕組みである。

空家の発生や空家放置の個別具体的な原因の主なものは，ⅰ相続，つまり，所有者に相続が発生したがさまざまな事情で手続が進まないとか，あるいは相続人のうちに空家の引き取り手がいないとか，ⅱ高齢者，つまり，居住者が高齢等の理由で施設に入所したり，病院に入院したりして，居住や管理ができなくなるとか，ⅲ費用，つまり，解体費用やリフォーム費用，固定資産税等の負担等である。高齢者の住む家は，比較的古い家が多く，駐車場が全くない場合

や，あっても遠くにしかないものもあり，また，建築基準法の接道条件を満たしていないものも多く，市場価値が低い場合が多い。相続人もそれぞれ家を持ち，その空家に将来居住する意思もなく，売却もできない一方で，解体費用や固定資産税の支払い，家の除草，空気の入替え等管理の負担も大きい。まさに「お荷物」でしかない家屋も多いのが実情であるといわれる。

② 信託を利用した空家対策

空家の所有者（委託者）は，空家の所有権を信託銀行，信託会社等の受託者に信託譲渡する契約を締結し，所有権移転登記および信託登記を行う。受託者は信託契約に基づき空家を管理し，賃貸，売却等を行う。委託者は，当初受益者となり，当該空家から発生する利益（利用権，賃料，売却代金）を受け取り，必要な管理，改良，修繕等の費用を支払う。委託者が空家を売却することを望む場合は，受託者に空家を売却してもらい，対価を取得するか，受益権を第三者に譲渡する。

また，空家の管理を受託者に委ねつつ，委託者自身が死亡した場合には，第二受益者を子，孫等として（第三者も可能），当該受益権者に賃料取得権等を付与することもできる。このほか，信託財産は，委託者の財産から切り離され，受託者の固有財産からも分別管理されるため，相続や倒産からの影響を受けずに済み，長期的な賃貸による利用が促進される可能性もある（注46）ただ，人口減少化と地方の過疎化が進む中で空家が多くなっている地域において，その空家を借りるというニーズがどの程度見込まれるのかという不確定要素もある。

（注1）　寺本昌広「逐条解説・新しい信託法」77頁。
（注2）　前掲（注1）寺本79頁。
（注3）　前掲（注1）寺本80頁。
（注4）　前掲（注1）寺本78頁。
（注5）　前掲（注1）寺本80頁。
（注6）　前掲（注1）寺本99頁。
（注7）　前掲（注1）寺本100頁。
（注8）　新井誠「信託法（第3版）」103頁。

(注9)　前掲（注8）新井432頁。
(注10)　前掲（注8）新井59頁。
(注11)　前掲（注8）新井63頁。
(注12)　実務研究会編「信託と倒産」18頁（小野傑，有吉尚哉）。
(注13)　前掲（注1）寺本139頁。
(注14)　前掲（注12）「信託と倒産」20頁（小野傑，有吉尚哉）。
(注15)　前掲（注1）寺本362頁。
(注16)　前掲（注12）「信託と倒産」12頁（小野傑，有吉尚哉）。
(注17)　前掲（注12）「信託と倒産」13頁（小野傑，有吉尚哉）。
(注18)　前掲（注12）「信託と倒産」15頁（小野傑，有吉尚哉）。
(注19)　前掲（注1）寺本368頁。
(注20)　前掲（注1）寺本369頁。
(注21)　前掲（注12）「信託と倒産」25頁（小野傑，有吉尚哉）。
(注22)　前掲（注1）寺本275頁。
(注23)　前掲（注1）寺本1029頁。
(注24)　前掲（注12）「信託と倒産」36頁（小野傑，有吉尚哉）。
(注25)　前掲（注1）寺本35頁。
(注26)　前掲（注12）「信託と倒産」131頁（和智洋子）。
(注27)　前掲（注12）「信託と倒産」132頁（和智洋子）。
(注28)　前掲（注12）「信託と倒産」133頁（和智洋子）。
(注29)　前掲（注12）「信託と倒産」134頁（和智洋子）。
(注30)　前掲（注12）「信託と倒産」143頁（林康司，田中美穂）。
(注31)　竹下守夫編「大コンメンタール　破産法」1019頁（村松秀樹）。
(注32)　前掲（注31）竹下1020頁（村松秀樹）。
(注33)　前掲（注8）新井438頁。
(注34)　前掲（注1）寺本369頁。
(注35)　前掲（注12）「信託と倒産」25頁（小野傑，有吉尚哉）。
(注36)　前掲（注31）竹下1033頁（村松秀樹）。
(注37)　前掲（注31）竹下1034頁（村松秀樹）。
(注38)　前掲（注31）竹下1035頁（村松秀樹）。
(注39)　前掲（注12）「信託と倒産」361頁（佐々木英人）。
(注40)　前掲（注12）「信託と倒産」362頁（佐々木英人）。
(注41)　前掲（注12）「信託と倒産」362頁（佐々木英人）。
(注42)　前掲（注1）寺本71頁。

- **(注43)** 前掲（注31）竹下193頁（大村雅彦）。
- **(注44)** 前掲（注31）竹下192頁（大村雅彦）。
- **(注45)** 千賀修一「資産運用と相続対策を両立する不動産信託入門」80頁。
- **(注46)** 第一東京弁護士会司法研究委員会編「信託が拓く新しい実務（6つのケースの解説と契約条項例）」90頁，上村一朗「信託を活用した空き家の予防」市民と法94号48頁。

20 企業の承継と根抵当権

(1) 個人企業と相続による根抵当権の承継

　個人企業の場合において，その個人に相続が発生した場合，相続に伴う種々の法律関係が生じるが，ここでは企業の承継の観点から取引関係の承継に密接に関係する根抵当権の承継の問題を中心に考察することとする。

　根抵当権の債務者が死亡した場合に，根抵当権者と債務者の相続人が根抵当権の元本を確定させないで，引き続き根抵当取引を継続しようとするときは，債務者の相続開始後6ヶ月以内に，相続による債務者の変更の登記と指定債務者の合意の登記をする。

　これらの登記を債務者の相続開始後6ヶ月以内にした場合は，根抵当権者は，相続開始の時に存在する債務のほかに，根抵当権者と根抵当権設定者との合意により定めた相続人（債務者）が相続開始後負担する債務を担保する（民法398条の8第2項，不登法92条）。

　もっとも，債務者の相続開始後6ヶ月以内に上記の相続による債務者の変更の登記と指定債務者の合意の登記をしないときは，根抵当権の元本は，相続開始の時に確定したものとみなされる（民法398条の8第4項）。

　また，たとえば，根抵当権者Aが死亡して相続が開始したときに，Aが根抵当債務者Bに対して甲債権，乙債権，丙債権を有していた場合，これらの債権は当該根抵当権によって担保されるのであるが，問題は，相続開始後において，相続人が債務者Bに対して取得する債権が，その相続された根抵当権によって担保されるか否かである。

　民法398条の8は，「元本の確定前に根抵当権者について相続が開始したときは，根抵当権は，相続開始の時に存する債権のほか，相続人と根抵当権設定者との合意により定めた相続人が相続の開始後に取得する債権を担保する。」と規定し，相続人全員と根抵当権設定者が合意して（根抵当債務者が別の場合であっても，その同意は要らない。），相続人全員（あるいはその一部の者）が根抵当権者になって，根抵当権を存続させることを決定すれば，根抵当権は確定

しないで，その新しく定められた根抵当権者のために存続する。この合意が成立せず，合意の登記（民法398条の8第4項）ができないときは，根抵当権は確定し，相続により根抵当関係は，終了する。そして，特に合意をすれば存続させることができるということで，どちらかというと断絶性が基本になっているといわれている（注1）。

前述したように，根抵当権債務者Bが死亡した場合も同様の考え方であり，民法398条の8第2項は，「元本の確定前にその債務者について相続が開始したときは，根抵当権は，相続開始の時に存する債務のほか，根抵当権者と根抵当権設定者との合意により定めた相続人が相続の開始後に負担する債務を担保する。」と規定し，Bが根抵当債務者であり，かつ根抵当権設定者であれば，根抵当権者とBの相続人全員との合意により，根抵当権設定者が債務者と別であれば，その設定者（債務者Bの相続人の意思は問われない。）と根抵当権者との合意により，債務者の相続人の全員またはそのうちの誰かが引き続き根抵当権債務者となることが定められ，根抵当権は存続する。

この合意の変更については，後順位の抵当権者などの利害関係者は異議をいうことはできない。この第三者には，根抵当権を目的とする転根抵当権も含まれると解されている。これらの者は，その不動産について，極度額の存在を覚悟，ないし予定するという立場に立ち，その中味として，どのような債権がどれだけ存在するかということについては，独立の利害関係を有していないと考えられるからである。この変更は，根抵当権の物権としての内容を変更する物権行為であり，その登記がなされることによって，効力が生じるので，当事者の間での合意は債権的な効力しか有しないということになり，物権的な効力としては登記が成立要件になると解される（民法398条の8第3項）（注2）。

なお，前述した合意については，その合意が成立したときでも，その合意が相続開始後6ヶ月以内に登記されることが根抵当権が確定せずに存続するための要件であるので，その登記がされない場合は，根抵当権は相続開始のときに確定し，死亡したAの債権，あるいは死亡したBの債務だけが，相続人によって相続された状態で担保されることになる（注3）。

以上考察してきたように，相続の場合には元本を確定させない合意を相続開始後6ヶ月以内に登記しないと，相続開始時に元本が確定するが，これに対して，以下に考察する会社の合併・分割の場合には，合併後の存続法人の債権債

務，分割後の複数の会社の債権債務は，引き続き根抵当権で担保されるのが原則であり，それを知ったときから2週間内，知らなくても1ヶ月内に設定者が元本の確定請求をしないと元本は確定しない。このように原則・例外が逆になっているのは，相続の場合は，相続人が被相続人の事業を承継して取引を継続するとは限らないのに対して，会社の分割・合併の場合にはむしろ取引を継続することが原則と考えられるためである。

また，破産の場合には根抵当権の元本が確定するのに，会社更生や民事再生の場合には確定しないのは，破産が債務者の経済活動を止める清算型手続が中心であるのに対し，会社更生や民事再生は再建型手続であり，以後に取引を継続して根抵当による担保を及ぼす必要がある場合があるからである（注4）。

(2) 法人企業と合併による根抵当権の承継

法人の合併においても前述した相続と同じような法律関係が発生する。

民法398条の9第1項は，「元本の確定前に根抵当権者について合併があったときは，根抵当権者は，合併の時に存する債権のほか，合併後存続する法人又は合併によって設立された法人が合併後に取得する債権を担保する。」と規定しているが，この規定は新設合併，吸収合併いずれにも適用される。

このように合併の場合には，合併の時までに，たとえば，根抵当権者A社が根抵当債務者に対してすでに取得していた債権が新設会社C社あるいは存続会社A社に承継され，当該根抵当権によって担保される。合併の場合には，承継性が重視され，原則として，根抵当権は確定せず，新設会社または存続会社がその後も根抵当債務者に対して取得する債権を当該根抵当権によって担保するということになる（注5）。

次に，元本の確定前にその債務者について合併があった場合については，民法398条の9第2項は，「元本の確定前にその債務者について合併があったときは，根抵当権は，合併の時に存する債務のほか，合併後存続する法人又は合併によって設立された法人が合併後に負担する債務を担保する。」と規定している。

根抵当債務者A社について，B社との合併が行われ，新設会社C社あるいは存続会社A社に債務が承継された場合に，A社においてすでに生じていた債務も当該根抵当権によって担保される。そして，この場合も，新設会社C社また

は存続会社A社がその後も根抵当権者に対して負う債務が当該根抵当権によって担保される。

ただ，このような根抵当権者の合併あるいは根抵当債務者の合併の場合においても，根抵当権設定者と根抵当債務者が異なる場合には，根抵当権設定者に，合併後も従来どおりに合併後の会社が取得する債権，あるいは負担する債務についても，根抵当権による担保を継続する意思があるかどうかを確認する必要がある。そこで，民法398条の9第3項は，「前2項の場合には，根抵当権設定者は，担保すべき元本の確定を請求することができる。ただし，前項の場合において，その債務者が根抵当権設定者であるときは，この限りでない。」として，その旨を規定している。

この根抵当権設定者による根抵当権の元本の確定請求が行われれば，根抵当権は会社合併の時に確定したものとして扱われ，合併前の債権・債務のみが担保されることになる。この請求は，合併のあったことを知った時から2週間，合併の日から1ヶ月以内に行使しなければならない（民法398条の9第4項，5項）。この期間は除斥期間と解されている(注6)。

(3) 会社分割と根抵当権の承継

経済活動がグローバル化する中にあって商法が頻繁に改正されてきた。平成9年の合併手続の合理化以来，平成11年の株式交換，株式移転制度の創設，そして，平成12年の会社分割法制の創設に至る一連の商法改正は，いずれも企業の再編を容易にし，経営の効率化を促進するとともにリスクの分散を図ることによって，国際的な競争力を確保するという緊急の課題に対応しようとするものであった。

そして，平成12年の商法改正によって会社分割の制度が新設され（旧商法373条～374条の31，会社法757条～766条），それに伴って，民法398条の9（根抵当権者または根抵当債務者の合併）と同じ趣旨による手当てが必要となり，民法398条の10の規定が設けられた。同条第1項は，「元本の確定前に根抵当権者を分割をする会社とする分割があったときは，根抵当権者は，分割の時に存する債権のほか，分割をした会社及び分割により設立された会社又は当該分割をした会社がその事業に関して有する権利義務の全部又は一部を当該会社から承継した会社が分割後に取得する債権を担保する。」と規定している。

会社の分割には，新設分割と吸収分割があるが，従来から存在するA会社を分割して，A会社の営業の全部または一部を新しく設立するB会社に承継させるものを新設分割といい，A会社の営業の全部または一部を既存のC会社に承継させるものを吸収分割という。そして，A会社のことを「分割をする会社」または「分割をした会社」といい，いずれにおいても，B会社またはC会社への包括承継が生じる。この新設分割におけるB会社のことを「分割により設立された会社」といい，吸収分割におけるC会社のことを営業（2005年（平成17年）の改正により，これを「権利義務の全部又は一部」と言い換えている。）を承継した会社という(注7)。

　この会社分割により，従来A会社が有していた根抵当権は，分割時にA会社が有していた債権を担保するとともに分割後にA会社およびB会社（新設分割のとき）またはC会社（吸収分割のとき）が取得する債権を担保する。

　民法398条の10第2項は，「元本の確定前にその債務者を分割をする会社とする分割があったときは，根抵当権は，分割の時に存する債務のほか，分割をした会社及び分割により設立された会社又は当該分割をした会社がその事業に関して有する権利義務の全部又は一部を当該会社から承継した会社が分割後に負担する債務を担保する。」と規定しているが，この規定により，A会社が根抵当権における債務者である場合について，その根抵当権は，分割時にA会社が負っていた債務を担保するとともに，分割後にA会社およびB会社（新設分割のとき）またはC会社（吸収分割のとき）が負う債務を担保することになる。

　このように根抵当権の債務者が合併した場合も，その根抵当権の継続，つまり根抵当権の承継性に重点を置いていると解されるが，この場合においても，根抵当権設定者がこの継続を希望しない場合には，根抵当権設定者に確定請求権を認めている（民法398条の10第3項）(注8)。

(4) 事業譲渡と根抵当権の承継

　企業が，ある事業を営むなかで，取引先に対して有する債権があり，この債権を担保することを可能とする債権範囲基準が定められた根抵当権を有する場合において，この事業を第三者に譲渡する場合に，この根抵当権はどのような変動を受けるかという観点からの考察である。

　事業譲渡というのは，企業などの事業体が一定の目的のために組織化された

有機的な一体として機能する財産を他人に譲渡して、その他人に事業を受け継がせることである（最判昭和40年9月22日民集19巻6号1600頁）。ただ、この事業譲渡の合意のみでは、当然には処分的効果を有せず、事業として有機的一体をなす財産の個別のそれぞれについて処分行為が実行され、必要があれば対抗要件を具備させるなどの措置を講ずることにより、合意が履行されることになる。

　たとえば、AがBの所有する不動産について、Bとの貸付取引によって生じた債権を担保するために根抵当権の設定を受けた場合に、Aが金銭の貸付けをする事業をCに譲渡する場合には、Bの意思にかかわらず移転することができるかどうかという点が問題となる（注9）。

　今まで考察してきたように、根抵当権者について相続、合併、会社分割があった場合については、基本的には、それらのもつ包括承継性に立脚して、根抵当権設定者の意思にかかわりなく根抵当権の移転ができる可能性が開かれている。

　これに対し、事業譲渡の場合には、根抵当権設定者（設例の場合はB）の承諾を得ないで根抵当権をCに移転することはできないと解される（民法398条の12、398条の13）。

　たとえば、根抵当権者である金融機関等の側の破綻ないし経営再編のために、完全に自由な譲渡を認めるとすると根抵当権が一旦設定されてしまうと債権者がそれを不要となれば他に譲渡して、根抵当権の転輾譲渡がなされ、実際上根抵当権はなかなか消滅せず、設定者が不利益を被るということになりかねない。そうなると事業譲渡の場合においても、設定者の承諾なくして根抵当権の移転を認めるということについては消極的にならざるを得ないと考えられる（注10）。

　なお、金融機能の再生のための緊急措置に関する法律（平成10年10月16日法律第132号）73条は、被管理金融機関が承継銀行などへする事業譲渡の一環として元本確定前根抵当権を被担保債権の全部とともに譲渡しようとする場合において、公告をして根抵当権設定者が一定期間内に異議を述べるべき旨を求めることができるものとし、異議がない場合には、その承諾を擬制するものとしている。そして、同法74条は、その登記手続についても簡便な処理を認めている（注11）。

同趣旨の規定は，金融機関等の組織再編成の促進に関する特別措置法（平成14年12月18日法律第190号）12条1項，2項，13条1項，2項等にも同趣旨の規定が置かれている（平成15年1月27日民二第260号法務省民事局長通達・登記研究667号151頁）。

(5) 根抵当権者からの元本確定請求

① 単独申請による元本確定請求

バブル経済の崩壊に伴う企業再建の促進や不良債権の迅速な削減という社会的な要請により，根抵当権者の単独申請による元本確定請求ができるようになった。民法398条の19第2項は，「根抵当権は，いつでも，担保すべき元本の確定を請求することができる。この場合において，担保すべき元本は，その請求の時に確定する。」と規定し，根抵当権者からは，いつでも根抵当権の確定を求めることができるとしている。もとより，根抵当権の確定は，確定期日の到来（民法398条の6）や確定事由の発生（民法398条の20）によって生じるし，根抵当権者や債務者に包括承継が生じた場合（民法398条の8，398条の9，398条の10）にも確定することはある。また，根抵当権設定者は設定の時から3年経過すれば確定請求できる（民法398条の19第1項）が，2003年（平成15年）の改正により，根抵当権者からもまた，単独で確定を請求することができることになったわけである。元本が確定するとそれ以降に生じた債権はもはや当該根抵当権によっては担保されなくなる。それゆえに，元本の確定は根抵当権設定者側のみに利益をもたらすものと考えられてきたが，しかし，前述のごとく，バブル経済崩壊後は，不良債権処理などに際して，被担保債権や根抵当権の処分が頻繁に行われるようになり，そのためには，根抵当権者側からの元本確定請求の必要性が出てきたわけである(注12)。

旧民法398条ノ20第1項1号は，取引の終了等によって担保すべき元本が生じなくなったことを根抵当権の元本確定事由として規定していたが，どのような場合に，いつ取引が終了したのかについての基準があいまいであるとの指摘がされていた。また，一方では，根抵当権者の意思表示によって元本を確定させることを認めても，その意思表示は根抵当権者においてその後に生ずる債権が根抵当権によって担保される利益を放棄することを意味するから，債務者および根抵当権設定者に不利益を与えるという問題はないのではないかと考えら

れていた。

そこで，旧民法398条ノ20第1項1号の確定事由を削除した上で，これに代えて，前述した内容の根抵当権者からの元本確定請求制度が新設された（民法398条の19第2項）。⑪元本確定請求の要件は，元本確定日の定めがないこと（民法398条の19第3項）だけであり，設定者からの確定請求（同条1項）とは異なり，根抵当権設定後3年間の期間経過を必要としない。⑪根抵当権者の確定請求権は，根抵当権設定者の元本確定請求と同じく，私法上の形成権であり，根抵当権者の意思表示が根抵当権設定者（第三取得者がいる場合には第三取得者）に到達したときにその効力を生じる（民法398条の19第2項）。⑪根抵当権の登記のうち根抵当権の元本の確定後でなければすることができないもの（例えば，債権譲渡または代位弁済による根抵当権の移転の登記等）をする場合は，確定の事実が登記上明らかであるときを除いて，あらかじめ担保すべき元本の確定の登記をする必要があるとするのが登記実務の考え方であった（昭和46年12月27日民事三発第960号法務省民事局第三課長依命通知第7）が，元本の確定の登記は，根抵当権者と根抵当権設定者との共同申請によるのが原則であるから，根抵当権設定者の協力がなければできない。しかし，元本の確定の登記は，権利を第三者に対抗するためのものではなく，根抵当権が確定したという事実を公示するものにすぎず，しかも，根抵当権者からの元本確定請求により元本が確定したことは添付情報により客観的に明確にすることが可能であるので，それによって登記の正確性も客観的に担保することができる。

そこで，この場合の元本の確定の登記については，根抵当権者が単独で申請することができることとされた(注13)。

② **根抵当権の元本確定の効果**

元本が確定すると，根抵当権は，元本確定時に存在していた被担保債権のみを担保し，それ以後に当事者間に所定の範囲内の債権が発生しても，それは担保されない。また，元本が確定すると根抵当権は，普通抵当権と同じように付従性や随伴性を有するものとなる。したがって，被担保債権が弁済や消滅時効等によって消滅すると根抵当権も消滅する。被担保債権が譲渡されると，根抵当権も随伴する。被担保債権の弁済者は根抵当権者に代位して根抵当権を行使することができる。さらに，処分についても民法374条，376条によることになる。しかし，元本確定後も，根抵当権が普通抵当権とまったく同じものとなる

わけではなく，次のような点では異なっていると考えられる(注14)。

まず第1点として，極度額を上限とし，民法375条は適用されない。すなわち，極度額の範囲内では，利息等や債務不履行による損害賠償金などは，普通抵当権のような最後の2年分という制約（民法375条）を受けず，全額が担保される（民法398条の3第1項）。しかし，極度額を超えると，たとえば，競売で配当剰余金が生じ，配当を受ける他の債権者が存在しなくても，極度額を超える部分は弁済受領できないとされている（最判昭和48年10月4日判時723号42頁）。

第2点としては，設定者の極度額減額請求である。設定者は，確定時の元本債務額に，利息等や債務不履行による損害賠償金を以後2年分加えた額にまで，極度額を減じるよう請求することもできる（民法398条の21）。根抵当権が直ちに実行されない場合，設定者はこの請求により担保余力を増加させ，後順位の抵当権を設定して借り入れる額を増やすことができ事業の拡大などに資することができる。

第3番目は，根抵当権の消滅請求である。確定後に現存する被担保債権の額が根抵当権の極度額を超える場合，物上保証人，根抵当不動産の第三取得者，後順位の用益権者（地上権者，永小作権者，賃借権者）は，その極度額に相当する金額を支払うか供託して，その根抵当権の消滅請求ができる（民法398条の22第1項）。これは物上保証人等の責任を極度額に制限するものであるので，全額弁済責任を負う債務者自身や保証人は消滅請求できない（民法398条の22第3項による民法380条の準用）。民法380条は，「主たる債務者，保証人及びこれらの者の承継人は，抵当権消滅請求をすることができない。」と規定しているが，この規定を根抵当権の消滅請求に準用している。

(6) 企業の承継と根抵当権に関する登記手続

① 相続または法人の合併による権利の移転登記

相続または法人の合併による権利の移転の登記は，登記権利者が単独で申請することができる（不登法63条2項）。この登記の申請をする場合は，添付情報として，「相続又は法人の合併を証する市町村長，登記官その他の公務員が職務上作成した情報（公務員が職務上作成した情報がない場合にあっては，これに代わるべき情報）およびその他の登記原因を証する情報」（登記令別表22

の項添付情報欄）を提供する必要がある。

　「相続人は，相続開始の時から，被相続人の財産に属した一切の権利義務を承継する。」（民法896条）とされているので，この相続による権利の移転の登記についても，権利に関する登記の一般原則により，相続による権利を取得した相続人（登記権利者）と被相続人の義務を承継した法定相続人（登記義務者）の共同申請によるとすることも考えられるが，他の相続人の協力がなければ相続登記をすることができないとすると，それだけ相続人に負担を課すことになるし，場合によっては他の相続人の協力が得られないときは相続登記をすることが困難になるおそれもある。そこで，登記されている権利が相続により移転した事実を相続を証する添付情報により証明できる場合には，登記の真正を害するおそれがないといえるとして，相続人による単独申請ができるとしている。

　会社の合併には，吸収合併と新設合併があることは前述のとおりであるが，吸収合併の場合は，吸収合併後存続する会社が効力発生日（吸収合併契約において定められた「吸収合併がその効力を生ずる日」（会社法749条1項6号，751条1項7号））に，吸収合併により消滅する会社の権利義務を承継する（会社法750条1項，752条1項）。新設合併の場合には，新設合併により設立会社が，その成立の日すなわち本店の所在地において設立の登記をした日（会社法49条）に，新設合併により消滅する会社の権利義務を承継する（会社法754条1項，756条1項）。この会社合併による権利義務の包括承継は，会社の登記記録（会社法921条，922条）により証明できるので，相続の場合と同様に，吸収合併存続会社（または新設合併会社）の単独申請によりその権利の移転登記をすることができる。

　旧不動産登記法27条においては，会社合併については規定がなく，相続に準じて単独申請が認められていた。現不動産登記法63条2項は，「相続又は法人の合併による権利の移転の登記は，登記権利者が単独で申請することができる。」と規定し，明文でその旨を明らかにしている。

　また，会社合併については，旧商法では，吸収合併，新設合併ともその効力発生日は，登記の時とされていた（旧商法102条，416条1項，374条ノ25等）が，現会社法では，吸収合併の場合は「効力発生日」，新設合併の場合は「新設会社設立の日」（登記の日）とされた（会社法750条1項，752条1項，754条

1項,759条1項,761条1項)ので,「会社合併」を登記原因とする権利移転の登記の日付については,吸収合併の効力の発生時期が,登記の日ではなく,吸収合併契約で定められた効力発生日とされた結果,その合併による権利移転の効力発生後に合併の登記がされるまでの間,登記上は,消滅会社の代表取締役はなお消滅会社の代表権を有するような外観を有するため,消滅会社の不動産について,消滅会社の代表取締役であった者が消滅会社名義の不動産を譲渡するということが生ずるおそれがある。そこで,会社法は,合併の効力発生後,合併の登記をするまでの間に,消滅会社が権利を第三者に処分した場合は,第三者の善意・悪意を問わず,対抗できない旨を規定している(会社法750条2項,752条2項)。

会社分割による所有権その他の権利の移転については,合併の場合と同様に包括的な承継(会社法759条1項,761条1項,764条1項,766条1項)とされているが,その登記の申請は,吸収分割承継会社または新設分割設立会社が登記権利者,吸収分割会社または新設分割会社が登記義務者として申請する(平成13年3月30日民二第867号法務省民事局長通達第二)。この場合の登記原因日付は,合併の場合と同様,吸収分割の場合は,「効力発生日」(会社法758条7号,760条6号),新設分割の場合は,「新設分割会社成立の日」(登記の日)となる(会社法49条,764条1項,766条1項)(注15)。

i 根抵当権設定者である所有権の登記名義人を被相続人とする相続を原因とする所有権の移転登記と根抵当権の債務者の相続

根抵当権の元本の確定後でなければすることができない登記の申請に関しては,登記記録上元本が確定していることが形式的に明らかなときは,必ずしも元本の確定の登記を経ることを要しないとしている(昭和46年12月27日民事三発第960号法務省民事局第三課長依命通知)。

そこで,根抵当権設定者である所有権の登記名義人の住所及び氏名と当該根抵当権の債務者の住所及び氏名とが同一である場合において,当該根抵当権設定者である所有権の登記名義人を被相続人とする相続を原因とする所有権移転の登記はされているものの,根抵当権の債務者の相続による変更の登記がされていないときは,当該相続の開始後6ヶ月以内に民法398条の8第4項の登記がされていないことをもって同項及び同条第2項の規定により元本が確定していることが登記記録上明らかであるとして,代位弁済を原因とする根抵当権の

移転の登記ができるか否かという問題が発生する（注16）。

　つまり，根抵当権設定者である所有権の登記名義人の表示と当該根抵当権の債務者の表示とが同一である場合において，当該根抵当権設定者である所有権の登記名義人を被相続人とする相続を登記原因とする所有権移転の登記がされているので，当該相続の開始後6ヶ月以内に民法398条の8第4項の登記がされていなくても，同項および同条2項の規定により元本が確定していることが明らかであるとして，債務者の相続による債務者の変更の登記をすることなく，代位弁済を登記原因とする根抵当権の移転の登記ができるかどうかということである。

　代位弁済を原因とする根抵当権の移転については，根抵当権の担保すべき元本の確定前においては，債務者のために，または債務者に代わって債務の弁済をした者であっても，根抵当権を行使することはできない。元本の確定前の根抵当権は，債権に対する附従性，随伴性がないからである（民法398条の7第1項）。そうすると，結局，当該根抵当権の元本の確定後でなければ，代位弁済を原因とする根抵当権の移転の登記をすることはできない。

　このように，代位弁済を原因とする根抵当権の移転の登記をするには，原則として，元本の確定の登記をする必要がある（昭和54年11月8日民三第5731号法務省民事局第三課長回答・登記研究388号59頁）。

　その例外としては，⒤登記記録上の確定期日が既に到来しているとき（民法398条の6第1項），ⅱ根抵当権者または債務者について相続による移転または変更の登記がされた後，民法398条の8第1項および第2項の合意の登記がされないまま6ヶ月を経過しているとき，ⅲ民法398条の20第1項1号，2号または4号（ただし，相続の場合であるから自然人である根抵当権設定者が破産手続開始の決定を受けたとき）の規定等による元本の確定の事実が登記記録上明らかであるときには，元本の確定の登記がされている必要はない（昭和46年12月27日民事三発第960号法務省民事局第三課長依命通知第7（登記研究303号24頁），昭和54年11月8日民三第5731号法務省民事局第三課長回答（同388号59頁））。

　その理由としては，登記官は，不動産の権利に関する登記につき書面による審査権（ただし，書面により，実体上の有効・無効を判断できる。）しか有しておらず，また，不動産登記制度は物権変動の過程と態様を登記記録に忠実に

反映させるという要請から，当該根抵当権の担保すべき元本が確定していることが登記記録上明らかでない場合には，当該根抵当権は，なお未確定の根抵当権であるものとして取り扱わざるを得ないからである。

　根抵当権の債務者について相続が発生したときについては，根抵当権者は，相続開始のときに存する債務のほか，根抵当権者と根抵当権設定者との合意により定めた相続人が相続の開始後に負担する債務を担保し（民法398条の8第2項），当該合意について相続の開始後6ヶ月以内に登記をしないときは，担保すべき元本は，相続開始の時に確定したものとみなされる（民法398条の8第4項）。この合意の登記は，当該相続による債務者の変更の登記をした後でなければすることができない（不登法92条）。

　ところで，根抵当権設定者（所有権登記名義人）の表示（住所・氏名）と債務者の表示（住所・氏名）とが同一である場合において，所有権登記名義人についてされた相続を登記原因とする所有権の移転の登記をもって債務者についての相続が開始したと判断できるか否かということがポイントになるが，①登記記録上，根抵当権設定者である被相続人と根抵当権の債務者の住所・氏名とが一致しているからといって，直ちに同一人であると判断することはできないこと，ⅱ根抵当権設定者の死亡が根抵当権の元本の確定事由として民法上規定されておらず，根抵当権設定者の死亡の前に根抵当権の債務者が変更されている可能性もあり得ることから，相当でないと考えられる。

　したがって，民法398条の8第2項，第4項の規定に基づいて元本が確定したものとみなされることの前提として，原則どおり，債務者の相続による債務者の変更の登記（根抵当権の変更の登記）をする必要があり，当該変更の登記がされない限り，登記記録上から形式的に債務者に相続が開始したと判断することはできないと考えられる。そして，債務者について相続が開始したと判断することができない以上，相続による債務者の変更の登記をすることなく，当該根抵当権の合意の登記（民法398条の8第2項）をすることはできないものと解される（注17）。

ⅱ　相続による所有権移転登記未了のままで，根抵当権債務者の氏名等の変更登記をすることの可否

　抵当権設定登記事項である債務者の氏名・住所等は，被担保債権を特定するため，公示上の便宜から登記するものであるが，根抵当権においては，「債務

者」は「債権の範囲」,「極度額」とともに被担保債権を決定する重要な要素であり,その変更は根抵当権の変更登記（不登法66条）になって,根抵当権者にとっては,大きな利害が絡むことになる。したがって,根抵当権の債務者の変更登記は,あくまでも根抵当権の内容の一部の変更となり,登記義務者の意思を担保する必要があるので,根抵当権者が登記権利者,設定者が登記義務者となって共同で申請する必要がある。そして,書面申請の場合には登記令16条2項または18条2項により印鑑証明書の提供が必要であり,オンライン申請の場合は電子証明書の送信が必要である（登記令14条）。後順位担保権者などの利害関係人があっても承諾は要しない（民法398条の4第2項）。抵当権の債務者の変更の場合には印鑑証明書の添付を省略することができるとされている（昭和30年5月30日民事甲第1123号法務省民事局長電報回答）。

以上の結果,相続による所有権登記未了のまま,根抵当権の変更登記は申請できないと考えられる(注18)。

iii 根抵当権の複数の債務者の一部の合併と根抵当権の変更の登記

根抵当権の債務者A，B，C，Dの4社のうち，A社が債務者でないE社に吸収合併された場合における根抵当権の変更登記の登記原因は「　年　月　日合併」とし，変更後の債務者の表示は,「債務者B，C，D，E」とする。従前の債務者の表示はいずれも朱抹しない(注19)。

iv 元本確定前の根抵当権または債務者の会社合併と根抵当権取引を継続したい場合の登記手続

元本の確定前の根抵当権について,根抵当権者または債務者について会社合併があった場合は,根抵当権者が会社合併のあったことを知った日から2週間以内または会社合併の日より1ヶ月内に確定請求がない限り,根抵当権は確定しないので,根抵当取引を承継することができる。もっとも,債務者につき会社合併があった場合において,債務者が根抵当権設定者であるときには,設定者は確定請求できない（民法398条の9）。

元本の確定前の根抵当権について,根抵当権者の会社合併があった場合,根抵当権は確定することなく,根抵当権者の地位は当然に承継され,吸収会社または新設会社に根抵当権は移転する。その結果,当該根抵当権は「合併の時に存する債権」および「合併後に取得する債権」を担保することになるが（民法398条の9第1項),根抵当権者でなかった会社が合併前に有していた債権は担

保されない。この債権を担保するようにするためには，債権の範囲を変更し（民法398条の４），特定の債権としてこれに重畳的に追加する必要がある。

　なお，会社合併の効力の発生時期は，会社分割と同様，旧商法102条および416条並びに有限会社法63条の規定により合併の登記をした日とされていたが，新会社法では，株式会社または持分会社が存続する吸収合併の場合は，吸収合併契約で定めた「効力発生日」（会社法749条１項６号，750条１項，751条１項７号，752条１項，商登法84条），株式会社または持分会社を設立する新設合併の場合は，その「成立の日」，すなわち，その本店の所在地において「設立の登記」をした時（会社法49条，754条１項，756条１項，商登法84条）となる。

　元本確定前の根抵当権の債務者である会社につき合併があった場合は，その会社を吸収した会社または新設合併により成立した会社が債務者としての地位を承継し（会社法750条，754条），債務者は吸収会社または新設会社に変更されるが，この合併により，根抵当権が確定するということにはならない。そして，当該根抵当権は，「合併の時に有する債務」のほか，「合併後存続する法人又は合併によって設立された法人が合併後に負担する債務」を担保する（民法398条の９第２項）。合併前に根抵当権の債務者でなかった会社が負担している債務は，合併後の債務者との間の取引によって生じた債務ではないので，その根抵当権によって当然には担保されない。この債務を担保するようにするためには，債権の範囲を変更し（民法398条の４），特定の債権としてこれに重畳的に追加する必要がある（注20）。

　元本確定前の根抵当権について，根抵当権者につき会社合併があった場合は，その根抵当権は確定することなく，吸収会社または新設会社に移転するので，合併による根抵当権移転登記をする。この合併による根抵当権移転登記の申請は，相続による根抵当権移転登記手続と同様に，吸収会社または新設会社の単独申請によりする（不登法63条２項）。添付情報としては合併を証する情報（会社登記事項証明書等）を提供する必要がある（登記令別表22の項）。

　確定前の根抵当権について債務者につき会社合併があった場合は，その根抵当権は確定することなく，債務者の地位は吸収会社または新設会社に承継され，根抵当権の内容が変更するので，その根抵当権変更登記をする必要がある。

　元本の確定前に根抵当権の債務者に合併があった場合にする根抵当権の変更

登記は，根抵当権者が登記権利者，根抵当権設定者が登記義務者として申請する（不登法60条）。この変更登記の申請書には，添付情報として，作成後3ヶ月以内の印鑑証明書を提供しなければならない（登記令16条2項，18条2項）。債務者が設定者であるときは，目的不動産の所有名義を吸収会社または新設会社名義に移転しなければ債務者の変更登記を申請することができない。

添付情報としては，印鑑証明書（オンライン申請の場合電子証明書）のほか，登記事項証明書（不登法61条），登記義務者の登記識別情報，または登記済証（不登法22条等）等を提供する必要がある。

なお，従前の債務者（被合併会社）の表示は抹消しない（昭和46年12月27日民事三発第960号法務省民事局第三課長依命通知第6・1，不登規則150条）。元本確定前の債務者は，被合併会社であるので，合併時に存在する被合併会社の既発生の債務は，当該根抵当権で担保される。そうなると前債務者（相続の場合であれば被相続人）の表示は登記記録上存続させるのが適当であると考えられるからである（注21）。

② 会社分割による権利の移転登記
ⅰ 会社分割の効力発生時期

会社分割の効力発生時期は，制度発足当時は，新設分割および吸収分割いずれも新設会社または承継会社がそれぞれの本店所在地において設立または変更の登記をしたときとされていたが，平成17年の会社法の成立に伴い，吸収分割の場合については，効力発生日は分割契約書において定めることとされている。このように，吸収分割における効力発生時期が分割契約書で定められた日とされたことに伴い，承継会社の本店所在地で行う吸収分割の登記は，吸収分割の効力発生要件ではなく，第三者対抗要件となった。

ⅱ 会社分割による権利移転の登記手続
(ⅰ) 根抵当権の元本確定後に会社分割があった場合

元本確定後においては，根抵当権は債権債務に随伴することになるため，新設会社または承継会社が登記権利者，分割会社が登記義務者となり，根抵当権の移転登記をすることになる。登記原因は「会社分割」となるが，登記原因日付は会社分割の効力が発生した日となるので，新設分割の場合は新設会社の本店所在地において設立登記がされた日，吸収分割の場合は分割契約書で定めた効力発生の日ということになる。

ところで，吸収分割の場合においては，登記原因日付が会社分割契約で定めた効力発生日となり，登記原因証明情報についても会社分割契約書のみで足りることになれば，承継会社の本店所在地において吸収分割の登記を行う前に，不動産に係る根抵当権移転登記が行われることになりかねない。しかし，そういうことになると，吸収分割自体の第三者対抗要件が生じていないにもかかわらず，不動産の物権変動が先行して第三者対抗力を生じさせる結果となり，妥当でないことからこの場合においては，分割契約書のほかに会社分割の記載がある吸収分割承継会社の登記事項証明書も併せて登記原因証明情報として提供する必要がある（平成18年3月29日民二第755号法務省民事局長通達1(2)）。

(ii) **根抵当権の元本確定前に会社分割があった場合**

⑦ **根抵当権者に会社分割があった場合**

　元本確定前に根抵当権者を分割会社とする会社分割があった場合は，分割会社および新設会社または承継会社が根抵当権を準共有することになるから，新設会社または承継会社が登記権利者，分割会社が登記義務者となって，根抵当権の一部移転登記をすることになる。登記原因日付は前述のとおりである。

　なお，根抵当権の一部譲渡の場合は，根抵当権設定者の承諾が必要となるが，元本確定前に会社分割があった場合の根抵当権の一部移転の登記は，根抵当権は分割会社と新設会社または承継会社の準共有となり，当該準共有は根抵当権設定者の意思に関係なく法律上当然に生ずるので，承諾は要しない（「質疑応答【7735】」登記研究640号163頁）。

④ **根抵当権の債務者に会社分割があった場合**

　元本確定前に債務者を分割会社とする会社分割があった場合は，分割会社および新設会社または承継会社を債務者とする共用根抵当権となるから，根抵当権者が登記権利者，根抵当権設定者が登記義務者となって，新設会社または承継会社を債務者として追加する根抵当権の変更登記をする(注22)。

(iii) **会社分割による根抵当権の一部移転登記の申請と根抵当権設定者の承諾書**

　元本の確定前に根抵当権者について会社分割があった場合，当該根抵当権の一部移転登記の申請書には，根抵当権設定者の承諾書の提供は必要でないと解される。

　元本確定前に根抵当権者に会社分割があった場合，当該根抵当権が民法398

条の10の規定により，分割会社と設立会社または承継会社との準共有となるが，当該準共有は法律上当然に生じるので，当該会社分割による当該根抵当権の設立会社または承継会社への一部移転の登記の申請情報には，根抵当権設定者の承諾書を提供することを要しないと考えられる(「質疑応答【7735】」登記研究640号163頁)。

(iv) **会社分割による元本確定前の根抵当権の承継とその登記手続**

会社分割の効力が生じると設立会社または承継会社は分割会社の権利・義務を法律上当然に一般承継する。この権利・義務の承継は，包括的な承継である会社合併の場合と同じである。ただ，会社合併と違うのは，分割会社が分割後にも存続するため，会社分割後の根抵当権は，分割会社と設立会社または承継会社の準共有根抵当権，または共用根抵当権になる。そのため，分割により分割会社から設立会社または承継会社に承継された権利について，会社分割後において分割会社から第三者に二重譲渡がされる危険が存することに留意する必要がある(注23)。

法務省先例(平成14年12月25日法務省民二第3214号民事局民事第二課長通知)においては，根抵当権の抹消，変更または追加設定に係る登記の申請書に添付された書面または商業登記記録の証明書の記載から，当該根抵当権について，根抵当権の元本確定前に会社分割があったことが判明する場合には，当該根抵当権の抹消登記等の前提として，会社分割を原因とする根抵当権の一部移転の登記をする必要があるかどうかという点につき，そのような一部移転の登記がなくても受理せざるを得ないとしている。

前述のごとく，会社分割により分割会社から設立会社または承継会社に承継された権利は，会社分割後において分割会社から第三者に二重譲渡される危険性があり，当事者が分割の態様に則した申請をするか否かは申請人(当事者)の任意であると解される。したがって，分割による一部移転の登記がされていないときは，分割会社は実体法上，根抵当権を単独で二重譲渡することは可能であり，登記手続上も申請人を根抵当権の単独の権利者として取り扱わざるを得ない。つまり，元本の確定前に根抵当権者を分割会社とする会社分割があった場合においても，その会社分割による根抵当権の一部移転の登記がされていない場合には，分割会社による根抵当権の処分を登記手続上制約することは難しいと考えられる。このことは，会社分割を登記原因とする根抵当権移転の登

記において，たとえば，分割会社A，承継会社がB・Cである場合において，Bのみへの根抵当権の一部移転の登記が申請された場合，この登記申請は受理せざるをえないと解されるが，まさにこのことと同じ取扱いになると考えられる（登記研究664号117頁）。

ところで，元本確定前の根抵当権者または債務者である会社に会社の分割があった場合には，分割会社を登記義務者，設立会社または承継会社を登記権利者として，「年月日会社分割」を登記原因とする「根抵当権一部移転」登記，または，根抵当権設定者を登記義務者，根抵当権者を登記権利者として，債務者を分割会社と設立会社または承継会社とする「根抵当権の変更」登記をする必要がある。

もし，新設会社または承継会社のみを根抵当権または債務者とするとか，被担保債権の範囲について異なった定めをする場合など，分割計画書または分割契約書に根抵当権について特別の定めがあった場合には，「会社分割」を登記原因とする「根抵当権一部移転」登記または「根抵当権変更」登記をした上で，あらためて「譲渡」または「変更」を登記原因として，「根抵当権一部移転」または「根抵当権変更」の登記をする必要がある(注24)。

このように会社分割は権利・義務の一般的包括承継としてとらえることができるとしても，合併や相続のような単独申請（不登法63条2項）ではなく，売買や債権譲渡等の場合と同様に共同申請によることになる。そして，登記原因は，「会社分割」とし，その日付は，株式会社または持分会社に権利義務を承継させる吸収分割の場合には，吸収分割契約で定めた「効力発生日」（会社法757条7号，759条1項，760条6項，761条1項），株式会社または持分会社を設立する新設分割の場合は，その「成立の日」すなわちその本店の所在地において「設立の登記」をした時（会社法49条，754条1項，756条1項）となる（平成13年3月30日民二第867号法務省民事局長通達）(注25)。

③ 会社分割による権利義務承継の特色

今まで述べてきたところと重複する部分があるが，会社分割による権利義務承継の特色についてここでまとめて考察しておくこととする。

会社分割は，営業用財産の譲渡や営業譲渡（事業譲渡）とは異なり，会社の組織に変更をもたらす組織法上の行為であるから，このような行為について個々の権利義務の移転行為がなければ移転の効力が生じないとするときは，法

律関係を複雑にし，円滑な組織変更の目的を達成できなくなるおそれがあるから，会社分割による権利義務の移転を包括承継とし，法律上当然に権利義務の移転が生じることとされていることは，すでに詳しく考察してきたところである。したがって，会社分割により不動産に関する所有権および所有権以外の権利も分割会社から承継会社へ承継されることとなるが，会社分割の場合は，同じ組織上の行為とはいっても，会社の合併の場合とは異なり，分割後も会社が存続し，分割により他に承継させた権利を重ねて移転することもあり得るため，分割による権利の移転につき対抗要件を具備する必要がある。

　元本確定前の根抵当権を有する根抵当権者に会社分割があった場合には，当該根抵当権は法律上当然に，分割会社と新設会社・承継会社の準共有となる（平成13年３月30日法務省民二第867号民事局長通達・登記研究653号156頁）。根抵当権者に会社分割があった場合の登記手続は，新設会社・承継会社を登記権利者，分割会社を登記義務者とする根抵当権の一部移転の登記をすることになる。この会社分割を登記原因とする根抵当権の一部移転の登記については，根抵当権設定者の承諾を必要としない（「質疑応答【7735】」　登記研究640号163頁）。根抵当権設定者には，元本確定請求権が認められている（民法398条の10第３項，398条の９第３項～５項）。登記原因日付は，会社分割の効力の発生の日であり，新設会社または承継会社が本店所在地で設立の登記または変更の登記をした日を記載する。登記原因証明情報は，元本確定前の根抵当権についてする登記の申請の場合の登記原因証明情報は，会社分割の記載のある当該会社の登記事項証明書のみで足りるが，元本確定後の根抵当権についてする登記の申請の場合の登記原因証明情報は，会社分割の記載がある当該会社の登記事項証明書および分割契約書（吸収分割の場合）が必要である（平成17年８月８日法務省民二第1811号民事局民事第二課長通知・登記研究700号119頁）(注26)。元本の確定前に根抵当権者である会社について，会社分割があったときは，根抵当権は民法398条の10の規定により，分割をした会社，つまり分割会社と分割によって設立された会社（分割新設会社），あるいは分割によって営業を承継した分割承継会社が分割後に取得する債権を担保するが，元本の確定前の根抵当権については，法律上当然に分割会社と分割新設会社または分割承継会社の準共有となるので，元本の確定前の根抵当権についての登記申請の登記原因証明情報は，会社分割の記載のある登記事項証明書のみで足りると考え

られる。仮にいずれかの会社のみにしたいということであれば、その後に個別に登記の申請をするということになる。

　一方元本の確定後に会社分割があった場合、それぞれの債権が分割会社に残っているのか、それとも分割設立会社または分割承継会社にその債権が承継されているのか、また、双方に残っているという場合はその持分割合がどうなるのかということについては、分割契約書を確認しないと判明しない。したがって、この場合は、会社分割の記載のある当該会社の登記事項証明書に加えて、分割契約書の提供が必要である(注27)。

　元本確定を推定させる登記がされている場合、たとえば、元本確定前の根抵当権の根抵当権者に会社分割があり、この会社分割による根抵当権一部移転登記をする前に、当該根抵当権の設定者について破産手続開始の決定がされ、この登記がされている場合でも、会社分割を原因とする根抵当権一部移転の登記をすることができる（「質疑応答【7769】」登記研究661号225頁）。

　このように、登記手続における合併と会社分割については会社合併も会社分割も権利は包括承継として移転するが、ただ、同じ包括承継であるとしても、合併の場合は、当事者は存続会社（または新設会社）と消滅会社となり、登記を申請するときには、当事者の一方は存在していない。しかし、会社分割の場合には、分割会社と承継会社（または新設会社）が存在しているという点に大きな違いがあるので、以上のような相違点が出てくる。

　なお、前述した「営業譲渡」についてであるが、所有権移転登記の登記原因は、営業譲渡契約に基づき無償で譲渡された場合には「贈与」とし、有償で譲渡された場合には「売買」、「交換」等となるため、このような場合における登記申請の場合には、登記原因を「営業譲渡」として登記することはできないとされている（「質疑応答【7216】」　登記研究525号209頁）。

　確かに、営業譲渡は、営業財産の一括移転を目的とする債権行為であり、別個に物権行為としての企業財産の移転契約がされることもあり得ると考えられる。

　しかし、営業の譲渡契約を債権契約のみならず、物権的効果を包含するものもあると解することも可能であると考えられ、そうなると物権的効果を発生させるための別個の契約をする必要はないと解することもできる。営業譲渡は商法、会社法等の法律の規定からその概念が明らかであり、個々の不動産に関す

る権利の移転について営業譲渡契約と別個に物権変動を目的とする契約をする必要は必ずしもないと考えられ，そうなると，この場合の所有権移転登記の原因を「年月日営業譲渡」とすることは可能であると考えられる（注28）。

ただ，抵当権または確定後の根抵当権は，被担保債権とともに営業譲渡の対象となるため，譲渡契約により一括して移転され，本契約と別個に個々の債権譲渡の契約がなされない場合には，移転登記の原因を「営業譲渡」とすることができると解されるが，確定前の根抵当権については，民法398条の11第1項の処分に基づく法律効果が生じたことを登記簿上明らかにするため，登記原因を「年月日譲渡」として確定前の根抵当権の処分の方法及び効果を公示することになる（「質疑応答【7749】」 登記研究650号201頁）。

④ 根抵当権の元本確定の登記

民法398条の19第2項の規定による根抵当権者の請求により根抵当権の元本が確定した場合の根抵当権の元本の確定の登記は，根抵当権者が単独で申請することができる（不登法93条）。そのほか，不動産登記法93条は，民法398条の20第1項3号による根抵当権者が目的不動産に対する競売手続の開始または滞納処分による差押えを知った時から2週間を経過したとき，もしくは同条4号による債権者または根抵当権設定者が破産手続開始の決定を受けたときにおける根抵当権の元本の確定の登記は，根抵当権者が単独で申請することができる旨規定している。

根抵当権者が競売の申立てをし，競売手続開始の登記がされた後，競売の申立てが取り下げられ，その登記が抹消された場合でも，確定の結果は覆滅せず，また，競売の申立ての事実がいったん公示されている限り，登記記録上確定したことが明らかであるので，改めて確定の登記をすることなく，債権譲渡による根抵当権の移転の登記が申請された場合，当該申請は受理される（注29）。

⑤ 根抵当権についての元本確定の要否

転根抵当権が設定されている原根抵当権について元本確定の登記がされている場合は，当該転根抵当権について，元本の確定していることが登記記録上明らかであるので，元本確定の登記をすることなく，債権譲渡を登記原因とする転根抵当権の移転登記を申請できるかどうかということが問題となる。

債権譲渡を登記原因とする根抵当権の移転登記は，根抵当権の元本確定後で

なければすることができないので，登記記録上において元本が確定していることが明らかである場合を除き，元本の確定の登記がされた後でなければ，その申請はできない（昭和46年12月27日民事三発第960号法務省民事局第三課長依命通知第7，「カウンター相談（117）」登記研究629号127頁）。

　転抵当権についての登記実務の考え方は，通説といわれる抵当権再度設定説に立っているが，この考え方によると，転抵当権は，抵当権を担保の目的とすることによって，原抵当権者が把握している抵当物件上の担保価値をさらに転抵当権者において間接的かつ優先的に把握するものと解することができる（昭和49年4月3日民三第1753号法務省民事局第三課長回答・登記研究319号59頁，同320号66頁）。

　このように，転抵当権は，原抵当権が把握している抵当物件上の担保価値を更に転抵当権者において間接的かつ優先的に把握するものであるから，原根抵当権の元本が確定した場合には，原根抵当権の被担保債権が確定時に存在する特定の元本債権に限定されることになるが，このことが当然に，転根抵当権の被担保債権の元本の確定事由になるわけではない（民法398条の20）。原根抵当権が確定し，その時点における原根抵当権の被担保債権が存在しなかった場合には，転根抵当権が把握すべき優先弁済権もなくなるが，このことと転根抵当権によって担保されている不特定の債権とは直接の関係はないから，原根抵当権の確定により転根抵当権が確定するとまではいえない。

　したがって，原根抵当権の元本が確定し，原根抵当権について元本確定の登記がされていても，そのことは，転根抵当権の元本の確定事由に当たらないので，原根抵当権の元本の確定の登記がされていることが転根抵当権について登記記録上元本が確定していることが明らかであるとはいえない，つまり，そのことは，転根抵当権の元本の確定事由に当たらないので，転根抵当権についての元本確定の登記が必要であるということになる（「カウンター相談（121）」登記研究633号97頁，登記研究編集室編「カウンター相談Ⅱ」256頁）。

⑥　根抵当権の元本確定の登記の要否

　甲所有のA不動産およびB不動産について，甲を債務者，乙を根抵当権者とする共同根抵当権の設定登記がされている。そして，A不動産について平成19年10月1日破産手続開始決定を原因とする破産手続開始の登記がされ，その後その破産手続開始の登記が平成20年4月1日権利放棄を原因として抹消されて

いる。さらに，A不動産およびB不動産については，担保権の実行として，平成20年4月1日競売開始決定を原因として，債権者を乙とする差押えの登記がされている。

この場合において，A不動産およびB不動産に設定された前記共同根抵当権について，平成20年2月10日一部代位弁済を原因とする乙から丙への根抵当権の一部移転の登記の申請をする際に，その前提として各根抵当権の元本の確定の登記を申請する必要があるか否かが問題となる。

一部代位弁済を原因とする根抵当権の一部移転の登記は，元本の確定後でなければすることができない登記であるから，その登記の申請をするには，その前提として，確定登記がされているか，または元本の確定が登記記録上明らかであることが必要となる。そうなると，A不動産，B不動産について，根抵当権の一部移転登記の原因日付である平成20年2月10日時点で，元本の確定が登記記録上明らかであるか，もし明らかでないとすれば別途確定登記をすることが可能かどうかが問題となる。

まず，A不動産についてであるが，こちらの場合は，破産手続開始の登記がされているから，平成20年2月10日時点では，その不動産上に設定されている根抵当権の確定が登記記録上明らかであったといえる（民法398条の20第1項4号）。しかし，民法398条の20第2項の規定によれば，債務者または根抵当権設定者の「破産手続開始の決定の効力が消滅したとき」は元本の確定の効力が失われるから，破産手続開始の登記がされていても，この場合には，元本は確定していなかったものとみなされる。つまり，A不動産については，破産手続開始の登記はされているが，その登記が権利放棄を原因として抹消されているから，これをどうみるかということになる。

破産法78条2項12号に規定する「権利の放棄」には，実体法上の権利の放棄と，換価に値しない財産を破産財団から除外し，破産者または別除権者等の自由な処分に委ねるという，いわゆる財団からの放棄の両者を含むと解されている。しかし，いずれの場合も，破産手続開始の決定の効力は消滅しないことを前提としていると考えられる。したがって，A不動産の破産手続開始の登記の抹消も，A不動産が破産財団を構成しなくなるという効果を持つのみで，所有者に対する破産手続開始の決定そのものが取り消されたことを意味するものではなく，破産手続開始の効力が消滅したことを意味するものではないと解され

る。そうなると，「権利放棄」を原因とする破産手続開始の登記の抹消があったというだけでは，民法398条の20第2項は適用されず，平成20年2月10日の時点での元本の確定の効力は失われていないと解するのが相当であると考えられる。したがって，A不動産については，確定登記をすることなく，破産手続開始の登記の抹消よりも前の日を原因日付とする根抵当権の一部移転の登記の申請をすることができると考えられる（「カウンター相談（152）」登記研究667号179頁）。

　次にB不動産についてであるが，B不動産については，破産手続開始の登記がされていないため，根抵当権の一部移転の登記の原因日付である平成20年2月10日時点での根抵当権の確定は登記記録上は明らかではないが，共同根抵当の関係にある不動産のうちの1つについて確定事由が生じた場合には，他の不動産上の根抵当権も同時に確定するため（民法398条の17第2項），実体法上は，A不動産に破産手続の開始の登記がされた時点で，B不動産の根抵当権についても確定しているということになり，その時点以降，根抵当権の一部移転の登記をすることができるようにも考えられる。

　しかし，共同根抵当権の関係にある場合であっても，1不動産1登記記録主義の原則（不登法2条5号）により，個々の不動産について登記記録を作成することになっているので，B不動産につき作成された共同担保目録の記録を手がかりに，A不動産にされた破産手続開始の登記を知り得るとしても，その確定の登記を省略することはできないと解される(注30)。

　ところで，B不動産には，平成20年4月1日競売開始決定を原因とする差押えの登記がされており，民法398条の20第1項2号の規定によれば，その登記の時点では，根抵当権の確定が登記記録上明らかとなる。

　ちなみに，このように民法398条の20第1項の規定によって根抵当権の確定が登記記録上明らかとなる場合であっても，他の事由により既にその根抵当権が確定しているときには，別途，確定登記をすることができるかどうかという問題があるが，民法398条の20第1項各号に掲げる事由が発生する前に，既に根抵当権の元本が確定しているような場合，先に発生した確定原因に基づき確定登記をすることが，根抵当権の変更の登記の1つである確定の登記の性格にも一致するほか，権利変動の過程と態様を忠実に反映することを目的とした不動産登記制度の求めるところであると考えられる。したがって，B不動産につ

いて，破産手続開始の決定があった平成19年10月１日を確定の日とする確定登記をすることができると解される。その結果，Ｂ不動産については，「平成19年10月１日確定」を登記原因とする確定の登記をしたうえで，「平成20年２月10日一部代位弁済」を登記原因とする根抵当権の一部移転の登記の申請をすることができるものと考えられる（「カウンター相談（152）」登記研究667号184頁）。

⑦ 根抵当権の設定者の死亡と元本確定の登記

根抵当権設定者が死亡している場合において不動産登記法93条の規定による根抵当権の元本確定の登記を申請するときは，その元本確定の登記の前提として，相続による所有権移転の登記を申請する必要があるか否かが問題となる。

まず根抵当権設定者が死亡した場合は，民法398条の19第２項による根抵当権の元本確定請求は，根抵当権設定者の相続人に対してすることになるかどうかということが問題となるが，この点については，根抵当権設定者の相続人は，相続開始の時から被相続人の財産に属した一切の権利義務を承継する（民法896条）ので，実体法上，根抵当権設定者の相続人に対する確定請求によって民法398条の19第２項の効果を生じるものと考えられる。したがって，同法の請求を根抵当権設定者の相続人に対してすることは可能であると解される。

次に，根抵当権の元本確定の登記の前提として根抵当権設定者の相続による所有権移転の登記が必要であるか否かが問題となる。

この問題については，参考になる取扱いとして，金融機関等が有する根抵当権により担保される債権の譲渡の円滑化のための臨時措置に関する法律（平成10年10月16日法律第127号，現在は廃止）の当時の同法４条の規定に基づき，根抵当権者が根抵当権の担保すべき元本の確定の登記を単独で申請する場合において，根抵当権設定者の住所または氏名に変更があるときは，その登記名義人表示変更の登記を省略することはできないとしている（「質疑応答【7680】」登記研究614号163頁）。この取扱いは，元本の確定の登記は根抵当権者の単独で申請することができるとしても，根抵当権設定者は，根抵当権の元本の確定の登記の登記権利者として，登記申請書に記載される者であることから，その表示は登記記録の内容と一致していなければならないことを理由としていると考えられる。この取扱いのように権利の主体に変更がなく，その登記記録上の表示について変更があった場合についてでさえ，根抵当権の元本の確定の登記

の前提として，根抵当権設定者である所有権の登記名義人表示変更の登記を省略することができないと考えられる以上，根抵当権設定者に相続が開始しているような場合には，根抵当権の元本の確定の登記の前提として，相続による所有権移転の登記をしなければならないと解される。

なお，相続による所有権移転の登記について，根抵当権設定者の相続人の協力を得ることができない場合には，根抵当権者は，根抵当権の元本の確定の登記請求権を有しているので，その登記の前提として必要な相続を原因とする所有権移転の登記を根抵当権設定者の相続人に代位して行うことができると解される。その場合の代位原因は「平成年月日根抵当権元本確定の登記請求権」とし，その日付は，根抵当権設定者の相続人に確定請求が到達した日（相続人が複数の場合は，最後の相続人に確定請求が到達した日）とすることになると解される。

以上のように考えると，根抵当権設定者が死亡している場合において，根抵当権者が元本確定の登記を申請するときは，元本の確定の登記の前提として，相続による所有権移転登記をすべきものと考えられる（「カウンター相談（158）」登記研究677号213頁）。

⑧ 根抵当権の元本確定請求とその相手方

根抵当権の担保すべき元本が確定しているか否かは，当該根抵当権に関して利害関係を有する第三者にとっては，大変重要な事項であるため，それを明確に公示する必要があり，元本の確定後でなければすることができない登記の申請は，登記記録上から既に根抵当権が確定していることが明らかな場合を除き，元本確定の登記をした後でなければすることができないものとされている（昭和46年12月27日民事三発第960号法務省民事局第三課長依命通知）。根抵当権者の確定請求権は，私法上の請求権とされているから，根抵当権設定者にその意思表示をした時に元本確定の効力が生じるものと解される。根抵当権設定者が隔地者である場合には，根抵当権者の意思表示の通知が根抵当権設定者に到達した時に元本確定の効力が生じる（民法97条1項）。

数人の共有となっている不動産に根抵当権が設定されている場合において，民法398条の19第2項の規定による元本の確定請求により元本が確定したことを理由として，根抵当権の元本確定の登記を申請するときに，その前提として，共有者全員に対して同項の確定請求をしなければならないか否かは，共有

者全員に対して同項の確定請求をしなければ，元本の確定の効力が生じないか否かによることになる。

　この点について，共同担保となっている不動産の1つについて確定すべき事由が生じた場合には，全ての不動産について元本が確定するとされていること（民法398条の17第2項），また，根抵当権の設定された不動産が共有である場合において根抵当権設定者の1人について根抵当権の元本の確定事由があったときも根抵当権全体について元本が確定すると解されていること（「登記簿」登記研究649号195頁），などを考慮すると，根抵当権設定者のうちの1人に確定請求をすれば足りると考えることもできそうであるが，民法398条の17第2項の規定は，共同担保となっている不動産の1つについて元本が確定すべき事由が生じた場合には他の不動産について確定事由の有無にかかわらず根抵当権が確定すると規定するものであり，また，前記の登記実務の事例は，破産等の取引の継続を困難とする客観的事情がある場合として法に定められた元本確定事由が共有者の1人に生じた場合を前提としており，本事例のように確定請求という根抵当権者の意思によって元本の確定する場合とは状況が異なる。

　これまでも，根抵当権者が共有関係にある場合に根抵当権設定者が確定請求をするときは，共有根抵当権者全員に対してする必要があると考えられており，たとえば，「根抵当権が共有状態にある場合には，共有者全員に対してなすべきである。根抵当権の目的たる不動産が数人の物上保証人の共有に属する場合には，全員共同してなすべきものと解するのが正当である。けだし，全員に対して共同で確定すべきであるが，1人の意思表示で全員について効力を生じさせるのは，影響が大きすぎて，共有の性質に適さないからである。」と解されている(注31)。したがって，共有者全員に対して民法398条の19第2項の確定請求をしなければ，これによる元本の確定の登記を申請することはできないと解される。

　所有者の異なる複数の不動産について共同根抵当権の設定の登記がされている場合についても同様に考えることができる。すなわち，共同担保となっているすべての不動産の根抵当権設定者に確定請求をすることによって初めて確定の効力が生じると解すべきであり，1つの不動産の根抵当権設定者に確定請求をするだけでは，「確定すべき事由が生じた」とはいえないと考えられる。したがって，この場合も，全ての根抵当権設定者に対して民法398条の19第2項

の確定請求をしなければ，これによる元本の確定の登記は申請することができないと解される（「カウンター相談（170）」登記研究698号257頁）。

⑨ 元本が確定した根抵当権の変更の登記と元本が確定したとみなされた根抵当権の変更の登記

共同相続人の１人のみが遺産分割により抵当権付債務を引き受けた場合，共同相続人全員の債務承継（相続）による抵当権の変更登記を経ることなく，直接当該共同相続人の１人への債務承継（相続）による抵当権の変更登記をすることができるとされている（昭和33年５月10日民事甲第964号法務省民事局長心得通達）。

債権者Ａ，債務者Ｂ間の債務のため，Ｂ所有の不動産に抵当権設定の登記がされ，Ｂ死亡によりＣとＤが債務を共同相続したが，Ｄはすでに相続分を超過する価額の生前贈与を受けていたため，この不動産はＣが単独相続し，その登記がなされている。その後ＡとＣＤ間で，Ｄのみが当該債務を引き受ける契約をし，その登記をする場合，その前提としてＢの死亡によるＣとＤへの債務承継による変更の登記をする必要があるかどうかということについて，上記先例は，遺産分割の協議によりＤが債権者Ａの承認を得て当該債務を引き受けたのであれば，Ｄのみの債務の承認による抵当権の変更の登記をすべきであり，遺産分割の協議によることなく，別途ＤがＣの債務を引き受けたのであれば，相続により債務者をＣとＤにする抵当権変更の登記をしたうえ，ＤがＣの債務を引き受けたことによる債務者をＤのみとする抵当権の変更の登記をすべきであるとしている。後者の場合も債務者の変更であるので債権者Ａの同意が必要であると解される。また，遺産の分割についても債権者の同意があれば，債務の分割も可能であると解されるので，当該債務をＤのみが引き受けるという遺産分割の協議も有効であると解される。

それでは根抵当権の元本確定後にその債務者について相続の開始があった場合はどうかということになる。

根抵当権が確定すると特定の債権を担保する普通抵当権と実質的に類似したものになる。もっとも，この場合でも，民法374条の規定の適用は受けず，利息，損害金等は確定後に生じたものでも，極度額の範囲内であれば当該根抵当権によって担保されることになる。

では，根抵当権の元本確定後にその債務者について相続の開始があった場合

はどうかということになるが，確定根抵当権の債務を相続した者が根抵当権の債務者となり，その根抵当権は，元本確定後の根抵当権としてその効力をそのまま維持することになると考えられる。つまり，元本の確定した根抵当権の債務者が死亡し，債務者について相続が開始した場合，その債務もいったん相続人全員が承継するが，遺産分割の協議により，相続人の１人が債権者の同意を得て，当該確定債権を引き受けた場合には，普通抵当権と同様に，直接当該相続人の１人への債務承継（相続）による根抵当権の変更登記をすることができると解される。債務者の変更についても普通抵当権の場合と同様に考えられる。

ちなみに，債務者について相続が開始した後，相続および合意の登記がされなかったことにより，元本が確定したとみなされた根抵当権（民法398条の８）について，債権者の承諾を得て特定の者が遺産分割協議により相続債務を引き受けているときに，共同相続人への相続を原因とする変更の登記を省略して直接債務を承継した者への変更登記ができるかどうか（前例によれば，相続不動産の遺産分割によるＣへの所有権の単独相続登記，遺産分割により債務者をＤのみとする根抵当権の変更の登記，または相続による債務者をＣ，Ｄとする根抵当権の変更登記およびＤがＣの債務を引き受けたことによる債務者をＤのみとする根抵当権の変更登記等）ということになるが，根抵当権の元本確定の登記は対抗要件としての登記ではないものの，権利変動の有効性を判断するための重要な登記であり，この場合，確定の登記がされていなければ，当該根抵当権が確定しているかどうかが登記記録上判断できないと解されるので，直接債務承継者Ｄへの変更登記はできないと考えられる（「登記簿」登記研究553号50頁）。

-
  - （注１）　我妻・有泉コンメンタール『民法』総則・物権・債権619頁。
  - （注２）　前掲（注１）我妻・有泉614頁。
  - （注３）　前掲（注１）我妻・有泉619頁。
  - （注４）　松岡久和「抵当権⑽：根抵当」法学セミナー702号54頁。
  - （注５）　前掲（注１）我妻・有泉620頁。
  - （注６）　前掲（注１）我妻・有泉621頁。

(注7)　前掲（注1）我妻・有泉622頁。
(注8)　前掲（注1）我妻・有泉622頁。
(注9)　山野目章夫「事業譲渡と根抵当権」ジュリスト増刊民法の争点145頁。
(注10)　前掲（注9）山野目146頁。
(注11)　前掲（注9）山野目146頁。
(注12)　松岡久和・田中邦博編・新・コンメンタール民法「財産法」524頁。
(注13)　登記研究677号89頁〔照屋敦〕。
(注14)　前掲（注12）松岡ほか55頁。
(注15)　中井一士「新不動産登記法へのいざない(15)」民事法務287号9～10頁。
(注16)　「カウンター相談（239）」登記研究778号143頁。
(注17)　前掲（注16）146頁，「カウンター相談（243）」登記研究784号149頁。
(注18)　問答式「不動産登記の実務」②900ノ22ノ2頁。
(注19)　質疑応答〔7736〕登記研究641号171頁。
(注20)　前掲（注18）②900ノ30頁。
(注21)　前掲（注18）②900ノ33頁。
(注22)　「登記官の目」（会社分割と根抵当権）登記情報605号4頁。
(注23)　相澤哲「会社分割における根抵当権の取扱いについて(1)」登記情報488号6頁。
(注24)　前掲（注18）②900ノ35頁。
(注25)　前掲（注18）②900ノ37頁。
(注26)　青山修「根抵当権の法律と登記」278頁。
(注27)　杉山典子「最近の不動産登記に関する通達について」登記インターネット8巻4号34頁，登記研究700号119頁。
(注28)　登記研究580号140頁，登記情報415号99頁，石直有工「株式会社の営業（事業）譲渡と不動産の登記について」法務通信765号57頁。
(注29)　枇杷田泰助監修・根抵当権一問一答165頁。
(注30)　清水湛「根抵当権の確定と登記をめぐる諸問題(上)」登記先例解説集236号53頁。
(注31)　我妻栄「新訂担保物権法（民法講義Ⅲ）」536頁。

㉑ 倒産手続と根抵当権

　根抵当権は，金融取引や商取引において圧倒的に広く利用されているが，普通抵当権とは異なり，特定の継続的取引契約等によって生ずる不特定の債権を担保するものであり，極度額を前提とする担保権であるから，倒産手続においても普通抵当権とは異なる取扱いがなされている。

(1) 破産手続開始と根抵当権の元本確定

　債務者または根抵当権設定者に破産手続が開始したときは，根抵当権の担保すべき元本は確定する（民法398条の20第1項4号）。債務者兼根抵当権設定者に破産手続が開始した場合，物上保証人がいる場合にその物上保証人に破産手続が開始した場合と債務者に破産手続が開始した場合のいずれの場合も同様である。

　根抵当権は破産手続の開始によって元本が確定するから，手続開始後に裁判所の許可を得て（破産法36条）事業を継続することにより被担保債権となるべき種類の債権が発生しても，それが当該根抵当権によって担保されることはない。しかし，破産手続開始の効力が消滅したときは，原則として元本確定の効力は失われるから（民法398条の20第2項），破産手続開始決定が取り消された場合のほか，破産手続開始後に再生手続または更生手続が開始し，かつ再生計画または更生計画が認可されて破産手続の効力が失われたとき（再生法184条，更生法108条），破産手続開始後に生じた債権は共益債権として（再生法39条3項1号，更生法50条9項1号），当該根抵当権によって担保されることになる。破産手続開始後に，根抵当権の被担保債権の保証人等がその全額を代位弁済したときは，当該弁済者は根抵当権を代位取得し，債権届出をするか，根抵当権者の債権届出名義を変更して破産手続に参加できる（破産法104条3項，4項，113条）。破産手続開始の効力が消滅しても，それまでの間に，元本が確定したものとして被担保債権を取得したり，代位弁済したりしたものがあるときは，元本確定の効力は失われないので（民法398条の20第2項ただし書），当該債権者は根抵当権者に代位できる。このとき，開始後に生じた債権が当該根抵当

によって担保されることはない(注1)。

(2) 民事再生手続開始と根抵当権の元本確定

　根抵当権の債務者または根抵当権設定者について民事再生手続が開始しても根抵当権の元本は確定しない（再生法148条6項）。破産手続が開始されて根抵当権の元本が確定した後に，民事再生手続が開始し，民事再生計画の認可決定が確定したとき，破産手続は失効し（再生法184条），根抵当権の元本確定の効果は失われる（民法398条の20第2項）。

　民事再生手続においては，根抵当権は，別除権として民事再生手続によらないで行使できる（再生法53条2項）。根抵当権者が担保権の実行を申し立てたときに元本が確定する（民法398条の20第1項1号）(注2)。

(3) 会社更生手続開始と根抵当権の元本確定

　根抵当権の債務者または根抵当権設定者に会社更生手続が開始してもただちには，根抵当権の元本は確定しない（更生法104条7項）。破産手続が開始されて根抵当権の元本が確定した後に，会社更生手続が開始し，当該更生計画が認可されたとき，破産手続は失効し（更生法208条），根抵当権の元本確定の効力は失われる（民法398条の20第2項）。

　会社更生手続においては，根抵当権も更生手続に服し，その実行は禁止されるから，原則として，実行による確定はない。ただし，会社更生のために必要があるとしてされた担保権の実行の禁止が解除され（更生法50条7項），現に根抵当権が実行された場合には，その申立てにより元本は確定する(注3)。

(4) 破産手続における根抵当権の取扱い

　根抵当権の場合は，被担保債権の変動が予定されており，極度額の範囲内でそれが担保される。そして，債務者または設定者について破産手続開始決定があると元本は確定し（民法398条の20第1項4号），その確定した元本をもって根抵当権者は別除権者となる。そして，極度額の範囲内である限り，すべての利息について別除権を行使することができる（民法398条の3第1項）。その極度額を超えると最後の2年分の利息（民法375条）であっても被担保債権にはならない。

また，破産者を債務者とする手形・小切手であって，破産者以外の者から取得した，いわゆる回り手形・小切手については，債務者の支払停止や破産申立ての後に取得したものは，根抵当権の被担保債権に含まれない（民法398条の3第2項本文）。債務者の危機状態が明らかになった後に，極度額に余裕のある根抵当権者が他の債権者が持っている手形等を安値で買い取って，根抵当権による優先的回収をはかりうるとするのは，債権者平等の理念に反するからである。ただし，根抵当権者が支払停止等について善意であるときは，このような弊害は認められないので，回り手形等による債権も被担保債権に含まれる（民法398条の3第2項ただし書）（注4）。

(5) 企業の倒産と根抵当権に関する登記手続

① 担保提供者の1人の持分に対する破産手続開始の登記と根抵当権の確定

　根抵当権設定者である共有者の1人のみが破産手続開始の決定を受けた場合には，民法398条の20第1項4号の規定による「根抵当権設定者が破産手続開始の決定を受けたとき。」に該当し，根抵当権全体が確定するかどうかが問題となる。

　根抵当権の元本確定の登記は，根抵当権の変更の登記の一種であるが，通常の変更の登記は，その変更をもって第三者に対抗するためにされる。しかし，根抵当権の元本の確定は，その根抵当権によってはその確定後に生じた被担保債権の範囲に属する債権が一切担保されないことを意味し，その意味において対世的な絶対的効力を有するものであるから，元本確定の登記は，元本確定の第三者対抗要件ではないと解されている。しかし，根抵当権が確定しているかどうかは，当該根抵当権に関し取引関係に立つ第三者にとっては重大な利害関係があり，元本が確定した場合にそれを公示上明確にすることも重要であることから，元本確定の登記が根抵当権の変更の登記として認められている（注5）。

　ところで，根抵当権設定者が共有者である場合に，その1人に元本確定事由が発生したときに，根抵当権の元本が確定したものとみなすことができるかどうかであるが，根抵当権の元本確定事由というのは，当該確定事由発生以後においては，取引を継続することが困難となるものであるといえる。そして，根抵当権設定者の1人に破産手続開始の決定がなされ，その登記がされた場合に

は，そもそも共有持分は，他の共有者からの制約はあるものの，土地全体に権利を有しており，その持分自体は観念的なものであることから，根抵当権の目的も当該土地全体の交換価値を把握しているものと考えられる。したがって，取引の継続を困難とする破産手続開始の登記が1人の共有者の持分にされるとその効果は当該土地全体の交換価値に及び，根抵当権そのものの元本確定事由とみなされ，元本確定後でなければすることができない登記もすることができることになると考えられる。

　このことは，たとえば，共同根抵当権ではすべての債権が，常にすべての不動産によって担保されることの当然の結果として，1つの不動産について確定事由が生じると，その根抵当権は確定すると定めている（民法398条の17第2項）ことからも，根抵当不動産が共有である場合に，その設定者の1人について根抵当権の元本の確定事由が生じたときも同様に解することができるといえると考えられる。もっとも，債務者が複数の根抵当権において，債務者の1人について確定事由が生じたような場合には，当該根抵当権は，確定事由が生じた債務者についての特定債務と他の債務者についての不特定債務とを合わせて担保する根抵当権として存続するので，留意する必要がある（注6）。

② 　根抵当権設定者の破産手続開始決定と根抵当権者からの元本確定請求に基づく登記申請

　根抵当権の元本の確定については，元本の確定期日の定め（民法398条の6第1項）がある場合には，当該期日の到来により元本が確定し，元本確定期日の定めがない場合には，根抵当権設定者は，根抵当権の設定の時から3年を経過したときは，担保すべき元本の確定を請求することができ（民法398条の19第1項），また，根抵当権者は，いつでも，担保すべき元本の確定を請求できる（民法398条の19第2項）。そして，さらにこれらの確定事由とは別に，債務者または根抵当権設定者が破産手続開始の決定を受けたときにおいても元本が確定する（民法398条の20第1項4号）。

　この場合の根抵当権の担保すべき元本が確定した場合の元本確定の登記手続については，当該根抵当権の登記名義人が単独で申請できる（不登法93条）。ただし，この破産手続開始の決定を受けて根抵当権の元本が確定した場合における登記の申請については，当該根抵当権またはこれを目的とする権利の取得の登記の申請と併せてする必要がある（不登法93条ただし書）。

その理由は、破産手続開始の決定の効力が消滅したときは、担保すべき元本は確定しなかったものとみなされる（民法398条の20第2項本文）が、その効力が消滅する前に既に元本が確定したものとして根抵当権またはこれを目的とする権利を取得した第三者があるときは、確定の効力は消滅しない（民法398条の20ただし書）とされているためである。

　このただし書きの「根抵当権の取得の登記」というのは、根抵当権の被担保債権の全部もしくは一部の譲渡または代位弁済による根抵当権の全部もしくは一部の移転の登記等を、「根抵当権を目的とする権利の取得の登記」というのは、根抵当権またはその順位の譲渡または放棄を受けた場合のその旨の登記、更改契約により債権者が交替した場合の根抵当権の変更の登記等をいう（平成10年10月23日民三第2069号法務省民事局長通達）。なお、共有根抵当権について、元本の確定の登記とともにする当該根抵当権の取得の登記は、共有者のうち1人の持分に係る当該共有根抵当権の移転の登記でもさしつかえないとされている（「質疑応答【7678】」登記研究613号152頁）。

　この元本の確定の登記の申請が、その登記に係る根抵当権の取得等の登記の申請とともにされないとき、および元本の確定の登記に係る根抵当権の取得等の登記の申請に却下事由があるときは、元本の確定の登記の申請は、不動産登記法25条4号により却下される（前記平成10年10月23日民事局長通達）(注7)。

　しかしながら、たとえば、根抵当権者が元本確定請求をする前に根抵当権設定者が破産手続開始の決定を受けていた場合には、当該決定により元本確定の効力が生じることになるが、これを原因として元本確定の登記を申請するには、前述のとおり、当該根抵当権またはこれを目的とする権利の取得の登記の申請と併せてする必要がある。しかし、当該根抵当権の取得に関する手続が遅れる等して元本確定の登記を申請できない場合に、破産手続開始の決定より後にされた根抵当権者による元本確定請求を原因として、元本確定の登記を申請できるかどうかという問題がある。

　破産手続開始の決定を受けた根抵当権設定者に係る根抵当権の対象不動産について、民法398条の19第2項の根抵当権者からの元本確定請求を原因とする元本確定の登記が申請された場合、これを受理することができるか否かについては、同項の規定が置かれた背景から考えてみる必要がある。

　根抵当権者による元本確定請求の制度は、平成16年4月1日に施行された

「担保物権及び民事執行制度の改善のための民法等の一部を改正する法律」により民法398条の19第2項として創設されたものである。そして、同時に、旧不動産登記法119条ノ9が新設され（現不登法93条）、根抵当権者の元本確定請求による元本確定の登記は、根抵当権者が単独で申請することができるとされた。

　この改正は、当時、民法の担保物権の規定が複雑多様化した現代の社会、経済の実情に適応しなくなっており、早急に見直す必要があると指摘されていたこと、また、平成13年に司法制度改革審議会が取りまとめた意見書において、民事司法制度の改革の一環として、民事執行制度の見直しについても提言されたこと等を受けて制定された。

　この改正法により、民法398条の19第2項が新設された趣旨は、根抵当権により担保された債権の譲渡の円滑化等を図るためには、簡便かつ確実にその元本を確定させることができる必要がある一方で、根抵当権者の意思表示によって根抵当権の元本を即時に確定させることを認めても、その意思表示は、根抵当権者からすれば、その後に発生する債権が根抵当権によって担保される利益を放棄することを意味するので、債務者及び根抵当権設定者に不利益を与えるおそれはないと解されることから、根抵当権者は、元本確定期日がある場合を除き（民法398条の19第3項）、いつでも元本の確定を請求することができ、その請求のときに元本が確定するものとされたものである。

　この改正法により、不動産登記法の規定も整備され、元本確定の登記は、権利を第三者に対抗するためのものではなく、根抵当権の元本が確定したという事実を公示するものにすぎず、しかも、根抵当権の元本確定請求により元本が確定したことは、添付資料により客観的に明確にすることが可能であり、それによって、登記申請の真正を客観的に担保することができるので、改正法により旧不動産登記法（明治32年法律第24号）を改正して119条ノ9として規定を新設し（現不登法93条）、当該登記については、根抵当権者が単独で申請することができることとされたものと解される。

　問題は、前述したとおり、破産手続開始の決定を受け、既に根抵当権の元本確定の効果が生じている場合であっても、その効果が覆滅する可能性があるという点である。確かにこの点については、問題は残ると考えられるが、しかし、破産手続開始の決定により元本確定の効果が生じているにもかかわらず、

根抵当権等の権利の取得の登記等を併せて申請することができないために元本確定の登記を申請することができないということになると、根抵当権の処分の登記をすることができないという不都合を生じるから、破産手続開始の決定後にされた元本確定請求に基づき元本確定の登記をすることができることとして、この不都合を回避することが改正法及び民法398条の19第2項の趣旨に合致すると考えられる。さらに法人について破産手続開始の決定がされた場合には、法人の所有する個々の不動産にはその旨の登記はされないので、登記記録上、元本確定事由が既に存在していることが必ずしも明らかでなく、そのような場合には、その後にされた元本確定請求を原因とする元本確定の登記の申請を受理せざるを得ないことになるのが実情であると考えられる。

以上のような事情を総合的に考慮すると根抵当権またはこれを目的とする権利の取得の登記の申請と併せてすることなく、根抵当権者から破産管財人に対する根抵当権の元本確定請求を原因とする根抵当権の元本確定の登記の申請を根抵当権者からすることができると解するのが相当であると考えられる（「カウンター相談（177）」登記研究706号207頁）。

③ 権利の放棄による破産の登記の抹消と確定の登記

根抵当権の設定者を債務者とする破産手続開始の登記がされた後、権利の放棄を原因として破産手続開始の登記が抹消されているときは、所有者が依然として破産者であるのか、あるいは破産取消しまたは破産廃止により確定効力が覆されているのかは、登記記録上不明であり、実体法上、根抵当権が確定しているか否かが登記記録の上からは明らかでない。したがって、確定後でなければすることができない登記を申請するには、その前提として確定の登記をする必要がある（平成9年7月31日民三第1302号民事局第三課長回答）。

④ 仮登記根抵当権の元本確定の登記の可否

元本の確定の登記は、元本の確定という事実を報告的に公示する登記であり、対抗要件としての登記ではないと解されている。したがって、順位保全の必要はないのであるが、仮登記された根抵当権についても、元本の確定という事実を公示することは、それにより元本の確定を前提とした登記をすることができるという実益があるため可能であると考えられる。この場合の登記の形式は、仮登記した権利を目的とする登記ではあるが、単に事実を公示するものであるので、付記の仮登記によらず、付記の本登記により登記することができる

と考えられる（平成14年5月30日民二第1310号民事局民事第二課長依命通知・登記研究679号157頁）。

- **（注1）** 中井康之「⑥倒産手続における根抵当権(2)・根抵当権の元本の確定をめぐる諸問題」金融法務事情1755号46頁。
- **（注2）** 前掲（注1）中井47頁。
- **（注3）** 前掲（注1）中井50頁。
- **（注4）** 竹下守夫編「大コンメンタール破産法」277頁（野村秀敏）。
- **（注5）** 「登記簿」登記研究649号196頁。
- **（注6）** 前掲（注5）197頁。
- **（注7）** 新基本法コンメンタール「不動産登記法」272頁（橘田博）。

企業の承継・再生と非典型担保

(1) 倒産法の改正と譲渡担保

　平成8年10月から始まった大規模な倒産法全体の改正は、平成11年12月に和議法に代わって成立した民事再生法が平成12年4月から施行され、平成14年12月に成立した現会社更生法も平成15年4月1日から施行された。

　現会社更生法は、同じ再建型の民事再生法の内容を踏まえ、①手続開始の条件を「破産手続開始の原因となる事実が生ずるおそれがある場合、弁済期にある債務を弁済することとすれば、その事業の継続に著しい支障を来すおそれがある場合」（会更法17条）とし、従来の「更生の見込みがないとき」（旧会更法38条5号）という経営的な判断を必要とするために開始決定が遅れるといわれていたのを改善する、②更生計画によらない早期の営業譲渡、③経営責任のない取締役についての管財人としての選任、④担保権消滅制度の創設といった改正がなされている。

　そして、倒産法の基本法である破産法についても平成16年6月に全面的な改正がなされ、平成17年1月1日から施行された。ここでは、その中でも重要な部分であり、関心の高いテーマである非典型担保を中心に考察する。

　旧破産法88条は、「破産宣告前破産者ニ財産ヲ譲渡シタル者ハ担保ノ目的ヲ以テシタルコトヲ理由トシテ其ノ財産ヲ取戻スコトヲ得ス」と規定しており、譲渡担保権者が破産した場合に、債務者である譲渡担保権設定者はその目的物を取り戻すことができないかのごとく規定していた。譲渡担保を担保的構成ではなく、所有権的構成に立って、取戻権を否定したと解しえる条文だったわけである。

　しかし、そうなるといかにも不合理な結果となるということで、学説は、同条は、譲渡担保設定者が被担保債権の弁済をすることなく、単に担保目的であったことを理由として取り戻すことはできないと規定しただけであり、被担保債権が弁済によって消滅した場合の取戻しを否定したものではないと解していた。大審院判例（大判昭和13年10月12日民集17巻2115頁）も、債務者である譲

渡担保設定者が債権者である譲渡担保権者の破産財団に被担保債権の弁済をした場合には，不当利得になることを理由として目的物の取戻しを認め，実質的に同じような結論を導いていた。そこで，現破産法は，このような判例・学説を考慮して旧破産法88条を削除している。

それでは，譲渡担保権設定者が倒産した場合はどうかということになるが，たとえば，譲渡担保設定者が会社更生手続に入ったが，譲渡担保権者との間に債権債務関係が存在し，所有権移転が確定的でない段階においては，譲渡担保権を更生担保権，破産の場合には，別除権として取り扱うべきであるとするのが判例（最判昭和41年4月28日民集20巻4号900頁）であり，学説である。しかし，いつの時点で確定的に所有権移転が生じるのか実体法上は明確でない。たとえば，仮登記担保の場合には，仮登記担保契約に関する法律2条により，「仮登記担保契約が土地又は建物の所有権の移転を目的とするものである場合には，予約を完結する意思を表示した日，停止条件が成就した日その他のその契約において所有権を移転するものとされている日以後に，債権者が清算金の見積額をその契約の相手方である債務者又は第三者に通知し，かつ，その通知が債務者等に到達した日から2月を経過しなければ，その所有権の移転の効力は，生じない。」旨規定し，実体法上所有権移転時期が明確にされている。また，判例は，「担保仮登記でない，純然たる所有権移転に関する仮登記についても，少なくともその仮登記権利者が実体上所有権を取得している場合には，目的不動産に対する競売手続において，第三者異議の訴が許される。」としている（東京高判昭和57年11月30日高民集35巻3号220頁）。民事執行では，判例（最判昭和58年2月24日判時1078号76頁）は，所有権構成により，第三者異議の訴えを認める（民執法38条）など，手続によって担保構成か所有権構成かが異なっている。

以上のような状況にあるため，非典型担保について設定者が破産手続に入った場合の取扱いについては，破産法では規定されていない（注1）。

(2) 典型担保と非典型担保

民法には，4種類の典型担保（物権）が規定されている。法律の規定によって成立する法定担保（物権）として留置権と先取特権が，当事者間の合意によって成立する約定担保（物権）として質権と抵当権がある。

しかし，実際の社会経済活動の中では，民法が定めるこれら4種類の典型担保以外に，多くの担保物権が存在している。ここでは，特別法が定めるものとして，企業担保法（昭和33年4月30日法律第106号）による企業担保権と仮登記担保契約に関する法律（昭和53年6月20日法律第78号）による仮登記担保について若干の考察をしておきたいと思う。

① 企業担保

企業担保権は，株式会社の発行する社債を担保するためにその会社の総財産を一体として担保の目的とする物権（企業担保法1条）のことをいう。この企業担保権は，財団抵当制度のように企業の生産設備を主としてその目的とするものではなく，それに加え，さらに製品・資材・売掛金債権，暖簾等の流通する企業財産の総体を一体として担保に供する手段として，昭和33年に制定（同年4月30日施行）された企業担保法によって創設されたものである。

この企業担保権は，株式会社の登記記録に登記され，その設定・変更は公正証書によってする必要がある（企業担保法3条）。したがって，その得喪変更は登記をしなければ，原則としてその効力を生じない（同法4条）。この企業担保権は，時々刻々に変動する会社財産をその状態において目的とするものであり，設定後に会社から流出した財産にはその効力は及ばないことになるが，新たに会社に属した財産には当然に効力が及ぶ。しかし，個々の財産について企業担保権の存在が公示されないため，企業担保権設定後に対抗要件を備えた個々の財産上の権利は，たとえば，質権，抵当権等に後れるなど，その効力は一般の担保物権に比べて弱く（同法6条，7条等），さらに，一般債権者による強制執行および担保権者による担保権の実行としての競売において優先弁済を受けることができない（同法2条2項）とされている。もっとも，それ以外の場合には，企業担保権者は，現に会社に属する総財産に，他の債権者に先だって，債権の弁済を受けることができる（同法2条1項）。

会社の合併の場合には，合併により消滅する会社の総財産を目的とする企業担保権は，合併後存続する会社または合併により設立される会社の総財産につき，効力を有する（同法8条1項）。合併する会社の双方の総財産が企業担保権の目的となっているときは，合併後の企業担保権の順位に関する企業担保権者間に協定がなければ，合併することができない（同法8条2項）。合併の無効の訴は，企業担保権者も，提起することができる（同法8条3項）。

会社の分割の場合には，会社の総財産が企業担保権の目的となっているときは，その会社は，企業担保権が担保する債務を分割により承継させることはできない（同法8条の2）。

② 仮登記担保

仮登記担保は，仮登記担保契約に関する法律により規律される仮登記（仮登録）の順位保全効を活用した担保のことをいう。

戦後，わが国では，金融取引界を中心に代物弁済の予約や売買予約といった形式を利用した不動産担保が盛んに活用されたといわれている。その目的は主として抵当権の実行としての競売手続を回避することにあったと考えられるが，一方では，目的物を丸どりすることによって債権額以上の価値を取得できるという点にも利点があったといえる。

しかし，実質が債権の担保である以上，無条件で丸どりを認めることは適当でなく，判例は債権者に清算義務を負わせるなどして内容を規制していた（最判昭和49年10月23日民集28巻7号1473頁）。しかし，この点については判例法理だけではなく，法律による解決が必要であるということで，上記のように立法的解決が図られた。同法によると，金銭債務を担保するため，その不履行があるときは，債権者に担保設定者の所有権その他の権利の移転等をすることを目的としてされた代物弁済の予約，停止条件付代物弁済契約その他の契約で，その契約による権利について仮登記（仮登録）のできるものを仮登記担保契約という。

仮登記担保は，債権者と仮登記担保の目的物の所有者とが締結する仮登記担保契約によって設定される。設定者は，債務者であるか第三者であるかは問わない。仮登記担保権は仮登記ではあるが，抵当権の設定登記がされたとみなされるので，第三者に対して対抗できる（仮登記担保契約法13条）。つまり，その担保仮登記に係る権利を抵当権とみなし，その担保仮登記のされた時にその抵当権の設定の登記がされたものとみなされるわけである。したがって，仮登記担保契約は担保目的でされたものでなければならない。

実際に被担保債権の債務不履行が発生すると仮登記担保権者は，仮登記担保実行の通知等の一定の手続に従って，仮登記担保権の所有権を取得し，また，その価額と被担保債権の額との差額を清算金として仮登記担保設定者に支払わなければならない（同法2条，3条）。この手続は，裁判所の手続を経ない私

的実行手続である点で，抵当権等の担保権の実行と異なる。仮登記担保権の目的物について担保権の実行・強制執行が開始されたときは，仮登記担保権は，仮登記の順位で設定された抵当権とみなされ，仮登記担保権者は優先して弁済を受けることができる（同法13条）。

　もっとも，このように仮登記担保権者が，仮登記担保実行の通知等一定の手続に従って仮登記担保の所有権を取得した後も，清算金が支払われるまでは，仮登記担保権設定者は，被担保債権の額に相当する一定の額の金銭を仮登記担保権者に提供して，所有権を受戻すことができる（同法11条本文）。この権利を受戻権という。この権利は形成権であるので，受戻権の行使により，仮登記担保権者の意思表示がなくても，仮登記担保の目的物の所有権は，仮登記担保設定者に移転する。ただし，清算期間が経過した時から5年を経過したとき，または第三者が所有権を取得したときは，受戻権は認められない（同法11条ただし書）。

　なお，後述する譲渡担保においては，譲渡担保設定者は，被担保債務の弁済期の到来後も，譲渡担保権者による換価処分が完結するまでは，被担保債務を弁済して譲渡担保目的物を取り戻すことができるが，判例によると，この場合の譲渡担保設定者による受戻しの請求は，被担保債務の弁済により譲渡担保設定者が回復した所有権に基づく物権的請求権ないし契約に基づく債権的請求権であり，形成権たる受戻権と法律構成する余地はないと解し（最判昭和57年1月22日民集36巻1号92頁），次のように判示している。「債務者は，債務の弁済期の到来後も，債権者による換価処分が完結するまでは，債務を弁済して目的物を取り戻すことができるが，債務の弁済と右弁済に伴う目的不動産の返還請求権等を合体して，これを一個の形成権たる受戻権であると法律構成する余地はなく，これに消滅時効を適用することは許されない。」旨判示している。

③　譲渡担保

　目的物自体を債権者に譲り渡す方法による物的担保として譲渡担保がある。この譲渡担保は，債権の担保のため財産権を譲渡するものであるから，その効力を担保の目的のために必要十分な範囲で認めれば足りることになる。たとえば，目的物の価額が被担保債権の額を超える場合には，その超える部分は債務者に返還され，また，債務者について，破産，会社更生手続が開始された場合には債権者は別除権者または更生担保権者としての権利行使をなしえると解さ

れている。

　以上が狭義の譲渡担保といわれるものであるが，次に説明する売渡担保と併せて広義の譲渡担保と呼ぶこともある。

　売渡担保というのは，物の売買の形式による物的担保のことをいうが，融資を受ける者が目的物を売り渡して代金の形で融資を受け，一定の期間内に代金に利息を加えた金額を弁済して目的物を取り戻す方法である。目的物の取戻しには，買戻しまたは再売買の予約の方法が用いられるのが普通である。

　かつては以上のように権利移転の方式による担保方法を区別して，当事者間で金銭消費貸借を締結して，その債権の担保のために目的物の権利を移転する場合と，目的物について売買契約を締結し，売主が利息相当分を加えた代金を返済することで目的物を取り戻すことができるとする場合（この場合は，形式的には被担保債権に相当するものが存在しない。）があり，前者を譲渡担保（または形式的譲渡担保），後者を売渡担保と呼んでいたのであるが，最近ではその区別の実益は大きくないとされ，後者の売渡担保についても譲渡担保の法理によって処理すべきであるとする考え方が強くなっているようである。

　つまり，債権者を譲渡担保権者，物の所有者または権利者を譲渡担保設定者，担保される債権を被担保債権というわけである。そして，債務者が被担保債権を履行すると担保とされた物の所有者または権利は，譲渡担保設定者に復帰的に移転する。譲渡担保設定者は被担保債権の債務者であるか第三者であるかを問わない。債権者が所有権を被担保債権の担保のために有する点では，所有権留保と共通している。しかし，譲渡担保の場合は，債権者が所有権を被担保債権の担保のために取得する点で，債権者が所有権を留保する所有権留保と異なる。まさに，判例によって認められた担保物権であるということができる（大判大正3年11月2日民録20輯865頁等）。この大正3年の大審院判例は，当事者間において債権を担保するため，所有権移転の効果を生じさせる意思でする動産の売買契約を有効であると認めたものである。

　④　譲渡担保設定契約

　譲渡担保設定契約は，譲渡担保設定者と譲渡担保権者との契約によって設定される（民法176条）。この契約においては，譲渡担保設定者から譲渡担保権者に所有権または権利が移転する旨と，債務者が被担保債権を履行すると譲渡担保権者から譲渡担保設定者に所有権または他の権利が復帰的に移転する旨が定

められる。不動産を目的とする譲渡担保の設定の場合は，譲渡担保設定者から譲渡担保権者への所有権の移転の登記により第三者に対する対抗要件を具備する。この不動産を目的とする譲渡担保においては，通常，譲渡担保設定後，被担保債権の履行期までは，譲渡担保設定者が目的物を占有できる。この間に譲渡担保設定者の債権者が譲渡担保の目的物を差し押えた場合，判例は，譲渡担保権者による差押債権者に対する第三者異議の訴えにより，その排除を求めることができるとしている（最判昭和56年12月17日民集35巻9号1328頁，最判昭和58年2月24日判時1078号76頁，最判昭和49年7月18日民集28巻5号743頁）。

　被担保債権の不履行があると，譲渡担保権者は譲渡担保設定者に復帰的に所有権を移転するという制約がなくなるので，譲渡担保権者は確定的に所有権を取得する。もっとも，この場合は，譲渡担保権者は，譲渡担保設定者に対して，譲渡担保の目的物の価額と被担保債権の額との差額を清算金として支払う必要がある（最判昭和46年3月25日民集25巻2号208頁）。この昭和46年の最高裁判例は，「貸金債権担保のため債務者所有の不動産につき譲渡担保契約を締結し，債務者が弁済期に債務を弁済しないときは，右不動産を債務の弁済の代わりに確定的に債権者の所有に帰せしめる旨合意していても，債権者は債務者が弁済期に債務の弁済をしない場合においては，目的不動産を換価処分し，またはこれを適正に評価することによって具体化する右物件の価額から，自己の債権額を差し引き，残額があるときはこれを清算金として債務者に支払わなければならない。債権者が担保目的実現の手段として債務者に対し右不動産の引渡しないし明渡しを求める訴えを提起した場合に，債務者が右清算金の支払と引換えにその履行をなすべき旨主張したときは，特段の事情のある場合を除き，債権者の右請求は，債務者への清算金の支払と引換えにのみ認容される」旨判示し，その旨を明らかにしている。

　また，所有権留保の場合についても，買主の一般債権者が売買の目的物を差し押えた場合に，所有権留保をしていた売主は，その物は買主の所有に属さないとして第三者異議の訴えを提起し，その差押えおよび強制執行を排除できるとしている（最判昭和49年7月18日民集28巻5号743頁）。

　このように通常の民事執行の場合には，判例は所有権的構成をとっているのであるが，倒産手続においては担保的構成をとっている。たとえば，昭和41年の最高裁判決（最判昭和41年4月28日民集20巻4号900頁）は，会社更生手続

が債務者（譲渡担保設定者）について開始された場合には，譲渡担保権者の所有権に基づく取戻権を否定し，他の担保権者と同じく更生担保権（破産の場合の別除権に該当する。）として取り扱っている。上記昭和41年の最高裁判決は，「譲渡担保権を設定した会社について更生手続が開始されたときは，譲渡担保権者は更生担保権者に準じてその権利を届け出て，更生手続によってのみ権利を行使するべきであり，目的物の所有権を主張し取戻権を行使することはできない。」と判示して，その旨を明らかにしている。

(3) 破産法における譲渡担保等

① 譲渡担保権者の破産

譲渡担保権者が破産した場合についての旧破産法88条の規定（譲渡担保権者が破産したときは，破産者すなわち譲渡担保権者に対する譲渡が担保目的であることを理由に譲渡担保設定者が目的物を取り戻すことができない旨の規定）を文字どおり解すると譲渡担保権者が目的物の完全な所有権を取得するという趣旨に解することができるが，この解釈（所有権的構成）は，譲渡担保設定者の利益を害し公平に反するということで，被担保債権を弁済すれば目的物を取り戻すことができると解して担保的構成をとり，判例も，大審院以来，弁済がなされても目的物を返さないということであれば不当利得になるとして，実質的に同様の立場をとっていると解される（大判昭和13年10月12日民集17巻2115頁）(注2)。

なお，現行破産法には，この点に関する直接の規定は置かれていないこと前述のとおりである。

② 譲渡担保設定者の破産

次に，それでは譲渡担保設定者が破産した場合はどうかということになるが，この点についても破産法には規定がない。

この場合に，もし所有権的構成によると譲渡担保権者に取戻権（破産法62条）を認めることになるが，それでは目的物の価値が被担保債権額を上回る場合その差額を譲渡担保権者が取得することになり，不公平になる。また逆に，目的物の価値が被担保債権額を下回る場合には，譲渡担保権者は不足額につき債権者として届出ができなくなり，通常の担保権者よりも不利な立場に置かれる（担保権者は，不足額について破産債権者として権利行使できる。破産法

108条1項)。

　担保的構成にしたがい，譲渡担保権を別除権（破産手続によらずに行使できる権利）として考えれば，譲渡担保権者は破産手続にも民事執行手続にもよらずに実行できるから（破産法65条1項，185条)，譲渡担保権を実行して差額を清算すればよいということになる。もし，逆に譲渡担保権を実行しても不足する場合には，譲渡担保権者は不足額について破産債権として届け出ることもできる。破産管財人が破産手続を進めるために目的物が必要である場合には，被担保債権を弁済して目的物を受け戻すこともできる（破産法185条1項）。
　このように考えると譲渡担保を所有権的構成により取戻権として扱うよりも，譲渡担保を担保的構成により別除権として扱うのが相当であると考えられる（注3）。

③　所有権留保

　売買等において売主が売買代金の完済を受けるまで目的物の所有権を留保することをいう。売買代金完済前に目的物を引渡すことが多い割賦販売等で所有権留保の特約がされることが多いといわれている。債権者が所有権を被担保債権の担保のために有する点で譲渡担保と共通するが，債権者が担保のために所有権を取得するのではなく，担保のために所有権を留保する点で譲渡担保と異なることは前述したとおりである。この所有権留保は判例（最判昭和49年7月18日民集28巻5号743頁）によって認められた担保物権である。この所有権留保においては，被担保債権である代金債権が全部履行されるまでは，留保売主は留保買主の他の債権者に対して，売買目的物の所有権を主張できる。
　この所有権留保も，破産においては譲渡担保と同様に担保的構成によるのが相当であると考えられる（注4）。
　所有権留保で買主が破産した場合は，売主が別除権者となり，売主は破産手続にも民事執行手続にもよらないで，自由に目的物を処分する権利を有する（破産法65条1項，185条)。そして，目的物の価値が被担保債権額を上回るときは，その差額を清算金として支払うのと引換えに目的物の引渡しを請求できるし，逆に下回る場合には不足額について破産債権者として届け出ることができる。
　この仮登記担保，譲渡担保，所有権留保などの非典型担保に別除権が認められるか否かについては，従来争いがあったわけであるが，前述のごとく仮登記

担保に関しては，立法的解決がなされ，抵当権に準じて取り扱うものとされている（仮登記担保契約法19条）が，譲渡担保，所有権留保についても独立の担保権として別除権が認められるとするのが通説であるとされている（注5）。ただ，一般の先取特権には別除権（破産法2条9号）は認められておらず（破産法98条），民法上の留置権（民事留置権）は，弁済を受けるまで目的物を留置できる権利であり，優先弁済を受ける権利ではないことから（民法295条1項），別除権は認められず，破産財団に対してその効力を失うとされている（破産法66条3項）。

なお，信託法上の信託の場合は，信託財産に属する財産の管理処分権は委託者から受託者に移転する（信託法26条）が，受託者が破産手続開始の決定を受けた場合であっても，信託財産に属する財産は，受託者の債権者への引当てになる財産（責任財産）ではなく，破産財団に属さないから（信託法25条1項），委託者または受益者は取戻権を有することになる（信託法56条1項3号，4項，60条4項，5項）。この場合は，別除権ではなく，取戻権を有することになる（注6）。

④ 担保的構成と所有権的構成

破産の場合には，今までの考察で明らかなように，非典型担保である譲渡担保や所有権留保は担保的構成により別除権として扱うというのが判例・学説の考え方であるということになるが，判例は，通常の民事執行の場合には，第三者異議の訴えのように所有権的構成をとっている。これは，民事執行の場合には，破産手続のように非典型担保をその実質に即して担保的に取り扱うという手続が用意されていないので，むしろ所有権的に扱ったほうがかえって実質に適合するのではないかと考えられるからである（注7）。

つまり，民事執行は，本来の時価で目的物を換価できず，時間や手間もかかる手続であり，そのことを考えると，民事執行によらず私的に実行したいという非典型担保権者の利益は，法的にも保護に値する利益であるといえるので，債務者の一般債権者が差し押えてきたからといって，この利益を奪ってはいけないと考えられるから，非典型担保権者からの第三者異議の訴えを認める（所有権的構成）ということになるわけである（注8）。

なお，譲渡担保により目的不動産の所有権移転登記が破産手続開始決定前になされている場合には破産者に属さない財産として取戻権の問題となる（破産

法62条)。

　以上,破産手続についての譲渡担保権等の取扱いについて説明してきたが,ここで要約をしておくと,破産手続上,譲渡担保権等は,別除権(破産法65条)として取り扱われるので,原則として譲渡担保権の権利行使については制約を受けない。

　別除権者は,別除権の行使により弁済を受けることができない債権の部分について破産債権者として権利行使をすることができ(破産法108条),この場合には,破産債権の届出をすることが必要である。

　破産債権の届出を行った別除権者は,別除権不足額が確定した場合に限り,当該別除権不足額について破産配当を受けることができる(破産法198条3項)。

　なお,倒産解除特約の効力については,特約の効力を否定する必要がなく,有効と解するのが通説であるといわれている(注9)。

⑤　譲渡担保と担保権消滅請求

　担保権消滅請求における譲渡担保権者等への類推適用の可否については,積極・消極の考え方があるが,破産手続における担保権消滅請求制度は,担保目的物の任意売却を前提とし,担保目的物の適正価額での換価を確保することを目的としているので,このような制度趣旨からは,別除権として処遇される譲渡担保権等を担保権消滅請求制度の適用除外とすべきではなく,理論上は,類推適用が認められるべきであるとの見解もあるが,一方では登記や配当方法等の手続上の視点から問題があるとする考え方もある(注10)。登記手続的には,現在の担保権消滅の登記は,登記の目的として,「何番抵当権抹消」,登記原因として「年月日破産法による担保権消滅」と登記している(平成21年2月20日法務省民二第500号民事局長通達727)のであるが,譲渡担保について担保権消滅請求を認めるとすれば,登記上は,担保権者としてではなく譲渡担保権者についての所有権移転の登記がされているので,権利の消滅ということはありえず,その公示をどうするかということと,その登記をするにあたっての真正担保(実体に合致した正確な登記の実現)のための登記原因証明情報をどうするかといったようなことが検討課題になると考えられる。

(4) 会社更生手続における譲渡担保等

会社更生手続上は，譲渡担保等（譲渡担保，所有権留保）は，更生担保権として取り扱われる（会更法2条10項，135条）ので，譲渡担保権等の権利行使が制約され（会更法47条1項），更生担保権の届出をしなければならない（会更法138条2項）。更生担保権の届出をしないと失権し，更生計画認可決定により担保権は消滅する（会更法204条1項）。

届出がされた更生担保権は，更生担保権の調査・確定の手続を経て，更生手続開始の時における時価をもって担保目的物の価額が評価され，これによって担保された範囲のものが更生担保権として認められる（会更法2条10項）。確定した更生担保権は，更生計画による権利の変更を受け，更生計画の定めにより変更を受けることになる（会更法205条）。

倒産解除特約の効力については，このような倒産解除特約は，事業の維持更生を図ろうとする会社更生手続の趣旨，目的を害するとして，この効力を否定するのが通説・判例であるといわれている（注11）。

担保権消滅請求については，この点については見解が分かれているが，積極説は，会社更生法上，譲渡担保等が更生担保権として取り扱われることから，担保権消滅請求制度が類推適用されるとしているが，消極説は，登記等を必要とする譲渡担保等についての適用の困難性，配当手続に関する規定がないことによる問題点が指摘されている。前述のごとく，登記手続も含め今後さらなる検討が必要であると考えられる（注12）。

(5) 民事再生手続における譲渡担保等

民事再生手続においては，譲渡担保権等は，別除権（民再法53条）として取り扱われるので，譲渡担保権者等は，会社更生手続とは異なり，原則として譲渡担保権者等の権利行使について制約を受けない。

別除権者は，別除権の行使により弁済を受けることができない債権の部分について再生債権者として権利行使することができ（民再法88条），この場合には，再生債権の届出をする必要がある。再生債権の届出をした別除権者は，別除権不足額が確定した場合に限り，当該別除権不足額について再生計画の定めにより弁済を受けることができる（民再法182条）。実務上は，別除権者と再生債務者との間で担保目的物の評価額を合意確定する別除権協定を締結して，別除権不足額を確定する処理がされることが多いようである（注13）。

倒産解除特約については、民事再生手続は、会社更生手続と同じように再建型の倒産手続であり、会社更生手続と同様の観点から、倒産解除特約の効力を否定するのが通説であるといわれている（注14）。

担保権消滅請求については、会社更生法と同様、積極、消極の考え方があるが、担保権としての性質上、譲渡担保権等を担保権消滅請求制度の適用除外とすべきではなく、可及的に類推適用を認める方向での運用が望まれるという意見が強いようである（注15）。登記手続も含め今後さらに検討していく必要があると考えられる。

(6) 譲渡担保の実行手続

① 帰属清算方式と処分清算方式

譲渡担保の実行方法には、帰属清算方式と処分清算方式がある。

帰属清算方式は、目的物を担保権者に帰属させた上で目的物の価額を適正に評価し、当該評価額と被担保債権の差額を清算する方法である。

処分清算方式は、目的物を第三者に処分し、換価金と被担保債権の差額を清算する方法である。いずれの実行方法によったとしても、目的物の価額が被担保債権額を上回る場合には、その差額について常に清算をする必要があると解される（最判昭和46年3月25日民集25巻2号208頁）。

② 実行手続の終了時点

譲渡担保の担保権としての性質上、設定者は実行手続の終了時までは被担保債権を弁済して目的物を受け戻すことができる（受戻権）。この実行手続の終了時点については、清算金発生の有無、実行方法の違いにより、清算金の生じるケースについては、担保権者から設定者に対する清算金の支払時（帰属清算方式）、または目的物の第三者への処分時（処分清算方式）とし、清算金の生じないケースについては、担保権者から設定者に対する担保権実行通知時（帰属清算方式）または目的物の第三者への処分時（処分清算方式）であると解される（注16）。

③ 譲渡担保の実行と受戻権の放棄

譲渡担保の実行前は、設定者が受戻権を放棄したとしても譲渡担保権者に対し清算金を請求することはできないとする判例（最判平成8年11月22日民集50巻10号2702頁）がある。上記平成8年の最高裁判決は「譲渡担保権設定者は、

譲渡担保権者が清算金の支払又は提供をせず，清算金がない旨の通知もしない間に，譲渡担保の目的物の受戻権を放棄しても，譲渡担保権者に清算金の支払を請求できない」旨判示し，その旨を明らかにしている(注17)。

④ 処分期間の指定

譲渡担保権者が別除権者として目的物を処分する権利を有する場合において，裁判所は，破産管財人の申立てによって，その処分をすべき期間を定めることができ，その期間内に処分をしないときは，別除権者はその処分権限を喪失すると解される（破産法185条2項）。別除権者が処分権限を喪失した場合には，破産管財人がその目的物の換価処分をすることができる（同法184条2項）。

⑤ 担保権消滅制度・自助売却制度と譲渡担保

譲渡担保を別除権として取り扱うと解釈すると，担保権消滅制度（破産法186条）や破産管財人による自助売却制度（同法184条2項）を譲渡担保に準用できるか否かが問題となることは前述のとおりであるが，不動産等のように登記等による公示制度を備えている担保目的物については，その所有名義が担保権者となっているため，両制度を準用することは難しい問題を含んでいるのではないかと考えられること前述のとおりである(注18)。

つまり，譲渡担保というのは，目的物の所有権をあらかじめ設定者から譲渡担保権者に移転する形式をとった担保制度であり，目的物から被担保債権の満足を受けた上で清算する場合に，譲渡担保権者が目的物を適正評価額で自己に帰属させることができる帰属清算型と譲渡担保権者が目的物を処分してその売得金から優先弁済を受ける処分清算型の二つの類型があるということはすでに考察したところであるが，このように譲渡担保は，担保権者に清算義務を課することにより担保という実質を貫徹しているということになるので，このことを法的に構成するについては種々の見解がある。実体法的には比較的理解しやすい見解として二段物権変動説といわれる見解が参考になる。

この見解によると譲渡担保が設定された場合には，方向を逆にする二段の物権変動が生ずるとされる。そして，まず設定者から譲渡担保権者へ所有権が移転され，次いでその直後に，譲渡担保権者から設定者へ設定者留保権（所有権のうちの担保的機能を除いた部分）が譲渡される。その結果，形式上は，譲渡担保権者＝所有者，設定者＝設定者留保権者となるが，実質的にみると譲渡担

保権者には担保権が帰属し，設定者には担保の付着した所有権が帰属することになると構成している(注19)。しかし，この関係を不動産登記に反映させることは極めて困難であると考えられる。

⑥ 譲渡担保契約と買戻特約付売買契約

前述の如く，買戻しの特約が付された売買契約は，解除権が留保された売買契約であり，民法579条から585条までの買戻しに関する規定が適用されるが，「買戻特約付売買契約」の形式を採っていても，譲渡担保契約と解される場合には，民法の買戻しに関する規定ではなく，判例によって形成された前述のような譲渡担保の法理が適用され，担保物の返還を受け得る期間についても，買戻しの期間を定めた民法580条の規定の適用はないとされている（最判昭和43年3月7日裁判集民事90号561頁)。

最高裁平成18年2月7日判決（民集60巻2号480頁）は，買戻特約付売買契約の形式が採られていても，目的不動産の占有移転を伴わない契約は，特段の事情がない限り，債権担保の目的で締結されたものと推認され，その性質は譲渡担保契約と解するのが相当であるとの判断を示している。

この最高裁判決は，占有移転の有無という比較的立証が容易な事項が重要な判断要素となること，そして，債権担保の目的で締結された清算金支払義務を伴う契約は，買戻特約付売買契約の形式を採る場合だけではなく，単純な売買契約（東京地判平成2年10月8日判時1390号81頁）や再売買の予約の形式を採る契約についても譲渡担保契約と判断しうる要素となることを示しているように思われる(注20)。

⑦ 譲受人が背信的悪意者の場合の債権者の受戻権

この場合についての判例や学説の考え方は，当事者間では，不動産譲渡担保権者の債務者または設定者が有する受戻権，清算金請求権，利用権を主張できるとしている(注21)。これに対し，第三者に対する関係ではそれらの権利を対抗できないとしている。最高裁平成6年2月22日判決（民集48巻2号414頁）は，その趣旨を以下のように説明している。

判旨は，「不動産を目的とする譲渡担保契約において，債務者が弁済期に債務の弁済をしない場合には，債権者は，右譲渡担保契約がいわゆる帰属清算型であると処分清算型であるとを問わず，目的物を処分する権能を取得するから，債権者がこの権能に基づいて目的物を第三者に譲渡したときは，原則とし

て，譲受人は目的物の所有権を確定的に取得し，債務者は，清算金がある場合に債権者に対してその支払を求めることができるにとどまり，残債務を弁済して目的物を受け戻すことはできなくなるものと解するのが相当である（最高裁昭和49年10月23日大法廷判決民集28巻7号1473頁，最高裁昭和62年2月12日第一小法廷判決民集41巻1号67頁）。この理は，譲渡を受けた第三者がいわゆる背信的悪意者に当たる場合であっても異なるところはない。けだし，そのように解さないと，権利関係の確定しない状態が続くばかりでなく，譲受人が背信的悪意者に当たるかどうかを確知し得る立場にあるとは限らない債権者に，不測の損害を被らせるおそれを生ずるからである。（以下省略）」としている。

　この判例の考え方は，弁済期後は債権者に処分権限があり，弁済期前は債権者に処分権限がないとすることであると解されるが，ただ，弁済期は公示されないので，弁済期の先後を第三者対抗要件の基準とすることには，若干の疑問も感じられる（注22）。

　⑧　譲渡担保権消滅後の不動産の第三者への譲渡

　不動産に譲渡担保権が設定された後に，被担保債務が債権者（譲渡担保権者）に弁済されることにより，譲渡担保権が消滅した後に，譲渡担保権者であった者がその所有権移転登記を抹消しないで第三者に転売し，所有権移転登記（仮登記）をした場合にどうなるかという問題がある。この点につき最高裁昭和62年11月12日判決（判時1261号71頁，判タ655号106頁）は，次のように判示している。

　判旨は，「不動産が譲渡担保の目的とされ，設定者から譲渡担保権者への所有権移転登記が経由された場合において，被担保債務の弁済等により譲渡担保権が消滅した後に目的不動産が譲渡担保権者から第三者に譲渡されたときは，右第三者がいわゆる背信的悪意者に当たる場合は格別，そうでない限り，譲渡担保設定者は，登記がなければ，その所有権を右第三者に対抗することができないものと解するのが相当である。」としている。

　この判例は，被担保債権の消滅により不動産の所有権が譲渡担保権を設定した者に復帰した後に債権者だった者がその不動産を第三者に譲渡した場合は，民法177条により先に移転登記をした者が優先しその第三者が背信的悪意者である場合にのみその例外を認める立場をとっている（注23）。

　⑨　譲渡担保権者と抵当不動産の第三取得者

担保権の実行により確定的に所有権を取得する以前の譲渡担保権者は，抵当権の滌除をすることのできる第三取得者に当たるかどうかということにつき，最判平成7年11月10日民集49巻9号2953頁は，「譲渡担保権者は，担保権を実行して確定的に抵当不動産の所有権を取得しない限り，旧民法378条所定の滌除権者たる第三取得者に当たらない。」旨判示している。

　滌除制度は，平成16年の民法改正により抵当権消滅請求制度（民法379条）になっているが，請求権者を「抵当不動産の第三取得者に限定しているので，譲渡担保権者が確定的に不動産の所有権を取得しない限り，抵当権消滅請求権を行使し得ないと解される（注24）。

(7) 譲渡担保と不動産登記手続

① 譲渡担保における所有権の移転形態

　譲渡担保の法律構成を最初に明らかにした判例であるといわれる昭和46年3月25日の最高裁判決（民集25巻2号208頁）は，「貸金債権担保のため債務者所有の不動産につき譲渡担保契約を締結し，債務者が弁済期に債務を弁済しないときは，右不動産を債務の弁済の代わりに確定的に債権者の所有に帰せしめる旨を合意していても，債権者は，債務者が弁済期に債務の弁済をしない場合においては，目的不動産を換価処分し，又はこれを適正に評価することによって具体化する右物件の価額から，自己の債権額を差し引き，残額があるときはこれを清算金として債務者に支払わなければならない。債権者が担保目的実現の手段として債務者に対し右不動産の引渡しないし明渡しを求める訴えを提起した場合に，債務者が右清算金の支払と引換えにその履行をなすべき旨主張したときは，特段の事情のある場合を除き，債権者の右請求は，債務者への清算金の支払と引替えにのみ認容される。」と判示し，譲渡担保における清算の必要性を，留保を付することなく認めている。

　そして，この判決は，譲渡担保における目的不動産の所有権の移転形態については，債務者が弁済期に債務の弁済をするまでは，譲渡担保権者に確定的に移転しているわけではないという考え方に立っているように考えられる。所有権が確定的に移転していないということについては，上記46年の判決自体からは必ずしも明らかにしているとはいえないのであるが，この点の法律構成について言及しているのが昭和57年9月28日の最高裁判決（判時1062号81頁）であ

る。「譲渡担保は，債権担保のために目的物件の所有権を移転するものであるが，右所有権移転の効力は債権担保の目的を達するのに必要な範囲内においてのみ認められる」としたうえ，譲渡担保権者は，「債務者が被担保債務の履行を遅滞したときに目的物件を処分する権能を取得し，この権能に基づいて目的物件を適正に評価された価額で確定的に自己の所有に帰せしめ又は第三者に売却等することによって換価処分し，優先的に被担保債務の弁済に充てることができ」，他方，譲渡担保設定者は，「担保権者が右の換価処分を完結するまでは，被担保債務を弁済して目的物件について完全な所有権を回復することができる」旨判示している(注25)。

② 譲渡担保と不動産登記

前述した昭和57年9月28日の最高裁判決は，譲渡担保は目的物の所有権を移転するものであることを前提としながら，その移転の効力は債権担保の目的を達するのに必要な範囲にとどまるとしているので，所有権そのものは移転していると解される(注26)。そうなると不動産譲渡担保の対抗要件としての登記は所有権移転登記ということになる。

この場合の登記原因は「譲渡担保」ということになる（平成21年2月20日法務省民二第500号民事局長通達229・230）。具体的には，譲渡担保契約による場合は「年月日譲渡担保」，譲渡担保契約の解除による担保物返還の場合は，「年月日譲渡担保契約解除」とする。そして，この登記原因の真実性と正確性は，登記原因証明情報によって判断することになる。

③ 登記原因「譲渡担保」による所有権移転登記

ⅰ 登記原因「譲渡担保」の意味とその問題点

現在の不動産登記手続によれば，登記原因を「譲渡担保」とする登記は，被担保債権の弁済期前の所有権がまだ確定的には担保権者に移転していない状態を公示している場合もあれば，被担保債権が弁済期に弁済されず，これに代えて所有権が確定的に担保権者に移転している状態を公示している場合もあることになる。しかし，登記の形式としては，譲渡担保の所有権的構成の論理が貫徹されているような公示になっている。前述したように，倒産法理の下では譲渡担保は担保的構成がとられているのに登記の形式と符合しないという問題がある。

もう一つの問題は，譲渡担保権の被担保債権が処分されたり，消滅したよう

な場合は，抵当権等の典型担保の場合には，附従性，随伴性等の諸原則が確立されており，それに相応した登記手続が用意されているが，譲渡担保のような非典型担保の場合に，その被担保債権の処分・消滅に伴う権利関係の変動を典型担保の場合と同様の手法で公示すべきかどうかという問題もある(注27)。

ⅱ 登記原因「譲渡担保」の認定と効力

譲渡担保による所有権移転登記の登記原因は「年月日譲渡担保」としているが，譲渡担保契約であるか否かは当該申請情報に添付（提供）された登記原因証明情報により認定することになる。譲渡担保契約による所有権移転登記を例にとると，ⅰまず，所有権移転に関する合意があること，ⅱ不動産譲渡担保の合意があること，ⅲ目的不動産を債務者が使用しているかどうか，ⅳ受戻特約があること，ⅴ清算特約があること，ⅵ当該不動産からの債権回収の方法，実行，転売等に関する合意があること等を考慮して認定することになると考えられる。

結局，不動産譲渡担保の認定要件は，当該不動産について，担保のために所有権を移転する譲渡担保契約を締結したということが登記原因証明情報によって認定できるということが必要になる(注28)。

不動産譲渡担保契約の当事者間の効力としては，ⅰ所有権等の移転，ⅱ清算義務，ⅲ不動産の利用権，ⅳ受戻権等をあげることができる。ただし，これらの効力は第三者には及ばない(注29)。

登記の目的は「所有権移転」，その登記原因は「年月日譲渡担保」と登記されるので，どちらを重視するかによって，公示の上からもⅰ所有権は移転するがその所有権の効力を担保の限度に制限する判例のような考え方と，ⅱ所有権移転の効力よりも抵当権・担保権としての効力を重視する考え方があり得る。債務者側の利用権，受戻権，清算請求権等に対抗力を与えるにしても，譲渡担保債務者側の被担保債権額，弁済期，利用権の内容，期間，受戻権の存否，清算請求権の存否等が不明であり(注30)，また逆に，譲渡担保権者からみると譲渡担保が終了し，清算・実行等が終了して所有権が譲渡担保権者に確定的に帰属したとしても，その権利状態を公示する方法は現在のところ用意されていない。登記記録上譲渡担保を登記原因として甲という人に所有権移転登記がなされているが，当該不動産の所有権が完全に甲に帰属したかどうかということは公示されないので，何らかの形で登記記録として公示できないか……というこ

とになる。確かに不動産の場合，対抗要件としてする登記は，所有権の移転の登記が重要であって登記原因ではないといってみてもやはり譲渡担保という登記原因からみれば完全な所有権者であるかどうかの判断は難しいので，何らかの形でもはや担保権者としてではなく，所有権が完全に甲に帰属したという公示がされないと公示方法としては不十分としか言いようがないように思われる。そこで，実務的な意見としては，当初の譲渡担保による所有権移転登記に付記して「年月日清算」あるいは「年月日清算完了」という付記登記をしてはどうかということが言われている（「登記簿」登記研究352号裏表紙，「実務からみた不動産登記の要点Ｉ」381頁）。

　確かに，担保権の実行等によって清算が完了し，経済的に担保権者の所有に帰することになったということは，これは一種の権利の変更といえるわけで，まさに付記登記による公示の実質をもっているのではないかと考えられる。なお，検討を必要とするテーマであるように思われる（注31）。

　考えられる方法として変更登記が可能ではないかという意見があるかも知れない。変更の登記というのは，実体関係に対応した登記は既にされているが，実体関係について後発的な変更が生じたために，登記と実体関係との間に後発的な不一致が生じた場合に，これを一致させるために既存登記の一部を変更する目的でなされる登記のことをいうが，そうなると，譲渡担保における所有権の不確定的な移転状態から確定的な移転状態への変化は，譲渡担保設定者の受戻権の消滅という実体関係の変化を生じさせるものであるから変更登記の形式で公示できると考えてよいのではないかとも考えられそうである。しかし，登記の目的は「所有権移転」となっているし，譲渡担保設定者の受戻権はもともと登記されていないので，その消滅の登記をすることもできない。残された方法としては，登記原因を「譲渡担保」から「売買」に変更することはどうかということになるが，そうなると登記の原因となった実体関係を成立せしめた原因事実そのものを変更することになり，変更登記の範囲を超えることになりはしないか（所有権登記名義人の住所変更あるいは抵当権設定登記における被担保債権の利息の変更といった通常の変更登記とは性質を異にしている。）。所有権移転登記の登記原因を「譲渡担保」から「売買」に変更することは，まさに登記の同一性を損なうことになるわけである（注32）。

　もう一つの問題点として，譲渡担保権が実行されて所有権が確定的に帰属し

たときは、「譲渡担保」を登記原因とする所有権移転登記に対する付記登記で「所有権の帰属が確定した」旨の登記ができないであろうかという意見もある。この考え方は、「譲渡担保」を登記原因とする所有権移転の登記は、その限りでは所有権の確定的移転を公示するものではなく、その公示のためには、「譲渡担保の確定」とでも称すべき付記登記を別にする必要があるとするものである。

このような登記上の問題を解消するために、実際は譲渡担保であるのに「売買」を登記原因として所有権移転登記をするというようなことも過去には行われてきたといわれる。これは「譲渡担保」による所有権移転の場合は、確定的に所有権を取得していることが登記上不明確であるため、この不動産を購入しようとする者やこの不動産を担保に融資しようとする者が受戻権を行使され所有権を失うリスクに対して不安を感じその不動産に関する取引に対して消極的になるといったことが指摘されている（注33）。

しかし、この点についても、実体法的には譲渡担保における所有権の確定的移転の時期をいつとするか、登記手続の面からいえば、上記付記登記の登記請求権はいつ発生するかについてはなお疑問がある状況であり、また、「譲渡担保の確定」の登記の効力をどのように考えるかという問題もある。つまり、「譲渡担保の確定」の登記をしなくても、所有権は不確定ながら担保権者に移転していることを公示しているのであるから、担保権者による処分の登記や担保権者の一般債権者による差押えの登記は受理されると考えられ、法律的にはどうしても必要な登記であるとは考えにくい要素をもっているように思われる。また、「譲渡担保の確定」の登記がされない間は、所有権が確定的に移転しているという公示がされていないことになるから、譲渡担保設定者による処分の登記や設定者の一般債権者による差押えの登記は受理されるというのであれば、「譲渡担保」を登記原因とする所有権移転登記は実質的には抵当権設定登記と同じ性質の登記ということになるが、このような解釈は所有権移転という登記の形式に反することになる（注34）。

もう一つの考え方として、この登記に「被担保債権」を公示したらどうかというものである。この考え方によると、「被担保債権」の公示として、その弁済期を公示しなければ意味がないことになる。譲渡担保権の実行により所有権が確定的に移転しているか否かを判断する有力な手掛かりは、被担保債権の弁

済期を経過しているか否かによることになるからである。この点については，旧不動産登記法においては，当初は抵当権設定登記における「被担保債権の表示」の登記事項として「弁済期」を掲げていたのであるが，昭和39年の同法の改正の際にこれを削除し，現在の不動産登記法も登記事項としていない（不登法59条，83条）。上記昭和39年の旧不動産登記法の改正の際に債権の弁済期の記載を止めた理由としては，その記載が割賦弁済等の場合には複雑になり，ことに期限の利益の喪失約款があるときは，その約款全部を記載しなければならず，すこぶる複雑な表示になるので，公示に適さないということであったといわれているが，これを公示することは譲渡担保の被担保債権についても同様の問題がなお残ると考えられ，問題があることになりそうである（注35）。

④ 登記原因「譲渡担保」による所有権移転登記と当該不動産の売却による所有権移転登記の登記原因証明情報

不動産担保の一種として民法に規定されていない非典型担保である譲渡担保が，判例や実務の積み重ねにより利用されてきたことはすでに考察してきたところであるが，この譲渡担保の有効性は，判例・学説によって古くから承認され現在ではその有効性について正面から問題となることがないといわれている。譲渡担保は，取引慣習の中で発展し，社会的に有用な機能を果たす合理的な面を有する独自の担保権であるから，物権法定主義にも反しない慣習法上の物権であると位置づけられている（注36）。この譲渡担保を債権者の立場からみると，競売手続によらないので抵当権等にくらべ実行手続が簡便であること，また所有権移転登記を経由することにより他の債権者の権利設定等を防ぐことができること等の利点があるといわれている。

不動産登記においても，譲渡担保を公示する登記として，「譲渡担保」を登記原因とする譲渡担保権者への所有権移転登記，「譲渡担保契約解除」を登記原因とする譲渡担保設定者への所有権移転登記（平成21年2月20日法務省民二第500号民事局長通達229・230）等が示されている（注37）。

ただ，譲渡担保に関しては，設定者の受戻権の存否や所有権が確定的に譲渡担保権者に移転しているか否かといったような点については，前述の如く，登記記録上からは判別できない。

そのため，譲渡担保を登記原因として所有権移転登記がされている不動産の売却による所有権移転登記の登記原因証明情報の内容には留意する必要があ

る。

たとえば，売主と債務者との間での被担保債権の存在と譲渡担保設定契約の成立とその有効性の確認，その譲渡担保契約による所有権移転登記の経過，被担保債権の弁済期の到来と債務不履行の事実，譲渡担保権実行の確認，清算金の支払の有無，受戻権の消滅と確定的な所有権移転の事実等が登記原因証明情報の内容として明らかになっている必要があると考えられる（注38）。

⑤ 譲渡担保を登記原因とする所有権移転の登記がされている不動産について，債権者（譲渡担保権者）が死亡した場合にする所有権移転登記の登記原因

AからBへの譲渡担保を登記原因とする所有権の移転の登記がされている不動産について，登記名義人である債権者（譲渡担保権者）Bが死亡した場合にする所有権移転登記の登記原因は「譲渡担保の相続」とするのではなく，単に「相続」とすることで足りる（「質疑応答【7917】」登記研究754号193頁，「登記簿」登記研究755号159頁）。

⑥ 抵当権の被担保債権を譲渡担保に供した場合の抵当権の移転の登記の登記原因

抵当権の被担保債権を譲渡担保に供した場合にする抵当権の移転の登記の登記原因は，「年月日債権譲渡担保」とする（「カウンター相談（219）」登記研究754号189頁）。

譲渡担保は，今まで考察してきたように，物的担保の目的とされるべき権利を担保提供者から債権者に移転することによって，債権担保の目的を達成するための法的形式であり，判例（大判大正3年11月2日民録20輯865頁）もこれを認めていることは既述のとおりである。そして，債権も譲渡担保の目的とすることができる。通常は所有権である場合が多く，この場合の登記原因は単に「譲渡担保」としている。抵当権の場合は，被担保債権を譲渡担保に供した結果として抵当権が移転する場合と抵当権のみを譲渡担保とする場合が考えられる。前者の場合には，被担保債権そのものが譲渡担保に供される結果，その随伴性によって抵当権が被担保債権者に移転するので，「年月日債権譲渡担保」とする。後者の場合には，抵当権の処分であり，実体上，抵当権の移転を生じさせるものではないと解されている（民法376条1項）。したがって，登記原因も「何番抵当権譲渡」または「何番抵当権順位譲渡」としている（「カウンタ

一相談（219）」登記研究754号189頁以下）。

⑦ 譲渡担保権者が被担保債権とともに譲渡担保権を譲渡した場合の登記原因

　譲渡担保を原因とする所有権移転登記をした債権者（譲渡担保権者）が当該被担保債権を売り渡すとともに譲渡担保権をも売り渡した場合は，当該所有権移転登記の登記原因は「債権譲渡」ではなく，「譲渡担保の売買」とするのが相当である。譲渡担保契約は，所有権移転の形式による債権の担保契約であって，この契約により譲渡担保という一つの物的担保権が債権者に設定されるものである。したがって，譲渡担保契約は物権契約であり，譲渡担保権を設定すべき義務を負わせる債権契約とは区別される。したがって，その移転原因を「債権譲渡」とすることは，債権契約の場面のみを表現していることになり，相当ではないと思われる。むしろ，被担保債権を売り渡すとともに譲渡担保権という物権を譲渡したのであるから，その物権行為（物権契約）をとらえて，これを登記原因とするのが相当である。そして，登記原因としては，包括的な用語である「譲渡」という用語を登記原因とするのは適当でなく，「売買」「贈与」等の実質的な原因を登記原因とすべきであると考えられる。そうなるとこのケースの場合は，「譲渡担保の売買」とするのが相当であると考えられる。なお，譲渡担保契約による所有権移転登記の登記原因は「譲渡担保」とする（最判昭和47年11月24日金法673号24頁）が，被担保債権が消滅した場合の債権者から債務者への所有権移転登記の登記原因は「弁済」ではなく，「譲渡担保契約解除」とする（昭和54年3月31日民三第2112号民事局長通達，「カウンター相談（23）」登記研究534号95頁）。

⑧ 譲渡担保権設定者に相続が開始した後に譲渡担保契約が解除された場合の登記手続

　たとえば，甲から乙への譲渡担保を登記原因とする所有権移転登記がされている場合に，甲の死亡後に甲の相続人の一人丙が被担保債務を弁済し，譲渡担保契約が解除されたため目的担保不動産の返還を受けた場合は，どのような登記手続をするかというような場合である。

　解除により譲渡担保が消滅した場合の登記手続は，譲渡担保による所有権移転登記の抹消による方法と所有権移転による方法が考えられるが，いずれにしても譲渡担保権者（所有権の登記名義人）から直接相続人名義とする所有権移

転の登記はできないと考えられる。相続人の一人である丙が弁済したといっても，その弁済行為によって当該不動産が相続財産となったというにすぎず，遺産分割協議等で丙が担保物の所有権を取得するとの定めでもない限り丙が担保物の所有権を当然に取得することにはならない。

結局，解除を登記原因とする所有権移転登記または所有権移転登記の抹消により被相続人（甲）名義に移転させた上で相続の登記をするということになると考えられる（「登記簿」登記研究583号41頁，「実務からみた不動産登記の要点Ⅲ」191頁）（注39）。

⑨ 譲渡担保の被担保債権の処分とその登記

譲渡担保権によって担保された債権が譲渡された場合について，被担保債権が譲渡される際に，これとともに譲渡担保権を譲渡（再譲渡担保）する旨を契約をすることは可能であり，この契約をしていた場合は，これにより譲渡担保権も移転すると解される。この場合，譲渡担保権の公示が「売買」を登記原因とする所有権移転登記，あるいは「譲渡担保」を登記原因とする所有権移転登記であっても，その移転を所有権移転登記の形式で公示することは可能であり，その移転登記の登記原因も「売買」，「再譲渡担保」とすることができると解される。

問題は，譲渡担保の被担保債権を譲渡するときに，譲渡担保権の処分について何らの意思表示がされていない場合はどうかということになるが，譲渡担保権は，その法律的性質は所有権の移転そのものであり，ただ，担保の目的の範囲内でという制約が付されているにすぎないのであって，この経済的目的から，一気に法定担保権の通有性の一つである「随伴性」を導くことは難しいと考えられる。被担保債権が質入された場合についても同様に考えられる（注40）。

⑩ 譲渡担保の被担保債権の消滅とその登記

抵当権の被担保債権が弁済で消滅した場合，当該抵当権の設定登記は抹消されるが，その抹消登記の登記原因は「弁済」である。

仮登記担保権の被担保債権が弁済によって消滅した場合，やはり当該担保仮登記（所有権移転請求権保全の仮登記）は抹消されるが，その抹消登記原因は「解除」とする。仮登記担保権は，実体的には被担保債権の弁済により存立の基礎を失って消滅するが，登記手続の面では，当該担保仮登記にはもともと被

担保債権の表示がされていないので，その抹消登記の登記原因として「弁済」とするわけにはいかない。そこで，仮登記担保権の被担保権が弁済により消滅した場合には，その担保権を成立させた仮登記担保契約が明示または黙示で合意解除されたものとして，これを抹消登記の登記原因としている。

それでは，譲渡担保権の被担保債権が弁済により消滅した場合，その登記はどうするかということになるが，その方法としては，譲渡担保設定者から譲渡担保権者への所有権移転登記を抹消する，もうひとつは，新たに譲渡担保権者から譲渡担保設定者への所有権移転登記をする方法が考えられる。古い大審院判例（大判大正7年4月4日民録24輯465頁）は，譲渡担保の登記が「売買」を登記原因とする所有権移転登記の形式でされている場合について，前述の二つの方法のいずれでもよいとしている。登記実務は，抹消の方法により，その登記原因は「譲渡担保契約の解除」または「譲渡担保契約の合意解除」としているようである。

次に，「譲渡担保」を登記原因とする所有権移転登記がされている場合である。この場合については，登記実務は，譲渡担保の被担保債権が消滅したことによる設定者の所有名義の回復であるということで，その登記原因は「譲渡担保契約解除」とする取扱いをしている（平成21年2月20日法務省民二第500号民事局長通達・不動産登記記録例集230）。譲渡担保の場合は，当初から目的物の所有権は移転し，後にその被担保債権が消滅しても所有権移転の効果が覆滅するわけではない。被担保債権が消滅したことにより，譲渡担保権者が目的物の所有権を保有しておく目的は達せられたので，譲渡担保契約は将来に向かって明示または黙示により合意解除されることになる。そして，この解除の効果として目的物の所有権が譲渡担保権者から設定者に移転するということになる（注41）。

（注1）　小林秀之「新破産から民法がみえる」250頁。
（注2）　前掲（注1）小林62頁。
（注3）　前掲（注1）小林63頁。
（注4）　前掲（注1）小林64頁。
（注5）　徳田和幸「プレップ破産法〔第5版〕」50頁。

(注6)　前掲（注5）徳田84頁。
(注7)　前掲（注1）小林65頁。
(注8)　前掲（注1）小林65頁。
(注9)　全国倒産処理弁護士ネットワーク編「倒産手続と担保権・⑫非典型担保（⑵譲渡担保・所有権留保）」籠池信宏176頁。
(注10)　前掲（注9）籠池176頁。
(注11)　前掲（注9）籠池173頁。
(注12)　前掲（注9）籠池174頁。
(注13)　前掲（注9）籠池174頁。
(注14)　前掲（注9）籠池175頁。
(注15)　前掲（注9）籠池175頁。
(注16)　籠池信宏「破産法が変わる・㉑非典型担保の取扱い」金融法務事情1724号67頁。
(注17)　前掲（注16）籠池66頁。
(注18)　前掲（注16）籠池66頁。
(注19)　竹下編「大コンメンタール破産法」279頁（野村秀敏）。
(注20)　福田剛久「最高裁判所判例解説」（民事編・平成18年度上）253頁。
(注21)　鳥谷部茂「譲受人が背信的悪意者の場合の債務者の受戻権」不動産取引判例百選〔第3版〕170頁。
(注22)　前掲（注21）鳥谷部171頁。
(注23)　半田吉信「譲渡担保消滅後の不動産の第三者への譲渡」不動産取引判例百選〔第3版〕172頁。
(注24)　永石一郎・渡邉敦子・大坪和敏「実務解説・倒産判例」319頁。
(注25)　小池信行「不動産譲渡担保と登記」民事法務行政の歴史と今後の課題㊦374頁。
(注26)　前掲（注25）小池377頁。
(注27)　前掲（注25）小池380頁。
(注28)　鳥谷部茂「不動産譲渡担保の認定と効力」ＮＢＬ849号23頁。
(注29)　前掲（注28）鳥谷部29頁。
(注30)　前掲（注28）鳥谷部30頁。
(注31)　拙著「公正証書と不動産登記をめぐる諸問題」718頁。
(注32)　前掲（注25）小池383頁。
(注33)　細井孝治「譲渡担保を原因として所有権移転した不動産を売却する際の登記上の問題」登記情報599号4頁。

(注34) 前掲（注25）小池384頁。
(注35) 前掲（注25）小池385頁。
(注36) 松岡久和・中田邦博編「新・コンメンタール民法（財産法）」534頁。
(注37) 前掲（注33）細井4頁。
(注38) 前掲（注33）細井4頁。
(注39) 前掲（注31）拙著714頁。
(注40) 前掲（注25）小池390頁。
(注41) 前掲（注25）小池392頁。

企業のコンプライアンス（法令遵守体制）と利益相反取引

(1) 企業のコンプライアンス

　会社法の制定（平成17年7月26日法律第86号・平成18年5月1日施行）によって，企業法制と株式市場法制の整備が図られたが，その底流にある基本的な考え方のひとつとして，企業の公正さと透明性の確保という問題があると考えられる。会社法は，会社にかかわる関係者の権利義務関係を規律する私法的ルールであるといわれ，ファイナンス分野とガバナンス分野に分けることができる。前者は市場機能の改善，回復等の分野であり，後者はコンプライアンスの分野と競争力強化のための法制・施策の分野があると考えられる（注1）が，ここでは主としてコンプライアンスの分野を中心に法令遵守体制の整備，さらには広く社会規範の遵守といった観点から，競業取引と利益相反取引（行為）の問題を中心に考察することとする。このことが企業の承継，再生等に影響を与えることになると考えられるからである。

　コーポレート・ガバナンスということについては，アメリカでは経営あるいは経営者に対する監視，つまり，会社運営のあり方と経営機関の監視・監督のあり方という観点から，株主の利益を最大化するために，どのように経営者をチェックしたらよいかという問題として捉えているようであるが，ヨーロッパでは，経営者が会社にかかわるさまざまな関係者に対してどのように説明責任を果たすのかという意味で考えているようである（注2）。

　現在の会社法をこのコーポレート・ガバナンス（企業統治）の観点からみてみると，第1に，組織，形態および組織再編の自由度が高まっている，第2に，株式会社における機関設計の自由度が高まっている，第3に，これらの自由度と引き換えに，経営の透明性と説明責任の向上が求められている，第4に，会社の適正さの確保が求められている，第5に，大規模会社を中心に，内部統制システムが適正に機能することが求められているということになると考えられる（注3）。このことは，会社のみならず，企業全体にいえることではないかと考えられる。

23　企業のコンプライアンス(法令遵守体制)と利益相反取引

　そこで，ここでは，主として第3，第4，第5との関係において，コンプライアンス（法令遵守義務）を中心に考察することとする。

(2)　会社と取締役

　会社法356条は，その第1項において，「取締役は，次に掲げる場合には，株主総会において，当該取引につき重要な事実を開示し，その承認を受けなければならない。1．取締役が自己又は第三者のために株式会社の事業の部類に属する取引をしようとするとき。2．取締役が自己又は第三者のために株式会社と取引をしようとするとき。3．株式会社が取締役の債務を保証することその他取締役以外の者との間において株式会社と当該取締役との利益が相反する取引をしようとするとき。」その2項において，「民法第108条（自己契約及び双方代理）の規定は，前項の承認を受けた同項第2号の取引については，適用しない。」旨，規定している。

　この規定は，取締役の個別義務のうち，競業避止義務に関する2005年（平成17年）改正前商法（旧商法）264条と利益相反取引規制に関する旧商法265条をあわせた規定として会社法で設けられた規定である。この規定の1項1号は，旧商法264条1項2号・3号および2項は，旧商法265条に相応するものである。

　なお，会社法においては，取締役会設置会社と取締役会非設置会社の区別が設けられたので，承認機関が取締役会とされていた旧商法の規定に該当する規定として会社法365条に読替規定がある。したがって，本条は，結果的に取締役会非設置会社に適用される規定になる（注4）。

①　競業取引

　前述のごとく，取締役が自己または第三者のために株式会社の事業の部類に属する取引をしようとするときは，株主総会において，当該取引につき重要な事実を開示して，その承認を受けなければならない（会社法356条1項1号）。取締役が自己または第三者の利益のために会社の事業の部類に属する取引を自由にできるとすると，会社の取引先を奪うなど会社の利益を害するおそれが大きいので，この会社の利益を保護するために取締役会設置会社では，取締役がこのような競業取引を行う場合には，その取引について重要な事実を開示して取締役会の事前の承認を得なければならないとしているわけである（会社法

356条1項1号，365条1項)(注5)。取締役は業務執行に関与するので，その地位を利用して会社の得意先を奪う危険性があるため，取締役には競業避止義務を課し，取締役会設置会社の場合には，取引後の取締役会への報告義務も課されている（会社法365条2項）。

会社の事業の部類に属する取引というのは，事業の基本となる取引のことであり，たとえば，運送業であれば運送を引き受ける運送契約のことであり，その運送業のために店舗用建物を購入することは含まれないと解されている。また会社の事業の部類に属する取引であるかどうかの判断は，定款の目的である事業の部類を基準として形式的にとらえることもできなくはないのであるが，取締役が現実に会社と競争関係に立ち，会社から取引先を奪い会社に具体的な損害を与える行為を禁止することが法の目的であるので，現実に会社が営んでいる事業の部類を基準として実質的に判断することになると解されている(注6)。そして，その取引は，会社の計算においてではなく，自己または第三者（他の会社）の計算においてする必要がある。

競業取引に対する株主総会・取締役会の承認は事前に与えられることを要し，事後の承認は効力を有しない。取締役が株主総会・取締役会の承認を受けずに，会社の事業の部類に属する取引を自己または第三者のためにした場合，取締役の会社に対する義務違反とはなるが，取引そのものの効力には影響がない。会社は，取締役の義務違反を理由として解任し（会社法339条1項），あるいは損害賠償を求めることができる（会社法423条)(注7)。

この競業取引の規制は，競業禁止義務（会社法12条に規定する支配人の義務，同17条に規定する代理商の義務）とは異なり，規制される取引の範囲は，自己または第三者のために会社の事業の部類に属する取引をすることに限定されるので，同種の事業を目的とする他の会社の無限責任社員や取締役になること自体は，代表取締役等にならない限り，規制の対象にならないと解されている。また，会社の機会を奪う行為も競業しない限り，会社法356条1項1号に規定する就業取引の規制の対象にならない。したがって，たとえば，会社が取得する予定の土地を取締役が個人で買ったとしても，この競業取引禁止の対象にはならず，一般的な忠実義務違反（会社法355条）になると解される(注8)。

いわゆる介入権制度は，会社法により廃止されたが，それまでは，承認を得ていない取引については，会社は，その取引を会社のためにしたものとみなす

という介入権の制度があり，取締役がその取引の相手方から受け取った金銭，その他のものがあれば，それを取締役から会社に引き渡す義務が生じ，反対に，取締役が相手方に負担した義務あるいは支払った費用等があれば，それは会社から取締役に補償する義務が生じるといったような結果になるのであるが，その結果は競業行為に関する損害額の推定規定（会社法423条2項）と実質的には変わらないということで，会社法では介入権に関する規定は削除されたといわれている(注9)。

このように，いわゆる介入権制度は，会社法で廃止されたが，判例も，損害賠償請求における損害額の推定について，「代表取締役が競業避止義務違反によって得た利益は，役員報酬又は給与手当が役務の対価又は労務の対価であり，競合会社において代表取締役が資金調達，信用及び営業について中心的役割を果していることにかんがみれば，代表取締役及びその家族の報酬の合計額の5割とするのが相当であり，商法266条4項（会社法423条2項）により，会社が被った損害と推定される」旨判示している（名古屋高判平成20年4月17日金判1325号47頁）(注10)。

競業取引の当事者は，会社ではなく，取締役と第三者であるから，取締役会の承認がなかったとしても，競業取引の効力には何の影響もない。そこで，競業取引を行った取締役の損害賠償責任が変わってくる。取締役の会社に対する損害賠償責任については，会社法423条で規定しているが，その423条2項は，取締役会の承認なく，取締役が競業取引をしたときは，その取引によって取締役が得た利益の額を取締役が会社に対して負う損害の額と推定すると規定しているので，立証責任が会社ではなく，取締役にあることになり，取締役の方で会社が被った被害はそんなに多くないということを立証する責任があることになる(注11)。

② 利益相反取引

取締役がその地位を利用し，会社と利益が相反するような取引をする場合，会社の利益を犠牲にして自己または第三者の利益をはかることがあるため，会社の承認を要するものとして，会社の利益保護を図る必要がある。そのため，取締役が自己または第三者のために，自己の名をもって，または第三者の代理・代表として会社と取引をするという直接取引の場合に，株主総会（取締役会設置会社の場合は取締役会）の承認を受けなければならない（会社法356条1

項2号，365条1項）。この承認があれば民法108条は適用されず（会社法356条2項），その取締役は会社を代表することができるようになる。

また，会社が取締役の債務を保証し，その他取締役以外の第三者と取引をするという間接取引の場合に，会社と取締役との間に利益相反が生ずるときにも会社の承認を受ける必要がある（会社法356条1項3号，365条1項）。取締役会設置会社の場合，利益相反取引をした取締役は遅滞なくその取引につき重要な事実を取締役会に報告しなければならない（会社法365条2項）(注12)。

　i　利益相反取引における直接取引

取締役が自己または第三者のために会社と取引をする場合（会社から財産を譲り受け，金銭の貸付けを受け，会社に財産を譲渡する場合等）には，その取締役が自ら会社を代表する場合はもちろん，他の取締役が会社を代表するときであっても，会社の利益を害するおそれがある。そこで，取締役会設置会社では，このような利益相反取引（自己取引）をする場合には，その取引について重要な事実を開示して取締役会の事前の承認を得る必要がある（会社法356条1項2号，365条1項）。非取締役会設置会社の場合は株主総会の承認を得る必要がある（会社法356条1項2号）。その承認を受けた場合には，民法108条は適用されず，その取締役が同時に会社を代表することも認められる（会社法356条2項）。会社法356条1項は，他の取締役が会社を代表する場合も含むという点で，民法108条よりもカバーする範囲が広いと解される(注13)。

　ii　利益相反取引における間接取引

前述したような直接取引の場合でなくても，会社が取締役の債務につき取締役の債権者に対して保証や債務引受けをする場合等（間接取引）の場合にも，会社の利益を害されるおそれがある。そのため，間接取引の場合も直接取引の場合と同様に，その取引について重要な事項を開示して取締役会の事前の承認を得る必要がある（会社法356条1項3号，365条1項）。非取締役会設置会社では株主総会の承認を得る必要がある（会社法356条1項3号）。

以上のような i ，ii に該当する利益相反取引をした取締役は，競業取引の場合と同様に，遅滞なくその取引について重要な事実を取締役会に報告しなければならない（会社法365条2項）。この利益相反取引は，取締役解任の正当事由になりうると解される（会社法339条）(注14)。

取締役は，会社の意思決定に携わっていて業務執行も行うので，その取締役

が好きにできるとなると，取締役が自己の利益を優先して，会社に不利な取引をさせるリスクが高くなる。そこで，取締役会の承認という規制をかけているわけである。

iii 利益相反取引の対象と効力

この取締役会の承認を受けなければならない取引は，裁量によって会社の利益を害するおそれがある行為に限られるべきであると考えられるので，債務の履行（大判大正9年2月20日民集26巻184頁），取締役の会社に対する負担なしの贈与（大判昭和13年9月28日民集17巻1895頁），取締役の会社に対する無利息無担保の金銭貸付（最判昭和38年12月6日民集17巻12号1664頁），取締役が手形金額と同額の金銭を交付して会社から手形の裏書譲渡を受ける場合（最判昭和39年1月28日民集18巻1号180頁）等は，利益相反行為に該当しない。また，人的適用範囲については，AB両会社の代表取締役を兼ねている者がAの会社の債務につきB会社を代表してする保証は，A会社の利益にして，B会社に不利益を及ぼす行為であって，取締役が第三者のためにする取引にあたる（最判昭和45年4月23日民集24巻4号364頁）とし，債務引受けに関して，取締役個人の債務につき，その取締役が会社を代表して，債権者に対し債務引受けをするような，取締役個人の利益で，会社に不利益を及ぼす行為も，取締役の自己のためにする取引として，これに包含される（最判昭和43年12月25日民集22巻13号3510頁）。なお，当事者間において，取締役が自己の債務について会社を代表してする連帯保証契約も当然利益相反取引に該当する（最判昭和45年3月12日判時591号88頁）。

取締役会の承認を得ないで利益相反取引が行われた場合に，その取引の効力がどうなるかということについては，会社法は規定しておらず，どう解釈するかということになるが，その取引は無効となると解される。もちろん，追認されれば効力を生じる。ただ，直接取引については，原則無効と解されているのであるが，間接取引の場合は，会社の契約相手は第三者であるので，第三者からすると会社の内部的な意思決定として取締役会の承認があったかどうかは分からない場合が考えられる。であるから間接取引の場合は，判例通説とも相対的無効と解している。つまり，契約の相手方がその契約が利益相反取引にあたり，取締役会の承認がないことについて善意であれば，会社は無効を主張できないことになる。逆にいえば，間接取引について，承認のない取引は無効とな

るが，第三者に対しては，会社がその者の悪意を立証した場合を除き，無効を主張できないということになる（最判昭和43年12月25日民集22巻13号3510頁等）。そうなると第三者の保護という観点からは，間接取引の場合だけでなく，直接取引の場合でも相対的無効と解すべきではないかという見解がでてくる。例えば，取締役が会社から土地を購入したような場合，会社と取締役との間の土地売買契約は，直接取引にあたる（この段階では，取締役会の承認がなければ，その売買契約は無効となる。）が，取締役がその土地を第三者に転売した場合，取締役と会社との間の契約を無効とするとやはり転得者（第三者）の保護に欠けることになるのではないかということになりかねず，やはり，直接取引の場合も取引の安全を図る必要があり，間接取引の場合と同様に相対的無効と解して転得者を保護すべきではないかとも考えられる。ここで若干疑問なことは，直接取引の場合，転得者の交わした契約は取締役と転得者との間の契約であって，会社との契約ではない。第三者と取締役との契約は，第三者が法人でなければ，民法の問題となる。会社法はその名前のとおり会社を対象としているから，第三者と取締役との契約についてまで会社法で保護する必要はない。第三者は民法の規定の範囲内で（例えば，民法94条2項の権利外観法理によって救済するなど）保護することでよいのではないかという見解もあり得る（注15）。確かに，機関（取締役会等）承認を経ずになされた不動産の自己取引を無効と解しても，取締役に当該不動産に係る移転登記がなされている場合には，譲渡人（取締役）の無権利につき善意・無過失の第三者（譲受人）は，民法94条2項の類推適用により，会社に対して当該不動産の返還請求を拒むことができるとも考えられるが，やはり相対的無効説の方が安定しているように考えられる。ただ，相対的無効説に立っても，第三者の悪意には重過失を含むとする考え方もあり，この場合の第三者保護の要件として無過失を要求されるとする考え方もある（注16）。

　ちなみに，不動産についての直接取引については，次のような問題が残る。例えば，会社が取締役会の承認を経ずに自社所有にかかる不動産を通常の取引価格よりも廉価で取締役に譲渡し，取締役名義に移転登記も済ましていたとする。そこで当該不動産を当該取締役から譲り受けた第三者に対して，会社は，第三者の悪意を主張して，当該不動産の明渡請求をしようとしている場合において，もし，会社が第三者の悪意を立証できない場合でも，自己取引の無効を

前提として，先に会社が登記を備えた上で，第三者に当該不動産の明渡しを請求すれば，会社が善意の第三者に勝ってしまうということになりかねない。しかし，そうなると相対的無効説の適用についても関連してくるが，取締役の違法行為の結果を第三者に転稼すべきではないと考えられるので，善意の第三者に対抗要件の具備を求めるべきではないと考えられる（注17）。

　会社法356条の規定は，会社の利益を保護する趣旨であるから，取締役の側から無効を主張することはできないと解される（最判昭和48年12月11日民集27巻11号1529頁）。そして，くり返しになるが，会社が第三者に対して無効を主張するためには，その者の悪意，すなわちその第三者が取締役会の承認を得ていないことを知っていることを立証する必要がある（相対的無効）と解される（最判昭和44年12月25日民集22巻13号3511頁，最判昭和46年10月13日民集25巻7号900頁）（注18）。前述のごとく，判例は，いわゆる相対的無効説を採っているけれども，そもそも無効とされるような登記がされることをできるだけ防止するため，不動産登記法は利益相反行為となるような登記の申請には，取締役会議事録の添付（提供）を要するものとしているわけである（注19）。

　利益権相反取引により会社が損害を生じた場合には，その取締役は会社に対して損害賠償責任を負う（取締役会の承認の有無を問わない。会社法423条1項）。利益相反取引によって会社に損害が生じたときは，取締役はその任務を怠ったものと推定される（過失責任・会社法423条3項）。自己のために直接取引をした取締役は，「任務を怠ったことが当該取締役の責めに帰することができない事由によるもの」であったときでも損害賠償責任を負う（無過失責任・会社法428条1項）（注20）。

　なお，取締役会で承認の決議を行う場合，利益相反取引の当事者である特別の利害関係を有する取締役は議決には加わることができない（会社法369条2項）。もっとも，取締役会設置会社における利益相反取引の承認は株主総会の普通決議によって行われるが，利害関係を有する株主である取締役も原則として議決権を行使することができる。

(3) 信託の受託者と利益相反行為

　信託法は，その30条（忠実義務），31条，32条（利益相反行為の制限）において利益相反行為の制限に関する規定をしている。

① 忠実義務

信託法30条は，「受託者は，受益者のため忠実に信託事務の処理その他の行為をしなければならない。」と規定している。受託者は自己の利益のためではなく，受益者の利益のために信託事務の処理その他の行為をすべき義務を負うことに関する一般規定である。信託行為に当該行為をすることを許容する旨の定めがある場合や，受託者が当該行為について重要な事実を開示して受益者の承諾を得た場合等については，受託者が当該行為をすることは，受益者との関係において「忠実」に行動していると評価できるとされている(注21)。

この忠実義務には，次の2つの要素が含まれていると解されている。1つは，「利益相反行為の禁止」であり，他の1つは，「信託報酬以外の利益取得禁止」である。そして，この忠実義務と善管注意義務との関係については，善管注意義務の方が忠実義務を包含する形で，概念的には広い領域をカバーしている義務であると位置づけられている(注22)。

② 利益相反行為の禁止

信託法31条1項は，受託者の利益相反行為として，その1号で自己取引を，2号で信託財産間取引を，3号で双方代理的行為を，4号で間接取引を挙げ，原則としてこれらの行為を禁止している。

1号は，いわゆる「自己取引の禁止」に関するものであり，前段は，信託財産に属する財産（当該財産に係る権利を含む。）を固有財産に帰属させる行為であり，「信託財産の固有財産化」および「信託財産に対する固有財産による権利取得」のことである。後段の固有財産に属する財産（当該財産に係る権利を含む。）を信託財産に帰属させる行為というのは，前段とは逆の場合，すなわち，固有財産の信託財産化，例えば，受託者が固有財産として所有する無価値の動産を信託財産に有償で帰属させる行為，さらには，固有財産に対する信託財産による権利取得を禁止するものである。

31条2号および3号は，信託財産間取引等の禁止である。そのうち2号は，信託財産に属する財産（当該財産に係る権利を含む。）を他の信託財産に帰属させることをいう。例えば，受託者が2つの信託を受託している場合において，一方の信託の信託財産である土地を他方の信託の信託財産とし，従前の信託についてされていた信託の登記を抹消して，新たな信託についての信託の登記をするような場合には，信託財産間取引ということになると考えられるが，

このような信託財産間取引においては，受託者が双方の信託の信託事務を処理することになるから，民法108条の双方代理と類似の性質を有すると考えられる。

　また，3号にいう，第三者との間において信託財産のためにする行為であって，自己が当該第三者の代理人となって行うものというのは，例えば，受託者が代表取締役として会社を代表して信託財産である土地を購入するような場合であるが，この種の行為についても，双方代理と類似の性質を有するということができる。そして，民法上，双方代理については，原則として本人に効果が帰属しない無権代理行為になると解されているので，上記2号該当行為，3号該当行為についても原則として禁止の対象になるわけである（注23）。

　4号に規定する，いわゆる間接取引の禁止については，新たに禁止規定が設けられている。例えば，受託者が固有財産で第三者に対して負っている債務の担保として信託財産を提供するような場合が考えられる。この場合，受託者自身が利益を得る場合はもちろん，受託者が間接的に利益を得るにとどまる場合，例えば，受託者の配偶者や子供が利益を得るような場合についても，原則として禁止される。

③　利益相反行為禁止の例外

　信託法31条2項は，形式的には利益相反行為に該当するものの実質的な観点からは受益者の利益を害するおそれのないものについては，利益相反行為の原則禁止の例外として規定している。

　まず，2項の1号，2号においては，信託行為に当該行為をすることを許容する旨の定めがあるとき，または，受託者が当該行為について重要な事実を開示して受益者の承認を得たときは，信託行為に反対の定めがない限り，利益相反行為が例外的に許容されるとしている。この点については，旧信託法は，信託財産を固有財産とする行為に限り，かつ，やむを得ない事由があって裁判所の許可を受けた場合においてのみ，例外的にこれを許容する（旧信託法22条1項ただし書）としており，極めて狭く限定して規定していたところである。

　3号は，相続その他の包括承継により信託財産に属する財産に係る権利が固有財産に帰属したときと規定している。この規定は，旧信託法22条2項の規定する例外の趣旨を維持したものと考えられるが，この場合には，受託者の意図が働かず，受益者の利益が害されるおそれがないからであると解される（注

24)。

　もっとも，日常的に行われる取引等のすべてについて信託行為で定めたり，受益者の承認を得るのは困難である場合があり得ると考えられ，受益者が多数である場合などには，受益者の承認を得るのは必ずしも容易ではない。そこで，受託者が当該行為をすることが信託の目的の達成のために合理的に必要であると認められる場合であって，受益者の利益を害しないことが明らかであるとき，または当該行為の信託財産に与える影響，当該行為の目的及び態様，受託者と受益者との実質的な利害関係の状況その他の事情に照らして正当な理由があるときも，禁止の例外を認めている（信託法31条2項4号）。

④　利益相反行為の効果

　信託法31条1項1号の自己取引，同項2号の信託財産間取引については，受託者の行為を無効としている（信託法31条4項）。これらの取引は，いずれも受託者が単独で行うことができる行為であって，受託者が最も容易に行い得る忠実義務違反の典型的な行為である上に，取引の効果も受託者の内部にとどまるものであって第三者の取引の安全に配慮する必要もないということで，これを無効とすることにより，このような行為を抑止し，受益者の利益の保護を重視したものと考えられる（注25）。

　もっとも，上記無効な行為について，受益者がこれを追認することができ，その場合の追認の効果は，行為時に遡及することとしている（信託法31条5項）。

　そして，受託者が上記のような無効な行為をした上で，当該行為に係る財産についてさらに第三者との間で処分等をした場合には，信託外の第三者が関係するので，受益者の利益の保護のみならず，取引の安全をも配慮する必要がある。そこで，受託者が上記のような自己取引（1項1号）または信託財産間取引（1項2号）は無効であるから，当該行為の対象となった信託財産は，法的には，依然としてもとの信託の信託財産のままであるということになる。そうすると受託者がこの財産を自己の固有財産として第三者との間で処分その他の行為をすることは受託者の権限違反行為（信託法27条）と同視することができる。そこで，受益者は，自己取引または信託財産間取引が違法な利益相反行為であることにつき，当該第三者悪意または重過失であるときは，当該行為を取り消すことができるとしている。つまり，受益者は自己取引または信託財産間

取引が違法な利益相反行為であることにつき，当該第三者が悪意または重過失であるときは，当該行為を取り消すことができるのに対し，当該第三者が善意または無重過失であるときは，当該行為を取り消すことができないとしている（注26）。

(4) 競業取引・利益相反取引と不動産登記

　会社法制の現代化を図るため，株式会社制度と有限会社制度との統合，取締役の責任に関する規定の見直し等，会社法制に関する様々な制度についての見直しを行った会社法（平成17年法律第86号）が，平成17年6月29日成立し，同年7月26日公布され，平成18年5月1日から施行され，また，会社法と共に制定された「会社法及び会社法の施行に伴う関係法律の整備等に関する法律」（平成17年法律87号）により有限会社法（昭和13年法律第74号）が廃止されている。会社法においても，改正前の商法（明治32年法律第48号）265条の規定と同様に，取締役と会社との間の利益が相反する行為については，株主総会または取締役会の承認を要するものとしている（会社法356条，365条）。

　取締役は，株式会社の業務執行決定機関としての取締役会を構成する一員であり，その取締役会を通じて会社の業務執行に関する意思決定に参画する地位にある（会社法362条2項）。また，取締役と会社との関係には，委任に関する規定が適用され（会社法330条），取締役はその職務を行うにつき善良なる管理者としての注意義務を負っている（民法644条）。したがって，場面は異なるが，例えば，「登記権利者と登記義務者の双方から登記手続の委託を受け，手続に必要な書類の交付を受けた司法書士は，手続の完了前に登記義務者から右書類の返還を求められても，登記権利者に対する関係では，同人の同意があるなど特段の事情のない限り，その返還を拒むべき委任契約上の義務がある。」（最判昭和53年7月10日民集32巻5号868頁）ということになる。

　そしてまた取締役は，忠実にその職務を執行すべき義務を負っている（会社法355条）。会社法355条は，「取締役は，法令及び定款並びに株主総会の決議を遵守し，株式会社のため忠実にその職務を行わなければならない。」と規定している。もっともこの規定は，会社法330条，民法644条に定める善管注意義務を敷衍し，かつ，一層明確にしたにとどまるのであって，通常の委任関係に伴う善管注意義務とは別個の，高度な義務を規定したものではない（最判昭和45

年6月24日民集24巻6号625頁）としている。

　しかしながら，取締役（代表取締役）が，その資格を離れて個人として会社と取引をしたり，あるいは取引の相手方を代表または代理して会社と取引をする場合には，自己の地位を利用し，会社の利益を犠牲にして自己または第三者の利益を図る危険性がないとはいえない。このため，会社法356条1項は，「1　取締役が自己又は第三者のために株式会社の事業の部類に属する取引をしようとするとき。2　取締役が自己又は第三者のために株式会社と取引をしようとするとき。3　株式会社が取締役の債務を保証することその他取締役以外の者との間において株式会社と当該取締役との利益が相反する取引をしようとするとき。」には，取締役は，株主総会において，当該取引につき重要な事実を開示し，その承諾を受けなければならない旨規定している。この趣旨は，取締役の自己取引そのものを禁止することはしないものの，当該取引の公正さを担保し，取締役の地位を利用して会社の利益を犠牲に自己または第三者の利益を図ることを防止するため，取締役と会社との間の利益が相反する取引については，株主総会（取締役会設置会社の場合は取締役会）の承認を要するものとしている（会社法356条，365条）。この取引は，取締役が自己または第三者のために会社と取引をする直接取引（会社法356条1項1号，2号）だけでなく，形式的には会社と第三者とが当事者であるか，その取引によって実質的には，会社と取締役との間に利益が相反するおそれがある間接取引（同項3号）についても承認が必要であるとしている。そして会社法356条に違反して会社と取引した場合，その行為は，無効となると解されている。

　なお，この会社法356条の規制の対象となる取引は，会社と取締役との間の一切の財産権に関する法律行為をいうが，有償行為のみに限定されず，また，会社が取締役の債務を免除するような単独行為も含まれると解される。ただし，運送・保険・預金契約など料金その他の取引条件が明白に確定されている普通取引約款で行われる定型的取引のように会社と取締役との間に利害が衝突するおそれがない取引等は，会社法356条で規定する取引には該当しないと解される。

　議事録添付（提供）の要否の基本的な考え方としては，不動産売買における買主・売主の関係，担保権設定における担保権者・担保提供者の関係などでは，原則として，自分の会社の取締役が取引相手の会社を代表して契約を締結

する場合には，自分の会社の議事録の添付（提供）が必要であり，担保権設定における債務者と担保提供者との関係については，利益を受ける債務者会社の代表取締役が不利益を受ける担保提供会社の取締役である場合は，担保提供会社側の議事録の添付（提供）を要するというのが基本的な考え方であるといえると思われる。

担保権の債務者の変更については，担保権が抵当権か，それとも確定前の根抵当権かによって考え方が変わってくる。例えば，甲会社所有の不動産に設定された抵当権について，債務者を甲会社から甲会社の代表取締役個人に変更する場合に，免責的債務引受によって，債務者が会社から代表取締役個人に変更されたとすると，従来甲会社が負っていた債務について，代表取締役個人が負うという変更になり，甲会社にとって不利益になることはないと考えられるため，利益相反取引に該当しないと考えられる（昭和41年6月8日民事三発第397号民事局第三課長回答・登記情報61号121頁）。

根抵当権の債務者の場合は，債務者を甲会社から代表取締役個人に変更すると，その根抵当権は，原則として，代表取締役個人の債務が根抵当権で担保されることになり，甲会社にとっては不利益になると考えられるため，利益相反取引に該当し，議事録の添付（提供）が必要となる（「質疑応答【5699】」登記研究382号82頁）（注27）。

以下具体的なケースに分けて考察する。

① 根抵当権設定登記の申請と取締役会議事録の提供

甲会社の代表取締役がA及びB，乙会社の代表取締役がAである場合において，Aが甲及び乙会社をそれぞれ代表して，根抵当権者を甲会社，債務者兼設定者を乙会社とする根抵当権設定契約をしたときの登記の申請書には，甲及び乙両会社の取締役会議事録を提供する必要がある（「質疑応答【7128】」登記研究515号251頁）。

上記の場合において，甲会社の代表取締役がB，乙会社の代表取締役がA及びBである場合において，Bが甲会社を，Aが乙会社をそれぞれ代表して，根抵当権者を甲会社，債務者兼設定者を乙会社とする根抵当権設定契約をしたときの登記の申請書には，乙会社の取締役会の議事録を提出すれば足りると解される。債務者兼根抵当権設定者については代表取締役が単独であったとしても，債務者兼設定者として利害関係者になるが，根抵当権者については，代表

取締役が単独である場合は，他に利害関係のある代表取締役がいないので，取締役会の承認（会社法356条，365条）は必要としないと考えられるからである（「質疑応答【7129】」登記研究515号251頁）。

また，甲会社の代表取締役がA及びB，乙会社の代表取締役がA，取締役がBである場合において，Bが甲会社を，Aが乙会社をそれぞれ代表して，根抵当権者を甲会社，債務者兼根抵当権設定者を乙会社とする根抵当権設定契約をしたときの登記の申請書には，甲及び乙両会社の取締役会議事録を提供する必要がある（「質疑応答【7130】」登記研究515号252頁）。その理由は前述したとおりである。

甲有限会社（代表取締役A）の取締役であるB所有の不動産について，甲有限会社を根抵当権者，Bを債務者とする根抵当権の設定登記の申請書には，当該会社の社員総会議事録の提供を必要とする（「質疑応答【7131】」）登記研究515号252頁）。

② 根抵当権の設定登記の申請と有限会社の社員総会議事録の提供

Aが甲有限会社（代表取締役B）の取締役であり，かつ乙株式会社の代表取締役である場合において，乙会社を債務者として甲会社所有の不動産に根抵当権設定の登記を申請するときには，甲会社の社員総会議事録を提供する必要がある。

乙会社の債務の担保のために，甲会社所有の不動産に根抵当権の設定をするわけであるから，甲会社の議事録は当然に必要になると解される（「質疑応答【7133】」登記研究515号253頁）。そのほか担保権の設定に関するものとして，

① 株式会社所有の不動産に代表者のために根抵当権を設定する場合には，旧商法265条（会社法356条）の適用がある（「質疑応答【5348】」登記研究352号104頁）。すなわち，株式会社の代表取締役個人を債務者として会社所有の不動産に根抵当権を設定する登記申請書には，旧商法265条（会社法356条）の規定による取締役会の承認を得たことを証する書面を提供する必要がある。

ⅱ 代表取締役を同じくする甲・乙両会社で，甲会社の債務のため乙会社が根抵当権を設定する場合は，旧商法265条（会社法356条）に該当し，その登記申請に提供する取締役会議事録には，署名取締役及び監査役全員の印鑑証明書を提供する必要がある（「質疑応答【5255】」登記研究344号77頁）。代表取締役を同じくする甲・乙会社において，甲会社を債務者として乙会社所有の不動産

23　企業のコンプライアンス(法令遵守体制)と利益相反取引

に根抵当権を設定する場合であるから上記のような結論になる。監査役については，取締役会に出席して当該議事録に署名している監査役がいれば，その印鑑証明書を提供する必要があるという趣旨である。

　⑪　A株式会社の代表取締役甲が，自分の債務の担保のために，会社所有の不動産に根抵当権の設定登記をする場合はもとより，代表取締役甲を同じくするB会社を債務者とし，A会社の不動産に根抵当権の設定をし，その不動産に根抵当権設定登記をする場合は，いずれの場合も，これを承認する旨のA会社の取締役会の議事録を提供する必要がある（「質疑応答【5501】」登記研究366号86頁）。A株式会社の代表取締役甲が，自己の債務につき会社所有の不動産に根抵当権設定の登記申請をする場合については，A会社の取締役会の議事録の提供を要しない（新根抵当権登記便覧「質疑応答11」登記研究306号50頁）とするものがあるが，代表取締役甲を同じくするB会社を債務者としてA会社の不動産に根抵当権設定の登記申請をする場合と同じように（前掲「質疑応答【5255】」登記研究344号77頁），A会社の取締役会の議事録を提供する必要があると考えられる（昭和52年3月16日民三第1620号法務省民事局第三課長通知（登記研究353号103頁，同354号141頁），「質疑応答【4413】」登記研究354号141頁）。

　根抵当権の場合は，普通抵当権の場合と異なり，被担保債権と根抵当権との直接の結びつきがなく，債務者は，根抵当権の被担保債権を決定する一つの基準にすぎないし，いつでも変更できるから，形式的にみると根抵当権の設定行為は当該会社に何ら不利益を生じさせないと考えることもできなくはないようにも思われる。しかし，根抵当権も抵当権の一種であり，全く債権と根抵当権とを切り離して考えることはできないと考えられる。通常の場合，被担保債権の範囲や債務者の変更がないまま根抵当権は確定すると考えられるが，そうなると当該会社の債務がそのまま確定後の根抵当権により担保される債務となることが予定されている以上，根抵当権の設定により，それぞれの債務を担保してもらう利益を有し，担保の提供という不利益を負うことにもなるのであるから，当該根抵当権の設定行為についても，旧商法265条（会社法356条）に規定する利益相反行為に該当するものと解するのが相当であり，当該根抵当権の設定登記の申請には，不動産を担保に提供する会社の取締役会議事録を提供する必要があると解される（「不動産登記実務の視点Ⅰ」138頁）。

435

取締役会の議事録の提供を必要としない場合としては，代表取締役が会社債務を担保するため，自己所有の不動産に抵当権を設定し，その登記申請をする場合（「質疑応答【1540】」登記研究81号36頁，「質疑応答【2226】」登記研究114号43頁），取締役の債務のため会社が保証人となり，かつ取締役所有の土地に抵当権を設定する場合（「質疑応答【6433】」登記研究437号64頁），甲会社と乙会社の代表取締役が同一である場合において根抵当権者を甲会社，根抵当権設定者を乙会社の取締役であるA個人，債務者を乙会社とする根抵当権設定の登記申請については，設定者が代表者個人であるから，甲会社の取締役会の議事録の提供は必要がない（「質疑応答【7266】」登記研究530号147頁）。
　甲株式会社の代表取締役がA，取締役がB及びC，乙株式会社の代表取締役がB，取締役がC及びDである場合において，債務者を甲株式会社，設定者を乙株式会社とする根抵当権設定の登記の申請書には，甲・乙いずれの会社の取締役会議事録の提供も必要ない（「質疑応答【7441】」登記研究556号139頁）。この場合は，甲会社については利益を受けるだけであり，また乙会社については，不利益を受ける立場にあるものの，自社の取締役が利益の相反する甲会社を代表しているわけではないので，甲・乙両会社のいずれの取締役会議事録の提供も必要ないものと解される（「不動産登記実務の視点Ⅰ」140頁）。

　③　根抵当権の全部譲渡による登記の申請と取締役会議事録の提供
　A株式会社が根抵当権設定者であり，代表取締役が同一人であるA株式会社及びB株式会社が債務者である確定前の根抵当権を全部譲渡する場合において，全部譲渡の登記を申請する場合には，申請書に旧商法265条（会社法356条，365条）により，A株式会社の取締役会の承認を受けたことを証する同取締役会の議事録を提供する必要がある。
　A株式会社が根抵当権設定者で，代表取締役が同一人であるA株式会社及びB株式会社が債務者である確定前の根抵当権を全部譲渡する場合は，譲受人は譲渡後の債権をも取得することになり，新たな根抵当権を設定する場合と異ならず，A株式会社は代表取締役が同一であるB株式会社の債務を物上保証することになるので，これにより被担保債権がまったく変わり，新たな根抵当権を設定する場合と異ならないと考えられる。したがって，この登記の申請書には，当該譲渡を承認したA株式会社の取締役会議事録を提供する必要があると考えられる（「質疑応答【7774】」登記研究664号181頁）。

そのほか債権の譲渡に関するものとして，①登記権利者甲株式会社，登記義務者甲株式会社代表取締役乙との間で，元本の確定前にする譲渡により根抵当権移転の登記を申請する場合は，旧商法265条（会社法356条）の適用はない。しかし，登記権利者，登記義務者が逆の場合すなわち，登記権利者甲株式会社代表取締役乙，登記義務者甲株式会社の場合，適用がある（「質疑応答【5551】」登記研究370号7頁）。

元本の確定前の根抵当権については，根抵当権設定者の承諾を得て，これを全部譲渡することができる（民法398条の12第1項）。根抵当権の全部譲渡というのは，当該根抵当権によって現に担保されている被担保債権を分離して，元本の確定していない根抵当権のみを譲渡人である根抵当権者から譲受人である第三者に絶対的に移行することである。この場合，譲受人が取得した根抵当権は，譲渡の時における当該根抵当権の被担保債権の範囲及び債務者の定め等がそのままその内容となり，譲受前の債権及び譲受後に取得する債権で，その債務者に対するものを担保するものとして，その根抵当権を取得することになる。そのため，甲株式会社の代表取締役乙が有している根抵当権を甲株式会社に譲渡することは，甲株式会社の債権が担保されることになるから，甲株式会社にとっては利益になる取引であるといえる。したがって，この場合は，旧商法265条（会社法356条）の適用はないが，逆に，甲株式会社がその代表取締役乙に根抵当権を譲渡するときは，甲株式会社の債権は当該根抵当権によって担保されなくなるので，旧商法265条（会社法356条）の適用があることになる。
⑪代表取締役を同じくする甲株式会社が乙株式会社に根抵当権を全部譲渡するときは，甲株式会社についてのみ，旧商法265条（会社法356条）の適用がある（「質疑応答【5566】」登記研究371号76頁）。代表取締役を同じくする甲株式会社が乙株式会社に根抵当権を譲渡する場合，不利益になるのは譲渡人であるから，当該根抵当権の移転登記の申請情報には，甲株式会社のみの取締役会の議事録の提供が必要であるということになる（「不動産登記実務の視点Ⅰ」146頁）。

④ 根抵当権の債務者の変更登記と取締役会議事録の提供

甲株式会社（代表取締役A）を債務者兼設定者とする根抵当権について，債務者を甲株式会社から乙株式会社（代表取締役A）とする根抵当権変更の登記申請書には，甲株式会社の取締役会議事録を添付すれば足りると解される（「質

疑応答【6147】」登記研究419号87頁)。

　この点については債務者を変更する場合には，債務の引受けがされ，引受人である乙株式会社に損害を与えるおそれがあるので，乙株式会社の取締役会の承認があったことを証する書面を添付（提供）すべきではないかという疑問もなくはないが，債務者を乙株式会社に変更すること自体は，債務の引受と必然的に関連を有するものではなく，根抵当権者と設定者との合意によってされるものであり，乙株式会社の債務を担保するために甲株式会社を設定者とする根抵当権を設定する場合と同様に，甲株式会社の利益を害するおそれがあるので，甲株式会社の取締役会の承認があったことを証する書面（情報）を提供することで足りると考えられる（「質疑応答【7134】」登記研究515号253頁）。

　そのほか債務者の変更，債務の引受に関するものとして，①債務者甲（乙会社の代表取締役）を債務者乙会社とする債務引受契約または債務者交替による更改契約は，旧商法265条（会社法356条）に該当し（「質疑応答【2970】」登記研究140号46頁），ⅱ甲株式会社が根抵当権の設定者兼債務者である場合において，その債務者を甲株式会社の代表取締役Aに変更する登記申請書には，当該会社の取締役会の議事録を提供する必要がある（「質疑応答【5699】」登記研究382号82頁）。債務者を代表取締役Aに変更することによって，当初から代表取締役の債務を会社所有不動産で担保するのと同じ結果になるからである（「不動産登記実務の視点Ⅰ」143頁）。ⅲA株式会社が設定者及び債務者である根抵当権について，代表取締役が同じであるB株式会社に債務者を変更することは，旧商法265条（会社法356条）の規定に該当する（「質疑応答【5714】」登記研究383号94頁）。また，甲株式会社（代表取締役A）を債務者及び設定者とする根抵当権について，債務者を乙株式会社（代表取締役A）とする根抵当権変更の登記を申請する場合には，申請書に甲株式会社の取締役の承認があったことを証する書面を提供する必要がある（「質疑応答【6147】」登記研究419号87頁）。これらの場合は，設定者である会社と代表取締役を同じくする他の会社の債務を会社所有不動産で担保するのと同じことになるので，いずれの根抵当権変更の登記申請にも設定者（兼旧債務者）である会社の取締役会議事録を提供する必要がある。またA株式会社の債務をA社の代表取締役であるBが引き受けた場合，A社が設定者である根抵当権について，「債務者B」，債権の範囲に「年月日債務引受（旧債務者A社）に係る債権」をそれぞれ追加的に変更する登記

の申請書にも，A社の取締役会の議事録を提供する必要がある（「質疑応答【7292】」登記研究533号153頁）。この場合，設定者兼債務者である会社の代表取締役が，当該会社の債務を引き受けたことに伴い，債務者を当該代表取締役とし，更に債権の範囲に旧債務者である会社に係る引受債権を追加した場合，たとえ代表取締役が会社の債務を引き受けることになるとしても，当該根抵当権は，当初から，代表取締役個人の債務を会社所有の不動産によって担保することと同じことになるので，当該変更登記の申請には，当該会社の取締役会議事録を提供する必要がある（「不動産登記実務の視点Ⅰ」143頁）。⑭甲株式会社が代表取締役である乙個人の根抵当権の債務を引き受け，この債務を根抵当権によって担保させるために，甲を新たに債務者として追加する債務者の変更及び被担保債権の範囲の変更登記の申請には，甲株式会社の取締役会の議事録の提供をする必要はない（「質疑応答【5579】」登記研究372号81頁）。また，甲株式会社の代表取締役Aが根抵当権の債務者である場合において，その債務者を甲株式会社とする変更登記の申請にも，甲株式会社の取締役会の議事録を提供する必要はない（「質疑応答【5591】」登記研究373号86頁）。

A会社の代表取締役BがB個人で所有する不動産について，Bを債務者とする抵当権が設定されている場合において，A会社を重畳的債務引受による債務者とする抵当権の変更登記を申請する場合も，A会社の取締役会の議事録を提供する必要はない（「質疑応答【6438】」登記研究437号65頁）。

債務者及び設定者がAである根抵当権の債務者をAが代表取締役である甲株式会社に変更する登記申請の場合にも，甲株式会社の取締役会の議事録を提供する必要はない（「質疑応答【6656】」登記研究456号128頁）。

甲株式会社の代表取締役Aが根抵当権の債務者である場合において，甲株式会社がAの債務を引き受けたうえ，この債務を根抵当権によって担保させるために，甲株式会社を新たな債務者として追加する債務者の変更及び被担保債権の範囲の変更の登記申請には，甲株式会社の取締役会の議事録を提供する必要はない（「質疑応答【6895】」登記研究478号121頁，「質疑応答【7132】」登記研究515号252頁）。

甲会社の代表取締役Aの不動産にAを債務者とする抵当権設定登記がされている場合に，免責的債務引受を原因として債務者を甲会社に変更する場合には，甲会社の取締役会の議事録の提供は必要ない（「質疑応答【7588】」登記研

究588号207頁)。

⑤ 根抵当権の債務者の追加的変更による登記の申請と取締役会議事録の提供

甲株式会社の代表取締役Aが根抵当権の債務者及び設定者である場合において，その債務者に甲株式会社を追加的に変更する債務者の変更登記の申請に関する旧商法265条（会社法356条，365条）の適用の有無の問題である。

設定者及び債務者がAである根抵当権について，債務者をA及びAが代表取締役である甲株式会社とする根抵当権の債務者の変更登記を申請する場合には，旧商法265条（会社法356条，365条）の適用はない（「質疑応答【7132】」登記研究515号252頁）。甲株式会社の債務がAの根抵当権によって担保されることになるから，甲株式会社が不利益になることは，法律的には考えられないからである。

⑥ 不動産の現物出資等による所有権移転登記の申請と取締役会議事録の提供

ⅰ 取締役会設置会社であるA株式会社の代表取締役である甲が，同じく取締役会設置会社であるB株式会社の取締役でもある場合に，甲がA株式会社名義でB株式会社に不動産を現物出資してB株式会社の発行する募集株式を引き受ける行為は，A株式会社と甲の利益が相反する行為であるから，当該不動産の所有権移転の登記の添付情報として，A株式会社については，当該取引を承認した取締役会議事録の提供をする必要があるが，B株式会社については，取締役会議事録の提供を必要としない。B株式会社については，当該現物出資を受け入れるについて，既に株主総会の決議を経ており，当該取引についての取締役会の承認を経る必要がないと考えられるからである（「質疑応答【7918】」登記研究755号171頁）。

そのほか，所有権の移転に関連するものとして，甲会社の取締役が，乙会社の代表取締役として乙会社所有不動産を甲会社に売却してその登記申請をする場合，利益相反行為に該当するので，甲乙双方の会社の取締役会の承諾書を提供する必要がある（「質疑応答【5247】」登記研究343号85頁）。

ⅱ 甲会社（代表取締役A，取締役B，C，D）と乙会社（代表取締役E，取締役A，B，C，D）の売買を原因とする所有権移転の登記申請書には，乙会社の取締役会の承諾決議書を提供する必要がある。この場合，甲会社の代表取

締役を含む取締役全員が乙会社の平取締役であるから，会社法356条に該当することになる。この場合に不利益を被ることになると考えられるのは，甲会社の取締役全員が平取締役である乙会社であると考えられるからである。したがって，当該売買を原因とする所有権移転の登記申請書には，乙会社の取締役会議事録を提供する必要があると解される（「質疑応答【7143】」登記研究517号195頁，「不動産登記実務の視点Ⅰ」129頁）。

ⅲ 甲株式会社取締役乙所有の不動産を代物弁済を原因として甲株式会社に所有権移転の登記を申請する場合には，甲株式会社の取締役会議事録の提供が必要である（「質疑応答【5512】」登記研究367号135頁）。代物弁済を登記原因として，甲株式会社取締役乙所有の不動産の所有権を甲株式会社に移転する行為（直接取引）は，利益相反行為に該当するので，その移転登記の申請書には，甲会社の取締役会議事録の提供が必要になる。

ⅳ 代表取締役を同じくする両会社間で，一方の会社が他方の会社不動産について，売買予約による所有権移転請求権保全の仮登記を申請する場合には，取締役会の議事録の提供を必要としない（「質疑応答【5354】」登記研究353号115頁，「不動産登記実務の視点Ⅰ」130頁）。所有権移転の請求権保全の仮登記を申請する場合，当該仮登記の登記原因は，売買予約等のように所有権の移転を目的とする請求権にすぎず，所有権移転の契約が登記原因となるわけではない。したがって，代表取締役が同一である両会社間において，売買予約等による所有権移転請求権保全の仮登記を申請する場合には，取締役会の議事録の提供は必要ない。ただし，仮登記の本登記を申請するときには必要である（「不動産登記実務の視点Ⅰ」130頁）。

ⅴ 1人の株主しかいない会社であり，当該株主が代表取締役である場合でも，代表取締役が会社の不動産を譲り受けその旨の移転登記をするときは，取締役会の議事録の提供を必要とする（「質疑応答【5389】」登記研究357号82頁）。会社と取締役との取引において，その取締役が唯一の株主である場合や，その取引が株主全員の合意によってされた場合には，取締役会の承認を要しないとする判例（最判昭和45年8月20日民集24巻9号1305頁，最判昭和49年9月26日民集28巻6号1306頁）がある。最判昭和45年の事案は，会社の株式全部を取締役が所有しており，実質上その個人経営にすぎない場合であり，最判昭和49年の事案は，会社の株主全員の合意がある場合である。判例が取締役会の承

認を不要としたのは，前者の場合には，会社と取締役とが実体的に同一であり，両者の間に実質的な利益相反関係がないからであり，また後者の場合には，会社の利益は株主の利益であるところ，その保護されるべき株主全員が合意している以上，旧商法265条（会社法356条）の趣旨に照らして，取締役会の承認は要しないとの判断によるものと考えられる。しかし，登記手続としては，株主全員の合意，あるいは取締役の証明といっても，株主が1名である旨のいわば代表取締役の自己証明としての性質を有しているという限界があり，登記官の審査としては，書面審査によらざるを得ない以上，会社とその取締役との売買契約については旧商法265条（会社法356条）の適用があると判断せざるを得ず，たとえ1人の株主しかいない会社で，当該株主が代表取締役であった場合であっても，取締役会議事録の提供が必要であると考えられる（「不動産登記実務の視点Ⅰ」131頁，登記インターネット3巻11号204頁）。

Ⅵ 代表取締役を同じくする甲・乙両会社間で，「共有物分割」または「持分放棄」を登記原因として甲の持分を乙に移転する登記の申請書には，甲及び乙会社の取締役会議事録を提供しなければならない（「質疑応答【7612】」登記研究596号125頁，「カウンター相談（100）「取締役会の議事録の添付の要否について」」登記研究612号145頁，「不動産登記実務の視点Ⅰ」134頁）。ただし，持分放棄は，相手方のない単独行為であり，反射的に他の共有者の持分が増加することになるが，負担を伴わない贈与と同じく，乙会社にとっては利益相反行為には該当しないと解されるため，この場合に，取締役会議事録の提供を要するのは，持分を放棄する甲会社のみであると変更されている（「質疑応答【7723】」登記研究632号183頁，「不動産登記実務の視点Ⅰ」134頁）。

Ⅶ 会社の代表者個人名義の不動産を当該会社に，登記原因を「贈与」，「寄付」，「真正な登記名義の回復」として所有権移転登記を申請する場合には，旧商法265条（会社法356条）の適用はない（「質疑応答【5446】」登記研究362号83頁）。会社の代表取締役個人の所有不動産を当該会社に，「贈与」，「寄付」を登記原因として移転する場合には，いずれも当該会社は負担を伴わないこと，また，「真正な登記名義の回復」についても，登記名義を本来の権利者の名義にするための履行行為にすぎないことから，旧商法265条（会社法356条）の適用はないと考えられる。ただし，「真正な登記名義の回復」のすべての場合に，取締役会議事録を要しないものとすると，実質的には利益相反行為に該当する

23　企業のコンプライアンス（法令遵守体制）と利益相反取引

ときでも，登記申請書の登記原因の記載一つで，旧商法265条（会社法356条）に違反する無効な登記を認めることになってしまうということがあってはならないと考えられるので，登記原因証明情報によって実体に合致した登記原因を正確に把握する必要があると考えられる（注28）。

⑦　会社分割による所有権移転登記申請と利益相反取引

会社分割による所有権移転登記の権利者，義務者双方の代表取締役が同一人である場合に利益相反行為になるかどうかということであるが，この会社分割による所有権移転というのは，取引によるものではなく，会社分割の法定効果による移転であり，役員の恣意が入る余地がないと考えられるので，利益相反行為には該当しないと解される（注29）。

⑧　**日本に営業所のある外国会社と日本にあるその100％子会社との間の日本における取引**

外国会社というのは，外国の法令に準拠して設立された法人その他の外国の団体であって，会社と同種のものまたは会社に類似するものをいう（会社法2条1項2号）。外国会社が日本において継続して取引をしようとするときは，日本おける代表者を定めて，当該外国会社の登記をする必要があり，登記は，日本における同種の会社または最も類似する会社の設立登記の規定に従ってしなければならない（会社法817条，933条2項）。また，外国会社は，この登記をするまでは，日本において継続して取引をすることができず（会社法818条1項），この規定に違反して取引をした者は，相手方に対して当該外国会社と連帯して，当該取引によって生じた債務を弁済する責任を負わなければならない（会社法818条2項）。

外国会社が初めて日本における代表者を定めたときは，3週間以内に外国会社の登記をしなければならない（会社法933条1項）。外国会社の日本における代表者が会社を代表して，日本における営業所の所在地を管轄する法務局または地方法務局に登記を申請する（商登法128条）。登記すべ事項は，日本における同種の会社または最も類似する会社の種類に従って会社法911条3項各号または912条から914条までに掲げている事項，同法933条2項に規定されている事項である。外国会社が日本において営業所を設けた場合には，当該営業所は，当該外国会社の支店とみなされる（会社法933条3項）。

ところで，外国会社が，営業所設置の登記または日本における代表者選任を

申請する際に添付する宣誓供述書については，日本における代表者の宣誓供述書でもよいと解されている。商登法129条１項は，外国会社の営業所設置や日本における代表者選任の登記申請に「本店の存在を認めるに足りる書面」，「日本における代表者の資格を証する書面」，「外国会社の定款その他外国会社の性質を識別するに足りる書面」，「会社法939条２項の規定による公告方法についての定めがあるときは，これを証する書面」を添付すると定めており，同条２項は，これらの書類については，「外国会社の本国の管轄官庁または日本における領事その他権限がある官憲の認証を受けたものでなければならない。」としている。

　この認証を受けたことを証する書面については，形式を問わないと解されており，登記実務上は，宣誓供述書に本国の領事等が認証したものを証明書として利用する事例が多いといわれる。この宣誓供述書証明書については，宣誓供述の対象となる事実の真実性を担保し，不実の外国会社の登記の出現を防止するためにも，外国会社を代表すべき者によって作成されるべきであり，外国会社を代表すべき者については，本国における代表者または日本における代表者とされている（平成18年４月５日法務省民商第872号法務省民事局商事課長回答・登記研究715号168頁)。

　この宣誓供述書に関連して，外国会社の従業員や代理人の宣誓供述書を添付した登記申請が認められるかどうかという問題がある。宣誓供述書の役割は，不実の外国会社の登記の出現を防止し，もって安全円滑な経済取引を図ることであり，そのため宣誓供述は継続的な取引による効果の帰属主体である外国会社を代表すべき者，つまり，本国における代表者または日本における代表者によってされるべきものであると解される。このことは，内国会社の登記申請において，必要な添付書面に直接該当するものがない場合等に，これに代替して会社を代表すべき者が証明した書面に限り有効な添付書面と認めていること（平成11年９月30日法務省民四第2107号法務省民事局長通達第１の３(3)オ）などからも同様に解することができる。したがって，このような代表者ではなく単なる従業員や代理人にすぎない者については，原則として宣誓供述者として取り扱うことはできないということになる。もっとも，当該外国会社の本国法において，従業員等が商業登記法129条１項に規定する事実について証明する権限を有する場合には，その従業員等も宣誓供述者になり得るものと考えられ

23 企業のコンプライアンス(法令遵守体制)と利益相反取引

るが、この場合には、当該宣誓供述証明書とともに、本国法の該当箇所の訳文等が添付されなければならない(平成18年4月5日法務省民商872号民事局商事課長回答・登記研究715号168頁)。

なお、平成14年の商法の一部改正により、外国会社の日本における営業所の設置義務が廃止されたことにより、日本において取引を継続して行おうとする外国会社は、日本における代表者のみを定め、日本における営業所を設置しないことも可能であり、その場合は、3週間以内に、日本における代表者の住所地(商登法127条)において外国会社の登記をしなければならない(会社法933条1項1号)(**注30**)。

日本に営業所を置く外国会社である株式会社A社(代表理事乙、日本における代表者甲)とA社が日本において設立した100%子会社の現地法人である株式会社B社(代表取締役甲)との間において、A社の事業全部をB社に譲渡する場合、①その取引が会社法356条の規定に該当するか、ⅱA社の確定後の根抵当権を事業譲渡を原因としてB社に移転する場合、利益相反取引に該当するものとして、その承認したことを証する書面(情報)の提供が必要となるか。なお、日本における代表者甲は、A社の理事ではないため、A社の理事会における事業譲渡の承認決済については、議決権を有していない。

まず、外国会社の日本における代表者と現地法人の代表者が同一人である場合に会社法356条の規定が適用されるかどうかである。

外国会社というのは、外国の法令に準拠して設立された法人その他の外国の団体であって、会社と同種のものまたは会社に類似するものをいう(会社法2条2号)が、この事例のように外国会社を当事者とする会社の法律問題にどこの国の法律を適用するかについては、法の適用に関する通則法における債権譲渡と物権に関する準拠法により決定されると考えられる。法適用通則法23条は、「債権の譲渡の債務者その他の第三者に対する効力は、譲渡に係る債権について適用すべき法による。」と規定しており、A社が日本において設立した100%子会社Bとの間で日本において行われたものであり、事業債権は日本における継続取引の一環としてとらえることができるので、譲渡対象債権の準拠法は日本法に準拠すると考えられる。判例も「債権譲渡行為は準物権行為としてその原因から明確に区別されるべきであるから、譲渡債権の準拠法による。」(東京地判昭和42年7月11日金判76号2頁)としている。また、物権及びその

445

他の登記すべき権利に関しては，その目的物の所在地法による（法適用通則法13条1項）とされているので，不動産の所在地である日本法に準拠し，事業譲渡を原因とする根抵当権の移転を第三者に対抗するためには，民法177条により登記が必要であることになる。

その結果，上記取引については，債権譲渡及び物権変動のいずれについても日本法が適用され，A社の日本における代理者甲と日本における現地法人B社の代表者甲が同一人物であるので，会社法356条が適用されると解される（登記インターネット5巻4号176頁，同118号152頁）。

そして，日本においてA社の事業全部をB社に譲渡する行為については，会社法356条の適用があり，事業譲渡に基づく根抵当権の移転の登記の申請書には，第三者の許可，同意または承諾したことを証する書面（情報）を添付（提供）する必要がある（登記令7条1項5号ハ）。具体的には，事業譲渡を承認したA社の理事会議事録とB社の株主総会議事録を添付（提供）する必要がある。

ところで，このケースの場合，B社は，A社が事業譲渡のために日本に100％出資して設立した完全子会社であり，形式的には会社と取締役との利益が相反する取引の形態をとっていても，その実質において，利益が相反することなく，また，会社に何ら損害を与えられるおそれがないことから，両者が100％親子会社であることを証する書面（情報）を添付（提供）すれば，議事録を添付（提供）することなく登記の申請をすることができると考えられる（登記インターネット3巻11号204頁）。

したがって，このケースでは，登記原因証明情報に，A・B両社が100％親子会社である旨の記載及び甲がA社の理事ではないことを証する登記事項証明書の添付（提供）があれば，事業譲渡を承認したA社の理事会議事録とB社の株主総会議事録の添付（提供）は必要ないものと考えられる（「相談事例」登記インターネット118号151頁）。

⑨ 信託による所有権移転登記申請と利益相反取引

信託を登記原因とする所有権移転登記を申請する場合において，委託会社及び受託会社の代表取締役が同一であるときは，利益相反行為に該当するので，この場合には，両会社の取締役会議事録の提供が必要である（「質疑応答【5985】」登記研究406号91頁，「不動産登記実務の視点Ⅰ」129頁）。

⑩ 親権濫用等による利益相反取引

23 企業のコンプライアンス(法令遵守体制)と利益相反取引

(i) **株式会社の代表取締役が，会社債務に対し，未成年者の親権者として未成年者所有の不動産を担保に供する場合と利益相反行為**

　親権者が第三者の債務の担保のため未成年者所有の不動産に抵当権を設定する行為は利益相反行為にならないとされている（最判昭和35年7月15日家月12巻10号88頁，最判平成4年12月10日民集46巻9号2727頁）。たとえば親権者である母が子の継父である夫の債務のために子の不動産に抵当権を設定する行為は利益相反行為に該当しないとし（前掲最判昭和35年7月15日），また，「……親権者が子を代理して子の所有する不動産を第三者の債務の担保に供する行為は，親権者に子を代理する権限を授与した法の趣旨に著しく反すると認められる特段の事情がない限り，濫用に当たらない。」としている（前掲最判平成4年12月10日）。

　登記実務も，株式会社の代表取締役が会社債務に対し，未成年者の親権者として未成年者所有の不動産を担保に提供する場合には，利益相反行為にならないから，特別代理人の選任を要せず，抵当権設定契約を締結することができるとしている（「質疑応答【1751】」登記研究95号40頁）。民法826条1項は，親権者自身とその子との利益相反行為について規定していることを理由としているものと考えられる。ただし，第三者の金銭債務について，親権者が自ら連帯保証をするとともに子の代理人としてした連帯債務負担行為及び抵当権設定行為は利益相反行為に該当する（最判昭和43年10月8日民集22巻10号2172頁）(注31)。つまり，他人の債務について子とともに連帯保証人になるとともに，子との共有不動産の全部につき物上保証することが利益相反行為にあたるということである(注32)。

　そのほか，親権を行う者の債務につき，子を連帯債務者とし（最判昭和45年11月24日家月23巻5号71頁），保証人とし（大判昭和11年8月7日民集15巻1630頁），子の財産に抵当権を設定し（最判昭和37年10月2日民集16巻10号2059頁），または子の財産をもって代物弁済契約を締結すること（最判昭和35年2月25日民集14巻2号279頁）は利益相反行為に該当する(注33)。

(ii) **民法108条と双方代理**

　このように親権者には，子の財産に関する法律行為について代理権があるが，民法は，代理人の自己契約・双方代理を禁止している（民法108条）。それぞれの利益を守るため，一方が他方を代理したり，一人が双方を代理すること

は禁止されるわけである（同条）が，債務の履行及び本人があらかじめ許諾した行為については，この限りではないとされている（同条ただし書）。判例は「債務の履行」に当たる例として，「登記申請について，同一人が登記権利者，登記義務者双方の代理人となっても，本条（民法108条）に反するものではない。」とし（最判昭和43年3月8日民集22巻3号540頁），民法108条ただし書が類推適用された例として，「金銭の貸借において，貸主が借主の委任に基づき，借主のための代理人を選任し，その代理人との間で執行認諾約款付き公正証書を作成しても，民法108条の法意に反しない。」（最判昭和26年6月1日民集5巻7号367頁）としている。また，民法108条の適用の「債権の譲渡人が，債務者の代理人としてする債権譲渡の承諾」については適用がない（大判昭和4年2月23日民集8巻337頁），すなわち可能であるとしているが，「譲受人が，民法423条により，譲渡人に代位して，債権譲渡を債務者に通知しても通知の効力は生じない。」としている（大判昭和5年10月10日民集9巻948頁）。

(iii) **民法826条と利益相反行為**

次のような場合には特別代理人を選任する必要があるとしている。例えば，ⅰ親権者とその子の間で，親権者には利益となるが子には不利益となる行為，ⅱ同一の親権に服する複数の子相互間で，一方には利益になるが他方には不利益になる行為については，親権者の代理権を制限して，特別代理人を選任し，この者に代理させることにしている（民法826条）。そして利益相反行為について親権者が特別代理人を選ばず，自ら代理行為をした場合には，無権代理行為となり子が成年に達した後に追認しなければ，その行為の効力は本人に及ばないとされている。前述したように利益相反行為の具体的な例としては，㋐子の財産を親権者に譲渡する行為，㋑親権者の債務について，子を連帯債務者や保証人としたり，子の不動産を担保に提供する行為，㋒数人の子が共同相続人になった場合に，その子の幾人かを代表して相続放棄をしたり，遺産分割協議をする行為などがある。

相続放棄については，判例は，親権者が自ら相続放棄をすると同時に，子全員のために放棄することは利益相反行為には当たらないとしている（最判昭和53年2月24日民集32巻1号98頁）。

また，親権者が子を代理して，子の所有する不動産を第三者の債務の担保に提供する行為は，前述のごとく，直接親権者の利益を図るものではないから，

利益相反行為には当たらないとしている（最判平成4年12月10日民集46巻9号2727頁）。上記平成4年の最高裁判例は、「親権者が子を代理する権限を濫用して法律行為をした場合において、相手方が濫用の事実を知り又は知り得べかりしときは、民法93条ただし書の規定の類推適用により、その行為の効果は子に及ばないが、親権者の代理行為は利益相反行為に当たらない限り広範な裁量にゆだねられるため、親権者が子を代理して子の所有する不動産を第三者の債務の担保に供する行為は、親権者に子を代理する権限を授与した法の趣旨に著しく反すると認められる特段の事情がない限り、濫用には当たらない。」としている。ただし、第三者の債務の担保に提供する行為でも、親権者自身も保証人や連帯保証人である場合には、将来の求償関係で親子間に利益相反の関係が生じるので、利益相反行為に当たるとしている（最判昭和43年10月8日民集22巻10号2172頁）。上記昭和43年の最高裁判例は、「第三者の金銭債務について、親権者が自ら連帯保証をするとともに、子の代理人としてした連帯保証債務負担行為及び根抵当権設定行為は利益相反行為に当たる。」としている。

(iv) **外形説と実質説**

利益相反行為に該当するかどうかを判断する基準としては外形説と実質説がある（注34）。

判例は外形説を採り、利益相反行為にあたるかどうかは、親権者が子を代理して行った行為の外形で客観的に判断すべきであり、親権者の動機や意図をもって判断すべきでないとしている。例えば、母が自己の負担する貸金債務につき未成年の子の所有する不動産に抵当権を設定した場合、借入金を子の養育費に充てる意思があったとしても、利益相反行為に当たるとしている（最判昭和37年10月2日民集16巻10号2059頁）。上記昭和37年の最高裁判例は、「親権者が子の名において金員を借り受け子の不動産に抵当権を設定することは、仮に借受金を親権者自身の用途に充当する意図であっても、利益相反行為とはいえないが、親権者自身が金員を借り受けるに当たり子の不動産に抵当権を設定することは、仮に借受金を子の養育費に充当する意図であったとしても、利益相反行為に当たる。」としている。

このように外形説によると、親権者が子の法定代理人として子の名義で借金し、子の不動産に抵当権を設定する行為は、親権者がこの借入金を自分のために使うつもりであっても利益相反行為にならない。しかし、親権者が自分の名

義で借金し，子名義の不動産に抵当権を設定する行為は，親権者がこの借入金を子供の養育費や学費などに充当する意図であっても利益相反行為に該当することになるということで，行為の動機，目的，結果など一切の事情を考慮して判断すべきであるとするのが実質説の考え方である(注35)。

　判例は，外形説に立った上で，この問題を親権者の代理権の濫用として民法93条ただし書の心裡留保の規定を類推適用し，行為の相手方が濫用の事実を知りまたは知ることができたときには，その行為の効果は子に及ばないとして，未成年者を保護する考え方を示している（前述した平成4年12月10日の最高裁判決）。ただ，最高裁判例は，親権者が子の不動産を第三者の債権の担保に供する行為は，利益相反行為に該当しないとし，「子の利益を無視して自己又は第三者の利益を図ることのみを目的としてされるなど，親権者に子を代理する権限を授与した法の趣旨に著しく反すると認められる特段の事情が存しない限り」親権者の代理権の濫用とはならないとしている（上記平成4年の最高裁判例）ので，基準の緩和についての検討が望まれるところである(注36)。いずれにしても，親権者が自己の債務の代物弁済として子の財産を提供し，後見人が被後見人から財産を譲り受けたりすることは，利益相反行為になる。そしてこれらの行為については，親権者，後見人等は利益相反行為について代理権または同意権をもたず，特別代理人等の選任を求めなければならない（民法826条，860条）。禁止に違反して行われた利益相反行為は，無権代理行為となる。

- **(注1)** 神田秀樹「会社法入門」42頁。
- **(注2)** 前掲（注1）神田195〜197頁，宮島司「新会社法エッセンス（第3版補正版）」148頁。
- **(注3)** 前掲（注1）神田201頁。
- **(注4)** 奥島孝康・落合誠一・浜田道代編「新基本法コンメンタール会社法2」148頁（丸山秀平）。
- **(注5)** 神田秀樹「会社法（第13版）」210頁。
- **(注6)** 前掲（注2）宮島215頁。
- **(注7)** 前掲（注2）宮島215頁。
- **(注8)** 前掲（注5）神田211頁。
- **(注9)** 前掲（注2）宮島216頁。

23 企業のコンプライアンス(法令遵守体制)と利益相反取引

- (注10) 前掲 (注5) 神田211頁。
- (注11) 森真己子「話せばわかる! 研修講座―会社法編―第12講 競業取引・利益相反取引」みんけん635号94頁。
- (注12) 前掲 (注2) 宮島216頁。
- (注13) 前掲 (注5) 神田211頁。
- (注14) 前掲 (注5) 神田212頁。
- (注15) 前掲 (注11) 森96頁。
- (注16) 無重過失要件説の問題点につき,行澤一人「会社法の利益相反取引規制に違反した取引の効力」法学教室382号90頁。
- (注17) 前掲 (注16) 行澤80頁。
- (注18) 前掲 (注5) 神田212頁。
- (注19) 「誌上セミナー第2回・利益相反行為をめぐる諸問題について」登記研究632号144頁。
- (注20) 前掲 (注5) 神田212頁。
- (注21) 寺本昌広「逐条解説・新しい信託法」118頁。
- (注22) 新井誠「信託法(第3版)」250頁。
- (注23) 前掲 (注21) 寺本120頁。
- (注24) 前掲 (注21) 寺本126頁。
- (注25) 前掲 (注21) 寺本122頁。
- (注26) 前掲 (注21) 寺本123頁。
- (注27) 登記研究編集室編「不動産登記実務の視点Ⅰ」126頁,「司法書士入門(第10回 利益相反行為と不動産登記1)登記情報623号83頁(初瀬智彦・小口文隆・浦田融)。
- (注28) 前掲 (注19) 登記研究632号143頁。
- (注29) 山田猛司「みずほグループにおける根抵当権の一部移転,一部抹消の具体的な登記手続」登記情報489号13頁。
- (注30) 城下直久「外国会社について」法務通信774号14頁。
- (注31) 鮫島真男「登記関係の2,3の法律問題㈠」登記研究130号1頁。
- (注32) 佐藤義彦・伊藤昌司・右近健男「民法Ⅴ―親族・相続(第3版)」101頁。
- (注33) 前掲 (注32) 伊藤ほか101頁。
- (注34) 二宮周平「家族法入門・子の保護(1)―親権」戸籍時報697号48頁。
- (注35) 前掲 (注34) 二宮48頁。
- (注36) 前掲 (注34) 二宮48頁。

㉔ おわりに

(1) M＆A

　M＆Aというのは，「Mergers Acquisitions」の略であり，「合併と企業買収」を意味する言葉であるといわれている。合併，事業譲渡，企業買収等が代表的であるといわれているが，株式譲渡，株式交換，会社分割等もその手法として活用されている。M＆Aを行う理由としては，例えば，事業の拡大・縮小（不採算部門の売却等）のため，あるいは，事業の効率化のため，さらには後継者問題の解決のためなどというのが一般的であるといわれている。中小企業の経営者の間では，後継者問題の解決のために活用するということも増えてきているようである。例えば，長年事業を営んできたものの後継者がいないといったような場合に，その会社をたたむとなると従業員の処遇といった問題が発生する。そこで，M＆A（企業買収）によって事業を他の者に売却することができれば，従業員の雇用を守りつつ，創業者も売却の資金を事後の生活や諸活動に活用できるわけである。このように，M＆Aを活用することにより，企業としては，個々の経営課題に合わせて，最適な手法を活用できるということになる。例えば，技術力に強みはあるが，販売力に問題がある会社と，販売力は強いが技術力にはやや問題がある会社が合併するという具合である。

　このようにM＆Aは，事業展開のスピード・アップ，事業の拡大路線の推進，事業と事業の相乗効果の拡大といった点で大きな魅力があるわけである（注1）。

(2) 組織再編

　M＆Aの一環として組織再編を行うことがある。組織再編の代表的な手段として前述のごとく合併，買収，事業譲渡，会社分割等がある。会社が事業規模の拡大や事業効率のアップをめざして，組織の再編成をすることが考えられる。この事業の再編成の手続として，ⅰ事業譲渡，ⅱ合併，ⅲ会社分割，ⅳ株式交換，ⅴ株式移転等が活用されている。

ⅰの事業譲渡は，相手企業が運営している事業のうち，必要な事業を買い取る方法である。会社を丸ごと取得するのではなく，事業だけを取得する。この事業譲渡は，株式取得による買収とは異なり，株式の取得を介在しない。

　ⅱの合併は，複数の会社が合体して，ひとつの会社になることをいうが，この合併の特徴は，個々の会社が持っていた権利義務，つまり財産や負債等を包括的に合併後の会社に引き継ぐことであり，個々の財産や負債等の権利義務の移転手続が不要であることである。

　ⅲの会社分割は，会社の事業の全部または一部を別の会社にそのまま引き継がせる手法である。会社分割の特徴は，合併と同様に，事業に関連した個々の権利義務（財産や負債等）を包括的に他者に引き継ぐことである。会社の分割には，既存の会社に事業を引き継ぐ吸収分割と，新設された会社に事業を引き継ぐ新設分割がある。

　ⅳの株式交換は，相手企業の発行済株式を100％取得して，完全子会社化する手法である。株式を取得する際の対価がお金ではなく，自社の株式である点で，株式取得による買収と異なる。株式交換による買収のメリットは，買収資金が不要なことであるといわれている。

　ⅴの株式移転は，相手企業の株式を購入することにより，相手企業に対する支配権を獲得する。株式移転（取得）による買収のメリットは，手続が簡単であり，株式を購入するだけで会社の支配権を取得できる。ただ，株式の取得に多額の費用がかかる**（注2）**。

　なお，組織再編の差止請求については，略式組織再編にとどまらず，簡易組織再編を除く一般的な組織再編にまで差止の機会が認められている（会社法784条の2，796条の2，805条の2）。

　なお，差止めを認める要件としての当該吸収合併等が法令または定款に違反する場合としては，取締役の注意義務違反や忠実義務違反は含まれず，対価の違法性については争えないと解される（市民と法93号27頁）。

(3) 企業の現状と今後の動向

ⅰ　中小企業の動向

　中小企業は，国内約420万社のうち，企業数で90％を超え，従業者数で70％を占めるといわれている。そのうち，小規模事業者は，企業数で87％，従業者

数で21％にのぼるといわれている (注3)。

しかし，この小規模事業者の中には，新しい産業を創出し，事業規模を拡大することにより，我が国経済の発展に貢献する可能性のある企業も存在しているといわれている (注4)。

この中小企業・小規模事業者は，雇用や社会生活を支える地域での核であり，経済成長の基盤として重要な役割を果たす存在である。いわば日本経済の活力の源泉であるといえる。中小企業金融円滑化法は平成25年3月末日をもって終了したが，なお，その中小企業・小規模事業者の活力を引き出すための施策と地道で着実な経営改善を着実に実施していくことが求められているように思われる。

ii 中小企業の事業承継
(i) 経営権の承継

ところで，現在の状況として，中小企業の経営者，特に小規模企業の経営者の高齢化が進展し，今後の大規模な世代交代が見込まれているといわれる (注5)。

その場合に経営権の承継をどのように行うかは大変重要な問題である。後継者が先代経営者の相続人である場合，その承継は，贈与，遺言，相続等無償でなされる場合も多く，この場合は相続法の制約を受ける（親族内承継）。しかし，それ以外の場合は，通例としては，経営権の承継は，自社株の売買等，有償行為によってなされ，その内容は概ね，先代経営者と後継者との間の契約内容によって定まると考えられる（親族外承継）(注6)。

(ii) 親族内承継

先代経営者と後継者との関係については，昭和55年頃までは，後継者の約8割が先代経営者の子であり，その他の親族も含めると約94％が親族内承継であったといわれるが，平成の時代になると経営者の子の比率は，その他の親族を含めても相当に低下したといわれている (注7)。

⑦ 遺産分割による承継

遺言等がないままに先代経営者が死亡すると，相続人が複数の場合，自社株の承継は遺産分割等を通じて行われることになると思われる。そうなると中小企業経営者の個人資産の大半は自社株や事業用資産であるため，法定相続分を基礎として行われる遺産分割では，後継者に自社株や事業用資産を集中して承

継させることが困難である場合が考えられる。そのため，遺言・死因贈与や生前贈与・有償行為としての売買などでの対応が必要になってくるのではないかと考えられる。

　㋑　遺留分による制約

　遺留分というのは，被相続人の財産のうち一定の相続人に一定割合の相続権を保障する制度であるが，経営権を後継者に承継するため，先代経営者が後継者に個人資産である自社株を贈与，遺言等によって集中的に承継させようとする場合，遺留分の問題を避けて通ることはできない。前述のとおり，中小企業経営者の個人資産のうち，自社株や事業用資産の占める比率が高いため，これを後継者に承継させようとすると非後継者の遺留分を侵害するケースが多いのではないかと考えられる。

　㋒　「特別受益」としての自社株

　先代経営者が後継者（相続人）に自社株を生前贈与した場合，それは相続人への「生計の資本」としてなされた贈与として「特別受益」に該当するため，何年前に贈与されたものでも基礎財産に算入され，遺留分減殺の対象となり得る。また，後継者が自社株の贈与を受けた後，自らの経営手腕によって自社株の価値が上昇した場合，上昇後の価額で遺留分の算定の基礎財産に加えられるにもかかわらず，後継者の貢献は考慮されない。そのため，却って後継者の貢献によって非後継者の遺留分が増加することになり，後継者の会社経営に対するインセンティブを阻害しかねないということになりかねないという状況があったといわれる。

　㋓　経営承継円滑化法の「遺留分に関する民法の特例」

　この遺留分の問題に対応するため，平成20年5月16日に，「中小企業における経営の承継の円滑化に関する法律」（以下「円滑化法」という。）が制定されている（平成20年10月1日施行）。このことは，すでに詳しく考察したところであるが，その概要は次のとおりである。

　特例の内容としては，後継者が先代経営者からの生前贈与によって自社株（対象株式）について，先代経営者の遺留分を有する推定相続人全員（後継者を含む。）で，次の合意をすることができる。その1は，除外合意であり，対象株式の価額を遺留分算定の基礎財産から除外すること（円滑化法4条1項1号）。これによって，経営権の承継に不可欠な自社株が遺留分減殺請求によっ

て分散することを防ぐことができる。その２は，固定合意であり，遺留分算定の基礎財産に算入する対象株式の価額を合意時の時価に固定すること（同法４条１項２号）。これによって，後継者の貢献で自社株の価額が上昇した場合に後継者がこれを保持することができることになる。

そのほかに，生前贈与財産についての除外合意（同法５条），推定相続人間の衡平を図る措置に関する定め（同法６条）も可能になっている。そして，この除外合意や固定合意などの効力を生じさせるには，合意の後，後継者が一定の期間内に，経済産業大臣の確認の申請（同法７条）と家庭裁判所の許可申立てをしなければならない（同法８条）(注8)。

ただ，この特例を利用するためには，推定相続人間での合意が必要となるため，人間関係が疎遠になっている場合には活用しづらく，また，経済産業大臣の確認と家庭裁判所の許可という手続が必要とされていることなどから使いづらいといった印象もあるようである(注9)。

(4) 信託の活用

信託法が平成18年12月に改正され，ⅰ受託者の自己執行義務の緩和等の業務内容の見直し，ⅱ倒産からの隔離など受益者の権利行使の実効性・機動性の強化，ⅲ自己信託，後継ぎ遺贈型受益者連続信託など多様な信託の整備などは，信託による事業承継，資産の流動化等を含む信託の利用に大きな影響を与えるものと考えられ，効果的な利用や新たな活用が期待されている。しかし，今のところ，新信託法の資産流動化等への活用は大きな流れとはなっていないようである(注10)。今後の新たな経済発展の中での信託の活用が期待されるところである。

(5) 企業のコンプライアンスとコーポレートガバナンス

すでに考察してきたが，企業のコンプライアンスというのは，企業の法令遵守体制（内部統制システム）の意味で一般に用いられており，その場合の企業というのは，営利企業が念頭に置かれている。本稿においては，競業取引と利益相反取引を中心に考察をしてきたが，企業の承継・再生・再編という観点からは，企業の法令遵守（公正性の確保）のみならず，われわれの社会に新たな富をもたらす（効率性）がゆえにその存在価値があるという側面も重要であ

24 おわりに

り，かつ大切であると考えられる。企業のコーポレート・ガバナンスの中核は，企業統治ということで，不正行為の防止，企業の収益力・競争力の向上といった観点から，平成26年の会社法改正（平成26年法律第90号，平成27年5月1日施行）により，取締役に対する監査・監督のあり方の見直しを行い社外取締役の活用に関し，監査等委員会設置会社制度の新設，社外取締役の要件の厳格化，社外取締役を選任しない場合の株主総会における説明義務の新設等があり，会計監査人の独立性の強化に関する改正として会計監査人の選解任等に関する議案の内容の決定権を監査役または監査役会に付与することとしている。さらに，従来より親子会社に関する規律の整備が不十分であるとの指摘もあったということで，多重代表訴訟制度の新設，組織再編の差止請求制度の拡充，詐害的な会社分割における債権者保護規定の新設などが挙げられるが（注11），その趣旨は，公正性を確保しつつ，効率性をいかに実現するかということであり，そのためのシステムをいかに整備するかという問題でもあるように思われる。企業のコンプライアンス（法令遵守，広くは社会規範の遵守）は，まさにコーポレート・ガバナンスの重要でかつ大切な一部を構成することになる（注12）。

(6) 結びにあたって

以上のような諸情勢を考慮しながら本稿では，会社法を中心に会社を含む企業の承継・再生，そして，再編の基盤となる担保・執行法制や倒産法制・信託法制についても解説を加えるとともに，近く施行される民法債権法の改正案の内容も加味し，判例・学説・先例・実例等を中心に網羅的かつ体系的に詳しく考察をしてきたが，社会の基礎的基盤を構成する法制度の進展，それを基盤とする公示制度としての不動産登記等の発展，そしてさらにそれらを包摂する社会経済基盤の充実・強化という方向の中で，本稿がさらなる研究・検討等の資源として，また，登記制度発展のための諸施策の遂行，登記実務の更なる充実・強化等のための資料として多少なりともお役に立てることができればと心から願う次第である。

（注1）　元榮太一郎監修「事業再編（合併・分割・売却・事業譲渡・清算）の法律と

実務手続」10頁。
- （注2） 前掲（注1）元榮13頁。
- （注3） 蓮井智哉「今日の中小企業を取り巻く環境」法律のひろば・平成25年4月号4頁。
- （注4） 前掲（注3）蓮井4頁。
- （注5） 吉岡毅「中小企業の事業承継」法律のひろば・平成25年4月号30頁。
- （注6） 前掲（注5）吉岡32頁。
- （注7） 前掲（注5）吉岡32頁。
- （注8） 前掲（注5）吉岡35頁。
- （注9） 前掲（注5）吉岡35頁。
- （注10） 小林秀之編「資産流動化・証券化の再構築（新信託法制の資産流動化型信託への影響と活用）」63頁（田中和明）。
- （注11） 神田秀樹「会社法（16版）」174頁，志村康之・西田淳二「研修講座第8講（機関4）」民事研修697号52頁。
- （注12） 落合誠一「企業コンプライアンス確立の意義」ジュリスト1438号12頁，松木和道「企業コンプライアンスの現実」ジュリスト1438号18頁。

事項索引 (50音順)

英数

M＆A（企業買収）……………… 452
MBO……………………………… 4

あ

空家対策………………………… 349
悪意……………………………… 289
明渡猶予……………… 15, 101, 104
明渡猶予期間…………………… 18
明渡猶予制度…………………… 19
明渡猶予と転借人……………… 104
後継ぎ遺贈……………………… 140
後継ぎ遺贈型受益者連続信託… 144, 146
　　　　　　　　　　　　　149, 152
後継ぎ遺贈型の遺言…………… 141
後継ぎ遺贈と不動産登記……… 143
後継ぎ遺贈は公正証書………… 144
按分負担………………………… 326

い

遺言……………………………… 114
遺言自由の原則………………… 114
遺言信託………………………… 146
遺言代用信託…………………… 151
遺産分割………………………… 141
遺産分割による承継…………… 454
遺産分割の協議………………… 381
意思凍結機能…………………… 142
遺贈…………………… 114, 141, 148
委託会社………………………… 446
委託者兼受益者………………… 333

委託者兼受益者の倒産………… 333
委託者の破産管財人…………… 332
一部代位弁済…………………… 376
一不動産一登記記録…………… 97
一部弁済…………………… 276, 277
一括競売……………… 54, 55, 57
一括競売と不動産登記………… 62
一括競売の効果………………… 60
逸出財産の回復………………… 283
一般の先取特権………………… 401
委付……………………………… 347
遺留分………………… 112, 114, 455
遺留分額………………………… 114
遺留分減殺……………………… 148
遺留分減殺請求………………… 152
遺留分減殺請求権……………… 113
遺留分減殺の対象……………… 115
遺留分権利者…………………… 113
遺留分算定基礎財産…… 114, 115
遺留分制度…………… 113, 115, 148
遺留分の事前放棄……………… 116
遺留分割合……………………… 114
遺留分を算定…………………… 122
印鑑証明書の提供……………… 366
隠匿等の処分…………………… 341
隠匿の意思……………………… 298

う

受戻権………………… 396, 404, 406
受戻権の消滅…………………… 411
受戻権の放棄…………………… 404
受戻特約………………………… 410

受戻しの請求…………………	396
訴え…………………………	283
売渡請求……………………	125
売渡請求権…………………	127
売渡請求の期間……………	131
売渡請求の拒否……………	127
売渡請求の制度……………	125
売渡対価が不当……………	6
売渡担保……………………	397

え

営業…………………………	166
営業権………………………	287
営業譲渡……………………	371
営業譲渡型事業再生………	288
営業譲渡代金………………	287
営業譲渡の否認……………	287
永小作権…………………	46, 51

か

買受人による代金納付……	89
買受人の特定承継人………	102
買受けの申出………	232, 233, 235, 259
買受申出……………………	243
外国会社……………………	443
解散…………………………	274
会社更生手続…………	385, 398, 402
会社更生と物上代位………	272
会社更生の担保権消滅制度………	243
会社更生法による否認……	300
会社財産……………………	394
会社債務……………………	447
会社の合併…………………	394
会社の事業の承継…………	112
会社(の)分割………	166, 178, 184, 356

	395, 443, 452
会社分割契約書……………	369
会社分割手続………………	176
会社分割と企業再生………	166
会社分割と農地法の許可…	191
会社分割と不動産登記……	189
会社分割の活用……………	167
会社分割の詐害性…………	171
会社分割の有用性…………	171
会社分割の予約……………	191
会社分割無効の訴え……	178, 181
解除…………………………	416
解除期限付所有権移転……	142
解除権………………………	35
介入権制度…………………	422
買戻し………………………	397
買戻特約付売買契約………	406
買戻しの特約の登記………	66
価額決定の制度……………	243
価額償還……………………	299
各種登記説…………………	304
確定事由……………………	387
確定請求…………	378, 379, 381
確定の効力…………………	388
確定日付のある証書………	74
確定前の根抵当権…………	437
果実からの優先弁済………	79
価値代替物…………………	72
合体後の建物………………	97
合体した建物………………	96
合体前の建物………………	97
割賦販売……………………	400
割賦弁済……………………	413
合併……………………	126, 452
合併の無効の訴……………	394

事項索引

家庭裁判所の許可	113, 117, 122
株式移転	356, 452
株式会社の承認	125
株式交換	356, 452
株式譲渡	452
株主全員の合意	441
株主総会の承認	432
株主の利益	442
仮登記	289, 441
仮登記仮処分	293
仮登記権利者	393
仮登記担保	266, 393, 395, 400
仮登記担保契約	266, 393
仮登記担保権	245, 416
仮登記担保権者	396
仮登記担保権設定者	396
仮登記抵当権	290
仮登記に基づく本登記	266
仮登記根抵当権	390
仮登記の順位	396
仮登記の否認	293
換価時期選択権	238
換価処分	396
換価方法の多様化	234
管財人の資格証明書	265
慣習法上の物権	413
間接強制機能	242
間接取引	424, 432
間接取引の禁止	429
監督委員	264, 269, 299
監督委員の同意書	264
元本確定	374, 384
元本確定期日	389
元本(の)確定事由	380, 387, 390
元本確定請求	359, 387, 390
元本確定請求権	372
元本確定請求の制度	388
元本確定の効果	389
元本確定の登記	374, 378, 386
元本受益権	144
元本の確定期日の定め	387
元本の確定の事実	364
元本の確定の登記	389, 390
管理処分信託	338
管理人	88
管理費用	78

き

企業金融	95
企業財産の総体	394
企業承継	155
企業担保	394
企業担保権の順位	394
企業担保権の目的	394
企業担保法	394
企業の維持・承継	112
企業の公正さ	420
企業のコンプライアンス	420
企業の承継	115, 353
企業の承継，再生	420
企業の提携	166
企業の倒産	386
企業買収	452
期限付権利の保全の仮登記	143
期限付所有権	142, 147
期限の利益の喪失約款	413
帰属清算型	405, 406
帰属清算方式	404
期待権	143
寄託請求	33

461

寄付	442
吸収分割	166, 167, 357
吸収分割契約	167, 189
吸収分割承継会社	183
吸収分割の活用	169
吸収分割の登記	368
求償	449
共益債権	384
競業禁止義務	422
競業取引	420, 421
競業取引の規制	422
競業取引の効力	423
競業避止義務	224
強制管理	18, 64, 76, 77, 98
強制管理の制度	82
強制管理の手続	84
強制管理類似の制度	76
強制競売	77, 89
強制競売手続	263
強制執行	394
強制執行(の)手続	256, 263
競争力強化	420
供託金還付請求権	65
協働関係形成義務	182
共同均分相続	146
共同相続人	448
共同担保	246, 380
共同担保目録の記録	377
共同抵当権	55
共同根抵当	377
共同根抵当権	369, 380
共同根抵当権の設定登記	375
共有	379
共有者全員	380
共有者の1人	386
共有者の分割請求	327
共有者の持分	387
共有根抵当権の移転の登記	388
共有物(の)分割	327, 346, 442
共有物の分割請求	129
共有持分	387
共有持分権者	103
共有持分権に対する場合の登記記録	83
共有持分についての売渡請求	129
共有持分の買受人	103
共有持分の買受人と引渡命令	102
共有持分の買主	103
共有持分の放棄	273
共用根抵当権	369
許可書の提供	268
極度額	385
極度額減額請求	361
極度貸付契約	94
寄与分	148
金銭消費貸借	397
金融取引	384

く

区分建物の建替え	45

け

経営権の承継	454
経営者の交替	113
経営者の相続	112
経営承継円滑化法	112, 116, 455
経営の承継	113
経済産業大臣の確認	113, 120
経済生活の再生	284
形式的譲渡担保	397

形成権	285, 299	権利濫用	232, 246
継伝処分型遺贈	150		

こ

競売	243, 394	故意否認	286
競売開始決定	63	合意解除	417
競売減価	96	合意書	113
競売手続	25, 232	合意の効力	122
競売手続開始の登記	374	合意の効力の消滅	122
競売による売却	89	合意の登記	354, 365
競売不動産	28	合意の要件	120
権原占有者	69	公開会社	128
建設協力金	27	公開会社における売渡請求	127
限定承認	227	交換価値支配権	64, 70
限定責任信託	329	交換価値の担保	98
限定的積極説	103	交換価値論	69
原根抵当権	374, 375	後継者	118, 456
現物出資	35, 440	後順位賃借権	19
現物出資の目的	36	後順位抵当権者	72, 258
現物返還	299	後順位(の)担保権者	96, 231, 246
権利移転の原因	292	公序良俗	227
権利移転の効果	292	更生会社財産	330
権利外観法理	426	更生会社所有の不動産	265, 267, 270
権利混同	313	更生会社の管財人	268, 308
権利消滅の登記	143	更生管財人	308
権利の一部についての否認の登記	314	更生管財人の資格証明書	270
権利の消滅	402	更生計画	178, 233, 236, 265, 384
権利の包括継承	189	更生計画許可の決定	264
権利(の)放棄	260, 261, 269, 273, 309, 376, 390	更生計画認可	247
権利変換	291	更生計画認可(の)決定	270, 403
権利変動の過程と態様	377	更生計画の遂行	308
権利変動の原因行為	296	公正証書	82, 394, 448
権利変動の効果発生	296	公正証書遺言	142
権利変動の登記	247	更生担保権	242, 265, 270, 393, 403
権利放棄された財産	279	更生担保権者	396
権利保護資格要件	35	更生手続	177

更生手続開始決定	265
更生手続外での権利行使	265
公平な清算	284
抗弁	283
効力発生日	362, 371
コーポレート・ガバナンス	420
個人企業	353
個人の債務者	226
固定合意	113, 456
固定合意の効力	122
固有財産	324, 346, 429
固有財産の処分権	327
固有財産の信託財産化	428
混合契約	106
コンプライアンス	421
混和による識別不能	324

さ

再建型手続	355
債権差押え	89
債権差押命令	86
債権者の異議手続	176
債権者の同意	381, 382
債権者保護手続	176, 183
債権譲渡担保	414
債権譲渡と物上代位の優先劣後	86
債権譲渡の承諾	448
債権的請求権	396
債権(の)譲渡	74, 107, 374, 415, 437
債権の譲渡の円滑化	389
債権放棄	273
財産管理制度	160
財産管理能力	155
財産減少行為	178, 285
財産減少行為の否認	298

財産権の不可侵性	227
財産の受戻し	261, 269
財産の任意売却	234
再譲渡担保	416
再生型倒産手続	235
再生計画	384
再生債権者	403
再生債務者	269
再生債務者財産	330
再生手続	177
再生手続開始の登記	250, 251
最先順位の借地権者	59
財団組入れ	257, 258
財団組入金	337
財団債権	34, 288, 298
財団の拡充	234
財団の増殖	231
再売買の予約	397, 406
裁判所書記官	303
裁判所の許可	231, 256, 269, 278
裁判所の許可事項	273
裁判所の許可書	261, 265, 308
裁判所の許可を証する情報	267
債務者(抵当権設定者)の破産	336
債務者の承諾	291
債務者の責任財産	283
債務者の相続	364
債務者の追加的変更	440
債務者の変更	438
債務者の変更(の)登記	364, 437
債務承継	381
債務超過	174, 175, 284, 300
債務超過会社	177
債務の一部免除	96
債務の承認	381

債務の根担保……………………… 321	事業委託型のサブリース契約……… 106
債務(の)引受(け)………… 161, 425, 438	事業(営業)の譲渡……………… 221, 224
債務名義………………………… 83, 85, 297	事業再生……………………………… 339
詐害意思…………………………… 283, 286	事業承継……………………………… 162
詐害行為…………………………… 178, 285	事業承継の円滑化………………… 112, 116
詐害行為取消権… 172, 175, 178, 283, 332	事業譲渡…………… 176, 183, 357, 371
詐害行為取消訴訟…………………… 283	445, 446, 452
詐害行為(の)否認………… 283, 286, 299	事業の継続………………… 221, 223, 233
詐害信託……………………………… 332	事業の継続に不可欠な財産………… 233
先取特権………………………… 50, 72, 393	事業の更正…………………………… 234
差押え………………………………… 73	事業の効率化………………………… 452
差押登記の登記原因………………… 83	事業(の)再編………………… 166, 182
差押登記の抹消登記………………… 263	事業の信託…………………………… 160
差押えの効力………………………… 18	事業の売却・買収…………………… 166
差押(えの)登記…………… 63, 83, 412	事業用不動産…………………… 113, 153
指図権………………………………… 147	自己契約……………………………… 421
三角分割……………………………… 170	自己証明……………………………… 442
残存債権……………………………… 277	死後処分……………………………… 114
残存債権額…………………………… 278	自己信託……………………………… 329
三位一体譲渡………………………… 95	自己取引………………………… 426, 430
	自己取引の禁止……………………… 428
し	資産承継の権利……………………… 114
死因贈与……………………………… 148	資産の承継…………………………… 113
死因贈与契約………………………… 151	資産(の)流動化……………… 221, 334
敷金…………………………………… 68	自社株式………………………… 113, 115
敷金契約……………………………… 26	市場機能の改善……………………… 420
敷金の充当…………………………87, 271	自助売却権…………………………… 238
敷金の承継…………………………… 26	自助売却制度………………………… 405
敷金の譲渡…………………………… 29	自然債務……………………………… 227
敷金の登記………………………… 25, 28	事前通知……………………………… 267
敷金返還義務者……………………… 31	質権……………… 31, 50, 231, 393, 394
敷金返還請求権………27, 28, 32, 33, 36	執行行為の否認……………………… 297
敷地権付き区分建物………………… 190	執行裁判所…………………………… 77
識別不能……………………………… 325	執行文………………………………… 83
事業…………………………………… 166	執行妨害…………………………96, 105

指定債務者の合意……………… 353
私的実行……………………… 96
自働債権……………… 87, 108, 271
支払の停止…………………… 300
支払不能…………… 284, 300, 301
社員総会議事録……………… 434
社会的規範…………………… 227
借地権の対抗要件…………… 59
受遺者………………………… 142
収益執行……………………… 69
収益受益権…………………… 144
収益の担保…………………… 98
収益力………………………… 97
自由財産………… 266, 273, 274, 278
受益権………………… 144, 147, 329
受益権の準共有……………… 162
受益債権……………………… 335
受益者の定めのない目的信託…… 329
受益者の倒産………………… 333
受益者の保護………………… 326
受益者の利益………… 330, 429, 430
受益者変更権………………… 152
受益者連続機能……………… 142
受益者連続(の)信託………… 147, 148
熟慮期間……………………… 240
受継…………………………… 283
受託会社……………………… 446
受託者………………… 144, 340, 428
受託者個人の債権者………… 328
受託者の意図………………… 429
受託者の権限違反行為……… 430
受託者の固有財産………… 326, 330
受託者の固有財産と信託財産…… 330
受託者の倒産………………… 329
受託者の破産財団…………… 328

主張立証責任の分配………… 301
受働債権………………… 108, 271
受働債権の債権者…………… 109
取得時効……………………… 40
順位上昇の原則……………… 232
準共有…………………… 369, 372
準共有根抵当権……………… 370
準拠法………………………… 445
準物権行為…………………… 445
準別除権者…………………… 254
償金請求権…………………… 326
承継会社……………………… 166
条件付賃借権設定仮登記…… 258
使用収益権…………………… 142
商事留置権………………… 231, 240
商事留置権消滅制度………… 234
承諾に代わる判決…………… 305
承諾要件の廃止……………… 50
譲渡債権……………………… 445
譲渡制限株式………………… 125
譲渡制限株式の取得と財源規制…… 132
譲渡制限付種類株式………… 128
譲渡担保……… 92, 392, 396, 400, 402, 404
　　　　　　　405, 411, 413, 415
譲渡担保契約………………… 406, 410
譲渡担保契約(の)解除……… 415, 417
譲渡担保権………………… 45, 393
譲渡担保権者………… 47, 239, 393, 397
譲渡担保権者の破産………… 399
譲渡担保設定契約…………… 397
譲渡担保設定者………… 392, 396, 397
譲渡担保設定者の破産……… 399
譲渡担保と不動産登記手続… 408
譲渡担保の確定……………… 412
譲渡担保の実行……………… 404

事項索引

譲渡担保の相続	414
譲渡担保の登記	417
譲渡担保の売買	415
譲渡担保の法理	406
譲渡担保の有効性	413
商取引	384
消費貸借	27
証明責任	343
消滅時効	227, 396
消滅すべき担保権	258
剰余主義	242
除外合意	113, 455
除外合意の効力	122
処分禁止の仮処分の登記	310
処分清算型	405, 406
処分清算方式	404
処分の制限の登記	297
所有権	147
所有権一部移転の登記	268
所有権移転請求権仮登記	191
所有権移転請求権保全の仮登記	239, 416
所有権移転登記	102, 409, 413
所有権構成	393
所有権的構成	392, 398, 399, 401, 409
所有権の登記	312
所有権(の)保存(の)登記	63, 190
所有権留保	397, 398, 400
所有者不明の土地	144
信義誠実の原則	182
親権者	447
親権者の代理権	448
親権濫用	446
真正な登記名義の回復	308, 442
新設会社	126, 166
新設会社設立の日	362
新設分割	166, 172, 357
新設分割計画書	176
新設分割設立会社	183
新設分割の活用	167
親族内承継	454
迅速な換価	235
信託	147, 446
信託仮登記	94
信託契約	146, 191, 331
信託行為	93, 430
信託債権	335
信託財産	147, 161, 324, 326, 339, 346, 401, 428, 429
信託財産間取引	428, 430
信託財産管理者	340
信託財産責任負担債務	161, 335, 339
信託財産に属する財産	330
信託財産の独立性	327, 328
信託財産の破産	334
信託財産の否認	342
信託財産の法人化	329
信託財産法人の管理人	340
信託終了の申立権者	334
信託譲渡	92
信託的抵当権設定契約	337
信託と事業承継	348
信託による資産(の)流動化	327, 328
信託の受託者	427
信託の登記	152, 330, 428
信託の登記と委付による登記	347
信託の登記と破産の登記	344
信託の倒産隔離機能	329
信託の倒産隔離機能と否認権	340
信託の取消し	332

信託の法的安定性	334
信託不動産	146
信託不動産の流動化	337
信託法	93
信託の活用	456
信託目録	152
人的分割	167
新得財産	228

す

推定相続人全員の合意	120, 149
推定相続人の廃除	148
随伴性	92

せ

請求	283
請求力	227
制限説	289
清算型手続	355
清算株式会社	191
清算金	395, 398, 404
清算(金)請求権	406, 410
清算金の見積額	393
清算受託者	335
清算中の信託	335
清算手続	275
清算特約	410
清算人	261
生前贈与	113, 114, 115, 116, 381, 455
生前贈与財産	456
制約付きの登記	304
成立の日	371
責任財産	97
責任なき債務	227
セキュリティ・トラスト	93, 335

設定者の承諾	358
設定者留保権	405
説明義務	182
設立無効の訴え	274
善意	431
善管注意義務	431
先順位借地権者	58
先順位抵当権者	24

そ

増価買受義務	49
増価競売(の)請求	43, 49, 50
増価競売の申立て	45
相殺	33, 70, 87, 108
相殺合意	108
相殺の意思表示	109
創造説	289
相続	126, 414
相続期待利益	114
相続財産管理人	267
相続財産自体	228
相続財産の破産	339
相続財産法人	267
「相続させる」旨の遺言	114, 141
相続放棄	448
相対的な効力	311
相対的無効	299, 426
相対的無効説	427
想定競落価格	233
双方代理	421, 429, 447
双方未履行双務契約	35, 331
双方未履行双務契約の解除権	332
双務契約の解除権	34
贈与	114, 442
訴求力	227

即時抗告の申立て………………… 274	建物明渡猶予制度………………… 104
組織(の)再編(成)……………… 182, 452	建物収去土地明渡請求………… 54, 56
存続会社……………………… 126	建物収去土地明渡請求訴訟…… 54
	建物の代価………………………… 55

た

代位原因証明情報………………… 314	建物の表示の登記………………… 63
第1次受益者……………… 146, 147	建物の滅失の登記………………… 97
代位物……………………………… 66	建物引渡猶予制度………………… 101
代位弁済…………………… 364, 384	建物保護法………………………… 17
対価が不当であること……………… 6	短期賃借権………………………… 258
対価的均衡………………………… 286	短期賃借権者……………………… 59
対抗関係…………………………… 275	短期賃借権設定の仮登記………… 9
対抗要件……………………… 35, 107	短期賃借権保護制度……………… 69
対抗要件としての信託の登記…… 343	短期賃借制度の廃止……………… 13
対抗要件(の)充足行為…… 288, 289, 296	短期賃貸借………………………… 8
対抗要件の否認…… 288, 291, 295, 299	短期賃貸借制度……………… 20, 101
対抗力……………………………… 290	短期賃貸借の濫用………………… 9
第三債務者保護説………………… 73, 75	担保仮登記………………………… 393
第三者異議の訴え………… 393, 398, 401	担保仮登記に係る権利…………… 266
第三者の善意・悪意……………… 363	担保権……………………………… 178
第三者弁済………………………… 104	担保権者の意思…………………… 244
第三者保護説……………………… 107	担保権者の間接強制力…………… 249
第三取得者………………………… 254	担保権消滅許可決定………… 257, 258
代償的権能………………………… 68	担保権消滅許可制度……………… 232
代償的債権………………………… 72	担保権消滅許可の申立て………… 232
対世的な絶対的効力……………… 386	担保権消滅請求……… 251, 337, 402, 404
代替的物上代位…………………… 68	担保権消滅制度……………… 230, 405
第2次受益者……………………… 147	担保権消滅の登記………………… 402
滞納処分…………………………… 89	担保権設定者の所有不動産……… 336
滞納処分による差押え……………… 18	担保権に基づく収益執行………… 71
代物弁済…………………… 286, 441, 450	担保権の帰属……………………… 93
代物弁済一方の予約……………… 297	担保権の実行……………………… 394
代物弁済契約……………………… 447	担保権の実行手続………………… 263
代理権……………………………… 450	担保権の実行の申立て…………… 257
代理権の濫用……………………… 450	担保権の消滅………… 230, 244, 246
	担保権の消滅と登記手続……… 243

担保権(の)消滅(の)許可……… 245, 248
　　　　　　　　　　　　257, 259
担保権の制約…………………… 238
担保権の存在を証する書面………… 85
担保権の追及効………………… 240
担保権の登記……………………… 85
担保権の不可分性…… 241, 242, 248, 253
担保権不可分の原則……………… 232
担保される利益………………… 389
担保提供行為…………………… 320
担保的構成………… 392, 398, 401, 409
担保不動産競売手続……………… 77
担保不動産収益執行……14, 18, 64, 84, 96,
　　　　　　　　　　98, 100, 108, 257
担保不動産収益執行制度………… 76
担保不動産収益執行と他の手続…… 89
担保不動産収益執行と登記……… 82
担保不動産収益執行と根抵当権の
　確定………………………………… 84
担保不動産(の)競売… 81, 84, 95, 96, 257
担保不動産の差押え……………… 98
担保不動産の使用収益権…………… 81
担保不動産の流通促進…………… 240
担保目的物の受戻し……………… 260
担保目的物の任意売却…………… 233
担保余剰価値部分………………… 237
担保割財産……………………… 236
担保割れ………………………… 232
担保割れの状態…………………… 241

ち

地役権……………………………… 96
地上権………………………… 46, 51
中間省略登記の否認……………… 293
忠実義務………………………… 428

忠実義務違反…………………… 430
中止命令………………………… 238
中小企業(の承継)…………… 112, 453
重畳的債務引受………………… 439
直接取引…………………… 424, 432
賃借権……………………………… 96
賃借権設定の仮登記……………… 258
賃借権設定予約契約……………… 10
賃借権の時効取得…………… 39, 40
賃借権の対抗要件………………… 18
賃借権の登記……………………… 21
賃借権優先同意登記……………… 59
賃借権優先同意の制度…………… 22
賃借人の相殺………………… 107, 108
賃借人破産……………………… 222
賃貸借契約書……………………… 27
賃貸借の譲渡……………………… 28
賃貸人破産………………… 37, 222
賃料債権………………………… 107
賃料債権譲渡…………………… 222
賃料債権の証券化………………… 38
賃料債権の処分………………… 222
賃料債権の処分制限…………… 221
賃料債権への物上代位…………… 69
賃料支払義務者の特定…………… 88
賃料に対する物上代位…………… 65
賃料への物上代位………………… 71

つ

追認……………………………… 430
通謀……………………………… 291

て

定款……………………………… 125
停止期限付所有権移転…………… 142

停止条件付遺贈	150	滌除の廃止	238
停止条件付債権	32	滌除の申出	49
停止条件付返還債務	36	滌除の申出額	48
抵当権	231, 393, 394	適正価格処分行為の否認	299
抵当権実行通知義務	47	デフレ経済	112
抵当権者の競売申立	50	転換機能	144
抵当権者の同意	22, 57, 69	典型担保	393
抵当権者の物上代位	87	電子証明書の送信	366
抵当権消滅請求	46, 47, 249	転借人	104
抵当権消滅請求制度	234, 239, 240	転貸借契約	21
抵当権消滅請求と不動産登記	51	転貸(借)賃料債権	67, 71, 105, 106, 271
抵当権消滅制度	43, 46, 239, 242	転貸賃料に対する物上代位	105
抵当権設定仮登記	265	転地上権者	51
抵当権設定契約	276	転抵当権	375
抵当権設定行為	447	転根抵当権	374
抵当権設定登記申請	277	転根抵当権の移転登記	374
抵当権設定登記の先後	87	天然果実	78, 81
抵当権設定(の)登記	39, 40, 86, 107, 271	転付命令	65, 67, 73, 75, 86, 87
抵当権に基づく物上代位	77	転付命令と物上代位による差押え	86
抵当権による物上代位	70		
抵当権の不可分性	277	と	
抵当権の物上代位	105, 271	ドイツ法	241
抵当債務の一部消滅	276	同意権	450
抵当建物明渡猶予制度	14	同意の撤回	23
抵当不動産	41	同意の登記	19, 22, 23
抵当不動産の明渡し	13	同意の取消無効	23
抵当不動産の果実	71, 79	登記義務者の真意	267
抵当不動産の共有持分	239	登記義務者の登記識別情報	267
抵当不動産の収益価値	76	登記義務者の登記済証	267
抵当不動産の第三取得者	407	登記記録	394
抵当不動産の流動化	44	登記原因「譲渡担保」	409
滌除	242	登記原因証明情報	52, 245, 369, 372, 402, 409, 410, 413, 446
滌除権	48		
滌除制度の濫用	44	登記原因証明情報の提供	293
滌除(の)制度	43, 45, 249	登記原因の真実性と正確性	409

登記原因を証する情報…………… 247
登記識別情報…… 261, 265, 267, 268, 269
登記識別情報の提供……… 267, 308, 348
登記事項証明書………………82, 372
登記申請義務の承継……………… 190
登記済証………………… 265, 269
登記済証の添付………………… 262
登記の同一性………………… 411
登記の否認………………… 284
登記留保………………… 289
倒産解除特約………………… 404
倒産解除特約の効力……………… 403
倒産隔離………………… 326
倒産隔離機能………………… 328
倒産手続………………… 398
倒産手続における担保権消滅制度… 252
倒産法………………… 177
倒産法上の担保権消滅制度………… 234
倒産法と物上代位……………… 270
同時廃止………………… 228
登録免許税………………25, 192
独自の担保権………………… 413
特殊登記………………… 283
特殊登記説……………… 284, 304, 311
特定性維持説………………… 73
特定の相続人の議決権……………… 130
特別決議事項………………… 224
特別支配株主の株式等売渡請求…… 6
特別受益………… 114, 115, 148, 455
特別受益財産………………… 113
特別代理人………………… 447, 448
特別の先取特権……………… 231, 256
特別の事情変更……………… 333
特例合意………………… 120
土地全体の交換価値……………… 387

土地占有権限………………… 57
取締役会設置会社……………… 424
取締役会(の)議事録…… 427, 433, 435
取締役会の承認……… 425, 438, 441
取戻権………………… 328, 399
取り戻した財産………………… 303

な

内部統制システム……………… 420

に

二重譲渡………………26, 305, 370
二重の開始決定………………82, 84
二重弁済………………… 107
二重弁済の防止………………… 107
二段物権変動説………………… 405
任意売却………… 231, 244, 253, 256
　　　　　　　　260, 269, 337, 402
任意売却と仮登記……………… 265
任意売却と登記申請手続………… 268
任意売却と登記手続……………… 261
任意売却と破産の登記…………… 268
任意売却による換価……………… 230
任意売却の方法………………… 263

ね

根抵当権………………94, 384, 433, 434
根抵当権一部移転……………… 371
根抵当権者………………… 84
根抵当権者の意思……………… 380
根抵当権者の合併……………… 356
根抵当権設定仮登記……………… 94
根抵当権設定者の承諾…… 358, 369, 437
根抵当権設定者の承諾書………… 369
根抵当権設定者の相続人………… 378

根抵当権設定登記	433	破産管財人の選択権	298
根抵当権(の)一部移転(の)登記	369, 370, 373	破産管財人の任意売却	261
根抵当権の元本確定事由	80	破産原因	177, 339
根抵当権の継続	357	破産債権	32
根抵当権の合意の登記	365	破産債権者	399
根抵当権の債務者	365	破産財団	37, 38, 179, 318, 330, 376
根抵当権の承継	353, 355, 356	破産財団からの放棄	254
根抵当権の消滅請求	361	破産財団から放棄された不動産	278
根抵当権の全部譲渡	436, 437	破産財団の充実	235
根抵当権の被担保債権	386	破産財団への組入れ	244
根抵当権の被担保債権の範囲	94	破産者が物上保証人	254
根抵当権の否認	317	破産者個人の管理処分権	261
根抵当権の変更	371	破産者の隠匿等の処分	341
根抵当権の変更登記	369, 382	破産者の行為	291
根抵当債務者の合併	356	破産者の財産管理権	272
		破産者の不当利得返還請求	228
は		破産手続	31
		破産手続開始	384
売却	308	破産手続開始(の)決定	284, 373, 387
廃除事由	148	破産手続開始の効力	376, 384
背信的悪意者	407	破産手続開始の登記	274
配当の原資	244	破産手続開始の登記の変更の登記	309
「売得金」の額	259	破産手続開始の登記の抹消	262, 319, 390
売買	417		
売買契約	257	破産手続終結の登記	303
売買契約の特質	257	破産手続による清算事務	274
売買代金の完済	400	破産手続の解止	302
売買の形式	397	破産手続の効力	384
売買予約	441	破産手続の承継人	228
破産	393	破産手続の迅速化・円滑化	230
破産・民事再生と物上代位	271	破産手続の当事者	228
破産管財人	34, 274, 284, 405	破産手続申立権放棄の特約	339
破産管財人による任意売却	257, 259	破産能力	228
破産管財人の解除権	222	破産(の)終結	261, 269
破産管財人の権限と任意売却	259	破産の取消し	304

破産廃止	261, 269
破産法上の担保権消滅制度	240
派生的権能	68
派生的債権	72
バブル経済	11
判決による登記	297
判子代	244

ひ

引当財産	331
引渡命令	19, 101
非公開会社	127
非後継者の遺留分	115
非占有担保(性)	65
被担保債権の一部の弁済	241
被担保債権の回収	260
被担保債権の帰属	93
「被担保債権」の公示	412
被担保債権の範囲の変更	94
被担保債権の表示	413
被担保債権の弁済	392
被担保債権の保証人	384
被担保債権を有しない受託者	336
非典型担保	392, 393, 400
非取締役会設置会社	424
否認	178, 304
否認権	178, 179, 283
否認権の行使	337
否認権の行使と不動産登記	301
否認権のための保全処分	299
否認された行為	316
否認された登記	315
否認制度の変容	342
否認訴訟	283
否認による物権変動	311
否認の効果	298
否認の請求	301
否認の登記	283, 302, 305, 315
否認の登記(等)の抹消	302, 303, 306
否認の登記と合筆・合併	319
否認の登記と受益者・転得者	304
否認の登記と登記義務者	316
否認の登記の申請	301
否認の登記の性質	303
表題部所有者	190

ふ

ファイナンス取引	332
不確定期限付遺贈	142, 143, 150
付加的物上代位	68
不可分性の例外	249
付記登記	30
付記の仮登記	390
付記の本登記	390
複合契約	106
福祉型信託	155
不採算部門	452
附従性	92
不足額責任主義	254, 256, 261
不足額の原則	254, 260
負担付遺贈	143, 150
復帰的物権変動	275
物権的請求権	396
物権の任意売却	261
物権変動	446
物権法定主義	142, 413
物上代位	64, 66, 87, 107, 108
物上代位権	106
物上代位と債権譲渡	66
物上代位と差押え	66

物上代位と敷金充当	66	分割契約	183
物上代位と相殺	66, 107	分割契約書	368, 372
物上代位と転付命令	66	分割承継会社	372, 373
物上代位と不動産収益執行の競合	87	分割設立会社	373
物上代位と不動産収益執行の長短	87	分別管理義務	324, 326, 330

へ

物上代位による差押え	75	併用賃借権の仮登記	258
物上代位による差押手続	85	別除権	178, 245, 253, 256, 393, 400, 403
物上代位の範囲	105	別除権協定	275, 279, 403
物上保証	320, 321, 436	別除権者	260, 337, 396
物上保証人	227, 384	別除権者の同意	230, 260, 261
物的会社	167	別除権者への通知	255
物的担保	397	別除権付不動産	260
不動産競売市場	98	別除権(の)放棄	260, 273
不動産質権	79	別除権不足額	403
不動産譲渡担保契約	410	別除権放棄と対抗力	275
不動産譲渡担保の合意	410	別除権放棄と不動産登記	275
不動産譲渡担保の対抗要件	409	別除権放棄の意思表示	260, 274
不動産登記	413	弁済	416
不動産の共有持分	103	弁済額の寄託	32
不動産の差押宣言	83	弁済期	413
不動産の収益	100	弁済供託	104
不動産の任意売却	256	弁済能力の欠如	296
不動産の売却	264	偏頗行為	178, 285
不動産の流通の保護	249	偏頗行為(の)否認	283, 285, 286, 299, 342
不動産の流動性	251		
不動産引渡請求訴訟	102		

ほ

不動産流動化スキーム	337, 338	ボアソナード	241
不当利得	227, 399	妨害的短期賃貸借	10
不法占有者	78	妨害排除請求権	10, 11
不法占有者の排除	69	妨害排除(の)請求	10, 12
不要な財産の流動化	237	包括禁止命令	272
フランス法	241	包括譲渡	107
不良債権処理	11		
分割会社	166		
分割計画	183		

包括(的な)承継……………… 363, 429
放棄…………………………… 309
放棄の意思表示……………… 273
法人格なき財団……………… 228
法人格否認の法理…………… 178, 181
法定果実……………………… 78, 81
法定相続分…………………… 114
法定担保……………………… 393
法定地上権…………………… 55
法律的規範…………………… 227
法令遵守体制………………… 420
保険金請求権………………… 72
保証…………………………… 321
保証金………………………… 27
保証金提供義務……………… 49
保証人………………… 96, 321, 448, 449
保全処分……………………… 11
保存行為……………………… 342
保存行為の否認……………… 292
保存登記……………………… 190
本旨弁済……………………… 286

ま

抹消登記……………………… 304
抹消登記の回復登記………… 304
抹消の原因…………………… 308
抹消の嘱託書………………… 246
回り手形・小切手…………… 386

み

未成年者……………………… 447
民事再生手続………………… 385, 403
民事再生法による否認……… 299
民事執行……………………… 398, 401
民事執行実務………………… 11
民事執行法…………………… 38
民事執行法による登記手続… 263
民事信託……………………… 155
民法上の抵当権消滅制度…… 240
民法上の留置権(民事留置権)… 255, 401

む

無限責任社員………………… 422
無権代理行為………………… 448, 450
無重過失……………………… 431
無償行為……………… 286, 287, 321
無償性と否認行為…………… 320
無償否認……………… 283, 286, 287, 320
無担保権利者………………… 258

め

免除…………………………… 432
免責…………………………… 107
免責許可の申立て…………… 226, 229
免責された債務……………… 227
免責審理中の個別執行……… 229
免責制度……………………… 225
免責的債務引受……………… 433, 439
免責と再生…………………… 226
免責の登記…………………… 184

も

申立権の不行使特約………… 334
目的財産の任意売却………… 230, 231
持株会社……………………… 168
持分放棄……………………… 442
持戻し免除…………………… 148
持戻し免除の意思表示……… 115

や

約定担保 …………………………… 393

ゆ

遊休資産の売却 …………………… 238
有償行為 …………………………… 432
優先権保全説 ……………………… 73
譲受人の保護 ……………………… 249

よ

養育費 ……………………………… 449
用益権 ……………………………… 40
要物契約 …………………………… 26
予告登記説 ………………………… 303
予約完結権 ………………………… 297

ら

濫用的会社分割 ………… 176, 177, 181
濫用的短期賃貸借 ……………… 11, 12
濫用的な占有 ……………………… 11

り

リーマン・ショック ……………… 112
利益相反行為 …… 144, 327, 427, 428, 435,
　　　　　　　　　441, 442, 447, 448
利益相反取引 ………… 420, 423, 425, 433
利益相反取引規制 ………………… 421
履行遅滞後の果実 ………………… 79
略式組織再編 ……………………… 6
留置権 ……………………………… 393
留置権者 …………………………… 234
留置権(商事留置権) ……………… 256
留置権消滅請求 …………………… 249
留置権の不可分性 ………………… 241
留保売主 …………………………… 400
利用権 ……………………………… 406

れ

連帯債務者 ………………… 447, 448
連帯債務負担行為 ………………… 447
連帯保証 ………………… 321, 449
連帯保証契約 ……………………… 425
連帯保証人 ………………… 447, 449

ろ

ローマ法 …………………………… 283

わ

和議法 ……………………………… 251

判例年月日索引

年　月　日	裁判所（出典）	
明治38. 9.22	大審院判決（民録11輯1197頁）	58
39. 6.29	大審院判決（民録12輯1053頁）	277
42. 3.12	大審院判決（民録15輯263頁）	277
44. 3.24	大審院民事連合部判決（民録17輯117頁）	189
大正 3. 2.10	大審院決定（民録20輯37頁）	100
3. 4. 4	大審院判決（民録20輯261頁）	17
3.11. 2	大審院判決（民録20輯865頁）	397, 414
4. 3. 6	大審院判決（民録21輯363頁）	74
4. 7. 1	大審院判決（民録21輯1313頁）	54
6. 9.26	大審院判決（民録26輯498頁）	210
7. 3. 2	大審院判決（民録24輯423頁）	40
7. 4. 4	大審院判決（民録24輯465頁）	417
9. 2.20	大審院判決（民集26巻184頁）	425
10. 7.11	大審院判決（民録27輯1378頁）	218
12. 4. 7	大審院判決（民集2巻209頁）	74
14. 7.10	大審院判決（民集4巻629頁）	87
15. 2. 5	大審院判決（民集5巻82頁）	56
15. 6.29	大審院判決（民集5巻602頁）	290
昭和 4. 2.23	大審院判決（民集8巻337頁）	448
5.10.10	大審院判決（民集9巻948頁）	448
6. 9.16	大審院判決（民集10巻818頁）	295, 296
7. 4.28	大審院判決（民集11巻851頁）	38
8. 5. 9	大審院判決（民集12巻1123頁）	26
10. 7.31	大審院決定（民集14巻1449頁）	47, 239
10. 8.10	大審院判決（民集14巻1549頁）	58
11. 8. 7	大審院判決（民集15巻1630頁）	447
12. 4.22	大審院判決（民集16巻487頁）	210
13. 9.28	大審院判決（民集17巻1895頁）	425
13.10.12	大審院判決（民集17巻2115頁）	392, 399
25.11.30	最高裁判決（民集4巻11号607頁）	26
26. 6. 1	最高裁判決（民集5巻7号367頁）	448

479

昭和28. 2.13	東京高裁判決（下民集10巻188頁）……………………………… 295
29.10. 7	最高裁判決（民集 8 巻10号1795頁）……………………………… 183
30. 9.23	最高裁判決（民集 9 巻10号1350頁）……………………………… 17
33. 8.28	最高裁判決（民集12巻12号1936頁）……………………………… 40
34. 2. 2	神戸地裁決定（下民集10巻 2 号225頁）………………………… 102
35. 2.25	最高裁判決（民集14巻 2 号279頁）……………………………… 447
35. 7.15	最高裁判決（家月12巻10号88頁）………………………………… 447
35. 7.27	最高裁判決（民集14巻10号1871頁，判時232号20頁）………… 40
36. 2.10	最高裁判決（民集15巻 2 号219頁，金法271号13頁）………… 54
36. 7.20	最高裁判決（民集15巻 7 号1903頁）……………………………… 40
36.12.13	最高裁判決（民集15巻11号2803頁）……………………… 217, 227
36.12.18	大阪高裁判決（判時291号15頁）………………………………… 291
36.12.19	東京地裁判決（下民集12巻12号2994頁）……………………… 295
37. 9. 4	最高裁判決（民集16巻 9 号1854頁，金法327号10頁）……… 58
37.10. 2	最高裁判決（民集16巻10号2059頁）……………………… 447, 449
38. 1.18	最高裁判決（民集17巻 1 号12頁）………………………………… 38
38.12. 6	最高裁判決（民集17巻12号1664頁）……………………………… 425
39. 1.24	最高裁判決（判時365号26頁）…………………………………… 326
39. 1.28	最高裁判決（民集18巻 1 号180頁）……………………………… 425
39. 3.24	最高裁判決（判時370号30頁）…………………………………… 292
39. 3.24	最高裁判決（判タ162号64頁）…………………………………… 296
39. 8.28	最高裁判決（民集18巻 7 号1354頁）……………………………… 26
39.11.20	最高裁判決（民集18巻 9 号1914頁）……………………………… 17
39.12.25	最高裁判決（民集18巻10号2260頁）……………………………… 276
40. 3. 9	最高裁判決（民集19巻 2 号352頁）………………………… 291, 292
40. 3.17	最高裁判決（民集19巻 2 号453頁）……………………………… 17
40. 5. 4	最高裁判決（民集19巻 4 号811頁）……………………………… 96
40. 6.29	最高裁判決（民集19巻 4 号1027頁）……………………………… 17
40. 7.20	最高裁判例（訟月11巻11号1557頁）……………………………… 109
40. 9.22	最高裁判決（民集19巻 6 号1600頁）……………… 161, 201, 224, 358
41. 4.22	最高裁判決（民集20巻 4 号870頁）……………………………… 17
41. 4.28	最高裁判決（民集20巻 4 号900頁）………………………… 393, 398
41. 5.19	最高裁判決（民集20巻 5 号947頁）……………………………… 103
41.11.22	最高裁判決（民集20巻 9 号1901頁，判時468号33頁）……… 40
42. 3.14	最高裁判決（判時481号106頁）…………………………………… 200

昭和42. 7.11	東京地裁判決（金判76号2頁）………………………………	445
42. 7.21	最高裁判決（民集21巻6号1653頁，判時493号32頁）………	40
42. 8.25	最高裁判決（民集21巻7号1729頁）……………………………	129
43. 3. 7	最高裁判決（裁判集民事90号561頁）…………………………	406
43. 3. 8	最高裁判決（民集22巻3号540頁）……………………………	448
43. 3.15	最高裁判決（民集22巻3号625頁）……………………………	275
43.10. 8	最高裁判決（民集22巻10号2172頁）…………………………	447, 449
43.11.15	最高裁判決（民集22巻12号2629頁）…………………………	297
43.11.21	最高裁判決（民集22巻12号2726頁，判時542号51頁）……	37
43.12.25	最高裁判決（民集22巻13号3510頁）…………………………	425, 426
44. 7.17	最高裁判決（民集23巻8号1610頁）………………… 27, 29, 31, 33
44.12.25	最高裁判決（民集22巻13号3511頁）…………………………	427
45. 3.12	最高裁判決（判時591号88頁）…………………………………	425
45. 4.23	最高裁判決（民集24巻4号364頁）……………………………	425
45. 6.24	最高裁判決（民集24巻6号625頁）……………………………	432
45. 7.16	最高裁判決（民集24巻7号965頁）……………………………	66
45. 8. 2	最高裁判決（民集24巻9号1339頁）…………………………	291
45. 8.20	最高裁判決（民集24巻9号1305頁）…………………………	441
45.11.24	最高裁判決（家月23巻5号71頁）……………………………	447
46. 3.25	最高裁判決（民集25巻2号208頁）……………… 398, 404, 408
46. 3.30	最高裁判決（判時628号54頁）…………………………………	14
46.10.13	最高裁判決（民集25巻7号900頁）……………………………	427
46.12.24	東京地裁決定（判時659号85頁）………………………………	287
47. 3. 2	最高裁判決（民集26巻2号183頁）……………………………	183
47.11.24	最高裁判決（金法673号24頁）…………………………………	415
48. 2. 2	最高裁判決（民集27巻1号80頁）……………… 28, 29, 30, 32, 33, 36
48. 3.22	最高裁判決（金法685号26頁）…………………………………	28
48. 4. 6	最高裁判決（民集27巻3号483頁）……………………………	292, 296
48.10. 4	最高裁判決（判時723号42頁）…………………………………	361
48.10.30	最高裁判決（民集27巻9号1289頁）…………………………	219
48.12.11	最高裁判決（民集27巻11号1529頁）…………………………	427
49. 3.19	最高裁判決（民集28巻2号325頁）……………………………	26
49. 6.27	最高裁判決（民集28巻5号641頁）………… 283, 299, 303, 304, 311, 312
49. 7.18	最高裁判決（民集28巻5号743頁）……………………………	398, 400
49. 9.26	最高裁判決（民集28巻6号1306頁）…………………………	441

昭和49.10.23	最高裁判決（民集28巻7号1473頁）………………………	395, 407
50. 2.13	最高裁判決（民集29巻2号83頁）…………………………	8, 17
50.11. 7	最高裁判決（民集29巻10号1525頁）………………………	130
50.11.17	広島高裁決定（判時805号77頁）…………………………	60
51. 3. 4	最高裁判決（民集30巻2号25頁）…………………………	27
51. 3. 4	最高裁判決（金法788号27頁）……………………………	27, 28
51. 3.18	最高裁判決（民集30巻2号111頁）………………………	115
52. 3.11	最高裁判決（民集31巻2号171頁）………………………	96
53. 2.24	最高裁判決（民集32巻1号98頁）…………………………	448
53. 5.30	大阪高裁判決（判タ372号92頁）…………………………	316
53. 5.30	大阪高裁決定（金法857号30頁）…………………………	317
53. 7.10	最高裁判決（民集32巻5号868頁）………………………	431
53.12.22	最高裁判決（民集32巻9号1768頁）………………………	32
55. 7.31	東京高裁決定（判タ424号88頁）…………………………	230, 261
56.12.17	最高裁判決（民集35巻9号1328頁）………………………	398
57. 1.22	最高裁判決（民集36巻1号92頁）…………………………	396
57. 9.28	最高裁判決（判時1062号81頁）……………………………	408
57.11.30	東京高裁判決（高民集35巻3号220頁）…………………	393
57.12. 7	札幌高裁決定（判タ486号92頁）…………………………	100
58. 2.24	最高裁判決（判時1078号76頁）……………………………	393, 398
58. 3.18	最高裁判決（判時1075号115頁）…………………………	143
59. 2. 2	最高裁判決（民集38巻3号431頁）………………………	272
60. 2.14	最高裁判決（判時1149号159頁）…………………………	296
60. 2.14	最高裁判決（金法1100号82頁）…………………………	300
61. 4. 3	最高裁判決（判時1198号110頁，判タ607号50頁）……	299
61. 6.23	東京高裁決定（判時1198号117頁）………………………	102
61. 9.11	最高裁判決（判時1215号125頁）…………………………	202
62. 2.12	最高裁判決（民集41巻1号67頁）…………………………	407
62. 7. 3	最高裁判決（民集41巻5号1068頁）………………………	321
62.11.12	最高裁判決（判時1261号71頁，判タ655号106頁）……	407
63. 3.25	広島高裁松江支部判決（判時1287号89頁，判タ674号219頁）………	228
63. 5.20	最高裁判決（裁判集民事154号71頁，判時1277号116頁）………	104
63.10. 7	東京地裁決定（判時1295号86頁）………………………	102, 103
平成元. 6. 5	最高裁判決（民集43巻6号355頁）………………………	10
元.10.27	最高裁判決（民集43巻9号1070頁）………………	64, 68, 76, 105, 106, 270

平成2. 3.20	最高裁判決（民集44巻2号416頁）……………………………………	229
2.10. 8	東京地裁判決（判例時報1390号81頁）…………………………………	406
2.12. 4	最高裁判決（民集44巻9号1165頁）……………………………………	131
3. 3.22	最高裁判決（民集45巻3号268頁）………………………………………	10, 69
3. 7.16	最高裁判決（民集45巻6号1101頁）……………………………………	241
4.12.10	最高裁判決（民集46巻9号2727頁）…………………………………	447, 449
5. 2.16	東京地裁判決（判タ840号209頁）………………………………………	289
5. 5.27	東京高裁判決（判時1476号121頁）……………………………………	287
5. 6.11	東京高裁決定（金法1352号77頁）………………………………………	55
5. 6.11	大阪高裁決定（金法1367号135頁）……………………………………	55
5. 8. 4	大阪地裁判決（判時1497号105頁）……………………………………	33
6. 1.20	最高裁判決（民集48巻1号1頁）………………………………………	200
6. 1.25	最高裁判決（民集48巻1号18頁）………………………………………	96
6. 2.22	最高裁判決（民集48巻2号414頁）……………………………………	406
6. 3. 4	大阪高裁決定（高民集47巻1号79頁，判時1497号63頁）…………	103
6. 8. 9	東京高裁決定（金法1398号123頁）……………………………………	55
7. 5.29	東京地裁判決（判タ892号266頁）………………………………………	295
7. 8. 2	東京高裁決定（金法1500号79頁）………………………………………	103
7. 9.13	大阪高裁決定（判時1576号49頁）………………………………………	55
7. 9.28	東京地裁判決（判時1568号68頁）………………………………………	295
7.11.10	最高裁判決（民集49巻9号2953頁）…………………………	45, 47, 239, 408
8. 3.22	最高裁判決（金法1480号55頁）…………………………………………	321
8. 5.15	高松高裁決定（判時1586号79頁）………………………………………	228
8. 7.12	最高裁判決（民集50巻7号1918頁）……………………………………	295
8. 9.13	最高裁判決（民集50巻8号2374頁）……………………………………	10
8.10.17	最高裁判決（民集50巻9号2454頁）…………………………………	293, 296
8.10.21	大阪高裁決定（金法1486号102頁）……………………………………	55
8.11.22	最高裁判決（民集50巻10号2702頁）…………………………………	404
9. 2.14	最高裁判決（民集51巻2号375頁，金法1481号28頁）………………	55, 58
9. 5.14	東京高裁決定（金法1500号79頁）………………………………………	103
9. 6. 5	最高裁判決（民集51巻5号2096頁）…………………………………	45, 47, 239
9. 6. 5	最高裁判決（民集51巻5号2116頁，金法1491号25頁）……………	55, 58
10. 1.30	最高裁判決（民集52巻1号1頁）……………………	66, 67, 70, 74, 86, 107, 271
10. 2.10	最高裁判決（判時1628号3頁）…………………………………………	75, 86
10. 2.10	最高裁判決（金法1508号73頁）…………………………………………	271

483

平成10. 3. 24	最高裁判決（民集52巻2号399頁）……………………………38, 222
10. 3. 24	最高裁判決（民集52巻2号433頁）………………………………114
10. 3. 26	最高裁判決（民集52巻2号483頁）………… 38, 66, 67, 71, 75, 87, 222, 271
11. 1. 29	最高裁判決（民集53巻1号151頁）…………………………………38
11. 11. 24	最高裁判決（民集53巻8号1899頁）……………………………11, 69
11. 11. 30	最高裁判決（民集53巻8号1965頁）………………………………66
12. 2. 29	最高裁判決（民集54巻2号553頁）………………………………332
12. 3. 16	最高裁決定（民集54巻3号1116頁）…………………………………18
12. 4. 14	最高裁決定（民集54巻4号1552頁）……………66, 67, 71, 105, 106, 271
12. 4. 28	最高裁決定（判時1710号100頁）…………………………………273
12. 5. 11	東京高裁判決（金判1098号27頁）………………………………17, 59
13. 1. 25	最高裁決定（民集55巻1号17頁, 金法1609号50頁）………………18, 59
13. 2. 8	東京高裁決定（金法1607号41頁）………………………………17, 59
13. 3. 13	最高裁判決（民集55巻2号363頁）……………… 66, 67, 70, 87, 107, 271
13. 3. 21	大阪地裁決定（判時1782号92頁）………………………………256, 261
13. 10. 25	最高裁判決（民集55巻6号975頁）……………………67, 71, 87, 271
13. 11. 22	東京高裁判決（金判1440号53頁）……………………………………59
14. 1. 17	最高裁判決（民集56巻1号20頁）…………………………………328
14. 3. 12	最高裁判決（民集56巻3号555頁）…………………… 66, 68, 75, 86, 271
14. 3. 28	最高裁判決（民集56巻3号689頁）…………… 29, 66, 68, 70, 87, 271
14. 6. 13	最高裁判決（民集56巻5号1014頁）………………………………66
16. 2. 20	最高裁判決（民集58巻2号367頁）………………………………204
16. 7. 13	大阪高裁判決（金法1731号67頁）…………………………………31
16. 9. 28	札幌高裁決定（金法1757号42頁）………………………232, 246
16. 10. 1	最高裁決定（金法1731号56頁）…………………………………273
16. 10. 1	最高裁決定（判時1877号70頁）…………………………………275
17. 1. 12	福岡高裁決定〔確定〕（金法1749号97頁）………………………99
17. 2. 22	最高裁判決（金法1740号28頁）…………………………………271
17. 3. 10	最高裁判決（民集59巻2号356頁）…………………………………70
17. 12. 20	東京地裁判決（金法1924号58頁）………………………………179
18. 1. 30	東京地裁判決（判タ1225号312頁）………………………………178
18. 2. 7	最高裁判決（民集60巻2号480頁）………………………………406
19. 9. 21	東京地裁判決（判時1996号132頁）………………………………183
20. 4. 17	名古屋高裁判決（金判1325号47頁）……………………………423
20. 6. 10	最高裁判決（判時2014号150頁, 金法1848号57頁）………… 183, 186, 204

平成20.12.19	東京高裁決定（金法1895号123頁）……………………… 102
21. 4.16	大阪地裁判決（金法1880号41頁）………………………… 300
21. 7. 3	最高裁判決（民集63巻6号1047頁）……………… 66, 79, 81, 108
21. 8.26	大阪高裁判決（金法1916号113頁）……………………… 174
21. 9.30	東京高裁判決（金法1922号109頁）……………………… 174
21. 9.30	東京高裁判決（ジュリスト1438号106頁）……………… 181
21.11.27	福岡地裁判決（金法1911号84頁）……………… 179, 180, 181
21.12.22	大阪高裁判決（金法1916号108頁）……………………… 174
22. 1.14	福岡地裁判決（金法1910号88頁）………………………… 183
22. 2.18	大阪高裁判決（金法1895号99頁）………………………… 320
22. 5.27	東京地裁判決（金法1902号144頁）……………………… 174
22. 9.30	福岡地裁判決（金法1911号71頁）………………… 179, 181
22.10.27	東京高裁判決（金判1355号42頁，金法1910号77頁）…… 173
23. 1.21	最高裁判決（判時2105号9頁）……………………………… 39
23. 2.17	福岡地裁判決（金法1923号95頁）………………………… 183
23. 7.27	東京地裁判決（判時2144号99頁）………………………… 36
23.10.27	福岡高裁判決（金判1384号49頁）………………………… 173
23.10.27	福岡高裁判決（金法1936号74頁）………………………… 183
24. 1.26	最高裁決定（家月64巻7号100頁，判時2148号61頁，判タ1369号124頁）…………………………………………………… 115
24. 1.26	東京地裁判例（金法1945号120頁）……………………… 179
24. 2. 7	名古屋高裁判決（判タ1369号231頁，金法1945号111頁）……… 173
24. 6.20	東京高裁判決（判タ1388号366頁）………………… 179, 187
24.10.12	最高裁判決（金判1402号16頁，ジュリスト1448号2頁）……… 172, 175
24.10.12	最高裁判決（民集66巻10号3311頁）…………………… 186

※凡例

民録＝大審院民事判決録

民集＝最高裁判所民事判例集，大審院民事判例集

裁判集民事＝最高裁判所裁判集民事

高民集＝高等裁判所民事判例集

下民集＝下級裁判所民事裁判例集

家月＝家庭裁判月報

訟月＝訟務月報

金判＝金融・商事判例

金法＝金融法務事情
判時＝判例時報
判タ＝判例タイムズ

先例年月日索引

年　月　日	番　号（出典）
昭和11. 1. 20	民事甲第64号民事局長回答（登記関係先例集上613頁）……………… 277
22. 6. 23	民事甲第560号民事局長通達（登記研究5号12頁）………………… 207
27. 10. 23	民事甲第518号民事局長電報回答（登記研究61号25頁）…………… 214
30. 5. 21	民事甲第972号民事局長通達（登記関係先例集追Ⅰ351頁）………… 23
30. 5. 30	民事甲第1123号民事局長電報回答（登記研究92号32頁）………… 366
32. 3. 20	民事甲第542号民事局長通達（登記研究113号19頁）……………… 263, 309
33. 5. 10	民事甲第964号民事局長心得通達（登記研究127号36頁）………… 381
33. 8. 8	民事甲第1624号民事局長心得電報回答（登記研究130号24頁）… 313, 317
34. 5. 6	民事甲第900号民事局長通達（登記研究139号36頁）……………… 277
34. 5. 12	民事甲第929号民事局長通達（登記研究139号43頁）……………… 262, 267
36. 5. 12	民事甲第1152号民事局長通達（登記研究170号37頁）…………… 268, 308
37. 10. 9	民事甲第2821号民事局長通達（登記研究180号54頁）…………… 251
38. 4. 10	民事甲第966号民事局長通達（登記研究187号46頁）……………… 63
38. 9. 28	民事甲第2658号民事局長通達（登記研究192号51頁）…………… 97
39. 3. 6	民事甲第557号民事局長回答（登記研究197号43頁）……………… 97
41. 6. 8	民事三発第397号民事局第三課長回答（登記情報61号121頁）…… 433
41. 10. 6	民事甲第2898号民事局長回答（登記研究229号34頁）…………… 313
42. 6. 19	民事甲第1787号民事局長回答（登記研究238号37頁）…………… 213
44. 10. 24	民事甲第2227号民事局長通達（登記研究265号67頁）…………… 275
45. 7. 20	民事甲第3025号民事局長回答（刊行物不掲載）…………………… 274
46. 12. 27	民事三発第960号民事局第三課長依命通知（登記研究303号23頁）………………………………………… 360, 363, 364, 368, 375, 379
49. 4. 3	民三第1753号民事局第三課長回答（登記研究319号59頁）……… 375
52. 3. 16	民三第1620号民事局第三課長通知（登記研究353号103頁）…… 435
54. 3. 31	民三第2112号民事局長通達（登記研究381号69頁）……………… 304, 415
54. 11. 8	民三第5731号民事局第三課長回答（登記研究388号59頁）……… 364
57. 5. 7	民三第3291号民事局第三課長回答（登記研究418号89頁）……… 314
57. 11. 22	民四第7006号民事局第四課長回答（登記研究421号100頁）…… 275
61. 4. 30	民三第2777号民事局第三課長回答（登記研究463号73頁）……… 344
62. 3. 20	民三第1433号民事局第三課長回答（登記研究474号126頁）…… 317
平成2. 11. 8	民三第5000号民事局長通達（登記研究515号215頁）…………… 311, 315

平成 9. 7.31	民三第1302号民事局第三課長回答（登記研究603号117頁）…………	390
10.10.23	民三第2069号民事局長通達（登記研究612号153頁）……………	388
11. 9.30	民四第2107号民事局長通達（登記研究624号137頁，625号73頁）……	444
13. 3.30	民二第867号民事局長通達（登記研究653号156頁）…… 211, 363, 371, 372	
14. 5.30	民二第1310号民事局民事第二課長依命通知（登記研究679号157頁）………………………………………………………………………………	391
14.12.25	民二第3214号民事局民事第二課長通知（登記研究664号115頁）……	370
15. 1.27	民二第260号民事局長通達（登記研究667号151頁）………………	359
15.12.25	民二第3817号民事局長通達（登記研究675号105頁）……22, 25, 26	
16.12.16	民二第3554号民事局長通達（登記研究687号261頁）……… 262, 315	
17. 8. 8	民二第1811号民事局民事第二課長通知（登記研究700号119頁）……	372
18. 2.16	民二第415号民事局民事第二課長通知（登記研究701号131頁）………	316
18. 3.29	民二第755号民事局長通達（登記研究700号119頁）………………	369
18. 3.29	民二第759号民事局民事第二課長依命通知（登記研究701号137頁）…	206
18. 4. 5	民商第873号民事局商事課長通知（登記研究715号168頁）……… 444, 445	
19. 9.28	民二第2048号民事局長通達（登記研究716号72頁）…………………	94
21. 2.20	民二第500号民事局長通達（不動産登記記録例集229）……… 409, 413	
〃	（不動産登記記録例集230）…… 409, 413, 417	
〃	（不動産登記記録例集287）……………………	30
〃	（不動産登記記録例集298）……………………	24
〃	（不動産登記記録例集389）…………………	277
〃	（不動産登記記録例集499）……………………	52
〃	（不動産登記記録例集624）………………… 63, 83	
〃	（不動産登記記録例集625）……………………	83
〃	（不動産登記記録例集629）……………………	83
〃	（不動産登記記録例集667）……………………	82
〃	（不動産登記記録例集727）…………………	402
24. 4.26	民二第1085号民事局民事第二課長通知（登記研究776号114頁）………	94

先例年月日索引　終わり

［筆者紹介］

藤原　勇喜 ● ● ● ● ●

1　略　歴（主なもの）
昭和42年3月　中央大学大学院法学研究科卒業
昭和63年4月　法務省法務総合研究所教官（兼任）
平成3年4月　法務省民事局民事調査官
平成5年4月　法務省民事局登記情報管理室長
平成7年8月　東京法務局民事行政部長
平成8年4月　東京法務局総務部長
平成9年4月　仙台法務局長（～平成11年3月）
平成11年8月　大宮公証センター公証人（～平成21年12月）
平成12年4月　日本文化大学法学部講師（民法、破産法、～平成26年3月）
平成14年6月　社団法人民事法情報センター理事（～平成19年6月）
平成18年4月　早稲田大学法学部講師（不動産登記法、～平成25年3月）
　現　在　藤原民事法研究所代表

2　著　書（主なもの）
・登記原因証書の実証的研究（法務総合研究所）
・登記原因証書の理論と実務（民事法情報センター）
・公図の研究（大蔵省印刷局→㈱朝陽会）
・不動産登記の実務上の諸問題（㈱テイハン）
・相続・遺贈の登記（㈱テイハン）
・体系不動産登記（㈱テイハン）
・公正証書と不動産登記をめぐる諸問題（㈱テイハン）
・新訂　渉外不動産登記（㈱テイハン）
・信託登記の理論と実務（㈱民事法研究会）
・倒産法と登記実務（㈱民事法研究会）
・公正証書ア・ラ・カ・ル・ト（㈱朝陽会・時の法令）

企業の承継・再生・再編と不動産登記をめぐる諸問題

平成28年9月10日　初版第1刷印刷　　定　価：本体 6,000円（税別）
平成28年9月16日　初版第1刷発行　　　（〒実費）

不複 許製	著　者	藤　原　勇　喜
	発行者	河　野　善次郎

発行所　東京都文京区本郷5丁目11-3　株式会社テイハン
電話 03(3811)5312　FAX03(3811)5545/〒113-0033
ホームページアドレス　http://www.teihan.co.jp

企画・構成　㈱恒春閣　〈検印省略〉　印刷／㈱工友会印刷所

ISBN978-4-86096-090-2